閩臺歷代方志集成·福建省志輯·第2册
福建省地方志編纂委員會 整理

[弘治]八閩通志（一）

（明）陳道修，（明）黄仲昭纂

明弘治三年（一四九〇年）刻本

社會科學文獻出版社

圖書在版編目（CIP）數據

福建省志輯. 第 2－7 册，[弘治]八閩通志 ：全 6 册 / 福建省地方志編纂委員會整理 ；（明）陳道修 ；（明）黄仲昭纂. －－ 北京 ：社會科學文獻出版社，2018. 7

（閩臺歷代方志集成）

ISBN 978－7－5201－3008－0

Ⅰ. ①福… Ⅱ. ①福… ②陳… ③黄… Ⅲ. ①福建－地方志 Ⅳ. ①K295. 7

中國版本圖書館 CIP 數據核字（2018）第 144522 號

·閩臺歷代方志集成·

福建省志輯（第 2－7 册）

［弘治］八閩通志（全 6 册）

整　　理 / 福建省地方志編纂委員會

纂　　修 / （明）陳道修　（明）黄仲昭纂

出 版 人 / 謝壽光

項目統籌 / 鄧泳紅　陳　穎

責任編輯 / 陳　穎　李建廷

出　　版 / 社會科學文獻出版社 · 皮書出版分社（010）59367127

地址：北京市北三環中路甲 29 號院華龍大厦　郵編：100029

網址：www. ssap. com. cn

發　　行 / 市場營銷中心（010）59367081　59367018

印　　裝 / 福州力人彩印有限公司

規　　格 / 開 本：787mm × 1092mm　1/16

印 張：307. 5　幅 數：4876

版　　次 / 2018 年 7 月第 1 版　2018 年 7 月第 1 次印刷

書　　號 / ISBN 978－7－5201－3008－0

定　　價 / 3600. 00 圓

本書如有印裝質量問題，請與讀者服務中心（010－59367028）聯繫

《閩臺歷代方志集成》學術委員會

顧　問：王偉光（中國社會科學院原院長，中國地方志指導小組組長）

李培林（中國社會科學院副院長，中國地方志指導小組常務副組長）

李　紅（政協福建省委員會副主席，中國地方志指導小組成員）

陳祖武（中國社會科學院學部委員，中央文史館館員，國務院古籍整理出版規劃小組成員，研究員）

張海鵬（中國社會科學院學部委員，中國社會科學院臺灣史研究中心主任，中國史學會原會長，研究員）

主　任：冀祥德（法學博士，中國地方志指導小組秘書長，中國地方志指導小組辦公室黨組書記、主任，中國社會科學院法學研究所研究員）

委　員（以姓氏筆畫爲序）：

王日根（厦門大學人文學院副院長，歷史學教授）

牛潤珍（中國人民大學歷史學院教授，中國方志學研究會副會長）

方寶川（福建師範大學圖書館原館長，福建師範大學社會歷史學院教授）
李宗翰（金門大學閩南文化研究所原所長，臺灣師範大學歷史系副教授）
李國榮（中國第一歷史檔案館副館長，研究員）
吳志躍（福建省博物院院長）
林國平（福建師範大學社會歷史學院教授）
郭志超（厦門大學人類學研究所原所長，教授）
陳叔侗（福建博物院離休文史專家）
許建平（福建省圖書館地方文獻中心特藏部主任，研究館員）
劉傳標（福建社會科學院歷史研究所所長，研究館員）
謝必震（福建師範大學閩臺區域研究中心主任、社會歷史學院教授）
謝冬榮（中國國家圖書館古籍館副館長，研究館員）
謝國興（臺灣中研院臺灣史所原所長，研究員）
鄭智明（福建省圖書館館長）
蕭德洪（厦門大學圖書館館長）

《閩臺歷代方志集成》編纂委員會

《閩臺歷代方志集成》編輯部

出版前言

修國史，纂方志，固我中華民族百代常新之優秀文化傳統。志亦史也，舉凡方域區裁，川原濬闢，自然人事之變遷，經濟文明之演進，文圖在手，紀述備陳。於以啓新鑒古，積厚流光，資用於無涯。

福建，扆山攬海，屏障東南，古號閩中，傳稽遷、固。秦稱列郡，漢授無諸。曾墟徙于江淮，漸衣冠之南返。梁、陳迄唐，興學後先，人文趨盛。所惜代遠年湮，罕傳載籍。嗣肇兩宋之昌明，譽海濱于鄒魯。三山有志，存續差全；仙邑、臨汀，殘篇僅在。元建行省，未及百年。朱明代興，統轄八府一州。弘治纂成通志，以八閩見稱，編目立例，有所遵從。其後《閩大記》《閩書》亦各名世。清代康、雍、乾、道多朝，下至民國，更相繼修成《福建通志》五部、《圖記》三編。至於閩省各府、州、縣、廳修志篇名，見於記述者，當可遠溯晉、唐。而傳世見存者，多出於宋、明、清代，以迄民國，近三百種，且不乏碩學鴻儒之佳製。誠文獻之足珍，號名邦而無怍。

臺灣一島，薄海親鄰。遠古冰川，陸橋可涉。族羣隔岸，同俗同根。貨貿如潮，風雲瞬息。鄭氏驅荷，經營三世，入清設府，並列十閩。抗倭禦寇，慷慨同仇。豈骨肉之能分，同興華之有夢。所纂方志，上起康、乾，下訖同治，合四十種，俱各幸存。計有：圖志一，府、縣、廳志二十有九，通志一，雜記九。本島外，周邊之小琉球、釣魚臺、澎湖諸嶼，悉紀無遺。

中國共産黨十八屆五中全會，適時提出實施『中華典籍整理』工程之要求。福建省地方志編纂委員會設立以來，膺一方歷史文化存續之重任，載筆采編，績效斐然。二〇一四年末，乃有纂輯《閩臺歷代方志集成》之擬議。旋獲中國地方志指導小組首肯支持，連續于福州、北京舉行專家論證會議，制定實施規劃。廣泛徵集海峽兩岸各圖書館原所典藏舊志各版本。進而遍向國内各地以及海外日、美等國徵求流散孤遺之珍本。積數年努力，遍羅不同版本四百七十餘種。隨集圖書館、高等院校、博物院等專家學者校讀、比對、甄別異同優劣，循序歸類。幾經汰選分爲：

《福建省志輯》志書八種，圖志三種；

《福建府州志輯》志書四十七種，附録兩種；

《福建縣廳志輯》志書二百四十七種；

《臺灣志書輯》志書三十九種，圖志一種。

最後歸輯總數或將達三百四十餘種。凡已入選歸輯者，均予正訛、修殘、補缺，擷其序例，彙編總目，慎撰各書内容提要，以醒眉目。

社會科學文獻出版社將承擔全書印刷出版任務。用電子影像高精度掃描，裝訂成册。每册約八百頁。十六開本精裝，分批分輯出版。

是役也，聚英合力、啓後承先，堪稱壯舉。誠望有俾於兩岸學術交流、社會協調發展，促進和平統一之大業，有厚幸焉。

《閩臺歷代方志集成》編纂委員會

二〇一七年十二月

出版說明

一、《閩臺歷代方志集成》爲福建與臺灣兩地歷代各級方志精校影印叢書。

二、收録時限。以現存舊方志刻印時間最早者爲收録上限；其福建部分，收録下限至中華人民共和國成立前；臺灣部分，收録下限則止於一八九五年。

三、收録範圍。主要參照《中國地方志聯合目録》之福建部分與鄭寶謙先生主編的《福建舊方志綜録》書目，包羅福建纂修的圖志、通志、府志、州志、縣志、廳志，以及臺灣纂修的圖志、通志、府志、縣志、廳志、島志等。

四、《閩臺歷代方志集成·福建省志輯》共收録明弘治三年（一四九〇年）至民國十一年（一九二二年）間刊行的福建圖志三部、通志八部，分别以成書先後爲序，共分九十八册整理出版。

五、爲體現每册志書的均衡性，本輯將篇幅較小的三部圖志合并爲一册，八部通志因篇幅較大則一志分爲多册。

六、本輯以『忠於歷史、尊重原貌、適當整理』爲原則，每部志書從現存的初刻本、遞修本、增補本、重刻本、石印本、鉛印本、稿本、抄本等中，選擇一種印制質量最好、保存完整、價值最高的版本作爲底本，不作點校，整理影印。其底本來源于福建省圖書館、福建師範大學圖書館、中國國家圖書館、上海圖書館、美國加州大學伯克利分校東亞圖書館和日本内閣文庫，并通過與天津圖書館、厦門大學圖書館等收藏的其他版本作比對整理。

七、本輯所收方志，按纂修年代在書名前冠以年號，如[弘治]《八閩通志》等。本輯第一册編制有歷代方志總目及册號；爲便於讀者查閲，每部志書前均有新編目録，并注明頁碼。一册多志的頁碼則按册起訖，一志多册的依各志自爲起訖。每種志書均撰寫提要，具體説明該志纂修情況、刊刻時間、續修或增修情况、影印所據的版本及學術價值等。

八、爲保持原書風貌，本輯不再制作新編書眉，不對志書中原有圖片（如城池圖等）進行切割拼圖。原志書如有錯頁、蠹損、殘缺、漫漶不清處，原則上都予以換頁、補頁、修描，使全書字劃清晰、頁序整齊。若原書存在多種殘本，則原則上予以彙集整理；若原志書爲殘本，又没有其他版本比對，則不再修補，保持志書的原貌。

《閩臺歷代方志集成》編輯部

二〇一七年十二月

新編目録

新編目録

第六册

［弘治］《八閩通志》提要

閩，上方古域，初見載於《周禮·夏官職方氏》與蠻、貉、戎、狄并齒。秦、漢後漸入封疆，隸屬弃置不常。三國吳始置一郡，晉增爲二郡，梁乃有晉安、建安、南安三郡，隸于揚州或江州。陳始升設閩州領三郡。至唐景雲中置閩州都督府領有福、泉、建、漳、汀等州。宋增置劍州、興化軍、邵武軍。元代始有福建行省之設，猶變易不定，兩度并入江西。

明洪武元年（一三六八年），置福建承宣布政使司，轄八府（福州、建寧、泉州、漳州、汀州、延平、邵武、興化。至成化間又升福寧縣爲直隸州），遂有『八閩』之稱。

［弘治］《八閩通志》共八十七卷，實爲福建第一部統合全境郡邑史實之省志。起因於成化間奉命鎮守閩省之御用太監陳道就任數年，『欲知其風土俗尚，始求八郡之志觀焉。然事多叠出，文無統紀……乃欲鼎新修纂。』（見本志《跋》）乃具書幣敦聘引疾在鄉之黃仲昭主纂通志。始修於成化二十年（一四八四年），成書於弘治二年（一四八九年），次年刊行。其後萬曆三十九年（一六一一年）又有修録

版本。今省内流存者，皆有殘缺。據民國間薩士武《福建方志考略》云：『福州陳氏石遺室藏有完帙，曾歸郭氏……』今亦無從尋覓。所幸中國國家圖書館、北京大學圖書館尚有完本，而天津圖書館、日本内閣藏書寮、美國國會圖書館等處，則有萬曆修録本在。

今選取日本内閣藏書寮之遞修本（卷首版框寬一百五十毫米，高二百二十毫米）爲底本，用中國國家圖書館及天津圖書館所藏之影印刊本參校。

主纂者，黄仲昭（一四三五年至一五〇八年），本名潛，字仲昭，以字行，號退巖居士，又號未軒，福建興化府莆田縣人。成化二年（一四六六年）進士，授翰林編修甫三月，被命賦元夕烟火，恥其鄙俚，與章懋、莊昶共上諫疏，忤憲宗，被廷杖，出爲湘潭知縣，尋調南京大理評事，引疾歸里。乃受鎮閩太監陳道聘纂修《八閩通志》，歷六年書成，即於是年用薦升任江西提學僉事，弘治九年（一四九六年）致仕。十四年（一五〇一年），受聘與周瑛合纂《興化府志》。其後又主纂《邵武府志》《南平縣志》等。

此志體例，仿照《大明一統志》，復參據他省志結構，設置門目爲：地理、食貨、封爵、秩官、公署、學校、選舉、壇壝、祠廟、卹政、人物、宫室、寺觀、丘墓、古蹟、祥異、詞翰、拾遺等凡十八門。門下各目依序分別八府、一州及各屬縣記述其史實。釐爲八十七卷。前有黃仲昭、彭韶《序》二篇，述纂志緣起成就，論其意義作用。末有陳道《跋》稱：『自宋季迄於我朝，至於今日，數百年，全志始得纂輯，通爲一書，一覽在目。』又云：『其所載善可勸，惡可懲，全閩風土之美，文物之盛，咸有足徵。其所繫豈小也哉？』

是書薈萃全閩舊志，囊括歷代著述。下筆謹嚴，不爲苟且之言。倘有考訂未詳，則寧缺毋濫，力糾一般志乘冗雜之病。清《四庫全書總目提要》稱其『於輿地之中較爲完整。然以户口、水利列入食貨中，此創例之未協者也』。但作爲福建首創之省志，自有其無可替代之重要意義和歷史文獻價值存焉。

八閩通誌序

閩雖為東南僻壤然自唐以来文獻漸盛至宋大儒君子接踵而出仁義道德之風扵是乎可以不愧扵鄒魯矣先哲凋謝典刑日遠士習民風漸不如昔此有志於世道者所為深溉①嘆也仲昭多病早衰退處山林竊不自揆思欲考求前

校注：①概

誌表意先哲之典刑以風厲後學庶幾於世道少有所補而不終為

聖朝棄物也顧私家無力不能盡得八郡之誌以備檢閱而書人筆札之屬亦無所取給蓋有志而未能者久之適今御用監太監五羊陳

公奉

命鎮閩雅好文事藩臬諸君子因以

諸郡之誌久曠不修為言公慨然曰誰可屬筆者諸君子僉以仲昭為宜公乃具書幣俾行部憲臣踵門而請焉仲昭亦欲有以畢其初志故不辭而為定其凡例隨事分類為大目十又八所統小目凡四十又二每類則合八府一州之事以次列之釐為八十七卷名曰八

閩通誌其間若地理食貨秩官學校選舉壇廟恤政宮室丘墓古蹟之類皆因諸郡所采事蹟隨其詳略稍加刪次或遇營建修治之得宜而可以示法扵後世者始備錄之至於人物一類誌或有未載及載而未盡者必旁搜博考尤致其意焉如福之人物舊誌俱未有登

載今則以進士郡人林謹夫所輯
鄉賢傳及閩邑庠司訓蘭溪鄭瓘
所輯郡誌采入莆之人物亦未有
類萃而歸于一者今則以郡人方
先生時舉所著人物誌吳先生源
所著名公事述及今少冢宰彭先
生韶所輯莆陽誌采入建寧舊誌
已亡成化初郡守安成劉鉞嘗修

之未及成而遷官遂并携以去陳公特遣使詣其家訪得之今悉因其所載者采入延平則有郡庠司訓縉雲樊阜所修誌邵武則有前郡守南充馮孜後郡守仁壽劉元所修誌泉漳汀三郡誌則皆近日郡人所纂輯者今所采人物皆因之又慮局於見聞之偏而於公論

有未協也復以質於膳部主事蕭田宋端儀重考論而去取焉先儒廣漢張子嘗論修誌不可不載人物豈不以人物乃典刑所繫而可以有補於世教乎仲昭纂輯斯誌而尤慎重於是者蓋亦廣漢張子之遺意也時預纂修者福州指揮陶僖前黃梅司訓三山龔章麗水

司訓宗姪洙儒士莆田熊晟張元紳及樊鄭二司訓也終始相成其事惟元紳及洙之力爲多提督采取諸郡事蹟及綱領纂修之事者提學僉憲金陵任君彦常實任之若夫餼廩筆札書人刻工之費則皆陳公所自區畫一芥不以煩有司用是仲昭得以優游歲月以卒

其事云

弘治二年龍集己酉孟夏之朔莆田黃仲昭序

八閩通誌序

郡邑有誌尚矣而一藩全誌昉於近時去離為合寓繁於簡是亦一道也然統屬既廣該括難周作者或詳近而略遠或稡古而遺今或為己而忘他人觀者病之重以序述體裁去取權度人各異論欲為成書之善而可以信今傳後豈不

難乎八閩初未有通誌内監五羊陳公作鎮之五年因藩憲二司之請屬筆于吾友令僉憲黃仲昭先生採輯五六年始克成書上可以資慶分下可以裨咨詢其功云勞而所補不小矣公命亟壽諸梓且致簡於予曰是書之作其文則誌其義則資治之史也顧有序嗟乎

閩於天下爲彈丸黑子之地其事若省約然自古迄于今疆理民俗人才凡三變非紀述之詳何以究同異驗升降而可資以爲因革之政哉蓋自秦郡縣天下之後漢屬甌閩於會稽郡唐以隸江南道至宋以来別爲一路專達於天子矣方岳由是而始列自漢武徙其民

於江淮閩永嘉板蕩乃有衣冠而
南王氏割據復有元從而南及宋
氏都杭諸名家又益南矣華俗由
是而丕變自八姓入閩之後而人
才漸有然猶不樂內仕至常衮興
學而文物乃多宋治休明而名賢
遂輩出矣人物於是為極盛故有
稱吾建謂鹵為上國者謂海濱鄒

魯者又有謂文公闕里者然則後世之八閩豈古昔之八閩哉通誌於山川食貨學校貢舉壇廟宮室宦迹人物之類靡不具述實皆三者之所有事為政君子仕優而寓覽焉上下千餘年之事粲然在目其能不撫卷而發感慨之念乎故思吾全閩完如金甌不可不加保

護之功睠彼民俗翩其反而不可不致扶正之力悳今之人才落落如晨星則作成之術尤不敢後固宜省刑薄斂除凶去盜敬神恤民禮賢立教豪傑必使之興焉風俗必使之淳焉河海必使之清且晏焉然後見斯志也作者有不言之功觀者得開卷之益而公勤渠之

意不虛負矣予閩人也喜見其成
故不辭而序之
弘治四年歲次辛亥冬十一月吉
資善大夫刑部尚書莆田彭韶書

八閩通誌凡例

一纂修事目俱倣
大明一統誌立例但其書備載天下之事其采輯不得不從簡約今之所輯者特一方之事而已宜加詳焉故於其已載而未悉者增之未載而可采者補之自其纂修之後事有當續者亦各隨類纂入

一八郡事蹟雖各以其類纂輯然亦略有次第蓋建置郡邑疆域既定然後山川城郭鄉市之類有所寄故以地理為首地理既定然後戶口土田貢賦

之類有所屬故食貨次之既有土有人矣於是乎建官設屬而封爵秩官公署次焉於是乎育材取士而學校選舉又次焉國之大事在於祀神故次以壇廟政之所施必先窮民故次以卹政若夫人物則土地之所重宮室寺觀丘墓古蹟祥異則皆土地之所有而詞翰則又所以紀土地之風俗形勝者也故皆以次列之而終之以拾遺云

一各府以建置先後為序各縣除附郭外亦以建置先後為序

一建置沿革凡各郡所同者俱見布政司下而不復重出觀者可互見也

一諸郡戶口土貢財賦及歷官科貢薦辟之類凡前代有可考者悉以次列之其不可考者闕焉

一人物名臣若出處光明論議剴切操履純正勳業隆盛者固無容議矣然所遇有不同不能人人兼備也其或有一于此而無愧焉者亦並錄之道學則取其淵源伊洛師友考亭而弗畔於其道者儒林則取其學明經術行循矩度而足以表率後進

者他如良吏忠節孝義文藝之類則亦各舉其盛者而著之要皆不失其正而可以為世楷範者也其不合乎此者不錄

一五代時人物仕於僞閩南唐吳越者其立朝風采雖可觀亦不得與中朝之名臣並列今特取其一節之尤盛者各以其類誌之

一人物史有載於儒林而今列於道學者史有載於文苑而今列於儒林者史有載於循吏而今列於名臣者此類甚多蓋史以紀天下之人物誌以紀

一方之人物其品第差等自不能不少異也
一貞女烈婦已被
旨褒旌者固在所錄或有不幸未及
上聞而死者亦有
上聞未及覈報而死者其堅操苦節皆足為世勵也今
故慎擇而並錄之
一仙佛詭異之說如福州唱水巖高蓋山建寧幔亭
峰叩冰菴興化伏蟒巖九鯉湖之類皆未敢深信
第以土俗流傳圖誌紀載其來已久猝難盡去姑

因舊誌存其大都觀者宜自擇焉

一諸郡古今碑文甚夥不能悉錄今取其有關於土俗風化且其事可以備本誌之缺略者載之非敢品第工拙而有所去取於其間也

一諸郡古今題咏亦取其有關於風俗山川人物者錄之其或摘取一二句不成篇章者則附於本誌之下間有紀咏事蹟摹寫景象可以與本誌相發明者雖全篇亦附載其下以便覽觀

一名宦人物必其人既沒世而後錄之庶不貽異議

也詩文亦然

一各項事跡凡在唐武后時皆依朱子通鑑綱目改用中宗嗣聖年號其在僞閩僭號紀元之後者亦改用五代年號其後地入南唐仍用五代及宋年號

一諸郡舊誌多紀載訛舛不足信據今悉以國史參互考訂而辯正之

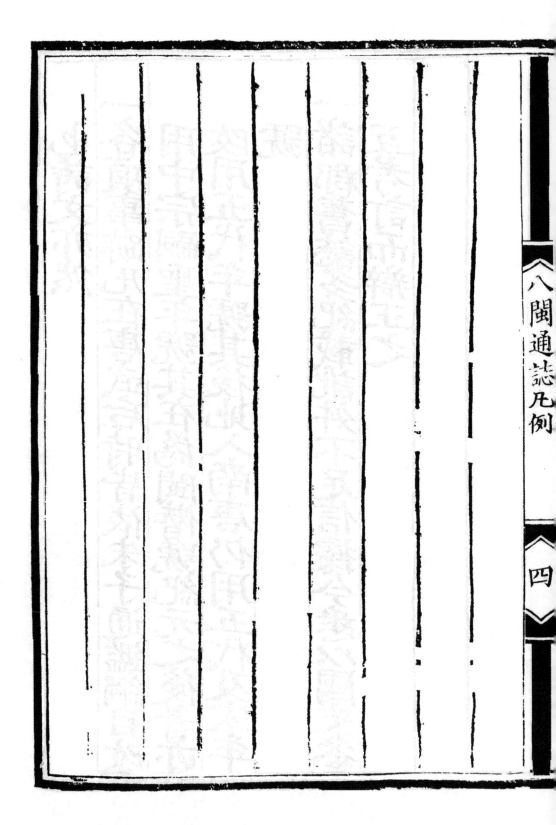

八閩通誌目録

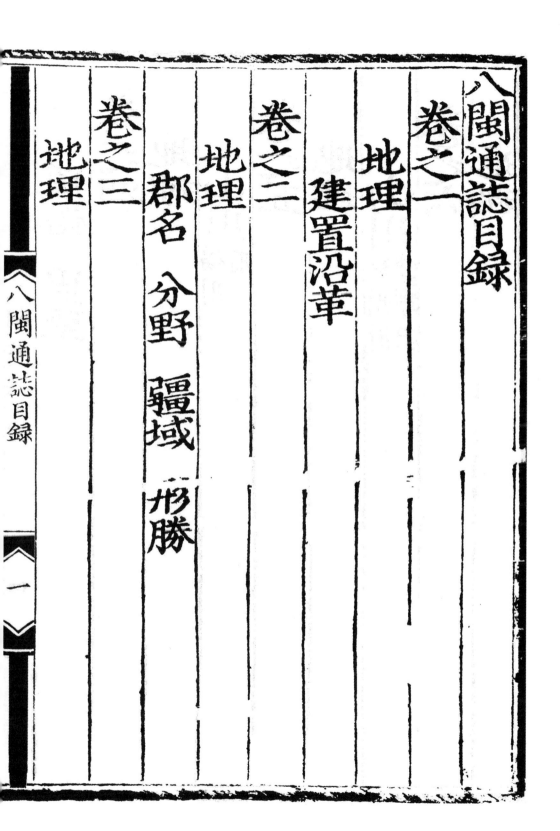

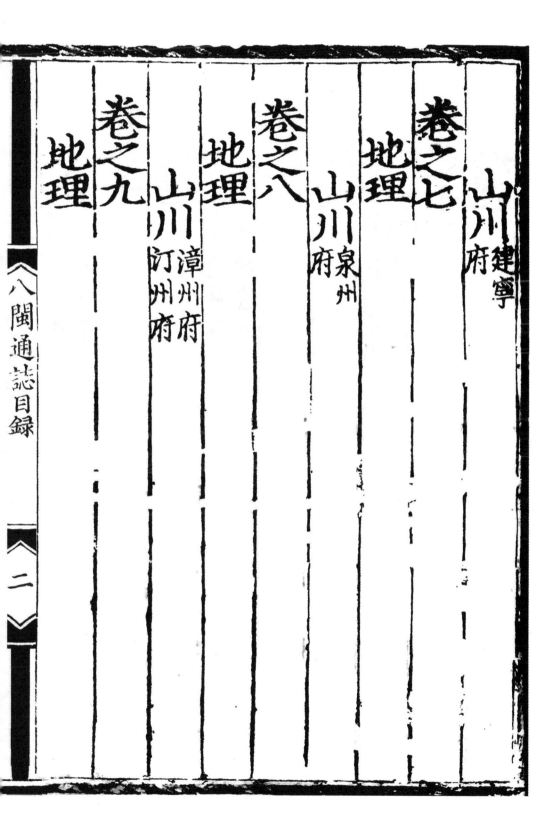

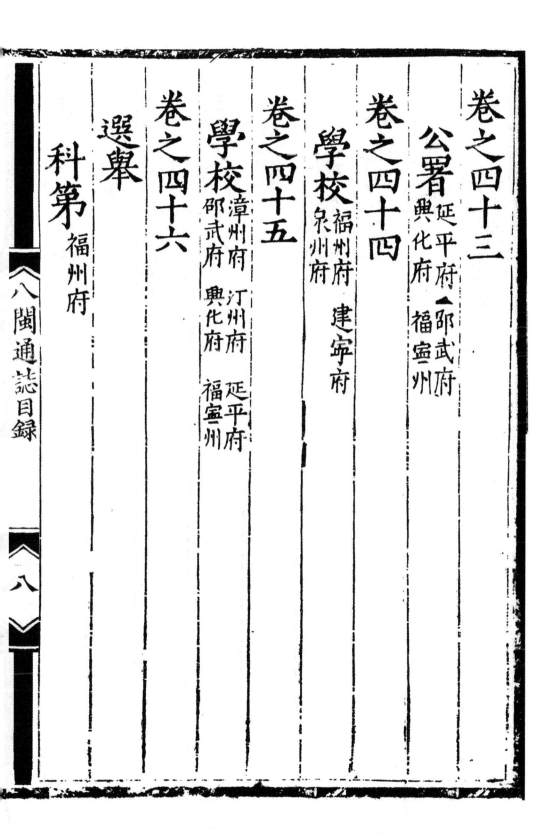

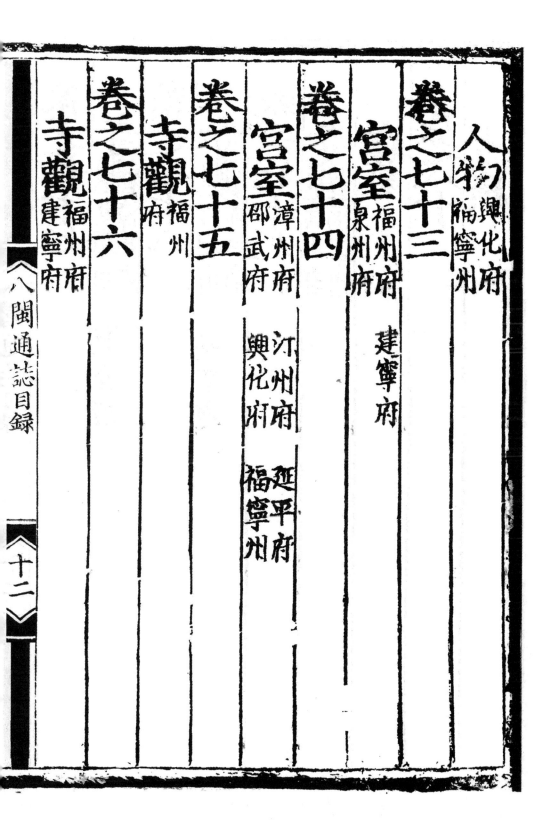

八閩通誌目録終

八閩通誌卷之一

地理

閩地之見於載籍昉自周職方氏秦變古法始郡縣天下閩雖爲郡猶棄不屬降君長而已至漢無諸國亡乃漸置郡縣然其詳亦不可得而考也自孫吳奄有其地迄于隋唐郡縣之制始大備矣歷代相禪以至于

今雖其分野之躔度封域之形勢山川之流峙潮汐之往來固無古今之間然其間郡縣之廢置

名號之因革疆土之廣袤道里之遠近風俗之臧否與夫城郭關梁之或興或廢鄉都閭井之或盛或衰又紛然不一也不有紀載則後之考輿圖者將何所徵乎乃志地理

建置沿革

福建等處承宣布政使司

福建周職方爲七閩地秦爲閩中郡東甌亦屬漢高帝五年封亡諸王於此是爲閩越國都冶冶山名即古泉山今將軍山也孝惠三年分東甌即今浙江溫州府永嘉縣以封閩越君搖

爲東海王建元三年東甌舉國徙江淮其地復屬
閩越六年封無諸孫丑爲繇王又封餘善爲東越
王與繇王並處故又名東越元鼎五年餘善反漢
擊之元封元年繇王居股殺餘善以降武帝以其
阻悍數反覆改封居股東成侯遷其民江淮閒遂
虛其地後復立冶縣此時東甌尚未析出按三山志註云前後漢及晉以來地
里志並無此縣名前漢志雖有冶縣疑是冶字然考之後漢志乃是章安今台州臨海縣地也惟晉
志云武帝滅之徙其人名爲東冶唐志云其遯亡者自立爲冶縣得之舊屬會稽南部
都尉光武罷都尉後又分冶縣爲東南二部都尉

按三山志註云東曰臨海南曰建安竊意分東甌地為東部而治臨海分閩越地為南部而治建安故此後東甌不復來屬直至唐寶應元年一來而遂去也此為南部建安初始有候官即今福州興化泉州漳州四府之地三山志註云舊記謂光武以為東候官未見其據建安即今建寧府南平即今延平府漢興即今浦城縣等五縣其一史闕書景耀三年吳永安三年以建安為建安郡改漢興為吳興增置建平即今建陽縣東平未詳將樂即今將樂縣昭武即今邵武府東安即今泉州府同安南安二縣地凡領九縣晉太康三年始以候官東安為晉安郡俱隸揚州吳時以丹陽郡為刺史治所晉因之即今應天等府地元康元年隸江州初治

後今江西之南昌府後徙治九江府劉宋泰始四年改晉安爲晉平閩中記云元嘉中改爲昌國郡考宋書無尋復故梁天監中析晉安郡地置南安郡即今興化泉州漳州等府地普通六年晉安建安南安三郡俱屬東揚州即今浙江紹興金華溫州台州及直隸徽州五府之地陳永定初升爲閩州領三郡天嘉六年仍舊光大元年莆陽志作二年復升爲豐州隋開皇九年改爲泉州廢建安南安二郡屬焉大業初復爲閩州三年改爲建安郡領閩舊原豐縣即今福州府建安南安俱見上龍溪即今漳州府四縣治閩縣唐武德元年改爲建州四

年移建州於建安五年析南安為豐州六年析閩
縣為泉州八年置都督府治泉州領泉建豐三州
貞觀初廢豐州併入泉州隸嶺南道即今兩廣等處地上既云
置都督府領三州此又云隸嶺南道疑都督府是歲亦廢嗣聖三年析置漳州
十六年又置武榮州俱舊豐州地景雲二年改泉州為
閩州都督府又改武榮州為泉州并建漳潮潮即今廣
東潮州府五州屬焉開元十三年改為福州都督府十
九年置泉山府兵二十一年置經略使二十二年
以漳潮歸嶺南領福泉建汀四州二十四年開福

撫即今江西撫州府二州山洞置汀州據唐書如此三山志註作二十一年恐誤

天寶元年改隸江南東道即今應天鎮江常州蘇州諸府浙江福建二布政司之地治蘇州尋改爲長樂郡復領漳潮二州十載

復以漳潮歸嶺南至德二載置經略軍寧海軍乾

元元年改爲都防禦使兼寧海軍使復爲福州都

督府上元元年升節度使領福泉建汀漳潮六州

按閩中記云天寶二年割潮州歸嶺南三山志云

十載復以漳潮歸嶺南且註云舊記言二年非故

大曆六年罷節度下又註以潮州歸嶺南是天寶

十載歸嶺南後二州又來屬至大曆六年潮州復

歸嶺南而漳州遂留不復去矣此云領州六其爲

福泉建汀漳潮無疑閩中記乃謂上元二年管福

州而三山志亦收入註中似欲以補六州之數然考其所記年號前後顛錯恐不足信寶應元年溫州來屬未幾遂歸越州大曆六年罷節度使置都團練觀察處置使以潮州歸嶺南元和間廢經略寧海軍其後王潮據有此土至乾寧三年升爲威武軍以潮爲節度使五代梁開平三年封潮弟審知爲閩王貞明六年升爲大都督府天成元年審知子延翰僞建大閩國唐長興四年僭號改元晉天福八年王延政僭號於建州國號殷開運二年復稱閩王以福州爲東都領福泉建汀漳

鏞即今將樂縣鐔即今延平府七州未幾爲南唐所滅而泉州散員指揮使留從效據泉漳二州南唐遂升泉州爲清源軍以從效爲節度使漢乾祐元年閩東都留守李仁達舉國歸吳越錢氏南唐改鐔州爲劍州周廣順元年改福州爲彰武軍宋建隆三年從效卒泉漳二州尋爲其將陳洪進所奪乾德二年改清源軍爲平海軍以洪進爲節度使太平興國三年洪進及錢氏俱納土復爲威武軍領福泉建汀漳劍六州省鏞州省鏞州舊志不載何年析建州邵武

縣置邵武軍屬兩浙西南路（按方輿勝覽云建寧府初隸江南又隸兩浙南路莆陽志亦云興化軍初隸江南東路而三山志不載未知是否）四年析泉州游洋鎮置興化軍雍熙二年始爲福建路景德三年置安撫使以福州守臣兼領嘉祐四年帶鈐轄大觀元年升爲帥府四年罷建炎三年復升爲帥府元至元十四年置福建廣東道提刑按察司十五年置福建行中書省十六年改置宣慰使司（省罷）俱治福州二十年復置行中書省（宣慰司罷）二十二年改置宣慰使司併入江西行省二十三年復置行

中書省宣慰司罷二十四年改爲行尚書省二十八年改置宣慰使司併入江西行省改福建廣東道提刑按察司爲福建閩海道肅政廉訪司按治帥府漕司軍民司屬二十九年復置行中書省宣慰司罷大德元年立福建平海行中書省徙治泉州平章高興言泉州與琉球相近或招或取易得其情故徙之三年改置宣慰使司都元帥府仍徙治福州據三山續志如此考之元史本紀謂至元十五年屬贛州行中書省增置提刑按察司十七年徙行省於泉州二十年改按察司爲福建閩海道併泉州行省入福州罷福建宣慰司復立行中書省于漳州二十一年以管知德爲泉州行省參知政事而地理志又

謂至元十四年立行宣慰司兼行征南元帥府事于泉州十五年改宣慰司爲行中書省十八年遷行省於福州十九年復還泉州二十年仍遷福州二十二年併入杭州百官志又謂二十三年併入江浙俱與三山續志不同未知孰是竊詳三山續志修於元致和間一代典籍尚存必有所據而元史則修於易代之後典籍未免散逸容有未審疑當以三山續志爲正且元史本紀地理志百官志本一書而自相矛盾如此决難盡信也

至正十六年復改置行中書省

按元史百官志是年復置福建行中書省此後不復廢而其下又言二十六年罷福建江西等處行中書省不知何也

二十六年置福建行樞密院至是天下大亂福建諸路及廣東潮州俱平章陳有定據而守之

國朝洪武元年盡平其地置福建等處承宣布政使司領福州建寧泉州漳州汀州延平邵武興化八府置福建都指揮使司領福州左右中及福寧鎮東泉州永寧興化平海漳州鎮海一十一衛又置福建行都指揮使司領建寧左右延平汀州邵武五衛及将樂守禦千戶所置福建等處提刑按察司分福寧建寧二道（福州泉州漳州興化屬福寧道建寧汀州延平邵武屬建寧道）兼察諸府縣衛所三司並治福州府而行都司則分治於建寧成化七年增置漳南道（析漳州汀州二府屬焉）

成化九年升福州府之福寧縣爲州領寧德福安二縣直隸布政司

福州府

本府漢初閩越王都此即今越王山南布政司北是也建安初爲候官縣吳景帝時置曲那都尉領謫徒造船於此舊記開元寺東直巷吳時都尉營號船塲永安三年屬建安郡增置東安縣晉太康三年升爲晉安郡遷治今城領原豐即今閩長樂懷安福清等縣地新羅即今長汀上杭武平龍巖縣地宛平未詳同安即今同安縣候官即今候官古田閩清永福福安縣地羅江疑即今羅源縣晉安攺

安爲晉安即今晉江惠安莆田仙遊縣地溫麻即今連江縣福寧州地八縣劉宋泰始四年改爲晉平郡領縣五省新羅宛平同安三縣尋復故梁天監中析晉安縣爲南安郡陳永定初爲閩州刺史治所後改豐州隋改泉州大業初復爲閩州尋改爲建安郡治閩縣即舊原豐縣領閩建安即今建寧府南安即今南安縣龍溪即今漳州府四縣南安郡隋平陳之後廢新羅等六縣俱省唐武德初改爲建州六年爲泉州領閩候官長樂連江長溪長溪即今福寧州并福安縣地五縣析建安屬建州析龍溪屬泉州析南安置豐州嗣聖十六年領縣六增置萬安景雲二年改

爲閩州開元十三年改爲福州二十七年領縣七增置古田二十九年領縣八增置尤溪天寶元年改爲長樂郡改萬安爲福唐本志謂是年增置古田尤溪恐誤永泰中領縣九析候官尤溪地增置永泰至宋改爲永福縣五代梁乾化元年領縣十以梅溪場增置閩清縣唐長興四年僞閩升爲長樂府領縣十三改福唐爲福清以羅源場爲永貞縣感德場爲寧德縣歸化場爲德化縣晉開運二年僞閩以爲東都按本志又謂五代唐長興四年以永順場爲順昌縣領縣十四晉開運二年析出順昌領縣十三考之文獻通攷宋史延平志三書皆謂南唐以永順場爲順昌縣隸劍州令從之漢乾祐元年歸吳越領縣十一析尤溪歸劍州析德化歸

泉州宋初改爲福州領縣十二析閩縣九鄉置懷安縣至乾興中改永貞爲羅源縣淳祐中領縣十三析長溪西鄉增置福安縣見三山續志宋史無福安縣蓋失於紀載也景炎元年端宗即位于此升爲福安府元至元十五年改爲福州路隷福建行中書省其後改隷不一詳見布政司下領司一析在城十二廂分四隅置録事司州二升福清縣爲福清州升長溪縣爲福寧州縣十一內寧德福安二縣隷福寧州

國朝洪武元年改爲福州府屬福建布政司罷録事司領縣十三閩侯官懷安長樂連江古田永福閩清羅源福安寧德及福寧福清二州仍改爲縣置福州左右中三衛左右二衛各領左右中前

後中左六千戶所中衛領左右中前後五千戶所

東

又置鎮東衛領左右中前後中左并梅花（治長樂縣）萬安（治福清縣平南里）八千戶所左右中三衛並治本府而鎮東衛則分治於福清縣成化九年領縣十（析福寧縣升為州以福安寧德二縣隸焉）

閩縣（附郭本漢候官縣地晉太康中析置原豐縣屬晉安郡隋開皇十二年改為閩縣五代唐長興四年為閩改為長樂縣清泰二年仍舊晉天福六年為閩又改為長樂縣宋元皆為閩縣 國朝因之）

候官縣（附郭本漢治縣地建安初析置候官縣三國吳永安中屬建安郡晉太康中屬晉安郡隋

省入閩縣唐武德六年更置於州西北之江岸去州城三十里貞觀五年復省入閩縣嗣聖十九年析閩縣西十二鄉復置貞元五年爲洪水漂没福建觀察使鄭叔則奏移入州城元和二年復省入閩縣五年仍置五代唐長興四年僞閩改爲閩興以長樂爲候官清泰二年俱復舊宋元仍爲候官

國朝因之○按三山志鄭叔則以貞元七年來任盖縣爲洪水所没在五年而移入州城則在七年之後也元和二年唐書作三年僞閩以長樂爲候官即今長樂縣

懷安縣 附郭本隋閩縣地宋太平興國六年郡守何允昭以閩縣畫疆不啻百里編户二萬吏患簿籍繁徵輸遠奏析九鄉八千户别置一縣此懷安之所由始也初治芋原江北三十里咸平二年轉運使丁謂奏移石岊始廣故驛爲治在州城西北二十五里元至元二十二年遷治于縣西尋復舊 國朝洪武十二年縣丞張希閩以縣治逼大江而府城西北隅皆本縣地遂奏移今府治之北

○石岊故治即今懷安遞運所

今縣治在古羅城永安門外

長樂縣本隋閩縣地唐武德六年都督王義童析置**新寧縣**在敦素里之平川尋改爲長樂縣上元元年防禦使董玠以其地卑潦移於吳航頭元和三年省入福唐縣五年復置五代唐長興四年僞閩改爲候官縣以閩縣爲長樂清泰二年復舊晉天福六年僞閩又改閩縣爲長樂而以長樂爲安昌明年復舊宋元仍爲長樂

國朝因之○平川今十二都是也

連江縣本隋閩縣地晉太康三年析溫麻船屯置溫麻縣屬晉安郡隋開皇中省入閩縣唐武德六年王義童復析置於連江之北更名連江縣宋元仍舊國朝因之

福清縣本唐長樂縣地嗣聖十六年析其南入鄉置萬安縣天寶元年改爲福唐五代梁開平二年改爲永昌唐同光元年復爲福唐長興四年僞閩始改爲福清舊治永慶里晉天福間徙南臺宋

初徙今治屬興化軍尋復歸福州元升爲州國朝洪武二年復爲縣○永慶里即今永東里南臺即今臺嶺或曰改爲南臺縣誤

古田縣 本晉候官縣山洞唐開元二十七年都督李亞丘在郡洞之大姓劉强林溢林希葷相與歸順遂奏置古田縣在雙溪之匯屏山之南宋轉運使楊克讓奏遷邑治于水口端拱元年轉運使崔策復還舊治宋元仍舊國朝因之○新唐書謂永泰二年析候官尤溪置誤今水口驛乃縣庭故止也

永福縣 本候官尤溪二縣地唐永泰二年節度使李承昭各析一鄉置永泰縣宋崇寧元年始改爲永福元仍舊國朝因之○新唐書謂咸通二年析連江及閩縣置誤

閩清縣 本漢候官縣地唐貞元中觀察使王翃析縣北十里置梅溪場五代梁乾化元年閩王審

知升爲閩清縣宋元仍舊國朝因之

○新唐書貞元元年析侯官縣置誤

羅源縣

本閩連江二縣地唐大中元年觀察使韋岫以連江縣一鄉爲羅源場咸通二年又分閩縣地以益之號永貞鎮五代唐長興四年僞閩升爲永貞縣宋天禧五年改爲永昌乾興元年始改爲羅源縣初治水陸寺西雙溪之間慶曆八年土民陳智津等以其地卑潦多水患奏請遷之知縣陳偁乃遷治舊縣東北之戴坑元仍舊國朝因之

建寧府

本府漢建安初始分侯官之北鄉置建安即今本府南平晋太元中改延平縣即今延平府漢興吳改吳興唐初改唐興天寶初改浦城縣二縣仍屬會稽南部時孫策取會稽遣賀齊領南部都

尉平其地八年遂以建安爲南部治所十年析建安之桐鄉置建平縣晉太原中改爲建陽縣三國吳永安三年始改爲建安郡改南部爲建安郡改都尉爲太守領建安建平吳興東平東平未詳將樂析建安校鄉置今屬延平府昭武析建安置晉元康初改爲邵武縣即今邵武府綏安析建安校鄉西偏地置今邵武府建寧泰寧二縣地晉改綏城按邵武府志置綏安在是年而延平府志則以爲晉隆安二年本志又以爲宋元嘉中未知孰是南平候官東安東安即今同安南安二縣地十縣仍治建安

晉太康三年析候官東安置晉安郡即今福州以南四府地

江左省延平東平二縣本志但云江左不言何代方輿勝覽謂宋明帝廢延

平疑二縣之省即此時也劉宋元嘉中領縣七析延平縣地置沙村縣即今延平府沙縣沙村或作沙陽未知孰是陳永定初屬閩州後屬豐州隋開皇九年郡廢為縣是年將樂等縣并省十二年復置邵武縣以屬撫州又本志云開皇末郡廢為鎮未知孰是屬泉州大業初屬閩州三年屬建安郡是年析候官縣地置閩縣并建安南安龍溪四縣皆屬焉治閩縣唐武德初屬建州四年移建州於建安領縣六閩縣仍屬復置唐興建陽將樂綏城并建安凡六縣尋為妖賊武遇所陷五年刺史謝元治敗之而復其地六年析置泉州析閩縣置而建州如故七年領縣七仍以邵武来屬八年領縣六省建陽入建安屬

泉州都督府貞觀三年領縣四（省綏城入邵武）永徽六年領縣五（復置沙縣）嗣聖五年領縣六（復置建陽縣）景雲二年屬閩州都督府天寶元年隸長樂郡復改為建安郡乾元元年復為建州隸福州都督府上元元年屬福州節度大曆六年隸福州都團練觀察處置使十二年領縣五（析沙縣屬汀州）乾符五年黃巢寇閩刺史李乾祐不能守郡人陳巖率鄉兵破之中和四年巖為觀察使鎮福州表郡人熊博為刺史寓治建陽未幾巖卒徐歸範據州叛以應王潮博遇害

郡遂爲王氏所有尋置鎮安軍節度又改鎮武軍五代晉天福八年延政於此建國稱大殷僭號改元開運二年改國號曰閩未幾南唐滅之而有其地改永安軍尋改忠義軍領縣八升歸化場爲歸化縣元祐初改泰寧縣升永安場爲建寧縣升松源鎮爲松源縣開寶末改松溪縣宋太平興國三年屬威武軍五年邵武府志及本志皆作四年宋史作五年今從之領縣四析將樂屬南劍州升邵武爲軍而以歸化建寧屬焉雍熙二年屬福建路端拱元年升建寧軍節度淳化五年領縣五升崇安場爲崇安縣咸平三年領縣六升關隸鎮爲關隸縣政和中改政和縣治平

三年領縣七（析建安建陽浦城三縣地置甌寧縣）建炎元年州兵葉儂叛明年知州事方承移寓建陽儂誅始復紹興元年郡民范汝爲據州叛知州事劉子翼移寓崇安明年大將韓世忠平之始復三十二年以孝宗舊邸升爲建寧府（先是孝宗封爲建王）元至元十五年改爲路（元史謂二十六年升爲路恐誤）隸福建行中書省（其後改隸不一詳見布政司下）領司一（城內置錄事司）縣仍舊十七年改建寧路總管府二十二年（元史百官志作十八年未知孰是）立建寧分省既而陳有定據之復廢分省

國朝洪武元年有定就擒復爲建寧府屬福建布政司罷録事司領縣仍舊置福建行都指揮使司又置建寧左右二衛各領左右中前後五千户所俱治於此景泰六年領縣八析政和及福州府福安縣地增置壽寧縣

建安縣①■郭本漢候官縣地建安初始析置建安縣屬會稽南部自晋至元俱仍舊 國朝因之

甌寧縣②■郭本建安縣地宋治平三年析置甌寧縣並析建陽浦城二縣地以益之屬建寧軍熙寧三年省元祐四年析建安縣地之半復置③■建陽浦城之地不復④與焉元仍舊 國朝因之

浦城縣本漢候官縣地建安初析置漢興縣三國吴永安三年改吴興隋開皇九年省入建安唐武德四年復置改曰唐興嗣聖八年改曰武寧⑤■龍元年復改唐興天寶元年始改浦城宋元仍舊

校注：①②附　③而　④與　⑤神

國朝因之成化十三年調建寧右衛前千戶所守備於此

建陽縣本建安縣地漢建安十年三國吳析縣之桐鄉置建平縣屬會稽南部晉太元中始改為建陽縣屬建安郡隋開皇九年省入建安唐武德四年復置屬建州八年又省入建安嗣聖五年復置宋景定元年改嘉禾縣元復改建陽縣國朝因之

松溪縣本建安縣地五代時屬吳越尋為偽閩所有立松源鎮周廣順元年南唐升為松源縣宋開寶末改曰松溪元仍舊國朝因之○松源鎮今縣東二十五里歸伏里即其地也

崇安縣本唐建陽縣地五代時閩析置溫嶺鎮南唐為崇安場宋淳化五年始升為縣元仍舊國朝因之

政和縣五代時閩為寧德縣地析置關隸鎮宋咸平三年升為關隸縣而析建安五里以益之屬

建寧軍政和五年始改爲政和縣元仍舊
國朝因之○寧德縣地即今福寧州寧德縣
壽寧縣本政和及福安二縣地　國朝景泰六年福建按察司僉事沈訥以其地險遠大寶坑銀
場時被温處流民盜採因肆剽掠且不便徵輸
遂會三司請於　朝析置壽寧縣治楊梅村

泉州府

本府漢建安初爲候官縣地晉太康三年屬晉安郡
即今福州梁天監中始析晉安縣爲南安郡置龍溪縣
屬焉治晉安陳永定初屬閩州後屬豐州隋開皇
九年郡廢改晉安縣曰南安復析置莆田縣元和郡縣
志謂陳廢帝析南安縣地置莆田縣隋開皇十年省未詳皆屬泉州名盖始此然其治仍

在今福州尋復省莆田縣大業初屬閩州尋屬建安郡

唐武德初屬建州五年析爲豐州領南安莆田二縣是時復置莆田縣疑龍溪縣時亦隨屬八年隸泉州都督府貞觀初州廢併入泉州嗣聖十六年析泉州之南安莆田龍溪置武榮州治南安領縣四析莆田增①源縣後改爲②遊縣尋廢縣還隸泉州此亦今福州十七年復置景雲二年改爲泉州今之泉州始此屬閩州都督府開元八年領縣五析南安地置晉江治晉江十三年屬福州都督府二十九年領縣四析龍溪屬漳州天寶元年屬長樂郡復改

校注：①置清　②僊

爲清源郡乾元元年仍爲泉州上元元年屬福州節度大曆六年隷福州都團練觀察處置使光啓二年爲王潮所據乾寧三年屬威武軍後遂屬閩五代時仍領南安莆田仙遊晉江四縣漸增置同安五代唐以唐大同場置德化閩析唐永泰縣歸化場置永春閩以桃林場置桃源縣後唐長興初改永春清溪南唐以小溪場置長泰南唐以武安場置凡九縣晉開運二年南唐滅閩取其地既而留從效據之漢乾祐二年南唐升爲清源軍從效卒復爲陳洪進所奪宋乾德二年改爲平海軍據綱目續編如此宋史云

太平興國改未知孰是太平興國三年洪進納土復爲州屬威武軍五代周廣順元年嘗改威武軍爲彰武軍時泉州爲留從効所據至是陳洪進納土遂復舊而泉州屬焉五年領縣六改清溪爲安溪以莆田仙遊屬興化軍以長泰屬漳州六年領縣七析晉江置惠安雍熈二年屬福建路元至元十五年升泉州路總管府隸福建行中書省其後改隸不一詳見布政司下領司一置錄事司以領在城之民縣仍舊大德元年爲福建平海行中書省治所三年省廢至正十八年立泉州分省二十二年西域那兀那納等竊據其地未幾陳有定據而守之

國朝洪武元年平其地改為泉州府屬福建布政司罷錄事司領縣仍舊置泉州衛領左右中前後五千戶所復置永寧衛領左右中前後福全（治晉江縣十五都）高浦（治同安縣十四都）嘉禾（治同安縣二十三都）金門（治同安縣十九都）崇武（治惠安縣二十七都）十千戶所泉州衛治本府而永寧衛并左右中前後五千戶所則分治於晉江縣二十都

晉江縣（附郭本晉晉安縣地屬晉安郡隋省入南安縣屬建安郡唐開元八年析置晉江縣為泉州治所屬泉州宋元仍舊）

國朝因之

南安縣本漢候官縣地吳析置東安縣晉改曰晉安屬晉安郡梁爲南安郡郡治所隋廢郡改縣曰南安屬建安郡唐武德初屬建州五年置豐州於此貞觀初州廢屬泉州嗣聖十六年爲武榮州治所州尋廢仍屬泉州十七年復屬武榮州景雲二年屬泉州宋元仍舊 國朝因之○貞觀初泉州即今福州

同安縣本漢候官縣地晉太康三年析置同安縣屬晉安郡後省入晉安縣隋爲南安縣地唐貞元十九年析南安四鄉置大同場五代唐天成四年復爲同安縣屬泉州宋元仍舊 國朝因之

德化縣本唐長樂郡永泰縣地貞元中析其歸義鄉爲歸德場五代唐長興三年閩立爲德化縣屬長樂府漢乾祐二年南唐改隸清源軍割今延平尤溪縣之常平進城二鄉以益之宋初屬平海

軍後復屬泉州元仍舊　國朝因之○長樂郡即今福州永泰縣即今永福

永春縣本隋南安縣之桃林場五代時閩置桃源縣唐長興初改爲永春縣屬泉州宋元仍舊　國朝因之

安溪縣本隋南安縣地唐咸通中析置小溪場五代周顯德二年南唐始立爲清溪縣屬泉州宋宣和初改爲安溪縣元仍舊　國朝因之

惠安縣本唐晉江縣地宋太平興國六年析置惠安縣屬泉州元仍舊　國朝因之

漳州府

本府梁天監中析晉安置南安郡地屬南安隋開皇九年郡廢屬泉州自此以上當與泉州府互觀唐嗣聖三年廣

冦陳謙等連結諸蠻攻潮州左玉鈐衛翊府左郎將陳元光討平之請置一州於泉潮之間以抗嶺表遂析福州西南境置漳州并於其地置漳浦縣以屬開元四年耆老余恭納等以其地多瘴癘請徙治李澳川今漳浦縣治是也二十二年改隸嶺南經略使二十八年領縣二析漳浦縣地置懷恩縣二十九年省懷恩入漳浦而以泉之龍溪來屬天寶元年改爲漳浦郡還隸福建三山忠①謂是年復領漳州而本志乃謂開元二十九年仍隸福建未知孰是十載又改隸嶺南乾元二年復爲漳州上元

校注：①志

元年還隸福建大曆十二年領縣三（析汀州龍巖縣來屬）貞元二年從觀察使盧惎（閩中記作盧諶誤）之請徙治龍溪光啓元年光州刺史王緒渡江陷汀漳二州尋為王潮所奪其弟審知繼而有之五代晉開運中朱文進擅命以程贇為刺史既而留從效殺贇遂據泉漳二州尋改漳州為南州（南唐刺史董思安以其父名章故改）宋建隆三年從效卒陳洪進有其地始奉宋正朔乾德四年復為漳州太平興國三年洪進納土屬威武軍五年領縣四（析泉州長泰縣來屬）雍熙二年屬福建路

元至元十六年改爲漳州路隸福建行中書省其■①改隸不一詳見布政司下領司一城內置錄事司領縣仍舊至治中領縣五析龍溪漳浦龍巖三縣地置南勝縣十六年改爲南靖縣至正八年立漳州分元帥府二十二年漳州行中書分省右丞羅良據其地二十六年陳有定取之

國朝洪武元年歸附改爲漳州府隸福建布政司罷錄事司領縣仍舊置漳州衛領左右中前後龍巖中中治龍巖縣六千戶所治於此成化四年領縣六析龍巖縣地置漳平縣

校注：①後

龍溪縣附郭本梁南安郡地天監中始析置龍溪縣以屬陳光大元年屬豐州隋開皇九年屬泉州唐嗣聖十六年屬武榮州州尋廢縣還屬泉州十七年復置武榮州縣仍屬焉景雲二年改屬泉州開元二十九年始以来屬貞元二年徙州治于此宋元仍舊 國朝因之○貞元二年一本作乾元初恐誤

漳浦縣本梁龍溪縣南界地唐嗣聖三年始置漳州於梁山之下而置漳浦縣於漳水之北以屬開元四年徙州治于李澚川縣從之二十八年析置懷恩縣明年復省懷恩入漳浦宋元仍舊 國朝因之○漳水之北今地名雲霄

龍巖縣本晉新羅縣苦草鎮唐開元二十四年置汀州因升為龍巖縣以屬大曆十二年始割隸漳州宋元俱仍舊 國朝因之

長泰縣本隋泉州南安縣武德鄉地唐乾符三年邑長張進思始置武德場以便輸納文德元年改爲武勝尋改武安五代晋天福八年南唐升爲長泰縣宋太平興國五年邑民楊海等以其地去泉州三百餘里期會徵輸不便請於泉守林金吾乞捨遠就近遂割隸漳州元仍舊　國朝因之

南靖縣本龍溪漳浦龍巖三縣地元至治中以其地險遠難於控馭遂析置南勝縣在九圍磐山之東至元三年畬寇李勝等作亂殺長史晏只哥時同知鄭晟府判喜春會萬户張哇哇討之失利邑人陳君用襲殺勝遂徙治於小溪琯山之陽至正十六年縣尹韓景晦以其地僻多瘴又徙于雙溪之北改爲南靖縣　國朝因之

漳平縣本龍巖縣地　國朝成化三年龍巖縣民林廷琥等以其縣所轄居仁聚賢感化和睦來福五里去縣遠且險請別置一縣以控制之明年遂析置漳平縣

汀州府

本府晉太康三年分建安郡置晉安郡又立新羅縣汀州始基於此以屬宋齊梁陳隋皆省唐開元二十四年始開福撫二州山洞置汀州領長汀黃連龍巖即今漳州府龍巖縣三縣天寶元年改州爲臨汀郡改黃連縣爲寧化縣乾元元年復爲汀州初治新羅按唐會要云天寶元年改新羅縣爲龍巖縣則今之龍巖即州之故治也而唐書則以爲長汀縣地未知孰是後遷長汀村在上杭縣北十五里今名舊州又遷東坊口去今州治五里亦名舊州大曆四年刺史陳劍又遷白石據唐書如此而唐會要則以爲

大曆十四年移汀州於長汀縣白石鄉考之本志云地志謂大曆四年移東坊口後十年陳劍奏移今治二說不同疑當以本志之言爲正即今治是也十二年析龍巖縣歸漳州以建州之沙縣來屬唐書謂是年沙縣來屬本志以爲乾元元年領沙縣未詳光啓元年王緒陷汀漳二州尋爲王潮所得其弟審知復繼而有之乾寧三年屬威武軍五代晉開運元年朱文進殺其主延羲以許文縝來守未幾泉漳皆殺文進所署刺史而以王氏諸子易之文縝懼遂以州降于延政二年王氏滅地入南唐越三年領縣二析沙縣歸劍州據延平志如此本志作開運二年未

詳宋開寶八年下江南悉有其地太平興國三年
屬威武軍雍熙二年屬福建路淳化五年領縣四
升上杭武平二場並爲縣元符元年領縣五析長汀寧化置清流縣紹興
三年領縣六以蓮城堡爲縣元至元十五年升爲汀州路
隸福建行中書省其後改隸不一詳見布政司下領司一城內置錄事司
縣仍舊後改蓮城爲連城至正八年立汀州分元帥府二
十二年陳有定據而守之
國朝洪武元年有定就擒總管陳谷珎以城降改爲汀
州府屬福建布政司罷錄事司領縣仍舊置汀州

衛領左右中前後上杭六千户所治於此成化六年領縣七以明溪鎮巡檢司置歸化縣十四年領縣八析上杭縣地置永定縣

長汀縣附郭本晉新羅縣地屬晉安郡唐開元二十四年於新羅故城東置長汀縣爲汀州治所後復隨州遷長汀村又遷東坊口大曆四年又遷白石鄉宋又遷衣錦鄉元仍舊國朝因之

寧化縣本晉新羅縣地在唐時介福撫二州之間開元二十四年置郡因置黄連縣以屬天寶元年改爲寧化縣宋元仍舊國朝因之○大明一統志謂本建州沙縣地而本志并不言其爲沙縣所析未詳

上杭縣本晉新羅縣地唐爲龍巖縣地大曆四年始析胡雷下保置上杭場周顯德元年南唐徙

秋梓保宋淳化五年升爲上杭縣析長汀縣南境隸焉屬汀州至道二年徙治鱉沙咸平二年徙語口市天聖五年徙鍾寮場乾道三年縣令鄭稷因民之請奏徙郭坊即今治也元仍舊 國朝因之

○上杭場即縣之豊田里秋梓保即縣之太平鄉鱉沙即縣之白沙里去秋梓保二百里語口市即縣之在城里去鱉沙二百步許鍾寮場即縣之平安里以其地坑①治大興商旅輻②奏故徙縣治之今縣治即縣之來蘇里

武平縣

本晉新羅縣地唐開元二十四年置州復析其西南爲南安武平二鎮隸長汀縣五代時爲閩併南安爲武平場南唐爲沙縣地屬劍州宋淳化五年升爲武平縣而析長汀西南境隸焉屬汀州元仍舊 國朝因之而置守禦千戶所於此

○大明一統志謂唐爲龍巖縣而本志弁不書其爲龍巖所析未詳南安武平二鎮相距二百二十里

校注：①冶　②湊

清流縣本唐長汀寧化二縣地舊有清流驛屬寧化宋元符元年提刑王祖道行部憩於驛愛其山水清淑且以寧化疆土曠遠統理尤難遂析其六里并長汀三里置清流縣屬汀州紹定中廢元復置國朝因之

連城縣本唐長汀縣地嘗置蓮城堡宋紹興三年因梅州司士曹事虞觀上言縣之南北去縣治三百餘里強者肆其剽掠弱者難於赴愬居民患之遂析置蓮城縣汀守鄭強以縣境狹隘又析長汀村古田鄉六團里以益之元至正六年改蓮爲連國朝因之

歸化縣本清流寧化及延平府將樂沙四縣地國朝置明溪鎮巡檢司屬清流縣成化六年汀州同知程熙以其地爲將樂沙寧化之交民多抗健難治議置縣以鎮之巡撫副都御史滕昭會三司奏請升爲歸化縣

永定縣本上杭縣地國朝成化十四年巡撫僉都御史高明以其地險民悍自正統天順以來草寇屢竊發宜置縣以鎮之遂會三司奏請析置永定縣

延平府

本府漢建安初始分侯官之北鄉置南平縣據建寧志如此而本志謂三國吳置南平縣未知孰是屬會稽南部三國吳永安三年屬建安郡東晉太元四年改為延平縣據本志如此方輿勝覽謂晉武帝平吳易南平為延平未知孰是劉宋明帝時廢按建寧志謂江左省延平縣方輿勝覽亦謂宋廢延平縣而本志乃謂晉太元四年改為延平宋齊梁陳皆因之二說不同疑當以建寧志及方輿勝覽為正隋開皇九年郡亦廢隸泉州

本志云隋爲建福汀三州地考之隋書文帝平陳
晉安建安南安三郡皆廢惟置閩建安南安龍溪
四縣福汀二州猶未有也而謂延平爲建福汀三
州地恐有未審大明一統志又謂唐爲建福汀
三州地未知是否大業初屬閩州三年屬建安郡唐武德
初屬建州三年置延平軍仍屬建州唐書無延平軍而本志所載者
如此未知是否五代時王審知改爲延平鎮審知子延翰
改爲永平鎮延政僭位於建州升爲龍津縣尋置
鐔州據本志如此而方輿勝覽謂王延翰改永平鎮爲龍津縣延政改延平鎮爲鐔州二說不
同然延翰既改延平鎮爲永平鎮矣而又謂延政改延平鎮爲鐔州恐有未審唐開運二
年南唐兵拔鐔州復以爲延平軍制置鎮按通鑑綱目晉

開運二年為南唐保大三年始滅閩取其地本志乃謂保大二年以為延平軍制置鎮誤矣明年改為劍州析建州之延平即今府治劍浦舊龍津縣富沙未詳按方輿勝覽云建寧府古有富沙驛城北有大伏洲疑去其地不遠也三縣屬焉治延平漢乾祐元年南唐復以福州之尤溪汀州之沙縣來屬又升永順場為順昌縣領縣六據文獻通考宋史及本志所載如此而三山志謂五代唐長興四年偽閩以永順場為順昌縣晉開運二年偽閩析出順昌未知何據宋太平興國四年因利州路亦有劍州乃加南字以別之名南劍州而以建州之將樂縣屬焉領縣五省延平富沙二縣治劍浦雍熙二年隸福

建路元至元十五年升南劍路大德六年改爲延
平路隸福建行中書省其後改隸不詳見布政司下領司一城內
置錄事司縣仍舊改劍浦爲南平至正末陳有定據而守之
國朝洪武元年平其地改爲延平府屬福建布政司罷
錄事司領縣五置延平衛領左右中前後五千戶
所治於此景泰三年析沙尤溪二縣地增置永安
縣并增置永安千戶所以守備之

南平縣附郭本漢侯官縣地建安初始析置南平縣屬建安郡晉太元中改爲延平縣劉宋明帝時廢五代時王審知置延平鎮王延翰改爲永平鎮王延政升爲龍津縣尋置鐔州於此唐開運三

年南唐改州曰劍州縣曰劍浦宋仍舊元大德中復改爲南平國朝因之

將樂縣 本漢建安縣地吳永安三年始析縣之校鄉置將樂縣屬建安郡隋開皇十二年併入邵武縣隸撫州唐武德五年復置將樂縣隸撫州七年省嗣聖五年析邵武及綏城縣地復置元和三年省五年復置屬建州五代晉開運二年僞閩以縣置鏞州尋復爲縣屬建州宋太平興國四年始來屬元仍舊國朝因之而置守禦千户所於此○按隋書但云開皇十二年置邵武不言以將樂併入天文分野云十一年置邵武府志云十三年置俱未詳邵武即今邵武府撫州即今江西撫州府綏城縣即今邵武府建寧泰寧二縣地今建寧縣西三里其治所也

尤溪縣 本晉延平縣之山洞唐開元二十二年經略使唐修忠以書招諭其民酋長高伏請以千户入版籍二十九年始開拓置尤溪縣隸福州五代晉開運二年南唐滅閩取其地以爲制置鎮又

三年割隸劍州宋元仍舊 國朝因之

沙縣 本漢南平縣地晋太元四年析其南鄉置沙戍劉宋元嘉中始置沙村縣隋改爲沙縣尋廢唐武德四年復置隸建州後省入建安縣永徽六年復置大曆十二年改隸汀州五代漢乾祐元年南唐始以來屬宋元仍舊 國朝因之

順昌縣 本漢建安縣地唐貞觀三年以其東南二鄉置將水場嗣聖四年分南鄉將水口爲蠲科鎮景福二年改爲將水鎮尋改爲永順場隸建州五代漢乾祐元年南唐始置順昌縣隸劍州宋熙寧三年以縣境褊小割劍浦縣交溪鄉以益之元仍舊 國朝因之

永安縣 本沙尤溪二縣地 國朝正統十四年逆賊鄧茂七平鎮守福建都督范雄刑部右侍郎薛希璉巡按監察御史陳員韜以其地險遠難於控制參會三司奏請置縣於此景泰三年始析沙

縣新嶺以南尤溪縣實山以西地置永安縣

邵武府

本府三國吳永安三年以建安縣爲建安郡始析昭武鎮爲縣又析建安校鄉西偏地置綏安縣（據本志如此而建寧府志謂宋元嘉中析邵武將樂二縣地置蓋將樂本亦校鄉地無可疑者但謂析邵武縣地又以爲宋元嘉中置則與此不同未知孰是）皆屬焉晉元康元年改昭武爲邵武太寧元年又改爲邵陽（一作武陽）義熙元年改綏安爲綏城劉宋永初元年復改邵陽爲邵武隋開皇九年郡廢縣亦隨廢屬泉州十二年以故邵武

綏城二縣地復置邵武縣屬撫州隋書謂開皇十二年置邵武縣天文分野謂十一年置本志謂十三年置又隋書謂綏城縣地併入龍溪本志謂併屬撫州俱未詳武德四年即建安郡地置建州復析邵武縣地置綏城縣以屬七年邵武縣亦屬建州貞觀三年省綏城入邵武嗣聖五年析邵武及綏城地置將樂縣據唐書如此而本志謂是年復置綏城縣未詳唐末為王氏所據五代晉天福初復為昭武開運二年南唐滅之而有其地尋復改為昭武後又升歸化場為歸化縣宋元祐元年改為泰寧升永安場為建寧縣俱屬建州自此以上當與建寧府互觀

太平興國五年始置邵武軍本志及建寧府志俱作四年宋史作五年今從之而割建州之歸化建寧二縣來屬治邵武六年又析邵武之財演鎮置光澤縣並隸焉本志作五年文獻通考宋史俱作六年今從之屬福建路元至元十三年改爲邵武路隸福建行中書省其後改隸不一詳見布政司下領司一城內置錄事司縣四邵武泰寧建寧光澤十四年升邵武路總管府至正二十二年陳有定據而守之二十七年

國朝兵取其地洪武元年改邵武府屬福建布政司罷錄事司領縣仍舊置邵武衛治於此

邵武縣

附郭本漢建安縣地三國吳始於此置昭武鎮永安三年升為縣晉元康元年改邵武太寧元年改邵陽劉宋永初元年復為邵武並屬建安郡隋開皇九年廢十二年復置以綏城縣併入屬撫州唐武德四年復析置綏城縣七年還屬建州貞觀三年省綏城入邵武嗣聖五年復析置將樂縣五代晉天福初僞閩仍改昭武漢時南唐復改邵武宋元仍舊 國朝因之○嗣聖五年析置將樂縣詳見本府下

泰寧縣

本漢建安縣地三國吳永安三年析其校鄉西偏置綏安縣晉義熙元年改綏城並屬建安郡隋開皇十二年併入邵武屬撫州唐武德四年析邵武地及綏城故地復置縣還屬建州五年析邵武地增置將樂七年省將樂以邵武地還屬綏城貞觀三年省入邵武嗣聖五年復析置將樂縣乾符二年寧海軍奏請析故綏城縣地為歸化黃連二鎮此為歸化鎮五代時唐廢鎮為場周顯

德五年升爲歸化縣治鑪峰之東屬建州宋太平
興國五年始以來屬元祐元年右司郎中張汝賢
用邑人葉祖洽之言奏改泰寧縣元仍舊 國朝
因之○按本志謂吳永安三年析其校鄉西偏置
綏安縣而將樂縣志謂晉隆安二年割縣之西鄉
置綏安縣本志謂晉義熙元年改綏安爲綏城而
建寧府志謂劉宋置綏城縣本志及建寧府志謂
唐武德四年析邵武地及綏城故地復置爲縣還
屬建州而天文分野謂是年始以將樂地析置綏
城縣俱未詳嗣聖五年復析置將樂縣詳見本府
下寧海軍按唐至德二載於長樂郡置寧海軍乾
元元年改爲都防禦使兼寧海軍本志以爲今杭
州府誤矣歸化鎮天文分野作歸仁場大明一
統志作歸化場南唐廢鎮爲場天文分野云保大
四年罷爲鎮元祐元年張汝賢奏
改泰寧縣天文分野作元豊八年

建寧縣 本晉綏城縣地唐嗣聖五年析置將樂水之南隸將樂屬福州水之北隸臨川屬撫州乾

符二年分故綏城縣地爲黄連歸化二鎮此爲黄連鎮五年邑人陳巖以鎮兵禦黄巢之寇表爲義寧軍置鼓角賜牌印治永安五代時南唐罷爲永安鎮又改爲永安場宋乾隆元年南唐所置建寧縣屬建州太平興國五年以永安場來屬改隸邵武軍元仍舊　國朝因之○自此爲黄連鎮以上當與泰寧互觀本志南唐罷爲永安鎮天文分野及武陽志俱作永寧鎮未詳孰是

光澤縣 本邵武縣光澤鸞鳳二鄉地唐於此置洋寧鎮五代周改爲財演鎮並屬建州宋太平興國六年升爲光澤縣屬邵武軍元仍舊　國朝因之○天文分野謂周改爲財演鎮而武陽續志云宋初本志云乾德二年未詳孰是

興化府

本府梁天監中析晉安置南安郡地屬南安陳天嘉

五年陳寶應據建安晉安二郡章昭達敗之迯至莆口（按資治通鑑作莆口莆陽志作蒲口非是）其地始見載籍隋開皇九年始析南安縣地置莆田縣（即莆口也）皆屬泉州（今福州也）尋復廢入南安縣唐武德五年復置莆田縣屬豐州嗣聖十六①析莆田縣地增置清源縣並屬武榮州州尋廢縣還隸泉州十七年復故（按通鑑綱目嗣聖十六年即武后聖曆二年十七年即武后久視元年則聖曆未嘗有三年也唐書謂聖曆二年復豐州爲武榮州三年州廢久視元年復置誤矣）景雲二年改泉州爲閩州而以武榮州爲泉州（今泉州也）天寶元年升泉州爲清源

校注：①缺“年”字

郡改清源縣爲仙遊縣乾元元年復改泉州光啓二年爲王氏所據後遂屬閩又屬留從效又屬陳洪進自此以上當與泉州府互觀宋太平興國四年析泉州游洋鎮置太平軍尋改興化軍復析泉州之莆田仙遊及福州之永福福清地合游洋百丈鎮六里置興化縣是爲軍之治所五年始以莆田仙遊二縣來屬宋會要云四年未詳領縣凡三八年轉運使楊克讓以游洋地不當要衝始請移治于莆田宋末改爲興安州元至元十四年改爲興化路隸福建行中書

省其後改隸不一詳見布政司下領司一城內置錄事司縣仍舊國朝洪武元年歸附改爲興化府屬福建布政司罷錄事司領縣仍舊置興化衛領左右中前後五千戶所治於此復置平海衛領左右中前後莆禧治莆田縣新安里六千戶所分治於莆田縣武盛里大海之瀕正統十三年領縣二先是興化縣人何誠任直隸鳳陽府虹縣知縣以其地僻民稀奏省之至是省入莆田仙遊二縣

莆田縣附郭本晉晉安縣地隋開皇九年析置莆田縣屬泉州尋廢入南安縣唐武德五年復置屬豐州宋太平興國五年來屬元仍舊國朝因之正統十三年省興化縣西南鄉地入焉

仙遊縣本隋莆田縣地唐嗣聖十六年析置清源縣天寶元年別駕趙頤正以縣與郡同名不便奏請易之遂改爲仙遊縣宋元仍舊 國朝因①因之正統十三年省興化縣西北鄉地入焉

福寧州

本州漢建安初爲候官縣地晉太康三年析置溫麻縣本志謂漢元光初置未詳屬晉安郡隋開皇九年縣廢屬泉州唐武德六年析置長溪縣尋省入連江爲寧遠鎮嗣聖十九年復置開元十三年屬福州開成中析縣地並古田縣地置感德場五代唐長興四年爲閩升爲寧德縣宋淳祐中又析長溪之西鄉本志作西北置福安縣元

校注：①衍“因”字

至元二十三年升長溪縣為福寧州屬福州路領寧德福安二縣

國朝洪武元年仍改為福寧縣屬福州府自此以上當與福州府互觀置福寧衛領左右中前後大金治本州五十二都定海治連江縣二十七都七千戶所治于此成化九年復升為州直隸福建布政司仍領福安寧德二縣

寧德縣本唐長溪并古田二縣地開成中分置感德場五代唐長興四年僞閩升為寧德縣宋屬福州元至元二十三年屬福寧州國朝洪武二年改屬福州府成化九年仍隸福寧州○至元二十三年本志作二十二年

福安縣本唐長溪縣地宋淳祐五年析置福安縣元至元二十三年隸福寧州國朝洪武二年改隸福州府成化九年仍隸福寧州。至元二十三年本志亦作二十二年

八閩通志卷之一

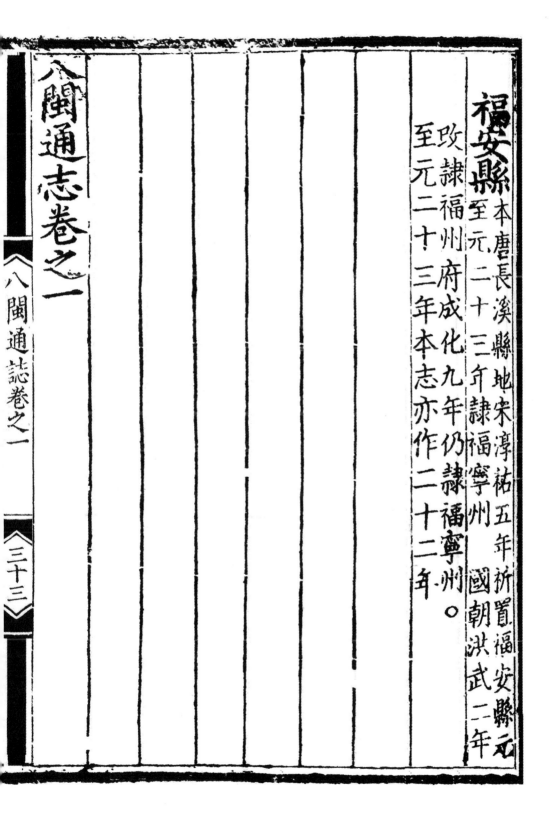

八閩通志卷之二

地理

郡名 邑名附

福州府

七閩 按職方氏註閩子孫有七種故曰七閩又按三山志七者所服國數也 **閩中** 宋曾鞏道山亭記福州治候官於閩爲土中所謂閩中也 **晋安** 晋衣冠士類多避地於此故名 **長樂** 閩中記地名長樂居者安之 **三山** 九仙烏石越王三山俱在城中故名 **福唐** 按三山志紹興二年詔福唐繕修城池則福州古亦稱福唐也 **合沙** 郭璞遷城讖南臺沙合河口路通先出狀元後出相公 **東冶** 以越王冶鑄得名 **東甌** 舊經閩越地即古東甌今建亦其地考之史記高帝立無諸爲閩越王都冶惠帝立

搖爲東海王都東甌蘇林注冶山名今名東冶治平圖謂之泉山即今福州將軍山也徐廣注東甌今之永寧後改爲永嘉然則閩越東甌其爲兩國無疑舊經謂閩越即古東甌非也又見建寧郡名志

懷安縣　石岊宋咸平間嘗移置石岊舊記山曲曰岊

長樂縣　吳航吳嘗造船於此故名　新寧唐名取書宅新邑寧厥止之義

連江縣三山志以縣治連接江水故名大明一統志謂縣治南有連江縣名以此　鳳邑山勢如飛鳳故名

福清縣舊記謂縣之山自永福而來溪自清源而分故名考之於志永福得名乃在福清之後其說蓋未必然　玉融縣有玉融山故名

古田縣三山志洞豪劉彊等以土地人民歸都督李亞丘咸曰祖父咸亨中來此因古昔田畝墾

關所居故名

玉田 田中嘗產青玉故名

永福縣

三山志唐永泰間置縣初名永泰宋避哲宗陵復改今名

閩清縣

本志縣溪與大江匯江水濁而溪水清故名

梅溪 溪多植梅因名

羅源縣

三山志溪名亦姓也

建寧府

建安 漢建安初置縣吳因以爲建安郡

建溪 舊建州

富沙 方輿勝覽古有富沙驛城北有大伏洲豈以此得名歟

東甌 本志府城東南有東甌城漢吳王濞世子駒發兵圍東甌即此考之史記吳王濞反東甌受漢購殺濞駒亡閩越怨東甌殺其父勸閩越圍東甌索隱曰姚氏云甌水名出永寧山去永嘉郡城五里入江昔有東甌王都城有亭積石爲道今猶在也以是觀之則東甌城之在永嘉無疑矣而謂建

寧有東甌城不知何耶

甌寧縣亦以東甌城得名

浦城縣漢東越王餘善築城臨浦縣因以名　漢興漢名

建陽縣　建平吳名

松溪縣　松源舊名以縣有松溪也

崇安縣　溫嶺舊爲溫嶺鎮

政和縣宋政和中改名

泉州府

清源唐名按本志泉山之上有乳泉清潔甘美州名清源蓋本於此　武榮亦唐名　桐城泉州

初築城日繞城樹刺桐因以名城

溫陵 圖經其地少寒故名

晉江縣

以邑有晉江名

同安縣

大同 唐置大司①場

銀城 按本志城東西廣南北隘如銀錠然故名

德化縣

龍潯 縣東北之山突起蟠繞如龍前有二水朝之故名

永春縣

本志以四時多燠故名

桃源 縣西有桃溪

安溪縣

本志舊名清溪以縣治前有溪清瑩環遶故名宋宣和中盜起陸州清溪洞時惡其名改為安溪

漳州府

清漳 以漳水名

臨漳 同上

校注：①同

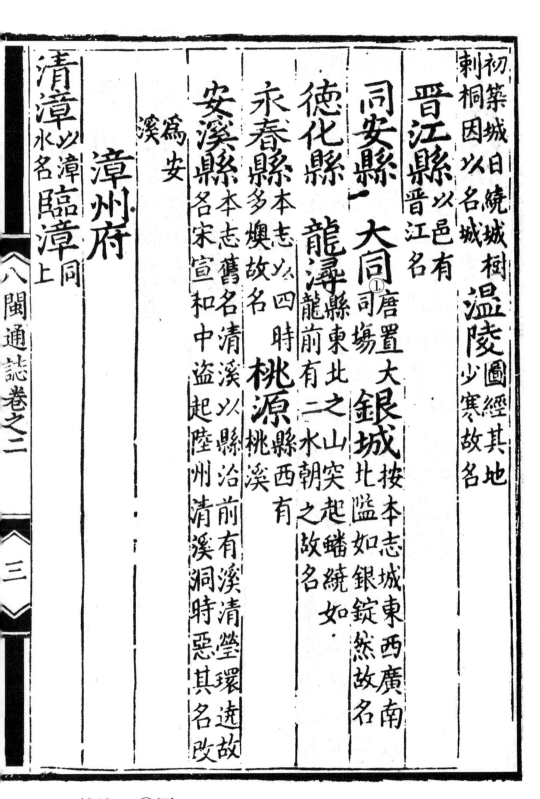

龍溪縣 以縣有龍溪名

漳浦縣 唐名

龍巖縣 以縣有龍巖山名

南靖縣 **南勝** 元名

汀州府

臨汀 按本志汀水名自北發源至州境而東遂南流入海是天下之水皆東惟汀水獨南南丁位也以水合丁爲文或曰尒雅以水際平地爲汀説文以水際平沙爲汀未郡之前有長汀村其間水際多平地與沙以汀名郡蓋取諸此 **鄞江** 以郡内有鄞江故名 **平沙** 亦取説文之義

長汀縣 以地有長汀村得名

上杭縣 杭川

武平縣 平川

連城縣 舊名蓮城元至正間草寇羅天麟平因去草爲連

延平府

南平 漢縣名 延平 唐名 劍津 晉書張華傳言斗牛之間有紫氣在豫章豐城補雷煥豐城令掘獄基得雙劍一與張華一留自佩華報煥書曰詳觀劍文乃干將也莫邪何爲不至天生神物終當合耳華死失劍所在其後煥之子持劍行延平津劍忽躍出墮水使人没水取之但見兩龍時人以爲雙劍復合故名

劍浦 鐔川 鐔劍鼻劍口名 龍津 俱同上

將樂縣 本志縣治在將溪之陽土沃民樂故名

尤溪縣 本志溪之洲多尤姓故名溪因以名縣今尤氏自言其上世本姓沈避王審知諱故改姓尤非也

沙縣 縣有沙源

順昌縣 本志南唐始置縣以其初順服故名取順而昌之意

邵武府

昭武 吳名晉避文帝諱改邵武 **邵陽** 晉名 **武陽** 本志以郡在武夷之南 **樵川** 以郡有樵溪 **樵陽** 同上

泰寧縣 國朝邑人梁淮重脩縣治記泰寧本關里府號宋時邑多名士元豐間因勑以是名縣嘉其郁郁近魯也 **杉陽** 以縣治在杉溪之陽

建寧縣　灘江以地有灘水

洸澤縣　杭川以地有杭溪

興化府

莆田按本志舊説地多生蒲故謂之蒲田其後縣多水患因去水存莆考之資治通鑑陳天嘉五年陳寶應敗逃至莆口胡三省註云莆音蒲莆地之見載籍自此始字但作莆未嘗作蒲也舊説不知何據　莆陽古讖云白湖腰欲斷莆陽朱紫半　莆中古名

仙遊縣本志臨川何氏兄弟九入學道於此仙去故名後人多以仙名其地如仙溪仙鄉仙水之類是也　清源唐名

福寧州

温麻晋以温麻船屯置縣因名　寧遠唐改縣爲寧遠鎮因名　長溪唐宋縣名縣南有溪數十里通海

福寧元取福安寧德二縣之名以名州

寧德縣　感德唐置感德塲

福安縣按本志初議置邑邑令范蘷夢神人告曰須福建安撫來事乃成後朝廷賜名其縣曰福安蓋符夢中福建安撫之言也　宸山縣之主山曰宸山因以名邑令居邑東者曰東宸居邑西者曰西宸

分野

福建布政司各府州縣同

閩地在禹貢揚州之域宋蔡沉曰揚州之域北至淮東南至于海熊禾曰閩粵雖

上古未通亦當在要荒之服周官保章氏辯九州之分野吳越屬星紀前漢志屬牽牛婺女之分後漢志晉志隋志皆屬斗牛須女之分後漢郡國志云自斗十一度至婺女七度一名須女曰星紀之次於辰在丑謂之赤奮若於律爲黃鍾斗建在子今吳越分野晉天文志云自南斗十二度至須女七度爲星紀吳越分野屬揚州注云費直起斗十度蔡邕起斗十六度又云陳卓范蠡鬼谷張良諸葛亮譙周京房張衡並云斗牽牛須女吳越揚州內會稽入牛一度唐一行以山河兩戒推之莆陽志戒作界非所謂南紀者東循嶺徼達東甌閩中蓋在雲漢下流爲負海之國唐書天文志云一行以爲天下山河之象存乎兩戒北戒自三危至朝鮮是謂北紀所以限戎狄也南戒自岷嶓至東甌閩中是謂南紀所以限蠻夷也故星傳謂

北戒為胡門南戒為越門又云東南負海為星紀負海者以其雲漢之陰也又云南斗牽牛星紀也初南斗九度餘千四十二秒十二太中南斗二十四度終女四度為星紀之分古吳越及東南百越之國南斗在雲漢下流當淮海間為吳分牽牛去南河寖遠自豫章迄會稽南逾嶺徼為越分宋志以屬天市垣東蕃南第六星宋史天文志天市垣二十二星東西蕃各列十一星其東垣南第六星曰吳越元志亦以為星紀之次元史曆志斗四度三十六分六十六秒外入吳越分星紀之次

國朝天文分野以福建郡縣並屬斗牛之分

大明一統志則以為牛女之分大抵古書又亡堪輿雖有郡國入度非古數也今其存者十二次之分而已

福建八府一州五十三縣大槩可定者次在星紀野在揚州之所入其細度則未易析衷也

疆域

福建等處承宣布政使司 東抵大海岸西抵江西界廣九百二十五里南抵廣東界北抵浙江界袤一千七百一十三里

福州府 在布政司治所東抵大海岸西抵延平府南平縣界廣四百四十里南抵興化府莆田縣界北抵福寧州界袤四百四十五里

閩縣 附郭東抵連江縣界西抵侯官縣界廣九十三里南抵福清縣界北抵懷安縣界袤八十里

候官縣附郭東抵閩縣界西抵永福縣界廣八十一里南抵閩縣界北抵懷安縣界袤九十里

懷安縣附郭東抵連江縣界西抵候官縣界廣八十五里南抵候官縣界北抵古田縣界袤二百一十里

長樂縣在府城東南一百里東抵海澳西抵閩縣界廣一百二十里南抵福清縣界北抵山袤六十五里

連江縣在府城東北九十五里東抵大海西抵懷安縣界廣七十里南抵閩縣界北抵羅源縣界袤九十五里

福清縣在府城東南一百二十里東抵長樂縣界西抵興化府莆田縣界廣一百二十里南

抵大海北抵長樂縣界袤一百四十五里

古田縣在府城北二百八十里東抵連江縣界西抵南平縣界廣八十三里南抵懷安縣界北抵建寧府政和縣界袤二百五十里

永福縣在府城西南一百二十里東抵候官縣界西抵延平府尤溪縣界廣一百二十五里南抵興化府莆田縣界北抵閩清縣界袤一百一十五里

閩清縣在府城西北一百二十里東抵候官縣界西抵尤溪縣界廣八十五里南抵永福縣界北抵古田縣界袤一百二十里

羅源縣在府城東北一百六十里東抵福寧州寧德縣界西抵連江縣界廣七十里南抵連江縣界北抵古田縣界袤九十五里

建寧府在布政司西北五百三十里東抵福寧州福
安縣界西抵延平府順昌縣界廣四百五十
里南抵延平府南平縣界北抵江
西廣信府上饒縣界袤四百里

建安縣附郭東抵政和縣界西抵甌寧縣界廣一
百里南抵南平縣界北抵甌寧縣界袤八
十里

甌寧縣附郭東抵建安縣界西抵建陽縣界廣八
十里南抵建安縣界北抵浦城縣界袤一
百八十里

浦城縣在府城東二百七十里東抵浙江處州府
龍泉縣界西抵崇安縣界廣一百七十里
南抵甌寧縣界北抵江西廣信
府永豐縣界袤一百九十里

建陽縣在府城北一百二十里東抵甌寧縣界西
抵邵武府邵武縣界廣一百三十五里南

抵甌寧縣界北抵崇安縣界袤七十五里

松溪縣在府城東一百六十里東抵浙江處州府慶元縣界西抵政和縣界廣九十里南抵政和縣界北抵浦城縣界袤七十里

崇安縣在府城北二百四十里東抵浦城縣界西抵江西廣信府鉛山縣界廣一百四十里南抵建陽縣界北抵廣信府上饒縣界袤一百五十里

政和縣在府城東二百四十里東抵壽寧縣界西抵甌寧縣界廣三百三十里南抵福州府古田縣界北抵慶元縣界袤四百四十里

壽寧縣在府城東二百五十里東抵福安縣界西抵政和縣界廣一百九十里南抵福寧州寧德縣界北抵浙江處州府景寧縣界袤二百三十里

泉州府在布政司西南四百一十里東抵大海西抵漳州府長泰縣界廣二百八十里南抵大海北抵延平府尤溪縣界袤三百八十四里

晉江縣附郭東抵惠安縣界西抵南安縣界廣二十七里南抵大海北抵興化府仙游縣界袤二百六十里

南安縣在府城西十五里東抵晉江縣界西抵安溪縣界廣七十三里南抵同安縣界北抵永春縣界袤一百七十里

同安縣在府城西南一百三十里東抵南安縣界西抵漳州府龍溪縣界廣一百一十五里南抵大海黃牛澳北抵安溪縣界袤一百三十五里

德化縣在府城北一百八十五里東抵興化府仙遊縣界西抵延平府尤溪縣界廣二百里

南抵永春縣界北抵福州府
永福縣界袤一百四十里

永春縣在府城西北一百二十里東抵南安縣界
西抵漳州府龍巖縣界廣一百九十里南
抵南安縣界北抵德
化縣界袤九十里

安溪縣在府城西一百五里東抵南安縣界西抵
同安縣界廣八十五里南抵南安縣界北
抵龍溪縣界袤
一百九十里

惠安縣在府城東北五十里東抵大海西抵晉江
縣界廣八十里南抵大海北抵仙遊縣界
袤一百
五里

漳州府在布政司西南六百八十里東抵泉州府同
安縣界西抵汀州府長汀縣界廣四百一十
里南抵廣東潮州府海陽縣界北抵
延平府尤溪縣界袤六百五十里

龍溪縣附郭東抵泉州府同安縣界西抵南靖縣界廣一百一十里南抵漳浦縣界北抵長泰縣界袤六十里

漳浦縣在府城南一百里東抵大海西抵南靖縣界廣一百五十里南抵海陽縣界北抵龍溪縣界袤二百四十里

龍巖縣在府城西北三百一十里東抵漳平縣界西抵汀州府長汀縣界廣一百四十里南抵南靖縣界北抵延平府尤溪縣界袤四百三十里

長泰縣在府城東四十里東抵同安縣界西抵龍溪縣界廣七十里南抵龍溪縣界北抵泉州府安溪縣界袤九十五里

南靖縣在府城西四十里東抵龍溪縣界西抵龍巖縣界廣二百四十五里南抵廣東潮州

府程鄉縣界北抵龍巖縣界袤二百八十里

漳平縣在府城西北四百里東抵安溪縣界西抵龍巖縣界廣一百二十里南抵南靖縣界北抵延平府永安縣界袤二百一十里

汀州府

在布政司西南一千六十里東抵延平府永安縣界西抵江西贛州府瑞金縣界廣七百里南抵廣東潮州府程鄉縣界北抵江西建昌府廣昌縣界袤三百一十里

長汀縣附郭東抵寧化縣界西抵瑞金縣界廣一百四十里南抵上杭縣界北抵瑞金縣界袤二百一十五里

寧化縣在府城東北一百八十里東抵清流縣界西抵贛州府石城縣界廣一百里南抵長汀縣界北抵邵武府建寧縣界袤二百里

上杭縣在府城南一百九十里東抵漳州府龍巖縣界西抵武平縣界廣一百二十五里南抵永定縣界北抵長汀縣界袤一百一十五里

武平縣在府城西南一百六十五里東抵上杭縣界西抵贛州府安遠縣界廣一百九十里南抵程鄉縣界北抵長汀縣界袤二百四十里

清流縣在府城東北二百一十里東抵永安縣界西抵寧化縣界廣一百三十五里南抵寧化縣界北抵歸化縣界袤七十五里

連城縣在府城東南一百七十里東抵永安縣界西抵長汀縣界廣一百一十里南抵上杭縣界北抵清流縣界袤二①百六十里

歸化縣在府城東北二百餘里東抵延平府將樂縣界西抵清流縣界廣五十五里南抵永

校注：①一

安縣界北抵寧化縣界袤一百六十里

永定縣 在府城南二百四十五里東抵漳州府南靖縣界西抵上杭縣界廣二百七十里南抵廣東潮州府饒平縣界北抵上杭縣界袤一百八十里

延平府 在布政司西四百一十五里東抵建安縣界西抵汀州府清流縣界廣三百七十五里南抵福州府古田縣界北抵邵武府邵武縣界袤三百里

南平縣 附郭東抵建寧府建陽縣界西抵順昌縣界廣一百四十五里南抵尤溪縣界北抵建寧府甌寧縣界袤一百八十里

將樂縣 在府城西二百二十里東抵順昌縣界西抵清流縣界廣一百五十五里南抵沙縣界北抵邵武府泰寧縣界袤一百六十里

尤溪縣在府城南一百五十里東抵福州府閩清縣界西抵漳州府龍巖縣界廣二百八十里南抵泉州府德化縣界北抵沙縣界袤二百五十里

沙縣在府城西一百二十里東抵南平縣界西抵永安縣界廣一百五十里南抵尤溪縣界北抵順昌縣界袤一百四十里

順昌縣在府城西一百二十里東抵南平縣界西抵邵武府邵武縣界廣九十里南抵沙縣界北抵邵武府建寧縣界袤七十里

永安縣在府城西南二百里東抵尤溪縣界西抵清流縣界廣一百八十里南抵龍巖縣界北抵沙縣界袤二百里

邵武府在布政司西北六百七十里東抵延平府順昌縣界西抵江西建昌府新城縣界廣二百

六十里南抵汀州府寧化縣界北抵江西廣信府鉛山縣界袤六百四十里

邵武縣 附郭東抵順昌縣界西抵光澤縣界廣一百七十五里南抵泰寧縣界北抵建寧府建陽縣界袤二百里

泰寧縣 在府城西南一百四十里東抵邵武縣界西抵建寧縣界廣一百一十里南抵延平府將樂縣界北抵邵武縣界袤一百里

建寧縣 在府城西南二百四十五里東抵泰寧縣界西抵建昌府建昌縣界廣一百一十五里南抵寧化縣界北抵建昌府南豐縣界袤一百一十五里

光澤縣 在府城西北八十里東抵邵武縣界西抵新城縣界廣九十五里南抵邵武縣界北抵鉛山縣界袤一百五十里

興化府在布政司西南二百七十里東抵海岸西抵泉州府永春縣界廣二百一十五里南抵海岸北抵福州府永福縣界袤一百二十里

莆田縣附郭東抵海岸西抵仙遊縣界廣一百二十五里南抵海岸北抵永福縣界袤一百二十里

仙遊縣在府城西七十里東抵莆田縣界西抵永春縣界廣八十五里南抵泉州府惠安縣界北抵永福縣界袤一百五十里

福寧州在布政司東北五百四十五里東抵海及浙江温州府界西抵福安縣界廣一百五十里南抵寧德縣界北抵浙江温州府平陽縣界袤四百一十五里

寧德縣在州城南二百二十里東抵福寧州界西抵福州府古田縣界廣一百五十五里南

抵福州府羅源縣界北抵建寧府政和縣界袤二百四十五里

福安縣在州城西北二百里東抵福寧州界西抵寧德縣界廣一百五十五里南抵福寧州界北抵浙江處州府慶元龍泉二縣界袤三百里

形勝

福建布政司

閩越地肥衍唐韓愈歐陽生哀詞云云有山泉禽魚之樂 憑山負海唐杜佑通典閩越遐阻僻在一隅云云 水清山秀為東南之冠唐黃璞閩中名士録序 東南際海西北多峻嶺抵江宋史地里志 南望交廣北睨淮浙三山志 水陸之險宋曾鞏道山亭記閩之路陸出者或逆坂如緣絙或垂崖如一髮或側徑鈎出於不

測之溪上皆石芒峭發擇然後可投步其溪行則水皆自高瀉下石錯出其間如林立舟泝沿者投便利失毫分輒破溺其水陸之險如此連山絡其精神巨淵敞其眉目元程鉅夫送郭元坦序閩之版幅員凡幾千里云云

福州府

東帶滄溟百川叢會舊記北抵永嘉南出莆田西連延平同上其地坦夷圖經閩中八郡建劍汀邵號上四州其地多溪山之險福興泉漳號下四州云云吻海泒江唐沈亞之集閩城吻海而泒江附山以居無安沼平池游舟娛樂之地長江在其南大海在其東宋曾鞏道山亭記全閩八郡長樂爲冠宋蔣之奇文東南都會宋蔡襄學記并柯述祭文連山距海邊徼重地元王惲奏疏

地氣磅礴（元貢師泰重修福州路記云云物產蕃阜）

長樂縣　東濱大海西接瀛洲首石峙其北長江經其南（本志）

連江縣　沉蝶案於水中聳筆峰于天際五馬內朝三台外輔（本志）

福清縣　東薄大江西連巨麓雙旗五馬距其陽鶯峰金翅敵其陰（本志）

古田縣　文筆峙立乎其東五華盤礴乎其西北翠屛南案仙亭（元吳海送鄭訓導之古田序）

永福縣　東徹侯官西界尤溪莆陽直其南閩清倚其北宋知縣黃子理玩芳亭記山崖層疊溪水悍激同上其山崖懸蹙聳伏疊見層出其水行山間悍激回復走瀨藏石

閩清縣　大江環其左屏山聳其前鳳凰南翔朱頂西舞本志山水清妍西高東下同上

羅源縣　四明角拱三台臂揖本志鳳屏攤其後蕭帽環其前金馬出其東銕幢峙其西同上兩溪左蟠二川右繞同上

建寧府

碧水丹山（梁江淹爲吳興令嘗謂云云珎木靈草平生所愛不覺行路之遠）東閩劇地（唐權德輿送建州趙使君序）東接括蒼北距上饒西南抵延平東北帶建溪（本志）山水奇峻（同上閩中號佳山水建安視閩中尤號奇峻）保界閩越綿地八百（宋楊億云）東南勝地（本志南望鐵獅紫蓋以次群峰傍聯黃華白鶴之秀爲東南勝地）居閩上游（同上建安爲郡云云爲江浙之要衝福唐之喉衿）襟山束水（宋盛均存惟閩嶠一臂西指則建安在焉其郡云云其人獷黠而易隨）溪行石中（宋韓元吉記）

浦城縣

雷霆入地星斗逼人（唐章碣詩雷霆入地建溪險星斗逼人棃嶺高）其山奇峻其水湍急（本志邑之北有梨嶺層巒疊嶂迤邐而來大溪環繞自西折而東由建溪而達於海云云）其山峙其左西巖環其右前擁

回隆之秀後倚橫峰之奇同上

建陽縣　西北高而山多峻峭東南下而地稍平夷

本志群峰襟抱二水帶東同上騰龍驚馬東南迴護卧

牛踞虎左右相持同上

松溪縣　山明水秀本志甚①盧峙其南尊師袞其北七峰聳其左虹亭列其右山之中有雙溪逶迤曲折云云

崇安縣　春灘水狂唐羅隱詩春灘建水狂　諸峰環拱二水合抱本志黃石山在其北武夷諸峰在其南東有三厶②官山西有白花巖尖石水則石臼從東而來石稚③從西而來合而環拱於縣至武夷九曲與建溪合　建溪奇偉宋蘇軾詩建溪富奇

校注：①湛　②台　③碓

偉

政和縣 東抵永嘉南通福唐西走建溪北控龍泉 本志 群山迴環二水縈繞 同上 大奇峯聳翠於左望浙峯列障於右南則文筆之效奇北則黃熊之獻秀 同上

壽寧縣 四山列屏一水縈帶 本志 疊嶂重岡湧若波浪 同上

泉州府

川逼溟渤山連蒼梧 唐歐陽詹二公亭記 近接三吳遠連二廣 宋連

南夫修城記惟閩之泉云云萬騎貔貅千艘犀象閩越奧區廳壁記泉州一云云家尚禮樂地
帶嶺海宋錢熈記閩之與區泉南爲冣其地帶嶺海華寶之物頗與岷峨同閩越領袖張贇
明記清源表以紫帽龍首之峰帶以金溪石筍之阻宋陳知柔修二
門記北枕清源西拱紫帽漲海經其南岱嶼襟其會宋志水
清山秀宋鄭俠詩水清山秀傳溫陵東南巨鎮元志風氣完固物産夥繁爲東南巨鎮
水陸擴七閩之會梯航通九譯之重方輿勝覽

南安縣

九日姜相高士諸峰環拱于右佛跡靈秀
二山盤廻于左本志揖紫帽獅子之奇抱金溪黃龍
之秀同上

同安縣　東南十一海島拱列巘奇于前西北十六峰巒疊出擁秀于後本志

德化縣　東接仙遊西連尤溪本志諸山環拱丁溪中流同上

永春縣　山環水繞本志南有象山爲應龍東有雙魚爲水口馬嶺如張簾幞樂山如列樓臺桃溪一水中流卓埔數溪橫狀云云雲氣輪囷

安溪縣　東瀕濱海西北接汀漳本志山水環合同上大溪横流龍山拱峙水口有金龜山山東有三公峯云云

惠安縣　東南瀕海西北依山本志陸通閩廣水達諸

番同上螺峰峙其後文筆聳于前同上

漳州府

閩嶺輿區輿地紀勝境曠窮山外城標漲海頭唐張登詩在閩會
之極南宋傅自得道院記地曠土沃同上東南際海宋史地志控引番
禺衿喉嶺表本志天寶紫芝奠于後丹霞名第拱于前鶴
峰踞其左圓山聳其右同上面臨大溪背負千峰宋趙崇祥漳南
樓記面臨大溪如見九龍之躍也背負千峰如見群玉之攤也名第諸巒參乎其前如見偉人秀士之顧揖也
一水清流列峰秀出宋進士題名記漳極閩之南云云攤成郡勢不在建劍下地燕
山海秀宋郭祥正詩兩山攤翼二水襟帶宋陳淳北溪集如天寶山發脉行龍

湧爲州治實郡之宗祖如圓山雄據西隅鎮翼右臂實郡之藩屏如西江發源汀潮遶抱州治實爲郡右襟帶如九龍江發源汀贛遶郡東背與西江匯歸于海實爲郡左襟帶地偏海近國朝王禕詩漳水南邊郡閩鄉到此窮地偏冬少雪海近夜多風

漳浦縣　處八閩之極地爲汀潮之要衝本志前屏梁山旁環鹿水同上前屏梁山而項有十二峰之並秀旁環鹿水而派有八餘溪之交清勢若神蛟之趨瀚海形如祥鳳之下平原同上海雲鶴嶺印石鰲峰大帽東羅將軍九侯鼓雷太武諸山勢之高下若神蛟之趨瀚海形之隱伏若祥鳳之下平原山秀溪清王禕詩山秀英靈聚溪清爽氣開

龍巖縣　東寳環其左紫金峙其右奇邁前揖九侯

後擁本志龍巖東蟠虎嶺西踞同上

長泰縣 良岡衍脉於後登科獻秀於前爲山左踞西峰右峙龍津一溪縈繞其中本志

南靖縣 山水盤旋土地平衍本志邑治當雙溪交流之會云云大帽峙其後鵝頭揖其前圓山崛起於東南鏡山屹立於西北同上

漳平縣 銀瓶臂其左龍亭翼其右覆鼎揖其前石鼓擁其後本志清溪東流碧潭西匯同上縣南有溪東流入九龍江西有碧龍潭

汀州府

崇山複嶺本志今汀閩越西南與章貢潮梅接云云民生尚武南通交廣北達江右宋鄭強移汀州學記介於虔梅之間同上甌閩奥壤宋張文潛修學記在山谷斗絶之地文獻通考西隣贛吉南接潮梅本志云云實江西二廣往來之衝山重複而險阻水迅急而淺澁圖志前直圓峰後枕卧龍黄啓宗記在閩山之窮處①叟嶂重巒亘數百里戴覺記汀爲州云云一川遠匯三溪水千嶂深圍四面城宋陳軒詩

寧化縣

山環萬疊獻奇挺秀本志云云翠華鳳凰山在其北五靈筆架山在其南東有城門嶂卓立如屏西有牛頭山突兀若衺下瞰溪潮之勝同上

校注：①複

上杭縣　東連清漳南通東廣西接贛水北達臨川本志琴岡橫案於前金山列屏於後髻峯東峙旗嶂西蟠袍山矻立於西南羅嶠覆峙於東北同上前襟三折之清漪後几七峰之蒼翠同上

武平縣　閩之絕域本志武平去汀三百餘里為閩之絕域黃龍北峙筆架南列梁野障其東雙鷹蟠其西同上龍溪碧水環繞合流同上

清流縣　諸山合作屏風立一水環成几字流本志屏山雄其後南極揭於前東華左峙西盤右蹲一水自西南而來入于鳳翔橋迴流出龍津橋環抱如帶

故先輩有曰云云

連城縣　舟車四塞之地本志連城居萬山中崇岡複嶺爲云云山水奇秀圖畫難形同上其主山自清流蜿蜒磅礴而來東引蓮峯之雄西攤旗石之勝而銀屏特立案其南中有文溪一水環抱縣治復廻流九折而東注他若金鷄天馬諸峯呈奇獻秀變幻百出雖圖畫有不能盡其形容者

歸化縣　山峯羅列溪水環拱本志樓臺鼓角聳于後三台飛鳳拱于前獅巖峙其東仁壽矗其西諸峯四面羅列一水自黃溪頭西来與惠利橋水合環拱於縣前

永定縣　臥龍之山峙於後掛榜之山薄於前東有龍門之拱揖西有印匣之鎮重本志二水交流一湖

瑩澈同上

延平府

負山阻水爲七閩襟喉本志劍溪環其左樵川帶其右宋余良弼雙溪樓記七閩號東南山水佳處延平又冠絕於他郡云云二水交流山川清明偉麗爲東南冣宋楊時修造記占溪山之雄當水陸之會宋黃裳雙溪閣致語襟帶高下匯閩占溪山之雄舟車往來延平當水陸之會枕寒泉倚青嶂黃裳遊山記崇山峻嶺爲郛郭鶩湍激流爲溝池楊時資聖院記前臨深谿後逼峻崖方輿勝覽烟雨霏濛宛然圖畫本志重巒複隴蜿蜒起伏於一城之中官舍民廬隱隱與竹樹蒼翠相掩映云云

將樂縣 巖岫磊砢溪流清泚 本志將樂當延汀二郡界北鎮西峯山其山高出霄漢而支隴逶迤左環右抱曰封山曰五馬巖岫磊砢翠色浮嵐而溪流清泚橫斬其前

尤溪縣 雙峯北聳一溪東注 本志縣治北雙峯高峙如劍倚天外爲縣之鎮山其他疊嶂層巒東拱西顧如象如獅形狀特異清溪一帶抱縣治之後而東注焉

沙縣 崖磴迴旋溪流澄湛 本志沙縣在延平上游鳳岡北峙七峯南列烟崖霧鬖迴旋左右太史溪之流一碧①登湛十里無聲

順昌縣 溪山秀麗 宋余良弼順昌學記 介西江東廣之衝 本志順昌云云豸角山特立其北雙峯仙掌諸山列於東西南則五馬山如屛障然而清溪流其下

永安縣 嶢巖峭壁鶩駭游目 本志永安介龍巖清流二縣之間大秀山

校注：①澄

聳立東北百丈蓮花金星王斗諸山左蟠古轉云云

邵武府

居四州之上游本志其土夷曠其勢蜿蜒同上其土夷曠其氣清淑其勢蜿蜒抱負如在碧玉環中三峰峙其南一水界其北同上甌閩西户宋胡寅軍治記前據重岡後帶鹿水同上杉關鐵牛控其西石岐水口阨其東梅口西安阻其南金山珠寮障其北本志鐵牛關名石岐隘名水口西安俱寨名前跨汀贑後扆武夷同上登高猊踞石岐龍盤同上左翊右盱枕汀帶建元魏天祐總管府記千山重圍一水中流宋戴式之詩千山表裏重圍過一水中間自在流

泰寧縣　山川奇秀（宋葉祖洽改邑名記）大杉茶花阨其北石門九盤控其西何潭匯其東寶閣聳其南（本志大杉九盤皆嶺名茶花石盤皆隘名）北枕杉溪東環三澗（同上）金鐃遠盤爐峯近踞（同上）

建寧縣　跨贛盱汀劍之交（本志）南聳金鐃北衮鳳巘浮沙東山環其左白鹿西山列其右（同上）百丈嵯峨濉江縈繞（同上百丈嶺乃江閩分界濉江縈紆而縣治居其中若蓮花心然）風氣綿密外圓中寬（同上）山刻水厲（同上）地分麻澗脉山接武夷根（宋陳軒詩）

光澤縣 海嶠喉襟本志雲巖聳其南九峰峙其北蒼
山障其東杭川遶其西同上當江閩之交元况逵自鳴山神祠
記

興化府

介泉福之間宋游醳通判廳壁記莆陽云云通海道舟車所會山川之秀甲於
閩中本志帶山附海宋顏若愚贖學田記莆爲郡云云仙境峭壺公之碧
前映樓臺清流夾玉澗之泉右縈城郭宋陳仁壁興化軍廳壁記北
繞陳岩南揖壺公東薄寧海西縈石室木蘭壽溪環流
左右本志寧海在府城東木蘭陂在府城西南一本云東薄蘭溪西縈寧海誤矣環城千里

壺海一隅方輿勝覽

仙遊縣

據莆上游宋姚珪主簿題名記仙遊云云戶口蕃庶視莆之三縣爲壯賦入之須率郡所仰

西北接泉福南距大海宋陳讜縣尉廳題名記仙遊云云舟車交湊地大事繁

山川峻秀雄麗宋真德秀送王邁序

福寧州

東南襟帶大海西北控扼山川本志

赤岸東據玉巖西峙

龍首擁於後南峰拱於前同上

閩頭浙尾元溫州總管趙鳳儀福寧州明新堂記郡舊長溪云云岩邑也

寧德縣

鶴飛鸞翥本志縣之主山起於白岩委蛇數十①里分爲三脉中一脉差高

校注：①里

其西鶴山其東瑞峰星幘在其北海潮在其南古稱鶴飛鸞翥之狀也

福安縣　五馬擾其東仙境峙其西重金揖前銅冠擁後本志秦溪鳳渚環遶於東北廉溪蘇江映帶於西南同上

八閩通志卷之三

風俗 附歲時

福建布政司

其俗頗同豫章 隋書地理志豫章之俗君子善居室小人勤耕稼衣冠之人多有數婦暴面市廛競分銖以給其夫建安俗頗同豫章按隋建安郡即今八閩之地也

民安土樂業 宋史地理志民安土樂業川原浸灌田疇膏沃無凶年之憂

鄉學喜講誦好為文辭 同上

信鬼尚祠重浮屠之教 同上

磽确之地耕耨殆盡 同上①上地迫隘生籍繁夥雖磽确之地耕耨殆盡畝直寖貴故多田訟

終歲勤動僅足給食 元貢師泰送李尚書序

校注：①土

福州府

遇兵不鏟遇荒不掠晋郭璞遷城銘云云逢災不染其俗儉嗇喜訟好巫圖經其俗儉嗇爭者喜訟病者好巫海濱幾及洙泗同上晋永嘉衣冠越閩自是畏亂無復仕神龍中州人薛令之始登上第其後李椅常袞皆以崇重學校爲意于時云云女作率登於男同上民俗舒緩本志由建劍溪湍而下泉莆潮漲而上適至是而平民生其間故其性舒緩其志强力可以久安無憂真樂土也產慳薄以勤羨用喜嗇以實華閩中記家庠序而人詩書同上自晋宋文雅以來教化丕變云云君子外會内文小民謹事畏法同上方輿勝覽作内會外文恐訛民以魚鹽爲生同上

長樂縣

土瘠民稠本志男勤耕讀女尚蠶織同上海濱

者事魚釣附山者爲工商

連江縣 地瘠民貧宋林畊貢士莊記 習用儉約人多尚義

治喪不用浮屠本志

福清縣 土瘠物貨不產宋劉克莊陳公生祠記云云商賈靡至 君子多業詩書細民多執工藝縣地瘠俗貧秀民讀書登第者與長樂相埒而小民執工藝以營衣食者視諸縣獨多 喜爭健訟其俗勁悍喜爭而健訟爲諸邑冠

古田縣 民識教化宋邑令陳昌期學記先是邑人貴尚巫鬼景德間李堪令邑禁華巫鬼民始識仁義禮樂教化 民俗鄙朴頗好訐訟本志 文物彬彬元吳海送鄭訓導序古田在昔提封之廣居民之衆邑里之華文物之盛蓋彬彬焉迩来①周澂皆不

校注：①凋

如昔

永福縣　其民火耨水耕崖①鋤龍蒔宋知縣黃子理玩芳亭記其山居之民終身不知車馬馳騾之逸云云　民淳而好禮元員外林溫曰云云又多文學之士　易治而難服林岊虛心②堂記簪纓星羅絃誦風行髫齔有文農工知義云云

閩清縣　家相率而學人相率而善宋常挺貢士莊增田記　材俊輩出元黃圭修朝學記　男耕女③織民不侈靡本志

羅源縣　髦士輩出細民知學本志初縣治湫隘人物寂寞宋紹興中知縣陳偁遷之後髦士輩出細民亦知向學　民淳訟簡敦尚本業同上

歲時習俗隨方異尚觀於豳詩所述可見矣荆楚歲時記原氣化之屈伸著物理之遷變

校注：①鋤　②堂　③織

凡閭里之禮節繫人情之醇薄其亦豳詩之遺意歟三山曾師建嘗效之以記閩事茲特撮其大槩并著其古今之異尚者以附于篇亦風俗之一端也

元日祈年

五鼓後郡人無貴賤貧富皆嚴潔廳宇陳酒果焚楮幣拜上下神祇以祈靈貺

序拜

閩俗最重元日黎明各盛服饗祀畢序拜稱觴祝尊者壽然後出拜親族隣里往反更謁盡節假乃止按舊志歲節往来自縉紳而下士民吏胥商賈皂隸衣服有等稱謂有常錙銖不敢陵躐蓋宋之盛時風俗如此南渡以後漸失等威歷元至今流風餘韻雖閒有存者然視宋之盛時相去天淵矣

上塚

歲節之二三日華門鉅姓率携長幼拜掃墳塋至開假乃止

入學

宋之盛時凡鄉里各有社學歲前一二月父兄相與議求有學識行藝可以師表後進者一人推一二有力者為糾首以諸生姓名具于關敬謁以請既許可乃於歲節後卜日備禮延致於學子弟迎謁再拜執經授業課試講改率有規約其資質之俊秀者恒以歲通一經為期

郡守程師孟詩云城裏人家半讀書又云學校未嘗虛里巷故當是時周希孟陳烈諸先生相繼以德行經術鳴于時人才之盛蓋彬彬焉其後士以逸試上庠率遊學四方而鄉之先生乃各開門以待來者事師之禮浸①衰教人之法甚略陵夷以至于今日以益甚此有識之士所為慨嘆也

立春

蔬餅 閩俗立春以為節物宋蔡襄立春寄福州郡守燕②度詩春盤食菜思三九又羅源林迥詩青韭供盤餅面圓

上元

綵山 宋時每歲元夕州設綵山以向③譙門集俳優妓女大合樂其上渡江後廢紹興中張④浚為帥復設自是不廢入　國朝來民俗祈年雖間有設於境者而官府則不復設於此亦可以觀我　祖宗節儉之化矣

觀燈 宋時郡守每遇上元會監司置酒臨賞三夕元豐中劉瑾為郡守元夕命民間戶燃燈十盞陳烈作大燈題詩其上曰富家一盞燈太倉一粒粟貧家一盞燈父子相聚哭風流太守知不知惟恨笙歌無妙曲瑾聞而謝之○按晁氏家語謂蔡君謨於上元令民間點燈七盞陳烈作大燈書此詩其上君謨見之能燈其說與此不

校注：①衰　②度　③譙　④浚

同考之於史君諶與烈同時最厚而劉瑾爲郡後君諶三十六年晁氏之言或有所據也

寒食

開花

園

宋時州園在牙門之西謂之春臺館歲二月啓鑰縱民遊賞常閱一月蓋與民同樂之意也蔡襄爲郡日有開花園詩風物朝来好園林雨後清魚遊知水暖蝶戲見春晴草軟迷行跡花深隱笑聲觀風聊自適不用管絃迎程師孟春風亭詩爲報尋芳沽酒客年年到此且徘徊今園已廢而宦遊者亦無暇及於此

遊山

郡人以是日踏青東郊尤盛多拾野菜煮臛亦唐人杏粥餳羹之意也太守以假日拉寮屬登臨蔡襄有寒食遊西湖詩程師孟有寒食遊九仙烏石山詩一時太平氣象可想見也

墓祭

郡之富室大姓多有瞻塋田每歲寒食必祭墓下祭畢乃合族人燕飲歡洽竟日亦尊祖睦族之道也

上巳禊飲

舊記閩縣東有桑溪越王無諸嘗流杯宴集於此宋時太守禊飲之地有三一曰南湖禊遊亭二曰東禪肖蘭堂三曰聖泉曲水亭郡守王逵上巳遊東禪詩紫陌破清晨雕轂映晝輪因修洛陽禊重憶永和春

青飯

民俗上巳

日取南燭木莖葉搗碎漬米為飯染成紺青之色謂日進一合可以延年南燭木者冬夏常青本草云吳越多有之

端午

插艾 是日天未明插艾于戶上以禳沴氣鄉村或採楝木葉插之謂可禁蚊

繫五色線 是日長幼悉以五色線繫臂名曰長命縷又曰續命縷父老相傳謂可辟蛇至七夕始解棄之

飲菖蒲酒 李彤四序總要云婦禮五日上續壽菖蒲酒以本草云菖蒲可以延年故也今郡人是日飲之名曰飲續

角黍 楚人是日以竹筒貯米祭屈原名筒粽後人相承遂用箬葉褁米而繫之名曰角黍以為節物

競渡 楚人以弔屈原後四方相承遂為故事閩俗尤重之郡南臺江沿內諸河龍舟旁午鉦鼓喧闐共鬭輕駛宋郡守程師孟詩三山縹緲蓬瀛一望青天十里平千騎臨流搴翠幄萬人擁道出重城參差螮蝀橫波闊飛躍鯨鯢鬭楫輕月一醉樽前金瀲灧笙歌歸去月華明紹興中因鄉村爭鬭殺傷遂一切拘納分諸院修浮橋船後稍稍復造迄今又益盛矣

採藥 是日郡人多出城收採諸藥品蓄之

七夕

乞巧

是夜兒女羅酒果於庭祝牛女二星瞻拜以乞巧閨令應鄭詩綵樓乞巧知多少直到更闌漏欲終

中元

盂蘭盆會 郡人以是日嚴潔廳宇設祖考齋筵薦獻貧者率就寺院供設近數十年來此風稍減

焚楮衣 前中元一二日具酒饌祭享仍以紙衣逐位焚獻

重陽

登高 郡人率以是日登高臨賞飲菊酒以延年插茱萸以辟惡

冬至

亭拜 郡人亦重此節前節隣里族戚更相餽遺上塚祭享至節日則亭拜如獻歲之儀

除夜

逐疫 郡人謂之打夜狐即古者鄉人儺之意也曾師建云南史載曹景宗爲人好樂在楊州時臘月則使人邪呼逐除徧往人家乞酒食以爲戲今閩俗乃曰打夜孤豈以作邪呼之語而訛歟

餽歲別歲守歲 歲晚相餽遺除夜則相與燕集達旦不眠

火爆 荊楚歲時記云山㺐惡鬼犯人輒病惡爆竹之聲李彤云元日爆竹於庭辟山㺐惡鬼後人因以火藥爲爆燒之

宿歲 荊楚歲時記云歲暮家家具肴饌爲宿歲之儲以迎新年相聚燕飲閩俗亦然又留飯爲節假內之備謂

之隅年飯桃符鍾馗書桃符置戶兩傍掛鍾馗門上以厭邪魅

建寧府

備五方之俗建安志自五代亂離江北士大夫豪商巨賈多逃難于此故云云廛市井者尚侈而好浮居田里者勤身而樂業同上尚氣而喜節同上云云易鬬而輕生君子勇於為善小人敢於為惡其民之秀者狎於文宋韓元吉記賦其厲氣者亦悍以勁同上家有詩書戶藏法律同上其民禄黠而易隨宋盛均序土風差勝建安集農力甚勤桑麻被隴茶筍連山云云水無涓滴不為用山到崔嵬猶力耕朱行中詩道義之鄉李志自朱文公倡道東南彬彬然道義之鄉絃誦相聞同上擢科第登舘閣者彬彬輩出居甽畆

覔問里者絃誦之聲相聞貴賤不相彝同上貧富不相資云云蓽門圭竇之士皆能挾筴譜以進流泒

浦城縣 士頗以名節自勵本志

松溪縣 土風淳朴性儉約本志云云山多田少地瘠民貧男務耕稼女勤織紝不事商賈末技

崇安縣 民知文雅本志其民多悍戾而罕尚文藝唐李頻為建州刺史以禮法治下民始知文雅至宋胡文定劉屏山朱文公諸賢繼出詩書禮樂之盛幾於洙泗矣

壽寧縣 民節儉而簡於禮義本志其地山高水寒惟宜稻而不宜桑麻民多務本而少逐末恒知節儉而簡於禮義一失其平呌呼四出折之以理忿怒亦銷

歲時

歲首慶節大槩與福州府同

祀竈俗謂正月五日夜竈神朝天回故祭之

祭門正月五日暮具香燭酒果以祭

里塾初旬後邑人之有子弟者相率斂請鄉先生一人于里塾以教之

上元燃燈每歲正月十三日始至十七日止郡人各張燈於門或三盞或五盞城中弛禁徹夜聽民觀賞

三月墓祭郡人自季春朔爲始隨便擇日備牲醴率卑幼詣先塋祭掃既畢餕餘而歸

端午插蒲艾是日民家各插艾及菖蒲於門以禳災沴或採桃葉插之謂可以辟邪

飲菖蒲酒

角黍

競渡大槩俱與福州府同

七夕乞巧是夜郡人女子具綵縷設香燭酒果以祀牛女二星謂之乞巧

中元盂蘭盆會郡人以七月朔日始至晦日止相與率錢請僧建盂蘭盆會以追薦祖考亦有具牲醴祭於家者

社日宴社每歲春秋社日具雞豚酒食以祀土穀之

神已乃會宴盡歡而退

【重陽】壽糕九月九日郡人粉米為糕交相餽遺謂之壽糕茱萸酒是日飲茱萸酒以辟邪氣

【十月朔】薦糍是日為豆米糍以祀先然後交相饋遺

【冬至】序拜此節惟家庭自序長幼以拜薦圓是日粉糯米為丸以祀先盖取團圓之義

【歲除】饋歲以牲畜酒果交相饋遺謂之饋歲祭竈俗謂臘月二十四日竈神朝天故祭之桃符爆竹俱與福州府同守歲郡人遇除夜俱不就寢或夜分或達旦謂之守歲

泉州府

民淳訟簡宋王十朋止訟文泉在七閩之中云云素號易治俗尚儉朴圖經濵海者特魚塩為命㑊①山者以桑麻為業②大抵皆尚儉朴多好佛法同上重婚姻喪祭同上云云以儉薄為恥檳榔為禮同上里閭朋友吉凶慶吊皆以檳榔為禮方輿勝覽謂檳榔消瘴今賓客

校注：①依　②業

相見必設此爲重俗之婚聘亦藉此以贄焉

風俗淳厚宋張闡云泉之爲郡云云其人樂善同上云云素號佛國

素習詩書宋曹修睦建學表地推多士云云

愛身畏法崇遜恥爭儒者安於閭里以漂泊爲病仕者守其塗轍以奔競爲羞宋志

木少桑柘婦罕蠶織同上云云冬無冰雪或不御綿

南安縣

絃誦相聞國朝陳叔剛重建夫子廟記南安去郡治最近號稱劇邑深仁厚澤之所甄陶者六十餘年百里之間云云

同安縣

邑人知敬信朱子之學元林泉生大同書院記今去朱子二百年矣所謂高士軒者古老相傳敝則必葺同安多古碑凡朱子所撰述者邑人能成誦之彼豈爲虛敬哉

永春縣 咏而歸者曰滋宋陳知柔修學記

安溪縣 掌地成田宋黄鍰詩掌地也成田

惠安縣 地瘠民貧宋陳安國儒學記惠安瀕海云云

歲時

元日序拜 上元放燈 入學大縣與建寧府同 清明祭掃 端午插艾 角黍 競渡 七夕乞巧 中元盂蘭盆會 焚楮衣 重陽登高 冬至序拜 除夜桃符 爆竹已上各節土俗大縣與福州府同

漳州府

其民務本不事末作宋傳①自得道院記質朴謹畏宋陳淳北溪集此間民俗大槩云云然其間亦有奸雄健訟為善良之梗使不獲安息者俗尚淫祀同上民云云多以他邦非鬼立廟互作淫戲同上此邦陋俗常於秋收之後優人互奏②諸鄉保作淫戲及弄傀儡樂善遠罪宋郭祥正淨衆寺法堂記閩之八州漳最在南民有田以耕紡苧為布弗迫於衣食云云非七州之比悍強難治宋蔡崇禮傳其俗云云敦尚質朴本志云云務業者多律訟者少其民輕死易發同上村落愚民多因小故忿爭輒服斷腸草毒死誣之業農業魚龍溪記業農者近郭之民業魚者瀕海之民文物如鄒魯國朝王禕詩民俗奢僭王禕詩奢僭仍民俗本志云民間婚姻男家務為觀美女家極力以求稱之侈靡無節親舊之喪或設祖祭數月營辦務求珍異不計財費喪家則盛筵席以待之競為豐侈

校注：①傳　②凑

漳浦縣　俗厚訟稀宋卓遵爲趙師縉蠲役記

龍巖縣　俗故窮陋宋朱文公學記龍巖爲縣斗僻介於兩越之間云云商賈不行本志邑處郡西北之極壤山峻水險舟楫不通云云

長泰縣　不好華麗不事商賈本志邑與龍溪相接地僻人稀民勤耕織云云

南靖縣　男力耕稼女勤紡織本志其地氣候多燠田一歲兩熟苧一歲三收云云

漳平縣　其民朴吝本志山畬多陸田舟楫不通商賈罕至云云自業農桑以足衣食而已

歲時

元旦序拜　上元放燈　入學漳爲朱文公過化之地讀書者多每歲上元甫過卽遣子弟從師於里塾　清明祭掃　端午插艾　角黍　競渡　七夕乞巧　中元盂蘭盆會　焚楮衣　重陽登高　冬至序拜　除夜桃符　爆竹已上各節土俗大槩俱與福州府同

汀州府

風聲氣習頗類中州宋陳一新癹①贍學田碑　剛愎好鬭圖志氣剛愎而好鬭心褊迫而淺中　島居者安漁鹽之利山居者任耕織之勞本志　質直好義元志君子云云而恬於進取小人願慤少文而安於勤勞

校注：①跋

寧化縣　男力稼穡而不爲商賈女業麻苧而必事蠶桑本志勇悍輕生同上

上杭縣　奢侈日滋詞訟日熾本志

武平縣　專尚師巫不任醫藥本志尚武少文同上

清流縣　民頗健訟本志

連城縣　土壤磽瘠人民貧嗇本志

歸化縣　專好浮屠罕尚文藝本志尚質好儉輕訟易爭同上

永定縣　貧者栽山種畬而鮮行乞於市本志

歲時

元旦慶節　上元放燈　清明上塚　端午插蒲艾角黍競渡　中元盂蘭盆會　焚楮衣　重陽登高冬至序拜　除夜桃符　爆竹已上各節土俗大槩俱與建寧府同

延平府

民儉嗇質直本志民儉嗇而頗尚氣義質直而不爲奸詐　五步一塾十步一庠同上家樂教子云云朝誦暮絃洋洋盈耳　稱爲鄒魯之邦同上楊文靖羅文質李文靖朱文公四先生倡明道學云云　諸儒講明道義遺風餘教猶未泯同上　以耕織爲生劍浦記

將樂縣　尚氣而輕生本志　嫁娶過奢同上嫁娶多過乎奢而喪葬則未盡乎禮　民重去鄉井同上

尤溪縣　民鮮工商本志

沙縣　商賈工技之流視他邑為多本志

順昌縣　士以詩書相勸民以耕桑為務順昌記　小民畏刑憲而寡詞訟同上

永安縣　土壤肥饒民俗輕剽本志

歲時

元旦

祈年大槩與福州府同間有一二文獻之家不為之　序拜　里塾大槩與建寧府

同

上元放燈預期立燈樹掛燈兒童鼓樂迎祀典土穀之神民家各設香案候神至焚楮錢拜送之

清明祭墓各縣俱以清明祭墓南平則祭新塋之墓舊墓或時而行之不專清明也祭時則請姻友偕往祭畢宴於墓所而歸

端午插艾是日天未明採艾謂之雞鳴①艾插戶以禳毒氣鄉村或採楝木葉插之謂可禁蚊或採桃葉插之謂可辟疫或採菖藤懸戶外謂可禁蛇

競渡郡城外雙溪諸里皆造龍舟隨方飾色每舟數十人鼓楫共鬬以為賽神

七夕乞巧與福州府同

重陽茱萸酒是日清晨採茱萸泛酒祀先宴賓謂可辟惡氣

冬至祭先是日粉糯米為丸陳牲酒祀宗祖

歲除餽歲歲晚姻友以牲醴相餽

守歲除夕兒女燃燈圍爐語笑達旦不寢

桃符與福州府同

春帖用色箋書聯句粘廳堂柱間

火爆

宿歲俱與福州府同

燒燈是日以舊竹燈臺燒於門前別製新燈臺以候用俗謂之除舊取新

校注：①鳴

邵武府

獷直尚氣力農重穀 本志人性獷直尚氣治生勤儉力農重穀頗好儒所至村落皆聚徒教授有古之遺意

信巫尚鬼 同上人信巫鬼疾病必禱罕延醫樂鄉村尤甚

儒雅樂善

輕齎徒往 同上喜以儒術相高是為儒雅里人獲薦登第則厚饜慶賀是為樂善家有餘財則輕齎徒往賈售他州

比屋弦誦號小鄒魯 同上西山得道南之緒而考亭師友則蒙谷臺溪雲巖月洲理學淵源上接伊洛比屋絃誦之聲洋洋盈耳當時號小鄒魯

嫁娶尚門地喪祭用古禮 同上

歲少大饑 同上郡地狹山多民隨山高下而田之高不懼澇下不懼旱故少大饑歲

民不健訟 同上

富不凌貧 同上閭巷貧民未嘗為富家所驅役吞并或遇饑歲貧者視富家出粟為當然富人亦往往應之不拒

俗尚簡易 元黃鎮成真率約序邵武山川清峻云云

文書省約無珥筆之風使傳稀少無刮蹄之轍

泰寧縣

不事浮華 本志人性獷尚氣少為商賈耕織自給云云

健訟喜鬬 同上健訟喜鬬而恥不勝

習俗淳厚 宋葉祖洽改縣名記邵武四縣惟泰寧寂僻不與四方商旅交故云云

足用無求 同上處深山窮谷之間有林泉魚稻之樂人自足用無所外求

絃誦相聞 同上比屋連墻絃誦之聲相聞有不談詩書者與堪笑之

建寧縣

人剛烈峻整 本志山厲水刻故人剛烈而峻整

君子遜順小人獷暴 同上君子則尚志力學有遜順之風小人則狃鬬喜勝有獷暴之氣

安於朴素 同上邑山多田少人無甚貧富故俗安於朴素而不事華靡

重送終之禮 同上云云雖甚貧者亦不肯火塟

易動難安 沿革記邑介汀邵間去郡城寂遠土俗剛

獷民易動難安調馭有方則怡然聽命

光澤縣

俗尚朴素本志人性獷直云云男耕女織嗇用寡好不樂行商而生理鮮薄其於華藻之事泊如也

理學淵源本志宋西山雲岩月洲皆其邑人

崇尚儒術宋□□譙樓記其俗務生理力耕鑿閭崇尚儒術

歲時

元旦祈年　序拜　上元放燈　入學　清明上塚

端午插艾　飲菖蒲酒　角黍　競渡　七夕乞巧

重陽登高　冬至序拜　除夜桃符　爆竹已上各節土俗大槩俱與建寧府同

興化府

儒風非在常袞後本志梁陳以来已有鄭露書堂及唐貞元林藻伯仲因之肆業歐陽詹来自泉山原其所倡盖非常袞入閩之後也

永不動干戈唐僧涅槃讖云此地云云

文物之邦宋黄公度學記莆田文物之邦自常袞入閩之後延禮英俊儒風大振

有齊魯遺風同上僻在南隅而習俗好尚有東州齊魯遺風

家貧子讀書宋陳俊卿對高宗語

秀民特多陳俊卿貢院記莆介於泉福之間市廛戶版不能五之一而秀民特多

比屋業儒宋游醇通判題名記云云號衣冠盛處至今公卿相望

詩書禮樂為八閩之甲本志

産薄而用儉同上云云吉凶之需稱家有無

科目得人之盛天下鮮儷同上莆之科目肇於唐盛於宋而極盛於我　朝每科與試者視閩居半與計偕者視解額恒得三之一祖孫父子兄弟叔姪

聯登者後先繼踵云云

仙遊縣 邑有四民士風為盛宋陳讜仙遊縣道變堂記莆中三邑仙遊為壯邑有四民士風為盛士風盛故巨室多 民樸俗淳宋陳堯通楊公塘記仙溪云云去[1]末就本相安壟畝中熙熙如也

歲時

元日 序拜是日昧爽謁先祠饗祀畢乃序拜稱觴上壽於尊長然後謁族祠會族 會族莆世家大族各有族祠是日家庭序拜畢即謁族祠祀宗祖已乃與族屬團拜餞餘而退然後出拜姻黨隣里嘗閭鄉之老長言數十年前鄉隣交際後生少年見學士大夫動靜語默皆循循恭謹不敢少怠肆閭左氓隷見故家世族稱謂禮節皆秩秩有常不敢少陵躐蓋舊俗然也近世此風寖變鄉隣舊俗之厚後生少年皆不可得

校注：①末

而見矣因附志于此以詔來者

上元放燈

先期各構松棚於户外過街每棚燃燈六盞或八盞自十三日起至十九日止

祈年

自十三日起至十七日止里民各合其同社之人為祈年醮是夜以鼓樂迎其土神遍行境內民家各設香案候神至則奠酒果焚楮錢拜送之亦古者鄉人儺之遺意也

延師

莆地狹人貧惟以讀書為業故每歲上元後即筮吉延師以訓子弟然洪武求樂問師道嚴重故經其指授者言動有規矩學業有次第而一時風俗之厚亦由於此也近二三十年以來士無以為業爭欲開門授徒資其脩脯之入以給事育父兄遣子弟受業亦多徇人情而不暇擇其學術之能否故子弟從遊無所畏憚言動放曠學業鹵莽甚至對偶反切之學謾不知為何物況其丈①者乎吾莆風俗古以鄒魯稱比來豪家勢族淩轢鄉閭小子後生干犯長上內利而外義厚踈而薄親譁訐之風日起奢侈之俗日滋是固一時習尚使然而蒙養弗端長益浮靡亦其勢之所必至也然竊聞之風俗與化移易其所以匡正而轉移之者尚有賴於吾鄉之君子及

校注：①文

司民數之寄者

清明

掃松 莆與仙遊之俗多於冬至日謁墓祭掃近來亦有清明而祭者

浴沂會 清明前後里塾諸生各率錢大小有差擇日具酒殽蔬果於名山勝剎延先生暨諸學父燕飲謂之浴沂會餘錢則以奉先生為潤筆貲俗謂之光齋

午節

插艾 與福州府同

薦角黍 是日具牲醴薦角黍於先祠畢乃長幼序坐燕飲莆俗最儉約尋常會客惟市沽新釀必貴家富室方有老醞也至是日不問貧富俱市老醞飲之謂之飲續

競渡 城內外閭左細民各合其同社之人為龍舟以競渡自初一日起至初五日止每舟歲推一人為首費用甚夥有至傾家產者士大夫皆笑其愚而莫之能禁也

中元

追遠 郡人最重是節自五六月間即漬紙而糜之刻模印為金銀錠鋌錫為薄以飾銀錠煮梔子汁染錫薄以飾金錠家以數千百計迨是月十三日各洒掃室堂及庭設先世像位日具牲醴庶羞祭奠至十六日乃積楮鏹雜金銀錠逐位焚獻女子適人者或父母既沒至是亦歸奠如前儀沒身不廢迨其子孫猶然數日之

間盤盒往來充斥道路計一家所費多者錢二三千少亦不下數百士大夫往往以為非禮妄費欲禁止之或以莆士夫家各有時祭以展孝誠閭左細民終歲或不能一薦苟於此又禁止之則是遏其孝思之良心終無以自盡矣故卒莫有禁之者而議者以為有賢師帥為節其無益之費而定為中正之禮使得以伸其孝而不傷於財亦未為不可也

蘭盆供 莆故家世族舊皆有田租以備盂蘭盆供之費至中元節輒命僧於族祠修設近年士大夫以為非禮悉革之而以其田所入致祭亦一美俗也

冬至

序拜 前期粉糯米為丸是日早熟而薦之祖考已乃少長序拜或尊長辭則止而燕飲則仍如元旦之儀

謁族祠 亦如元旦之儀但不團拜

歲暮餽歲 臘月之末姻黨親屬各以牲醴相餽遺

除夜

辭年 是夜以牲醴拜薦於祖考畢乃集諸卑幼燕飲

宿歲 **桃符** **鍾馗** **火爆** 俱與福州府同

春帖 與延平府同

福寧州

俗尚朴素本志漢晉以來云云文人才士彬彬輩出同上自唐林嵩擢高科為一邑倡厥後云云附山者務農桑瀕海者業漁鹽同上喪塟尚浮屠婚娶不親迎同上宋時民物富庶好尚文雅及元之季民戶日耗風俗亦異云云

寧德縣　俗尚頗淳本志士習詩書農力稼穡同上

福安縣　其民儉侈相半本志其民習尚不同儉侈相半

歲時

元日序拜**上元**張燈自十三日為始郡人各架竹木張燈老少笙歌鼓舞為樂至十八日乃止入學州坊都各有社學每歲上元後即延師以教子弟至八月終解館**清明**掃松

清明前二日州人各令家人掃松至日具牲醴率卑幼至墓前拜祭畢享胙而歸

端午 插艾 取艾葉菖蒲懸戶上或取楝木葉石榴花插之又用五色線繫小兒臂云可以禳災沴 角黍 競渡 大槩與福州府同

七夕 乞巧 亦與福州府同

中元 祀先 州之軍民不問貧富各具酒肴羹飯楮衣以祀先謂之盂蘭盆會

重九 茱萸酒 是日州人各具羞以茱萸泛酒詣神祠求福會飲而歸

歲除 送舊迎新 是夜各具酒饌召宗族敘飲明燈達旦謂之送舊迎新 桃符 火爆 俱與福州府同

慶壽 州民年滿六衮親戚咸備彩幛羊酒為賀主人盛具酒筵燕飲而後已

里至

福州府 東至海岸一百九十里西至延平府界二百五十里南至興化府二百三十里北至建寧府政和縣五百三十里東南至海二百里西南至延平府界三百六十里東北至福寧州寧德縣二百一

十里西北至延平府四百里自府治至南京二千八百四十五里至京師六千二百三十三里

閩縣 東至海一百九十里西與侯官縣地毗連南至福清縣一百二十里北與懷安縣地毗連東南至長樂縣一百里西南至懷安縣界十七里東北至懷安縣界二十里西北與懷安縣地毗連

侯官縣 東與閩縣地毗連西至永福縣界八十里南至閩縣界二里北至懷安縣崎山界五里東南與閩縣地毗連西南至永福縣一百二十里東北至懷安縣界二里西北至閩清縣一百二十里

懷安縣 東至連江縣界七十五里西至侯官縣界十里南至侯官縣界一十里北至古田縣二百八十里東南至閩縣界二十六里西南至侯官縣界三十里東北至連江縣九十五里西北至侯官縣界十五里

長樂縣 東至梅花千戶所五十里西至太平港口五里南至福清縣一百里北至連江縣界一百

二十里東南至福清縣界八十里西南至福清縣界六十里東北至本縣蕉山巡檢司三十里西北至本府一百二十里

連江縣 東至海二十里西至懷安縣界四十里南至閩縣界二十五里北至羅源縣界四十五里東南至海三十五里西南至閩安鎮二十五里東北至羅源縣界一百二十里西北至懷安縣界九十里

福清縣 東至長樂縣松下巡檢司五十里西至興化府一百丈嶺六十里南至大海一百二十里北至閩縣一百二十里東南至海一百五十里西南至莆田縣一百二十里東北至薛田嶺五十里西北至閩縣常思嶺四十五里

古田縣 東至連江縣界一百四十里西至延平府南平縣界九十里南至閩清縣界九十里北至

建寧府政和縣三百二十里東南至候官縣界一百九十里西南至延平府尤溪縣三百里東北至福寧州寧德縣二百六十里西北至政和縣三百二十里

永福縣東至候官縣界六十里西至尤溪縣界六十五里南至泉州府德化縣二百五十里北至閩清縣九十五里東南至興化府界八十五里西南至德化縣界一百里東北至候官縣一百二十里西北至閩清縣界六十里

閩清縣東至候官縣界一十五里西至尤溪縣界七十里南至永福縣九十五里北至古田縣界七十里東南至候官縣界一十五里西南至永福縣界一百里東北至古田縣界六十里西北至尤溪縣界七十里

羅源縣東至寧德縣八十里西至連江縣一百二十里南至本縣鑑江一百二十里北至古田縣

杉洋巡檢司一百八十里東南至連江縣北茭巡檢司八十里西南至連江縣界三十五里東北至大海二百里西北至古田縣界六十里

建寧府東至福州府古田縣分水嶺一百五十里西至延平府順昌縣界一百一十五里南至延平府界八十里北至浙江衢州府江山縣小竿嶺巡檢司二百七十里東南至古田縣界二百五十里西南至順昌縣上洋口大溪一百八十里東北至浙江處州府青田縣寨前二百二十里西北至江西永豐縣界二百六十里自府治至南京二千三百一十里至京師五千七百五十五里

建安縣東至政和縣界一百里西與甌寧縣地毗連南至延平府南平縣大横驛八十里北與甌寧縣地毗連東南至古田縣籌嶺一百四十里西南至南平縣大雪嶺七十五里東北至松溪縣界一百一十里西北與甌寧縣地毗連

甌寧縣

東與建安縣地毗連西至建陽縣界八十里南與建安縣地毗連北至浦城縣石塔嶺下赤岸公館一百八十里東南與建安縣地毗連西南至順昌縣上洋口大溪一百八十里東北至松溪縣界一百二十里西北至建陽縣鷄籠頂山八十里

浦城縣

東至浙江處州府龍泉縣牌頭嶺一百八十里西至崇安縣一百八十里南至甌寧縣營頭巡檢司一百六十里北至江山縣小竿嶺巡檢司九十里東南至松溪縣一百四十里西南至建陽縣二百二十里東北至浙江嚴州府遂昌縣二百四十里西北至江西永豐縣一百八十里

建陽縣

東至甌寧縣界三十五里西至邵武府邵武縣界一百里南至甌寧縣三十五里北至崇安縣界四十里東南至甌寧縣七十里西南至順昌縣界一百里東北至浦城縣二百二十里西北至邵武縣界一百三十里

松溪縣東至浙江處州府慶元縣界四十五里西至政和縣界四十五里南至政和縣界二十五里北至浦城縣界四十五里東南至政和縣四十五里西南至甌寧縣界七十里東北至慶元縣八十里西北至浦城縣一百四十里

崇安縣東至浦城縣一百八十里西至江西廣信府鉛山縣界七十里南至建陽縣竹湖山七十里北至廣信府上饒縣岑陽關八十里東南至建陽縣界八十里西南至建陽縣界八十里東北至浦城縣界七十里西北至上饒縣界七十里

政和縣東至壽寧縣南溪石門七十里西至甌寧縣界八十里南至福州府古田縣界三百一十里北至慶元縣界九十里東南至本縣赤巖巡檢司一百二十里西南至建安縣界三十五里東北至青田縣寨前一百里西北至松溪縣東關巡檢司四十里

壽寧縣 東至福寧州福安縣界九十里西至政和縣界一百里南至福寧州寧德縣界一百五七里處州府景寧縣界八十里東南至福安縣界八十里西南至寧德縣界八十里東北至浙江溫州府泰順縣界七十里西北至慶元縣界四十里

泉州府 東至大海一百三十里西至汀州府五百五十里南至大海一百四十里北至興化府仙遊縣一百五十里東南至大海八十三里西南至漳州府二百七十里東北至興化府一百七十里西北至延平府尤溪縣四百里自府治至南京三千二百五十五里至京師七千二百五十五里

晉江縣 東至惠安縣界二十五里西至南安縣一十五里南至本縣園頭巡檢司一百八里北至仙遊縣一百六十七里東南至大海一百一十里西南至同安縣一百二十里東北至惠安縣五十五里西北至德化縣一百八十五里

南安縣東至晉江縣一十五里西至安溪縣七十五里南至同安縣一百二十里北至永春縣一百里東南至福全千戶所八十里西南至本縣康店驛六十里東北至惠安縣六十里西北至仙遊縣二百一十里

同安縣東至南安縣一百二十里西至漳州府一百五十里南至大海八十里北至安溪縣一百五十里東南至晉江縣界一百二十里西南至深青驛六十里東北至康店驛六十里西北至漳州府長泰縣八十里

德化縣東至仙遊縣一百三十里西至尤溪縣二百四十里南至永春縣六十里北至福州府永福縣二百五十里東南至晉江縣一百八十里西南至安溪縣二百二十里東北至永福縣界一百七十里西北至尤溪縣界一百七十里

永春縣東至仙遊縣一百一十里西至漳州府龍巖縣界一百六十里南至安溪縣九十里北至德化縣六十里東南至南安縣灣頭巡檢司四十里西南至安溪縣一百里東北至興化府一百八十里西北至德化縣五十里

安溪縣東至南安縣七十五里西至同安縣一百一十里南至南安縣界三十里北至龍巖縣一百八十里東南至康店驛八十里西南至漳州府二百三十里東北至永春縣一百里西北至漳州府南靖縣三百里

惠安縣東至大海四十五里西至晉江縣界三十五里南至惠安場鹽課司三十五里北至仙遊縣大帽山六十里東南至崇武千戶所五十里西南至晉江縣五十里東北至仙遊縣楓亭驛六十里西北至仙遊縣一百二里

漳州府東至泉州府同安縣一百九十里西至汀州府七百里南至廣東潮州府五百一十里北至延平府尤溪縣六百里東南至海二百里西南至潮州府饒平縣三百里東北至泉州府二百七十里西北至延平府七百三十五里自府治至南京三千五百二十五里至京師七千五百二十五里

龍溪縣東至長泰縣三十七里西至南靖縣四十里南至漳浦縣一百二十里北至長泰縣界二十五里東南至鎮海衛一百二十里西南至南靖縣峰蒼嶺三十五里東北至長泰縣朝天嶺巡檢司七十里西北至南靖縣平南驛一百一十里

漳浦縣東至海八十里西至南靖縣一百三十里南至潮州府海陽縣三百一十里北至龍溪縣一百二十里東南至海八十里西南至潮州府程鄉縣二百一十里東北至海一百二十里西北至

龍溪縣界七十里

龍巖縣

東至漳平縣一百七十里西至汀州府長汀縣三百六十里南至南靖縣二百七十里北至延平府沙縣三百五里東南至南靖縣界二百七十里西南至汀州府上杭縣一百五里東北至尤溪縣三百六十五里西北至長汀縣三百六十五里

長泰縣

東至同安縣一百二十里西至龍溪縣三十七里南至高浦千戶所八十里北至泉州府安溪縣一百六十里東南至同安縣深青驛六十里西南至龍溪縣鄉州稅課局一十五里東北至同安縣苧溪巡檢司八十里西北至漳平縣二百二十里

南靖縣

東至龍溪縣四十里西至龍岩縣二百二十里南至程鄉縣一百五十里北至漳平縣二百四十里東南至漳浦縣一百二十里西南至海陽縣五百四十里東北至長泰縣七十里西北至

安溪縣四百五十里

漳平縣東至安溪縣二百四十里西至龍岩縣一百二十里南至南靖縣二百二十里北至延平府永安縣一百二十里東南至龍溪縣三百里西南至海陽縣六百五十里東北至尤溪縣九十里西北至沙縣三百六十里

汀州府東至延平府七百里西至江西贛州府四百一十里南至廣東潮州府程鄉縣三百三十五里北至贛州府三百七十里東南至漳州府六百三十里西南至潮州府六百六十五里東北至邵武府六百三十里西北至贛州府四百四十里自府治至南京三千二百八十里至京師五千八百六十里

長汀縣東至寧化縣界八十里西至贛州府瑞金縣八十五里南至上杭縣一百八十五里北至

瑞金縣界六十里東南至連城縣一百七十里西南至武平縣二百一十里東北至寧化縣一百八十里西北至瑞金縣界六十里

寧化縣 東至清流縣界四十五里西至贛州府石城縣九十里南至長汀縣界九十里北至邵武府建寧縣一百一十里東南至清流縣界六十里西南至長汀縣一百八十里東北至清流縣三十里西北至江西建昌府廣昌縣一百二十里

上杭縣 東至漳州府龍岩縣大池一百里西至武平縣一百里南至永定縣一百一十五里北至長汀縣一百八十五里東南至龍岩縣一百五里西南至程鄉縣三百一十里東北至長汀縣穀奢嶺八十里西北至武平縣界八十里

武平縣 東至上杭縣一百里西至贛州府安遠縣一百四十五里南至程鄉縣二百一十五里北

至長汀縣界黃公嶺一百五十里東南至潮州府海陽縣四百里西南至程鄉縣界一百里東北至長汀縣一百一十里西北至贛州府會昌縣二百一十里

清流縣東至延平府永安縣界一百一十里西至寧化縣空頭嶺二十五里南至寧化縣百步嶺一十五里北至寧化縣草鞋嶺六十五里東南至連城縣一百三十五里西南至寧化縣三十里東北至歸化縣九十里西北至寧化縣界六十里

連城縣東至延平府沙縣界一百里西至長汀縣界一十里南至上杭縣界一百里北至長汀縣界六十里東南至沙縣界一百五里西南至長汀縣界七十里東北至清流縣界三十五里西北至長汀縣一百七十里

歸化縣東至延平府將樂縣界三十里西至清流縣界二十五里南至永安縣界九十里北至寧

化縣界七十里東南至涉縣界一百二十里西南至清流縣九十里東北至將樂縣界三十里西北至寧化縣界五十里

永定縣 東至漳州府南靖縣界二百里西至上杭縣界七十里南至潮州府饒平縣界一百里北至上杭縣界一百一十五里東南至龍岩縣緣嶺一百二十里西南至上杭縣界六十里東北至龍岩縣界一百二十里西北至上杭縣鹹水湖八十里

延平府 東至建寧府一百二十里西至汀州府清流縣界三百二十五里南至福州府古田縣界一百二十里北至邵武府邵武縣界一百八十里東南至福州府界一百二十里西南至泉州府界三百九十里東北至建寧府界一百二十里西北至邵武府界一百八十里自府治至南京二千四百七十里至京師五千二百九十三里

南平縣東至建寧府建安縣界五十里西至順昌縣一百二十里南至尤溪縣一百五十里北至建寧府甌寧縣界一百里東南至福州府界一百二十里西南至永安縣二百里東北至甌寧縣界五十里西北至甌寧縣界一百里

將樂縣東至順昌縣一百里西至汀州府歸化縣白蓮驛九十三里南至沙縣界四十里北至邵武府界一百二十里東南至順昌縣界四十里西南至汀州府界一百二十里東北至邵武府界一百二十里西北至汀州府界一百里

尤溪縣東至福州府閩清縣百丈嶺一百里西至漳州府龍岩縣桃源店巡檢司一百八十里南至本縣高才坂巡檢司六十八里北至南平縣一百五十里東南至福州府永福縣界一百八十里西南至泉州府德化縣三百二十五里東北至南平縣界一百四十里西北至龍岩縣四百一里

沙縣東至南平縣一百二十里西至永安縣界八十里南至龍岩縣三百五里北至順昌縣界八十里東南至尤溪縣界一百八十里西南至永安縣百六十里東北至順昌縣一百六十里西北至永安縣界一百二十里

順昌縣東至南平縣一百二十里西至將樂縣一百里南至沙縣界二十里北至甌寧縣界一百三十里東南至沙縣界二十里西南至將樂縣界五十里東北至甌寧縣界二十里西北至邵武縣界六十里

永安縣東至尤溪縣界八十里西至清流縣界一百里南至龍岩縣界一百二十里北至沙縣界八十里東南至龍岩縣界一百二十里西南至汀州府連城縣界一百八十里東北至沙縣界八十里西北至清流縣界一百二十里

邵武府 東至延平府順昌縣界一百二十里西至江西建昌府新城縣界一百四十里南至汀州府寧化縣界三百四十里北至江西廣信府鉛山縣界三百里東南至延平府将樂縣界一百四十里西南至建昌府廣昌縣界三百九十里東北至建寧府建陽縣界六十里西北至新城縣界一百四十里自府治至南京二千四百五十里至京師四千八百三十里

邵武縣 東至水口巡檢司一百六十里西至光澤縣界八十里南至泰寧縣界七十里北至建陽縣界一百三十里東南至将樂縣一百四十里西南至建寧縣二百二十里東北至建陽縣界六十里西北至光澤縣界五十五里

泰寧縣 東至光澤縣界六十里西至建寧縣界四十里南至将樂縣界三十里北至邵武縣界八十里東南至将樂縣界三十里西南至寧化縣界一百里東北至邵武縣一百四十里西北至建寧

縣界五十里

建寧縣

東至泰寧縣界三十五里西至廣昌縣車竿嶺一百二十里南至寧化縣安遠巡檢司八十里北至建昌府南豐縣黃源巡檢司九十里東南至寧化縣界六十里西南至寧化縣界一百里東北至邵武縣界二百二十里西北至南豐縣界八十里

光澤縣

東至邵武縣八十里西至泰寧縣六十里南至邵武縣界八十里北至鉛山縣界一百四十里東南至邵武縣一十里西南至新城縣界一百里東北至邵武縣七十五里西北至鉛山縣界一百二十里

興化府

東至大海九十里西至泉州府永春縣一百九十里南至海四十里北至福州府永福縣界一百一十里東南至大海一百里西南至泉州府一百七十里東北至福州府二百三十里西北至永

福縣一百八十五里自府治至南京三千一百四十里至京師六千四百里

莆田縣 東至平海衛九十里西至仙遊縣八十里南至海四十里北至舊興化縣八十五里東南至莆禧千戶所九十里西南至仙遊縣楓亭驛六十里東北至福州府福清縣蒜嶺驛六十里西北至永福縣界一百二十里

仙遊縣 東至莆田縣八十里西至永春縣一百一十里南至泉州府晉江縣一百五十里北至舊興化縣七十里東南至泉州府惠安縣一百二里西南至泉州府南安縣一百七十里東北至莆田縣界七十里西北至泉州府德化縣一百三十里

福寧州 東至浙江金鄉衛蒲門千戶所一百里西至福州府古田縣一百五十里南至寧德縣飛鸞渡二百一十五里北至浙江溫州府平陽縣二百里東南至大海一百里西南至福州府羅源縣界一

百六十里東北至浙江處州府青田縣界一百七十里西北至建寧府政和縣界二百二十里自州治至南京三千六十里至京師七千二百里

寧德縣

東至福寧州界七十里西至古田縣杉洋巡檢司一百二十里南至羅源縣界二十五里北至政和縣赤岩巡檢司二百六十五里東南至福寧州二百一十里西南至福州府二百一十里東北至福安縣一百里西北至建寧府四百里

福安縣

東至福寧州杯溪公館八十里西至政和縣赤岸寨巡檢司二百四十里南至寧德縣飛鸞渡公館二百一十里北至温州府泰順縣二百五十里東南至福寧州二百里西南至寧德縣二百里東北至福寧州柘陽巡檢司一百里西北至建寧府壽寧縣二百里

八閩通志卷之三

八閩通誌卷之四

地理

山川

福州府

閩縣

九仙山 舊名于山世傳何氏兄弟九人仙于此故號九仙山閩中記云越王無諸九日嘗宴于此大石樽尚存亦號九日山曾鞏道山亭記云城之中有三山西曰閩山北曰越王山其東即此山也宋陳軒詩城裏三山古越都相望樓閣跨蓬壼有時細雨微煙罩便是天然水墨圖　浴鵶池　仙人床　躍馬岩　碁盤石　金積園　鰲頂峰在舊嘉福院內宋狀元陳誠之讀書于此王逵詩眼看滄海近身與白雲高迴影連三島盤根壓六鰲又李尚文詩三山數外小奇峰滴翠凝烟倚半空疑是巨靈

分擘曰五丁偷得寄閩中　玉蟬峯與鰲頂峯相連　琴臺　青牛洞　醉鄉石　石門　九日臺　石龜池　煉丹井　龍舌泉今九仙觀西傍石岩下有一穴疑即其處　梅嶺　獅子岩　集仙岩　磊老岩　雙石祠已上俱在九仙山上皆二十四奇中景也餘見寺觀志　小華峯在山之南石上舊刻此三字　金粟臺在山之西麓郡守程師孟以塔中王氏時所塑金粟像名石上刻金粟臺三字郡守元絳篆後絳之姪積中為守繪金粟像於臺側

羅山九仙山之別支也

丁戊山一名嵩山又名中山隱隆磅礴於闤闠之中上三山在府城內東南隅

靈山

芝山與靈山相連上二山在府城內東北隅

菩提山跨崇賢瑞聖二里

鼓山或云有石狀如鼓故名或云每雷雨作其中簸蕩若鼓聲因名趙汝愚詩幾年奔走厭塵埃此日登臨亦壯哉江月不隨流水去天風直送海濤來元黃鎮成詩屴崱峯頭萬丈梯上方高與白雲齊青山盡處海門闊紅日上来天宇低　石鼓相傳

此石鳴則爲兵應　靈源洞在山之湧泉寺左岩竇頗嶔怪五代梁徐寅有十二詠詩及記　將軍石在靈源洞道側峙立若甲卒故名　喝水岩相傳昔有僧神晏誦經於此惡水聲喧轟叱之西澗乃涸逆流於東澗　小頂峰在湧泉寺後下視殿閣若騎①其尾西望郡城列雉數十市壓闤闠麗譙浮圖臺門府寺釋老之宮輝霍崇麗闘出其間　大頂峯由小頂而上里許至此不通人跡宋咸平中丁謂始披榛以登上有石刻朱文公天風海濤四大字　國朝鄧子靜詩中天削出玉芙蓉迥壓全閩氣勢雄半夜峰頭看日出扶桑近在海門東　浴鳳池在大頂北唐末有樵者見五色雀群浴於此　石門池之南有石斫立若門　應真臺　祖師岩　湧泉竇泉自平地湧出因名　甘露松　白猿峽　香爐峰已上皆在石門之右　蹤鰲橋唐黄璞遠祖太和中得道遺跡翁承贊贈璞詩曰烟蘿况逼神仙窟丹竈還應許獨尋

蓬岐山

山石重疊中有蛇坑洞石生重疊成洞洞口僅可入一人其内豁然盔曲而進莫知所止

校注：①箕

又有劒山臨江有石如劒痕故名臥牛山府城東之首山也山岩渾成方圜數百仞如卧牛狀

故名上三山在鼓山里石龍山雲門山在洋嶼觀音岩松竹蒼翠泉石清幽古

有塑像在其中彌陀岩泗洲岩獅子石坐禪石望拜石仙掌石長江繞於山前琴嶼

双魚嶼俱在江中楞伽室吸江亭妙善庵宋孝宗御筆石門鑵舊志作石鑵僧安永詩路繞戀

崖萬仞頭擔泉帶月幾時休箇中撥轉通天竅八自安閑水自流五里泉已上號雲門山十五奇芹

岩山上有蒲峰大江橫其下江之前有山曰龜嶼嶼有泉流入于大海後灣山上四山在

江左里衡山屹立百餘仞枕于閩江之左形如鐘一名蘿山路接鼓山下有龍脚石長七八丈突

出跨於江側鳳洋山兩峰相應勢如摶鳳舊傳仙人王進才飛昇於此山之頂有仙亭遺址石

床棋枰几案猶存峭壁上刻登龍二字地名龍門嬰臺山傍有銅斗山天馬峰下有傳野橋龍

溪水由此而出

鷲峰山 上有馬面潭歲旱多禱于此

重雲山 能興雲雨中有一岩平坦十餘丈岩中一井天成其深莫測每天朗氣清月華流影則躍金沉璧蓋里之奇觀也名曰龍井

盤石山 山之頂有三石高十餘丈又有一石疊于其上上方如棋盤每天欲雨則雲出焉迴港繞其下水出衡山之龍溪曲折三十六灣合流而注諸閩江港之口有石橋每風恬浪靜江瀨無聲垂綸舉網者旁午其上

石門山 南接湖林北連瀛山山之頂巉岩傾欹藤蘿延繞兩旁壁立萬仞險不容足上有二石峭拔凌空夾峙如門上七山在江右里

湖江山 與王峬山對峙舊有玄妙觀

王峬山 望之翼然如鳳麟中有海雷石

文筆山 在湖江山之後與金鷄山相連屬其形如筆有甘泉出於其中又前有双龜後有五虎

五虎山 上有五虎門下有官母嶼嶼之上有巡檢司上四山在大海中

青羊山 其形如羊故名

琅琦山 一名羅崎

福斗山 林良箴詩載酒入江

色應尋福斗遊委蛇山翠晚洶湧海濤秋與合双鰲近門深五虎浮風恬鯨練浄月出蚌珠流上七山在嘉登里

峭谷山

金鷄山 閩中記秦始皇時望氣者云此山有金鷄之祥遂斸斷山脊呂厭王氣舊斷處為人行路號曰鷄公巷

龍窟山 在金鷄山後舊記云黃陳鄭未入閩以前此山之穴有蟒焉夭矯蜿蜒額有王字人以為龍而祀之故名

東湖山 與龍窟山相連舊記云凍湖地名有宋林觀過林夙二先生之居上四山在孝義里

東山 榴花洞唐永泰中樵者藍超遇白鹿逐之渡水入石門始極窄忽豁然有鷄犬人家主翁謂曰吾避秦人也留卿可乎超云欲與親舊訣乃來遂與榴花一枝而出恍若夢中再往竟不知所在宋蔡襄詩洞裏花開無定期落紅曾見逐泉飛仙人恁向青山口管卻春風不與歸富沙魏萬詩萬疊好峰侵碧落一泓流水隔紅塵澗邊鹿跡知何代洞口榴花鎮似春

龍首澗宋許將嘗讀書於此治平中知縣陳青刻石大書曰龍首澗

神移泉唐開元中僧

守正以居高汲遠方患之一夕泉迸于居側旦視舊井則已涸矣若神移然故名 文殊岩岩有古像 獅子峰象其形也熙寧中程師孟於峰之西澗建亭建炎三年嗣濮王仲湜書師孟詩亭為新成號獅子人曾舊隱作龍頭許將和泉近福花深洞口亭開獅子舊峰頭八州旗色天邊出三館芸香海上番 涵虛沼 松埡埡與鳩同松極高大宋初已有之宋鐵昱詩僧開來出世松老不知年 天台井 靈芝將藝龍淵已上俱在東山 聖泉在東山之上唐景龍元年僧懷一始卜居愛同寺西苦乏水忽一日二禽鬬躁於地心異之杖錫往視因卓其所俄有泉湧出乃甃石環其口分為兩道南派者為池東注者以供滌濯宋蔡襄有詩下註云涸十餘年今復湧俗傳湧則民安 又江右里亦有東山西連盤石東接象嶺山之傍有石洞豁然明朗曲折深邃內有二石其形如床名仙石床

鳳丘山 有宋尚書彭鶴齡墓上二山在端聖里

長樂山 越王時山間居民夢神人乘白馬至此因謂之白馬山唐天寶

中改今名武宗時建白馬廟於其上

茶園山 自金鷄山發脉平田中踴起員阜首復蜿蜒南行其腰為東嶽行祠又南為寶月山偽閩王延禀為王仁達所敗奔於此

三昧山 脉發於金鷄山之左上三山　在易俗里

飲井山 在仁惠里山有井泉味極佳亢旱不涸山南有大步嶺其西有唐觀察使陳岩廟

新安山 跨仁惠歸義二里中上有石羊石亮伏石盤上如羊相傳自會稽飛來

石鰲山 在永南里山一枕大江之濱上有三石其形如鰲故名中有一山聳起平田去山南一里許狀若蟠龍有温泉井山之左有拏公廟

玉頂山 下有龜嶼

君山 山之上有峴崙石室山之下有馬面仙潭

朏山 上有石其形上大下小名仙芝石又有石眼泉

石山

院跡山 有魏國夫人墓夫人韓皇后姪女適帥機張昺昺龍圖贇曾孫也

疊石山 高聳衆山之上擬然獨秀前有靈泉四時不竭下臨絕壑鉅石周匝故名又有疊石繞出其傍如蟠龍拱護頭角昂然上六山

在求北里平山在林浦宋幼主駐兵于此山因其崎嶇而平之陳宜中題曰平山福地山前舊有平
山閣甘泉山中有白泉湧出不竭其味甘舊有甘泉寺上二山在開化里已上四十二山俱府城
東藤山其脉一起一伏如瓜引蔓故名鰲頭山由藤山發脉聳起一峯支顧藤山之後上
二山在將昇里高蓋山在仁豐里閩郡前第三山也相傳漢徐登嘗修煉此山後入永福縣高蓋
山上昇鄉人於此望而祀之遂緣其名山有仙人井在仙壇之上相傳昔有牛墮井中牧童疾走告其父
兄及至則牛已出井上又有青龍池蘆彎洞洞前有棊盤石舊有高觀堂壺嶼山在光德里高湖
其山形如倒壺故名山之東有一大井其水清冷雖元旱不竭橫山　惠澤山在橫山之
南釣龍臺之北山之西百步許名曰獨山上有神祀釣龍臺山山由烏石山一脉蜿蜒起伏經
白馬廟山行數里至上行尾崇阜屹立俯瞰巨潭臺上可坐百餘人舊記云越王餘善於此釣得白龍以

為瑞遂於所坐處築為壇臺因名曰釣龍臺山是時閩人占曰白者金色兵甲之象後餘善果被誅元陳旅詩釣龍遺跡今何處但見朱門鎖石壇上三山在嘉崇里**梁山**在還珠里一名胡盧山山上有紫基乃邦人勝游之地也**石壁山**在西集里山聯岱頂岱頂之南峭壁數仞下有群𩂰**東峰山**在方岳里高不亞鼓山俗呼東峰鼻脉連五仙岩峰頂巨石有仙人跡**塔峰山**方山之别支也**木嶼山**連於塔峰週遭有江三江閩江朝汐通焉上二山在來慶里**方山**在清濂里九峯來向正北遠望突兀端方故名宋太守王逵詩衆狀皆窮險兹形獨擅方坦夷中砥孀端正外青蒼上帝圍碁局炎君避暑床回看太行路更近利名場又名虎頭山山之陰有峯隆然逆馳而西曰黃岩嵗大旱鄉人禱雨於此郡治前有山三重是山峭拔秀碧又出二山之上上有阿育王塔又有古壇①石床石碁局石床左右有楷橘木嵗所生特廿唐天寶中勅號甘果山**浮峰山**在光俗里俗云海潮盈則

校注：①壇

浮故名西有山曰籌岐岐上有烏石岩岩之東有王壺山上有三台石相傳此石自武夷山飛來山之別支有文筆山大江環遶其下**九龍山**在至德里狂牛嶺上高插天表**清涼山**在歸仁里中有仙跡岩一名法水岩相傳嘗有神仙遊岩中有傾盂水於地至今其迹尚存苔亦不蝕**城門山**山之上有鰲頂峰峰之東有魁星岩宋侍郎鄭湜嘗居其下峰之中有飛來石石之西有龍觀井峰之下有宋省元林執善宅**石几山**　**大翁山**　**傳坑山**前有大圓石俗號金鵝①覆卯②上四山在求福里**大象山**其山高聳插天為城南大障**西峽山**脉由大象山而分山之下即西峽江**文殊山**亦由大象山而分高百餘丈**珠山**其脉發於大象山周遭溪水環繞九山朝顧俗呼九龍戲珠**黃石山**脉連珠山有蟠環之勢上五山在高詳里**白田山**在欽仁里上有焦嶺下有焦溪**圓頭山**俗呼牽牛飲泉**馬山**形如双馬飲泉故名上二山在

校注：①鵝　②卯

歸義里巳上二十入山俱府城南

白鹿山 唐元和中僧道洪自晉江領徒居此有白鹿之異故名舊記白鹿山入十五里號榕溪

青洋山 界於福清縣上二山在府城東南積善里

文筆峰 在大義峰頂三尖形如筆架亦名貴人峰

三郎峰 上二峰在府城東西集里又積善里亦有文筆峰並三郎峰

銀峰 大象山之別支山頂有石其白如銀故名山腰有嶺界於長樂縣亦名銀峰嶺

琅峰 在紹惠里其山高聳如旗東有龍井水甚甘冷亢旱不竭峯之下江潮環繞

枕峰 在歸義里西峽渡之南驛道往來候潮之所

金鰲峰 一本作鰲頂峰在青布五代時二徐真人平閩屯兵處也左有龍湫潭水激湍急如龍之噴水水通苦竹溪流至林塢浦抵西峽江林潯浦前有金墩石出土中如金色中有戰場及試劍石今靈濟宮在其下

玉水峰 在金鰲峰之右

富山峰 聯於玉水峰

貪狼峰

蓮花峰 在金鰲峰之左

方巖峰

白鹿

峰峰之左有雷鼓潭有龍出没於其間天旱鄉人禱雨於此多應 古城峰 飛蓬峰

紫蓋峰 太平峰 金仙峰 天柱峰 朝陽峰

金欄峰 起雲峰 寶蓋峰 大座峰 玉蓋峰

雙童峯上二十峰在積善里已上二十三峰俱府城南 劒石巖在飛岐嶺上有一石約圍五十餘丈石上刻籀文相傳唐末黄巢兵經此以劍藏石下故名 五仙巖在高山之上五石並列中一石高起二十丈許石上平坦無路可登相傳曾有五仙圍碁於此故名 紫微巖相傳唐末有紫微公棄官隱此後得道輕舉因名岩下舊有傑閣雄麗可觀宋民先詩云碧落已驂丹鳳駕紅塵空望紫微岩上四岩在府城南方岳里 古嶺下有鐵鼎潭永樂間嘗有龍潛其中歲旱禱雨多應又有車函觀音潭 鼓崎嶺在屴崱峰之南下臨大江上有一石圓如鼓故名 蕭灣嶺

路接皷岐嶺**魁岐嶺**上三嶺在鼓山里**獵嶺**　**婆嶺**上二嶺在桑溪里**象嶺**在江右里嶺之北有鳳洋**鵝鼻嶺**在孝義里界於懷安縣六都**狂牛嶺**在至德里

石湖嶺在永北里**瑞跡嶺**在開化里上有巨人跡長尺餘因名已上十一嶺俱府城東

栢嶺在時昇里樹木森秀**青布嶺**在積善里路通長樂縣上二嶺俱府城南

磕下石在鼓山里**動石**其石甚巨以一指推之則搖力推則不動又桑溪里曲坑亦有此石**叢岩石**上二石在合北里**石壁**在江右里上有龍門二字**海雷石**在嘉登里海畔其石為海濤穿齧成竅風蕩激則訇然有聲若迅雷然**石步石**在歸仁里**石鱉石**在永南里江畔其首舊為雷所擊僅存其半**石船**略如船形故名**石籠**懸崖之上其形如籠上二石在求北里已上九石俱府城東

老子岩石在府城東南其形如道士冠帔執簡而立俗呼老子岩**前**

嶼
後嶼一名松山上二嶼在歸善里洋嶼　猴嶼　殿嶼上三嶼在江左里
獺嶼在江右里嶼之傍有鳳宅竹嶼　橫嶼上二嶼在瑞聖里龜嶼在永北里由玉山頂一脉漸降落於平洋俗謂神龜出洞故名其上樹木森蔚蒼翠為一鄉之勝巳上九嶼俱府城東
盤嶼在仁豐里扈嶼在還珠里劉嶼在靈岫里枕嶼在歸義里芝嶼在積善里昔嘗產紫芝故名嶼之上有二徐真人靈濟祖宮上五嶼俱府城南
螺洲在府城南仁惠里
挼桃洲在馬頭江中其形如桃故名洲上為田幾千敢①
閩江在府城東南江右里廣三百餘丈源出浙之龍泉建之浦城崇安又合建延汀邵及古田閩清永福大小諸溪之水至此入海
西峽江在永福里受永福印溪之水流十四里與東峽江合　峽江跨歸仁高詳二里兩山夾峽上納汀建延邵之溪流下吞興化泉漳之潮汐其闊可以尺量其深不可以數計中流有石屹然如砥柱名曰

校注：①畝

浮焦焦下有潭名中焦潭潭有龍潛其中凡歲旱禱無不應

東峽江南臺西峽二江合流於此上三江俱府城南

馬頭江南臺西峽二江皆匯于此深廣莫測風雨驟作波濤洶湧舟人憚之中有石如馬頭潮退則見潮平則沒故名

琅崎江在紹惠里上二江俱府城東南已上諸江悉由閩江以達于海蓋即閩江上流但隨地而異其名耳

金鎖江一名金崎昔有漁父垂釣得金鎖引鎖盡見金牛急挽至岸纖而鎖絕猶得數尺許因名

瀨江在府城南清廉里與西峽江水相會微風激之聲如溪瀨

上洞江在至德里乃馬頭江左次港也

下洞江在江右里乃馬頭江左一港也中有獅子石與方山對峙巨浸不没俗謂水浸方山鼻不到獅子耳上二江俱府城東南已上三江蓋閩江之支江也

南臺江在府城南嘉崇里與閩江同源至洪塘岐為二其一南行一北行北行者經釣龍臺為南臺江納北山衆流過鼓山復與南行者合流匯于馬頭江歷閩江以達于海南臺萬壽橋東舊有洲田數十頃成化初溪流海

朝日汐衝決悉淊于江可通舟楫臺下舊港淤沙漸擁潮小則舟膠不可行矣大定江在府城東南永北里與南臺江同派至此受上下磕水遶馬頭江其勢横亘望如拖練也

諸演江 在府城東北源出山谷以其沙水平演故名

石湖 在府城東永北里受麻潭員坑諸水亦遶瀠汐今於①塞漸小矣

大橋河 晉嚴高築城日從今迎仙館前開水口通灣橋浦引潮截城而入橫貫虎節門大橋下西趣舡浦尾偽閩時又從西湖鑿渠一支引北面山源清水沿樂輸門城隅為浴馬之所南馳北河以滌滓穢

新河 從清水堰開河口通灣橋浦引潮貫城橫渡兼濟門又西踰利涉門直抵船浦尾與大橫橋河通咸平中郡守陳象輿重濬之名曰通津渠州人因號為新河

義溪 在西集里一名麻溪

焦溪 在欽仁里

榕溪 在青布

白鹿溪 源出於白鹿山

苦竹溪 在金鰲峰之下橫溪有橋上三溪在積善里已上五溪俱府城南

桑溪 在孝義里之獵嶺傍有桑園故名越王無諸嘗

校注：①淤

於此流觴宴會**善溪**舊名鱔庠在桑溪里鼓山之北大乘之南山峽間有二潭下潭廣六丈深不可計距上潭五里相傳越王郢時溪有大鱔長□丈第三子號白馬三郎有勇力射中之鱔怒纏以尾三郢郎人馬俱溺邑人立廟祀之淳祐八年郡守陳塏更今名詳見祠廟志中矣**大坑溪**源出青陽跨溪有石橋潮大時亦通**東崎岊溪**　**浩溪**　**荷溪**地名龍井近溪有元中訓計議鄭愷所居中有躍龍津碑石刻躍龍津三字尚存**孟溪**北有香爐峰下有馬鞍橋上五溪在合北里已上七溪俱府城東**直瀆浦**南從江岸開河口通潮北流至海晏門為灣橋浦又北通東湖以其直如溝瀆因名**馬面潭**在江左里大江之上**毘濟潭**在狂牛嶺南深邃莫測實神龍之湫禱雨輒應下有穴通馬頭江受諸江之泉然亦不溢也成化間亢旱鄉人車水溉田水去數尺見其內大刻毘濟潭三字已上二潭俱府城東**三角池**在府治東易俗里三叉路邊亢旱時近池

之禾資其灌溉

內湯井在府城溫泉坊舊有內湯院及溫室振衣亭

外湯井在湯門外數百步繚以垣牆作溫室及振衣亭公府休暇多盥濯於此俗呼官湯

溫泉在外湯院味甘而微和熱甚者作硫黃氣舊志云人沐浴之可以蕩邪而難老

十槽湯在湯門外百步餘

湯泉在府城東崇賢里數十步輒迸一穴或出河渠中味甘而性和熱甚者氣如硫黃能熟蹲鴟旱潦無增減宋程師孟詩曾看華清舊浴池此泉何日落天涯徘徊卻想開元事不見蓮花見荔枝

蘇公井一在嘉榮坊內一在開元寺前一在慶城寺前一在左一坊石井俱宋慶曆中提刑蘇舜元鑿

天台井在瑞聖里

更門井在永北里上硫泉味甘冽諸井莫能及

侯官縣

烏石山在府城西南隅唐天寶中敕改為閩山與九仙山東西對峙眉目海上唐黃滔萬歲寺碑有云公府雄雄坐龍之腹九仙烏石聳龍之角宋蔡襄詩低回傾北斗突兀起東閩國

朝楊景衡詩躋霄臺北道山西長嘯憑高起遠思繼日莫窮登覽興梵宮烟草晚離離王孜詩鴉飛迤水
澗僧去石岩空薛老峰咸通中候官令薛逢與神光僧靈觀存創亭其側仍倒書薛老峰三字國朝
王偁登薛老峰詩遠嶼綠波孤鳥外亂山黃葉白雲中坐禪石在山之東峰勁直若筍峙于磐石微觸
即動搖又名降睡石天台橋東峰岩側有巨石梁如天台石橋之狀仙井仙人任敖煉丹於此宿
猿洞昔隱者蓄一猿因以名之林向詩夜色併耒①三島月水光分破五湖秋蕭枝影裊安吟榻紅藕香中
繫釣舟金粟庵金剛跡峰頂石上有巨跡般若臺今為初陽頂閻齊美曰每旦群峰猶瞑獨此峯
太陽先升因名落景平即初陽之西鵶浴池古記云雷震石壇成一穴丈餘不知泉脉所出夕陽群
鵶亂浴故名華嚴岩唐嗣聖十八年有僧持華嚴於此一夕雷雨大震擘石為巨室僧遂宴坐其間
李陽冰篆般若臺記刻于華嚴岩頂與處州新驛記縉雲城隍記麗水忘歸臺銘世稱四絕尊勝真堂

校注：①來

知州孟彪崔干祠像也　崔公井在尊勝堂前崔干賞其甘美　射烏山一云九日山　謝公浴堂鑿井引泉爲之　不危亭在山危巔　蟠桃塢蟠桃疑盤陀之誤　石像唐天寶八載五月六日驟雨雷震須臾晴霽石上湧出佛像歐陽詹記　銅像王氏用銅六萬斤黃金三百兩鑄彌勒佛像方三丈六尺向陽峰山頂突起三字曰向陽峰　金蟒穴宿猿洞之東五代唐天成間大石穴中有巨蟒鱗甲如黃金屈蟠六七丈王氏命運土塞之建大殿以奉佛今胡蘆城是也已上俱三十六奇中景餘見宮室寺觀志　鱗次臺在山之東麓　頭陀岩安文頭陀因遊南澗寺山莽蔓中得岩石側足而入有一穴僅可容身遂宴坐其間號頭陀岩山居闤闠游者絡繹頭陀嘗磨石崖云客至不點茶相看淡如水白雲深谷中穩坐淨生囊　放生池按郡邑之有放生池蓋宋天禧紹興之制也每歲聖節日郡守率僚屬命緇流放生以祝壽已上俱在烏石山中

閩山在府治西南隅其山自宋時剗削已盡惟餘巨石巋然有大篆閩山

二字刻于石北熙寧間程師孟嘗遊於此寺僧為刻光祿吟臺四字於石之西師孟詩永日清陰喜獨來野僧題石作吟臺今為居人所有

大夢山下有平章池元陳平章所鑿故名

貴庵山上二山在草市都

怡山在西禅浦一名雲山一名城山梁道士王霸居此詳見於寺觀志

黃山下有橋亦以黃山名

後山　鳳凰山　清泉山　末山　石山上七山在一都

洪山在二都即洪塘山東環清溪橫溪有橋俱以洪塘名

旗山山形如旗與鼓山對峙郭璞遷城記云右旗左鼓全閩二絕八郡雄偉所謂右旗即此山也上有仙人石旗尾偃迤南折十餘里為南嶼民居鱗次如一市壘嶼之上有鑪峯石下有合山橋

歷山上有牛姆石上二山在三都

厚山在四都

嶼頭山在後尾又名花嶼山周圍六橋曰合潮曰王浦曰鄭嶼曰溫陽曰山樅曰王址

華棣山　赤塘山　鳳山在橫棣上四山在十都

龍

潭山在十二都山下有龍潭歲旱禱雨輒應潭邊又有溪源宮

藥山在塘岸

西山中有瑞應二潭故又名龍潭山上二山在十四都已上二十山俱府城西

龍臺山在十一都與赤塘山對峙上有小塔

唐舉山在十八都上有圓通閣

雙髻山在二十四都之小箬山巔有鰲峰嶺嶺下有聖湯

芹山在二十六都有馬仙宮

雪峰山在二十八九都舊名象骨峰高四十餘里根蟠四邑未冬或雪當夏無暑唐乾符間僧義存結菴以居改名雪峰宋劉知王詩名山第一雪峰山六月山頭雪尚寒 鳳凰岡雪峰院主山也 應潮泉廣二三尺水繞數寸四傍皆頑石中有數沙眼潮上則消消而出退則復竭故老相傳以為海眼 無字碑古頌云一片如瓶紫翠間風吹日炙蘚花班莫言箇裏無文字要在當人着眼看 水磨舊志僧義存自題云菴前未日無狼子磨下終年絕雀兒至今信然 梯雲嶺其巔險峻若登天然故名 烏石嶺在山之巔 仙跡石 鞭鬬石 虎豕跡

蘸月池在雪峰院僧舊有古杉二株一真覺禪師手植一閩王審知手植今皆不存　湯泉距雪峰院八十里僧可遵嘗作偈直待蒼生塵垢盡我方清冷混常流宋蘇軾賞之有曾鞏程師孟蔣之奇諸公留題今冠盖南北必憩此六花峰山之別支也

永隆庵山在三十都上有王几峯已上六山俱府城西北

大帽山在鼓靈山腰有石室名天乙岩深邃可容百人一名小方廣一名羅漢洞　國朝鄭定詩天乙岩頭發長䕭雲散天高秋杳杳石室涼生六月寒海天望斷三山曉林志詩層峰聳翠拂雲標絕頂凝寒暑不消孤鶴遺蹤天路逼數螺浮黛海山遥山之西南隅有一石竅出甘泉可資二十人渴飲飲竭復盈山前有文筆峯峭拔如筆又名古靈席帽山高棟詩文筆聳孤翠高標寫層穹氣奪衆峰秀屹為三山椎何當覧奇觀於此巢雲松

福頂山上有古靈廟上二山在八都

仙宗山在五都白鶴山巢中松徑縈紆十數里澗流涔涔有聲

蘇岐山脉發旗山首逆浯水樹木森蔚

大

象山 其山蹲伏如象上有觀首泉山頂外抱中夷 **尋山** 在蟟沙 **崎頭山** 在大象山之東峰巒奇秀上有仙人石下橫長江名浯江山半俯瞰清流有磯石臨水號醉漁又有懸鍾石下懸浯江其形如鍾故名上四山在七都 **小臺山** **龍湖山** 上二山在九都 **石門山** 二山對峙中貫清溪望之如門溪滸有伍仲襄廟 **趨山** 陽大江沿浦而入有張阜突起故名山下有四門江橋上二山在十三都 **梅峬山** 在二十五都界候官閩清二縣間下有鍾潭按舊志潭中有鍾莫知年代唐貞元中僧惟亮欲取之見蛟龍出沒其側遂不敢近已上十二山俱府城西南 **祭酒嶺** 在府西一都俗呼為進酒偽閩湛溫光州人事王延翰官至御史大夫國子祭酒時延禀守建州與延翰有隙遣使来覘虛實延翰命溫往餞且鴆之溫嘆曰吾寧以一身代萬人肝腦塗地引巵獨酌斃于嶺下故名上有祭酒墳路接洪山橋 **黃沙嶺** 在府城西北二十七都 **越王石** 按閩

中記在候官縣南海邊今未詳在何處

石門 在十二都常隱雲霧間相傳云太守清廉乃見

靈石 在十四都真人宮內有潭潭之旁有石凡四一似龜一似蛇一似人一似劍一似印上二石俱府城西

月山崖 在府城西八都與文筆峰相對其崖穹然類半月故名 國朝高棅詩群峰多獻奇一峯狀如月半影出陰崖四時掛天關遊子愛清輝逍遥步林樾

董嶼 在後**環嶼**尾

環嶼 上二嶼在府城西十都

月嶼 在府城西南七都其形若初月故名一本云在府城西南百餘里海邊

甘蔗洲 在府城西北十五都江心上有馬仙宮①驪珠石居民數百家悉以種蔗為業彌山亘野歲課甚豐

螺女江 在府城西北十一都上接水口下接閩江入于海方輿勝覽名螺江搜神記云閩人謝端得一大螺如斗畜之家每歸盤飡必具端疑而密伺之見一姝麗甚問之曰我天漢中白水素女天帝哀卿少孤遣妾具君膳今去留殼與君端用以貯粮其米常滿資給數代江以此名

馬瀆江 在十三

校注：①驪

都上接螺女江江俱府城西洪塘江在二都上接馬瀆江上二黃岸江在府城西南七都又名溍江江之濱有巨石橫浸亦名蘇崎有渡以濟涉者蓋大江之支江也

陳湖在府城南三十五都

龍湖在府城西南九都

龜溪在十九都淵中多龜故名按舊志唐大曆中有一女浣紗溪次為龜所食其父號哭不已聞者哀之既而取龜烹之冤憤差釋溪之傍有小金沙古山園

仁溪在二十五六都源出連江縣界

大目溪在三十一二都

小目溪在十六都上二溪源俱出永福縣界

蒙溪在三十四都上有橋去白沙驛五里許源出連江縣界已上四溪俱流入大溪迤邐以達于海

豐澤潭在大目溪相傳潭中有龍大率二年一興興則暴雨漲溪衝梁突岸乃以鐵纜纜之上鑄鐵佛縫鋪皆納以鐵自此不得為患上四溪并潭俱府城西北

碧玉潭在府城西南八都之古靈溪流清駛潭底五色石子粲然若機錦吳朝宗有記

長定官池在舊永欽里長一百七十丈闊

一丈五尺深五尺

天湯泉 在府城西九都其地湧出溫泉四時不竭

湯泉 在方山高處有二石池一冷一溫

安德泉 在府城西八都懸崖甘洌如匡廬瀑布

蘇公井 一在登俊坊內一在桂枝坊內一在萬壽寺前一在官賢坊內將官衙前一在甘液坊內俱宋提刑蘇舜元所鑿

道士井 在縣前初晉時林氏入閩有華陽道士謂之曰可鑿井於南山足下若遇磐石當止必有泉焉林氏如其言果見磐石俄有白豕躍入井中泉隨湧出至今太旱不涸

龍龍井 在府城西北志節里或傳昔有龍攖井甃而上今跡猶存

懷安縣

越王山 在府城北隅半隔城外一名平山或曰屏山劍池相傳粵王無諸淬劍處唐元和中僧惟翰浚之得銅刀鐵環數枚當時治竈猶有在竹林間者 國朝以其地為右衛軍營池淤塞迨盡存者僅半畝耳今圍入新貢院

琴石 昔閩王鼓琴於此

飲馬池 昔閩越王飲馬於此

越

王古井俱在越王山南

將軍山在府城東北隅舊名治山宋治平圖曰泉山熙寧圖曰將軍山唐刺史裴次元於其南闢為毬場即山為亭勒為二十詠曰望京山觀海亭双松嶺登山路天泉池翫琴臺筋竹岩枇杷川荻蘆岡桃李塢芳茗原山陰亭合①清洞紅蕉平越壑橋獨秀峯篔簹砌八角亭磐石椒白土谷各為詩題於亭壁又有連漪亭東陽坡分路橋乾岡岑木瓜亭石堤橋海榴亭松筠陌夜合亭俱未為詩其自序云場北有山維石岩岩峰巒巉峭聳其左林壑幽邃在其右又作望京山詩云積高依郡城迴拔淩霄漢其時山蓋高聳故有望京之名經累代營造開鑿今卑小矣所存者惟山骨可坐十數人上刻流觴曲水痕閩越王故城即此山西北有歐冶池相傳歐冶子鑄劍之地周圍數里時或風雨大作烟波晦暝今湮塞多矣

鐘山在府城內西南隅閩中記梁太守袁士俊居第內有小山時聞鍾聲因名後捨為寺即今之大中寺又一都亦名鐘山

龍腰山在府城北門外即越王山之後山也

校注：①含

自蓮花峯發脉迢迤過飛来峯半隔城内為福之主山下有水源接東湖之塤與潮汐通相傳昔嘗欲鑿之以通西湖往往晝鑿而夜遂合故俗云龍腰不可鑿

靈光山

後山舊為陶竈宋政和初縣乃禁之跡猶隱隱於荒莽之中

邑山舊邑縣之址也有巨石冠其山巔名曰邑石其石高廣坦平

太平山

閩山與太平山相連

卧龍山在興聖坑亦名伏龍山陳寶應時此山有巨石無故自移閩人言石者陰類當靜而動臣下僭逆之象後寶應果謀逆伏誅山上有石刻卧龍山三大字

文山宋隱士鄭育故居也太守黄裳往謁之乃石其路路口有坊扁曰文山今惟舊址而已下有小浦環繞潮汐通焉

浮倉山舊傳越王無諸倉廩在焉其四面皆江故名今倉巳墟江亦堙塞為田上八山在一都

昇山在三都舊名飛①来山相傳越王勾踐時一夕自會稽飛②来今其邑鑑湖即山之故址也陳天嘉中以其西岩石閒時聞鐘磬之音故又名靈岩唐天寶六載臨海人

校注：①②來

任敦於此得道昇舉因改今名周朴詩氣色雖然離禹穴峰巒猶自接天台岩邊折樹泉衝落頂上浮雲日照開　任仙公臺按舊志敦上昇處也相傳臺之側有敷洗藥池今池已湮而臺之砌猶存宋慶曆間郡守王逵搆祠於其上又嘗作昇仙賦刻於石郡守程師孟詩行處松蘿深似幄望中城郭細如棋清泉可惜藏岩下不作先生洗藥池陳襄和雲中直有三清路塵外都如一局棋閒欲引泉添洗藥未應奪我鳳凰池通判陳鑄詩海中島嶼分諸國野外雲霞萃一川賢守乘秋縱登賞不妨吟到夕陽天　不溢泉相傳有石池瀦泉雖雨潦弥旬不溢　鬼磨石　昇仙崖　采芝岩接於靈岩形勢巋然其地曾産芝草故名　息龜池今湮塞不存　寒岩在山之陰相傳昔有樵者盛夏憇此云其中寒氣逼人已上俱在昇山

𠂢山在二十都山有三巒直下分派如𠂢故名其中巒之下展坡如平曠居人環繞為一鄉之會宋儒潘柄居此

丁山在二十四都路通古田羅源二縣山形橫去一麓衝出如丁字故名上十

二山俱府城北

南陽山在府城南十二都山巔有鳥岡潭其潭有四以風雲雷雨為名岩石險惟人跡罕到每潭闊丈許相傳有龍居之或時潭上雲霧騰湧則大雨如注歲旱鄉人禱之多應岡或作缸

鳳池山山之坳有鳳池廣三四畝相傳有五色鳥常浴於此意其為鳳也故名按十國紀年閩王塈夫人任氏于閩縣鳳池山後忠懿薨亦葬焉方是時山猶屬閩縣至太平興國間始析入懷安宋郡守元絳詩州人未識鳳池山朱轂時來此往還四坐杯盤在天上滿軒風雨落人間後守葉棣詩聞說治平元太守殷勤晚到鳳凰池盖山見於圖經前此未顯絳始披荊榛而大之山之西有水簾泉石壁峭聳泉自石上流瀉望之若水晶簾故名温益詩竹生石上瓊瑶碧泉落簷間組帶垂陳賜詩地噴飛泉成雨露根盤喬木列旌旗

蓮花山在桃枝嶺上一名永福山形圓而尖若菡萏然實郡之主山也閩忠懿王改葬於此又名蓮花峰

寶福山

馬鞍山以形佀名

九峯山峰頂九出

尖圓①不一

大鵬山　山勢高聳如飛鵬展翼之狀其東則方山之巔也上六山在三都

東室山　在四都

龍窟山

澗田山　上二山在附城五都

芙蓉山　在五六都山如芙蓉中有芙蓉洞洞口可丈許縈紆十餘里遊人篝燈秉炬以往岩石互鎖作隘作廊紺乳時滴陰氣逼人火色青閃至開山堂可坐百人有石床石鼓石盆過此益凜凜然莫窮其源

壽山　在四都與芙蓉九峯二山相對峙山有石瑩潔如玉柔而易攻大者可一二尺盖珉類也宋黄榦詩石為文多招斧鑿寺因野燒轉熒煌世間榮辱不足較日暮天寒山路長距山十數里有五花石坑其石有紅者緗者紫者惟艾綠者難得已上十一山俱府城東北

桃源山　在一都

沙溪山

西室山　與沙溪山相連上二山在十三都已上三山俱府城西北

龍鞍山

楊崎山　夾江峙立不甚高而連延起伏形勢可觀宋林垌居北垌釋褐狀元今人猶以狀元名以境上二山在九都

吳

校注：①圓

山在十都相傳昔有吳父者隱此故以名之仙崎山在十一都與楊崎山對峙山之巔樹木陰翳其下居民稠密江水蜿蜒江南北行者必由此山之徑以濟渡今有鄭公渡上四山俱在府城西南九峯在府城北二十二三四五都隣於龍跡石其山峭拔若筆格與芙蓉壽山共號三山唐咸通中改號九峯黃岩峯在府城東北五都岩高數十丈尖峯倚天傍有瀑布泉在峯之左飛流瀉天如練布然每夜靜潺湲泙湃之聲聞數十里桃枝嶺大夫嶺相傳舊有大夫墓俗呼杜武嶺又呼豆腐嶺上二嶺在三都長箕嶺在四都通羅源古田二縣界又名長岐嶺梧桐嶺在十三四五都五代晉天福四年閩王昶出奔至此上四嶺俱府城北婆嶺在梅亭閩山嶺通叢塚嶺東之路上二嶺在府城西二都北嶺在五都路通連江縣沿崖而躋高一千八百步宋嘉祐三年知縣樊紀僦工攻治其高為夷正曲為直凹者培陷者續迄今賴之嶺上有亭嶺之阿

有臙脂園相傳舊有忠懿王郡主梳粧樓乃晨日盥洗脂粉注積之所因名地周匝約二百餘步①但夷不毛四時膏潤紅光燁人

湯嶺 在六都由北嶺行十餘里乃至此嶺又三十里至連江縣界諺云湯嶺峴北嶺頭言至險也嶺畔有庵庵下有溫泉嶺因以名上二嶺俱府城東北

應石 在二都安國院北石圓而聳以木石扣之則諸山響應故云

龍跡石 在十四都宋初屬閩縣興城里在龍嶺溪傍唐廣德中有龍從石上飛起著足跡深可數寸上二石俱府城北

四

盤石 在府城東北五扵都相傳越王時此石在湖中不沒如盤故名

石母嶼 相傳石母常居扵此故名石出水四尺巨漲或過丈餘石亦不沒

盤嶼 脉接吳山通瓜嶼四面旋繞如盤故名或云隱者吳父常與故舊燕會盤桓於此因名

瓜嶼 西從鳳岡小山迤邐而來既伏而突起一坡四周皆平田而此坡獨圓如瓜故名上三嶼在九都

芹洲 在府城南十二都澤苗江之西當永福溪之急②荒推沙走石歲久擁而成

校注：①坦　②流

洲周圍二十餘里居民稠密隱然闤闠之區也洲多産芹故名又名瀛洲以其四面有水如瀛洲然也

石嵒江在府城西北十三都上接水口江下接洪塘江即今芋原驛前大江也　楊崎江在九都十都上接洪塘江歷鳳岡至楊崎納永福溪及浯溪之水以達于西峽江　澤苗江發源自永福溪北流歷候官古靈而下是爲澤苗江江之東岸則瓜山黄岩大鵬衆山之水所出合流至仙崎乃與楊崎江合新崎江一名仙崎源出永福之印溪東流三十里接西峽江上二江在十都　黄江在七八都上三江皆大江之支江也已上四江俱府城西南

沙溪源出分水關經建劍而来下至芋原與大江合中有沙壅成洲故名

洁溪源出大鵬黄岩兩山中與澤苗江合溉田一十餘頃

陳塘溪源出十四都縈紆至此入江歲旱則堰不為埧以溉民田幾三十餘頃舊有橋梁横扵其上

浯溪源出瓜山之陽歷平坡之北由仙坂而注於澤苗江溉田十五頃

潢溪源出黄岩峯之左注廷澤浦而西入

手江沆出一十餘頃

桐溪在十三都流三十里至萬安橋通大江

黃石溪舊名岜江疑即石岜江之上流也發源自分關至白沙合流七十里入西峽江上七溪俱府城西

吳山溪在府城西南源出求福之印溪流三十里入西峽江

蘇公井宋提刑蘇舜元鑿由豐樂門至安定門其井有三一在今盐運計前一在今西察院後一在今斷事司前由甃門至虎節門其井有六兩兩根對臺門第一井以銅為底其水用之漏壺輕重適宜建炎四年郡守程邁悉濬之歲久多湮或失其處　國朝成化間鎮守大監陳道復令福州府同知韋濟體究逡①治盡復其舊也

廣福井在城隍廟內

金鷄井在乾元寺內相傳昔有牧羊兒常見井有金鷄久乃聞聲因以名其井

●**仙井**在黃岩之巔大石渾成中有清泉雖不甚深而冬夏不竭歲久鄉人禱雨多應

桃源井在桃源山下其水常溢雖亢旱不少減

校注：①浚

長樂縣

名山在縣北一里許邑之主山也上有祠壇歲旱必致禱于此

越王山一在十一都高一里周圍三十一里越王勾踐七世孫無彊與楚戰不利子弟或為王或為君散居南海上此其一也

董平山在十一都山高而秀聳一名福山郡國志云上有神人裸身散髮人見之必獲福因名又名董奉山按三山志吳先生①時董奉常隱此山往來南海以靈丹起死疾後輕舉於豫章之杏林此山之名遂著中有董岩奉常於此煉丹閩中記云永福縣西北有此山下有董奉宅恐誤

靈山

響石山人行其上鏗然有聲故名上二山在二十一都

衛國山在二十都山形有捍禦之勢故名三山續志作御國山又名魚骨山已上五山俱縣南

冠峯山山中有石如進賢冠故名

仙山

五雲山相傳唐僧道深過此清晝澄霽五色慶雲旋覆其上故名

聖娘山中有天妃宮故名上四山在十七都

太常山即大斛山已上五山俱縣東

登高山

校注：①主

在西隅去城半里許重九日邑人多登高於此故名

翁山 去城三里東西有二井

龜山 在十二都之梟石山形若龜故名蔡襄嘗至山中手書勒于石白龍岩在竹林寺後唐末甘蔗洲白龍院僧遁於此故名 石人峯在山之西偏狀似人形 獅子石在竹林寺後狀如獅子 白雲溪在山之下

大山 其陽有白龍潭陰有祥雲潭昔有二龍自演江飛起白者歸山陽為白龍潭黑者歸山陰為祥雲潭嘗有人於潭側獲卵殼大如斗

柯林山 宋金紫光祿大夫鄭洙居其下天聖中洙以三禮出身因名其鄉曰喬柯上二山在十三都

四明山 在□□都其山屹然如削高列四峯中有古壇生釣竹有井水甘如蜜

龜息山 在□□都已上七山俱縣西

六平山 距縣一里許蜿蜒六曲因名

鳫峯山 在嚴公湖上

籌峯山 三山續志作籌岩山高大靈秀中有黑龍潭及三賓石岩唐林慎思嘗讀書于山之石室上二山在二十一都

鑪峰山 在一十三都狀若香

八閩通志卷之四　二十

鑪故名

碁山在二十四都西峯頂上有石臺相傳昔有二仙於此奕碁至今臺之四傍荊棘不生宋知縣董淵詩風際有雲多世態海中無底是人心可堪更問碁山話一局閑爭古到今已上五山俱縣東北

首石山三山續志作出首石山在一都山之巔有石巋然高二十餘丈廣數十步中有泉穴四面窺之皆見水故又云四水石山山有時而鳴占讖云首石山鳴出大魁

浮門山成化十八年大雨崩洑壓居民數十口

大邉山上有龜峯有石狀如龜

登龍山距縣二百步

龍門山一名翁山一名半占山上四山在二三都已上五山俱縣西北

潙山在十四五都

藍田山在十六都

鐘門山在二十都隔大海相傳昔有僧自廣南載鐘經此而沒竟不能起潮退猶或有見之者山因以名已上三山俱縣東南

南山在一都山勢廻環有巨石狀如龜之載物俯伏其巔又名登高山

白巖山在溪湄狀如幞頭

溪湄山中有珠①湖上二山在

校注：①珠

五都阮山在六七都島峯山在七都按宋黃榦龍門庵記山折為二支東西迭起仰而相向俯而相就卒而交互以相入梅溪之水沿山而流若往而復若抵而觸若停而滀莫知其所自出如是者十餘里然後聳為双崖瀉為三灘崖東灘駛律崒澎湃露恠呈奇不可名狀已上五山俱縣西南

龜峯在縣南岱邊山內有石如龜故以名之

五峯十都一名蓮花一名雲梯一名品石一名卧牛一名仙官上有仙人擲石○官疑當作棺

紫薇峰其峯奇秀下多居民第宅鱗次

翠微峰與紫薇峰相對上二峰在十三都已上三峯俱縣東

松石峰在縣西北一都

文筆峰其峯尖圓如筆

鸛峰山多鸛鶴故名中有石窟貯水雖旱不涸鴉多浴於其中又名鴉池又有一石擊之其響如磬又名響石宋黃景輪居於此

龍角峰上三峯在十四五都

龍翔峰在十七都宋寺簿周芹嘗遊息於此又有豹變岩與龍翔峰對峙至今二石刻猶存

靈峰在十九都上有石洞

曰歸雲宋朝奉陳毅詩雲道無心亦愛山雨餘時向此中還而今天下焦枯甚只恐飛龍未放閑又有香爐峰上五峰俱縣東南

鰲嶺在縣南十四都有宋林岊書鰲嶺二字猶存

黃彈嶺在縣西九都

古爛嶺在二十一都

香爐嶺在二十三都上二嶺俱縣東北

鶴嶺在十三都宋尚書張鎮立碑至今猶存

榕嶺宋嘉祐中里人植榕夾道因名

魁嶺以其為衆山之魁故名上二嶺在十七都已上三嶺俱縣東南

石尤嶺在縣西南五都

德成岩在□□都衆山之中峯巒疊出中有草堂①[redacted]林慎思讀書於此也有三十六洞天石刻至今猶存

三寶岩宋里人劉砥劉礪避僞學之難嘗居此上二岩俱縣北

西石岩在縣東十六都

稠岩在縣西北十里群山之間峯巒疊秀林慎思月樓在焉

宏源洞在二十一都岩泉院後

桃花洞在二十三都皇恩寺之東北

演嶼在縣東南十四五都

百石堰在縣西南六七都

校注：①唐

石嶼在縣東南十三都 石屏在縣東隅一都觀音寺後 石船在縣東二十三都 龜
石在泗洲院側俱以形似名 仙人梯石有麻姑井石船踏之則動上二石俱在縣西十都
麟石在縣南依邊山石狀如麟 閩王禁石在縣東北二十二都海際周圍十餘丈石產紫
菜纖而味美閩王審知時歲以供貢禁民私採今广石澳是也 石梁在十四五都 雙髻石
在十六都以形似名十四五都亦有此石 東石在十八都巳上三山俱縣東南 中丞石在縣
西南官道之側上刻中丞二字唐潘獨坐南歸憩此里人銘之 林婆湖在聖娘山下故名 珠
湖在溪湄山之絕頂廣袤五畝餘冬夏不竭相傳嘗有人於湖中得蚌剖而有珠故名 广石江
在二十一都江之上居民繁夥多以漁為業 梅江在二十四都古云梅江水直千金即此上江俱
縣東北 壺井山在縣東南潮至則沒其山山有井水泉清刻可給數百家①■落則四面皆平沙

校注：①潮

沙中多出海錯居民甚利之

祉上溪在縣南二十都海濱源出福清之鏡嶺流至小祉入於海

穫溪在縣西十三都源出大石白龍潭經演江東流十二里達于海

大溪在縣東南八都源出福清縣境分流至此縈紆數里漑田數百畝至十九都達于海

蘇老澗在縣西十二都法澗寺前宋慶曆中憲使蘇舜元經此臨流而樂之後因以名

太平港在縣西隅吳王夫差嘗於此造戰艦即古吳航頭也　國朝永樂十一年太監鄭和通西洋泊舟於此奏改今名東有十洋街古讖云十洋①城市狀元來

黃龍潭在六七都相傳嘗有巫者之妻漚麻潭側見黃龍首藉其上巫者以告縣官禱雨輒應郡志作黃新潭

破石潭在八都上有摶紗潭深不可測嘗有以紗一摶繫石測之不至其底

瀑布泉一在縣西十三都光嚴寺北二里許一在龜山竹林寺溪會亭之上

義泉在縣東二里宋元祐二年縣令表正規鑿以飲行客故以義泉名之

五峰龍泉在十都相傳唐大中間有

校注：①成

二龍戲井亦名①龍井

龍門二井 在縣西三里翁山之左右其制一方一圓

麻姑井 在縣東北東皇村

七星井 其井凡七在仙山萬壽道院之西內一井泉清如玉宋尚書鄭丙書龍泉二字刻於石一井有井闌井盂鄉人皆取給於此旱猶可汲溉田一井在仙山道傍市民仰給也

寒碧井 與七星井俱在縣東南

連江縣

龍際山 縣之主山也岡巒如龍際水夾澗而下故名

湖山 去縣八里其山超出諸峯俗称湖山古道場相傳有仙爐飛置其上邑人立宮祠之今九天宮即其地也

西山 宋李彌遜歸隱於此上三山在縣北平欽下里

覆釜山 其頂有石狀如覆釜因名

南峯石門 南峯之麓有巨石双峙道出其中故曰石門宋龔況詩 岫桄貼松低翎人閑来歸苔深鎖春色不放曉雲飛

玉華洞 巨石相倚其中深邃宋洪壯詩妙絕天仙境飛来佛子家壷中閑日月洞裏老烟霞龔況詩石壁古

校注：①名

首衣夾門双杏枝山陰人少到長謁鶴聲知玉人峯龔況詩霞綴衣紅淺烟粧黛髻勻無言山色裏幾度野梅春洪壯詩誰開雲洞鎖放出玉人峯自有天然態何労粉黛容　石鼓石圓如鼓擊之有聲　半月池以形似名洪壯詩鑿破蒼苔地彎如半月湛甌能清到底何必十分圓　清陰洞在南峯石門寺之北巨石合峙其下平廣可坐數十人上有佳木陰翳故名　林淇詩地無可着塵埃處不怕塵埃莫掩門　闘牛石兩石如牛之闘　石魚澗澗傍有石如魚　五臺石有五石高平如臺已上俱在覆釜山中

金鰲山在覆釜山之①右山形隱然如巨鰲之出海

兩泉山

五馬山五峯拱向縣治狀如奔馬

矩庚山在覆釜山之西舊傳矩庚二仙居焉

荻蘆山閩中記作荻蘆港山一名九龍山下有九龍江相傳秦始皇以東南氣王自江而南凡山形秀拔者皆鑿之鑿此山得蘆根一莖長可数丈斷之有血因名并名其水曰荻蘆峽南北通潮今呼為荻蘆巷

南乾山在覆釜山之南

校注：①右

山有仙人碁盤石并足跡**北乾山**在覆釜山之北有六石不着苔蘚形如紗帽俗呼紗帽石**大坪山**在赤沙館前山頂坦夷如平地上九山俱在縣南新安里**雲居山**在永貴里山有石塔塔傍有雲居堂堂之前有大石如壁上刻天上雲居人間仙境八字去堂西北二百步石上有仙人足跡長二尺許又有蛤蚌之殼附于石北有龜石蓮花石在山之半上平下尖周圍有瓣狀若蓮花其石甚巨附于盤石之上輕搖則動力撼之則不動又名動石**王孫山**下有石人石俗傳有草叢生其頂則邑人登第者多否則登第者必少故又號狀元石**上竿塘山**在大海中峯巒蟠曲上有竹扈湖尾等六澳**下竿塘山**突出海洋中與上竿塘山並峙山形峭拔中有白沙鏡膝等七澳上二山在二十六都洪武二十年以防倭故盡徙其民附城以居**馬鞍山**在二十七都山勢逶迤以達于海上有双巒連聳若馬鞍山狀**三德山**在二十八都三峯並列舊名三合又名筆架已上六

山俱縣東**文筆山**在縣西新安里其山尖銳高聳如筆故名**龜魚山**在安德里古讖云遊
魚水上案須作朝官看浮龜海上来定出狀元才**馬鼻山**形如馬鼻突出海濱**香爐山**
其頂如香爐狀上有石書粘雲二字九域志云昔邑人章壽於此學道得仙有壇尚存又有磨劍石煉丹
井掃壇竹石碁盤又有仙人足跡長二尺許宋鄭鑑詩峙立蒼茫紫翠間踈簾半捲鎮長閑神仙似有祈
年術一縷青烟起慱①山○大明一統志以章壽作張壽**鳳凰山**或曰昔有朱雀翔集又曰以形
似名上三山在保安里已上四山俱縣東北**東坂山**在仁賢里舊名歸仁里**張旗山**
在光臨里上二山俱縣西北**福斗山**在縣東南安慶里**充峰**在縣南新安里**鰲鼻**
峰其峰秀而特出**小華峰**宋紹興二十四年鋤夫得一圓石剖之中有小華峰三字紹熙元年
建亭覆之後亭壞而石今猶在麗江山因以名上二峯在縣東二十七都**降龍峰**在縣西北中鵲

校注：①博

里俗傳嘗有猛虎中毒矢至僧法詮菴前若有所訴詮為去其簇樹摩久之數日瘡愈復來遂相與馴狎因以名峯

紫岩在縣北中鶴里其岩高聳石青紫色宋潘牥詩云昔人自有兩赤壁此地何妨又紫岩又云何嘗瀑布山前路卧看飛流瀉石嵌

洄口岩在光臨里其岩陟險下瞰小洄潭其水縈洄故名

寶華岩在清河里層巒高峭半出林梢中有天然石室尤称奇勝上二岩在縣西

烏石岩在縣東南欽平下里上有百丈泉飛泉直下流通財溪俗呼百丈漈

白塔嶺在縣西半里許王審知入閩時先鋒陳覇先嘗追賊至於此

関山嶺在縣東南崇德里

香菴石在安仁上中里其石甚大有一孔人以手探之則香聞于外故名

雷移石在中鵠里形如覆釜俗傳唐宣宗時法詮見絕峯有巨石欲移其室而未能乃禱于神俄而風雷迅烈石移山下因坐禪者四十年上二石俱縣北

石馬在来貴里蟾步江濱屹立中流儼然如馬

刻石在二十七都蛤沙厓

高數十丈峭立如壁上刻劉禹錫過此五大字二石俱縣東

月石在縣西光臨里峯坪其形似月俗傳悔夜有光故名

浮洲在縣東欽平下里琴浦臨江夷曠可居屢經洪水不沒故名

胡蝶紫在縣南欽平上里萬石江心常浸不見見則邑人有登魁選者

洑沙在縣治東二里許其地舊為溆後洑流擁沙遂成平地今高者為屋低者為田蓋附郭一闤闠處也

鰲江在縣治南百步許橫亘欽平上下二里即連江也源出羅源縣王土溪黃栢潭懷安縣桃洲窯溪三派合流至縣前東西環抱如帶東流入海又名岱江

利坑溪源出文筆山逶迤而下流入鰲江民田資其灌溉

竹溪在赤沙館之東源出王崎山其流縈瀠經龍塘以入于海上二溪在縣南新安里

財溪在縣東嘉賢下里發源於隴山滌流入支塘灌溉田疇鄉民利之

周溪在縣西清河里源出安定里陳地山其水自朱公橋至羅崙渡入于江

洋門潭在賢義里潭水深廣澄澈下注東湖

五峰潭

在仁賢里潭極幽邃有靈物居之歲旱禱雨輒應潭上五峯聳列故名上二潭俱縣北

躍金潭在縣南當盆山之右

漁滄潭在欽平下里江之濱古有石刻云漁滄矢乙之門

財溪潭高岸峻險蘿霧陰翳俗傳有龍居焉歲旱禱雨多應其水下流入于財溪

松皐潭在二十六都俗傳有神龍潛焉歲旱禱之則應上三潭俱縣東

鉢盂潭在縣東北集政里俗傳有龍居之上有峽山

赤坑潭在縣西北安定里陳地山深谷中俗謂有龍潛其中

溫泉在縣西北光臨里宋嘉泰中知縣朱定建二室以別男女之澡浴者今廢

虎跑泉在縣北中鵠里寶林院內俗傳僧法詮建庵時苦乏水俄有虎跑地出泉故名

鮮醞泉在縣南新安里秦川鐙泉堂之側俗傳其水醉者飲之輒醒

玉泉在光臨里泉出兩峯之間色味澄甘唐天寶中浮屠百餘引泉自給其人筋強骨堅音語鏗然而眸子碧色壽命彌長邵太守奏之賜名玉泉

祠山泉在清河里祠山廟後泉冽

而清民田資其潤澤上二泉在縣西

美政井 在縣治東縣丞公廨前

傳公井 在儒學東北隅尼山下宋知縣傳伯成所鑿

尼山井 在儒學尼山堂

龍興井 在龍興觀內

河山井 在河山庵下上二井在縣東

化龍井 在欽平上里靈勇廟前以其近畢龍橋故名

西宮井 在佑聖宮內

九井 一在欽平下里上林街北一在天王寺前一在大街西舊社壇巷內一在大街西一在大街東興賢坊口一在大街東一在東南隅仁壽境內一在興賢坊內一在縣西仙花宮前已上十一井俱縣西

童井 深僅尺餘不溢不竭俗傳有青衣童子撥草取水乘雲登爐峯而去里人掘地得泉故名

煉丹井 在章仙峯昔章壽煉丹之所也上二井在縣東北安德里

八閩通誌卷之五

地理

山川

福州府

福清縣

鷲峰山 在北隅乃縣治後來龍之山也五代漢乾祐三年有異禽來集五色炳煥或曰此靈鷲也因以名山上有鷲峰

海壇山 在縣東南大海中南北長東西狹周遭七百里居民布散村落不一南曰黃崎紫蘭牧上砦頭小鰲網大鰲網沆頭大塲小塲滸頭錢藏西曰水馬山覇前金崎頭北曰蘇澳鍾門沙溪東曰浚門獺步軍山流水廣州埕山勢遠望如壇故名洪武二十年以倭寇猝難備禦盡徙其民於縣至今尚有遺畜自相孳育

網山 自海口西行可三里居民皆業漁故名宋

林亦之嘗作亭讀書其上扁曰月魚學者因號網山先生邑宰范處義嘗問網山好處亦之云家好是此山但無讀書家

瑞岩山 山之岩洞多幽雅奇秀佛寵岩天章岩香山洞林誠仲詩瑞氣擁岩巒中有神仙宅世代幾消沉溪山自今昔天合洞宋劉克莊詩嶄嶄岩石畔別有一天台不見桃花水劉晨莫①來　王虛洞元林泉生詩空谷結層雲寒泉落空沼中有太古靈悠然隔深窅　桃花園　休休臺　醉石　鑑池　陳曾詩波澄涵遠碧雲淨見天光欲問源頭水令人憶紫陽　仙人井其水隨海潮盈縮又名通海井林誠仲詩絕頂有淵源人言脉通海潮汐驗盈虛小以覘其大　一滴泉陳宗魯詩龍沫凝珠露清泠②響潤淙誰携餘滴去雲裏挹風鬟已上俱在瑞岩山中

烽火山 在海口北二里海道有警則舉爟於此山頂有嶽如屋狀深幽掩曖凡三十六間名曰虎壘

鹿角山 小溪有石形如鹿角故名山之中大石上有仙篆數字人莫能曉傍有仙井闊尺有五寸横入深不可測上四

校注：①妄　②泠

山在新安里

拱辰山 山之絶峯形如牛角而北拱故名俗號牛角山下有石洞深不可測有風從洞中出人不敢入傍有石如皷方廣丈餘其下危而不安以一指①徵推之則動兩手盡力推之則不動又有仙人跡煉丹竈石盆迄今尚在

龍卧山 中有五馬石及龍潭舊傳有龍蟠潭中宋乾道九年縣令劉敦禱雨有感為立龍當淳熈三年縣令范處義刻像祀之上二山在方城里

小練山 在永賔里五代間有盧林二氏自光州固始從王氏入閩卜居于此至宋二族日益繁盛嘗講義齋以教子弟以及傍近之人淳熈後登第者相踵而林頴乃其倡也山當要衝商舶多會於此人號小揚州後與壇山之民同從連山居焉

龍山 在方民里即海口山也已上八山俱縣東

雙旌山 兩峰峭立若旌幢然

王融山 縣之前山也舊傳山峯第二疊有石犖然如玉故曰玉融峯二山在縣西新豊里

白嶼山 在縣南江陰里亦名陳田山山有②鳩休岩在山之絶頂岩實天成下瞰滄溟四望無極昔

校注：①微　②鴻

有僧鴻①休棲此因名又有鳥窠岩在鴻休岩之西累石為之初鳥窠遊杭巢木杪而居白居易為守因往訪之曰得無危乎答曰如公所處則危甚詰之乃曰薪火不停識性吏攻安得不危白以詩贈之後居此故以名岩

小孤山 在文興里有和靖寒齋祠

靈石山 在清源里磅礴百里峻拔逾千仞屏林積翠飛泉漱玉上有石久晴鳴則必雨久雨鳴則必晴山有三峯曰九疊其勢揷天層級可數曰留雲雲留或經旬不散曰報雨久旱欲雨其峯必有聲震響又有通天石仙人岩碧仙洞戲龍潭

石竺山 在永壽里山形峭拔其巔有石巍然上粘哈蠣殼山下甚多竹惟竹根盤錯當春夏之交飢者多於此採筍以濟然欲多則不可得號懠②貧筍亦名石竹山 紫磨峰 獅子峰 象王峰 ◤補陀峰 石室 宋林希逸詩沓入荒崖隙藤枯半壁花山靈不敢住分付與僧家 仙昇壇 按三山志昔有林玄光於此煉丹丹成騎虎上昇今有虎岩溪石上府井旱不涸或曰煉丹井 陳逸詩仙樂寂無響雲旗悄不翻曉烟

校注：①鴻　②濟

生石鱗夜雨長苔痕　鶴影石在林泉生詩鶴來仙已去誰料虎能飛愁入青山骨千年永不歸　朝斗石宋李丑父詩身立魁杓近月明星露寒雲中幾聲磬誰信是人間陳遂詩片石平如砥朝真仰太空星移環珮露月落羽衣風　双鯉石林希逸詩日炙豈鱗鬣雷驚不燒尾真人上昇去留得琴高鯉　碁盤石　伏虎石　寶所石　丹竈　紫雲洞已上俱在石笠山　龜山　蛇水　羅漢臺　洗耳泉林希逸詩是非不須聞好惡不須聽若要心源清無如耳根淨　無盡泉陳遂詩高山有泉脉井口半甌如汲之亦不盡不及亦無餘已上俱在紫雲洞

黄蘗山

在清遠里以山多産黄蘗故名林巒重複為邑之勝梁江淹嘗遊此有詩陽岫飛鸞采陰溪噴龍泉鶴鳴丹碧上猿嘯清虛間上有瀑布泉下有龍潭泉垂數十丈其勢甚徤淙崖石為穴下瀦無底潭口徑八九尺舊傳中有龍禱雨輒應上絶險處復有一潭人迹罕至龍嘗自下潭移上潭所歷有爪跡又有佛座峰香爐峰吉祥峰寶峰鉢盂峰五雲峰羅漢峰紫微峰

屛障峰天柱峰獅子峰報雨峰宋陳確詩峭拔藏蒼龍烟雲晝長鎖天際雨將來山靈已先報山有黄蘗寺寺之西有嵩頭陀岩至今猶有乳香出石罅間

金翅山在永福里脉從大義白鹿山東走二十里矗起高數百丈即此山也形如鳥展兩翅故名

福勝山　**翁陂山**　**田源山**上三山在清遠里巳上八山俱縣西

聞讀山在福唐里舊名小隱岩唐陳槩讀書於此一日樵者躡山麓忽聞絃誦聲疑為神人不知其為槩也後改今名上有過雲碣潜公室講經臺獅子跡

何山在井得里上二山俱縣東南

牛田山在靈德里

草堂山在光賢里昔嘗有隱者築草堂於此因名宋時松遶猶存傍有小瀑布壇高數十尺上二山俱縣西南

大姨山在縣東六海中每風色晴定日未出之先於山上東望見一山如空青微出海面乃琉球國也俗謂望見則三日中必有怒風其下水深碧色東流而不返有浮萍錯織水上舟不容轉柁必刳木為盂乃能旋開浮萍以行

或海上風暴作漁船漂泊必至此而後止人為其國所獲則以藤串其足令耕作山間故此山夜忌舉火慮其國人望之而至也**南交山**亦在大海中**靈峯**上有仙壇前有不溢泉**雲峯**峯之絶頂為白澤岩有大石巍然不覆中有石門大可容數十人又有双髻峯峯之頂有仙壇天然而成高二丈餘四面如截肪上平如削亦有自然石為級道宋乾道元年雷劈為二**鷓鴣峯**峯之險多鷓鴣故名上三峯在縣西南安香里**仙擧岩**在新寧里與永福縣接界山形峭拔千仞其巔有石巍然險不可登又有一石穴泉源不竭可飲數十人傍有石如鼓扣之即鳴山與靈石九疊峯對峙相傳嘗有仙人隱此岩上仙迹猶存**五周岩**在方興里與閩縣接界舊傳有兄弟五人隱於岩中後俱得道上昇上有棊盤仙跡之類**石靈岩**在善福里又名周店岩**七仙岩**在遵義里舊傳有仙七人隱於此其洞猶存洞口雖狹內通長樂縣界已上四岩俱縣西**螺嶺**在縣北六十里嶺勢

危峻如懸梯而登至其巔北瞰方山如在咫尺其半屬閩縣以其狀名

靈羅嶺 在縣南新豐里

常思嶺 界福清閩縣間高數十丈長二三里又名相思嶺宋王珪贈元絳詩云須春莫向相思嶺

偲偪嶺 下有應石在嶺北驛路傍過者呼之其應如答上二嶺俱在方興里也

石尤義

泉嶺 在遵義里已上三嶺俱縣西

蒜嶺 在縣西南光賢里縣志云山石間多產蒜苗故名或曰山形如蒜瓣狀因名東望漲海瀰漫無際嶺頭舊有照海亭東有翁承贊產弃晝錦亭今廢宋劉克莊詩松氣滿山涼似雨海聲長夜近如雷

馬頭石 在縣南安平里石如馬頭昂然高大其旁有石如筍遠望若馬繫於其上故名

石帆 在南海中有石如帆一高一下石上有泉甚甘而清

五馬石 五石駢列勢若馬之奔馳高二丈餘與麒麟石蝦蟆石獅子巖四面森立上四石俱縣東

石蛇 在新寧里石長丈餘如蛇狀

石人 石羊 石馬 石龜 上四石在福唐里皆以其

狀名已上五石俱縣東南石鑼相傳有仙人隱於此盧焦石在昭靈廟前海中高闊數文風濤漱激為龕岩玲瓏之狀上多怪石雙髻石兩峯堆起如碧髻然上三石在光賢里石鎗在縣西南安香里山石一一北向尖利如鎗石鐘山嶼在海壇里山形如鐘故名或云昔人有鐘沒於嶼傍潮退蒲牢猶隱隱可見故名海壇山四圍漲海水①盡鹹滷獨此水清淡可飲中有老嫗石形如婦人高二丈石之前有石天井方廣二十丈中有石眼深不可測與海潮通焉雙嶼在江陰里海中二山突起相對故名亦曰仙嶼上有漁戶百家嘗有蔡道者倍石岩岩可容十餘人有古井遇旱不涸水獨甘洌東有數岩及百年洞鄉人立神祠於洞中又有草嶼堂嶼東草嶼鹽嶼嶼上居民亦於洪武二十年徙連山南匿嶼在南日里居民頗多成一壘市地所產鹽味稍淡以鹵魚勝他鹽山多風人家種一栢樹經十餘年纔長五六尺上二嶼在縣南南匿江在縣南南日里距縣隔九海凡二百

校注：①盡鹹滷

九十里其流自莆田縣來東流①入于海

海口寨江 在海壇下里距縣亦隔九海凡百餘里其源自長樂縣石尤嶺分水而下注于江以達于海

海口江 源出舊興化縣界流為百丈溪至金應鋪為無患溪東流二十里合石塍溪至水陸寺合東溪經縣之河頭瀦為琵琶洋十余里入海深廣不可測

龍江 廣五里深五丈餘舊名驛文江後改名龍江上接龍首河源下通東南渤澥有橋橫跨其上上二江在方民里

松林江 在永寧里去海口鎮五里已上四江俱縣東

逕江 在縣西南靈德里其源有二一出舊興化縣界金支大澤合漁溪一出黃蘗山北過鉄場邊北流並漁溪合逕港南至綿亭東抵烏嶼門又南至双嶼頭岐而為二東出白嶼西出後嶼復合於昭應廟前會迎仙港入海

西溪 在縣治西門外其流入龍首河而達于海

蘆溪 在縣西北永福里源出臺嶺以其遠蘆山故名

交溪 在縣西善福里其源一自常思嶺而來一自清源里盞窐而來交流而會于此故名

無

校注：①滙

惠溪即宋路驛前大溪也源出石竹山入于交溪相傳林真人每以此水飲病者即愈故名已上三溪其流皆入西溪

蘇溪在縣西南安香里源出莆田縣界西通橫山潭入此溪古讖云蘇溪不用船此時出狀元

漁溪在縣西南清遠里源出黃蘗山裏洋與蘇溪合流達于海

迎仙港源出舊興化縣合桃源之水為大溪至迎仙市為子魚潭又歷縣荒黃茅墩合蒜溪出江口入海○子魚潭詳見莆田縣山川志蒜溪即蒜嶺溪

大藍潭在壽陽里歲旱禱之屢應乾道九年鄉人築石室以祀之

瑞龍潭在新安里舊傳有龍蟠其中上二潭在縣東

歙石潭在方興里其潭有三南北相去各三里北潭極峻險危石夾逕可援不可登至者禀然禱雨屢應○按三山志歙石院內有龍潭註云海口衆流源於此疑即此潭

龍門潭禱雨輒應宋乾道六年縣令呉竑立龍堂以祀之

龍溪潭在龍溪寺後上二潭在永福里

東漈潭在遵義里昔有龍見於大乘之東鄉邑人

即其地禱雨屢應因立龍堂以祀之上四潭俱在縣西

扶門潭在縣西南安香里禱雨有應

栢山潭在縣東南福唐里龍堂山之下。按王融志龍堂山疑即聞讀山盖其中有龍堂故也

雙髻潭在光賢里双髻山之西有瀑布泉高數千尺下豬為三潭清澈可鑑。按縣有双髻峰疑即双髻山也

横山潭潭之傍有仙人跡二各長一尺二寸石上隱起双字其大盈尺字畫高二分鄉民禱雨每有靈應至者肅然

龍水漈潭去横山潭十五里去此潭七里又有可坑潭上二潭在蘇田里巳上三潭俱縣西南

丹井在方民里福真觀內道士林知源煉丹之井病者飲之或愈

瑞峯井在瑞峯普光塔西傍舊湮沒不知其處永樂間柘地重建佛殿乃得之其中石甃依然泉水清冽比丹井差勝上二井俱縣東

龍井在縣西清遠里黄蘗寺後一穴如盤狀深不滿尺泉水清冽雖日汲之不竭

拜井在縣東南并得里相傳閩王審知築占討塘鑿井無泉拜而得之汲①

校注：①故

台

古田縣

翠屏山在縣北保安里其形如屏邑之主山也舊名環屏山

醴醻山俗傳山下有泉其味如醴

仙亭山山之下有醴泉道院中有亭元時道人項曲舟嘗居其間有仙術故名上二山在保安里

旗山其狀如旗因名又杉洋亦有旗山

五花山

玉山上二山在崇禮里已上五山俱縣南

龜山在保安里其形如龜山有藍洞洞外草木暢茂其色如藍故名

馬山在杉洋之正南午位故名馬山

鼓山界於旗山馬山之間其形如鼓因名上二山在安樂里已上三山俱縣東

極樂山去縣三里

北臺山去縣一里

黃蘗山在崇禮里上有寶峰峰之下有小湖東有挑溪舊傳嘗有適民由白沙溪沂流而上至此豁然若洞天時春風微和夭桃夾岸繁英媚川故謂之桃溪宋縣令許當詩溪流一何清想像武陵水所愛春風時灼灼花數里上三山

在縣西　石崎山在新興里　寶泉山在移風里上山俱縣東北　二月山形如半月
故名　古城山　花山上三山在縣東南保安里　五華山在縣西南崇禮里五峰連
峙峭拔千仞亦名仙山上有仙擾道院邑人禱雨於此多應　尖峰　小尖峰　文
筆峰溪之東重巒疊巘突出一峰其形如筆故名上三峰在保安里　大仙峰在縣西崇禮里
白銀峰在縣瀨溪里　鳳冲尖峰在縣東慕仁里　幽巖峰在安民里幽岩寺後
峰有巨石五代晉天福五年一夕為雷所擊裂成品字又號雷峰　大夫峰在蓋竹上有通奉大
夫中丞李皇臣先塋因名其峰曰大夫　麒麟峰　獅豸峰　象峰俱以形似
名上四峰在縣東安樂里　仙巖在縣東保安里　金仙嶺上有金仙宮石磴縈廻上至其巔八
荒俱在目睫邑之勝槩也　仙嶺在極樂寺後西山之半有石岩僊如斗大中有馬仙小像今名伏虎

岩上①一嶺在縣東保安里天宮嶺　覆船嶺上二嶺在慕仁里牛頭嶺在邵南里嶺高而遠陟降二十餘里桃花塢在崇禮里銀場坑在横溪里石嶂在横溪里磨劍石在保安里鳴玉橋下古讖云磨劍石平方出公卿宋縣令劉元亮使匠平之乃刻云劍石已平公卿出焉龍爪石在安民里秀峰寺前巨石巋然狀如龍爪石龜在移風里眼口悉具長二尺廣八九尺人登其上亦微動相公林在縣東安樂里桃洲在慕仁里東溪流至萬安橋下感溪一名錦溪其流至石平橋溪尾上二溪在保安里瀨溪在瀨溪里流至曹陽橋下之大溪上三溪俱通於嵩溪横溪在横溪里三山志云有横口東西溪白溪其流入西溪菴溪　青溪俗呼青潭渡水極深又名潭溪其流亦入嵩溪上三溪在新俗里甘溪在邵南里②占名藍溪其流入于東溪西溪環繞安樂移風二里水口溪溪流自縣而出

校注：①二　②古

與嵩溪會均名水口宋太平興國中嘗遷縣治於此盖水勢至此稍緩濵溪之乢稍寛匒溪之水至此漸平下無灘石故上下舟楫於此泊焉居民輻輳桑梓連陰宋有監鎮官元革

煥文渠 在縣治北煥文橋下堰溪水入渠西流至新宮前乃南流過迎仙橋之南又西流與後河合復南流至勸農橋之南乃東流過下橋以入大溪盖昔人鑿之以為邑之襟帶宣德間知縣張昱嘗濬之

上方龍潭 **下方龍潭** 上二潭在保安里

後溪龍潭 在瀨溪里

鳴玉灘 在縣東溪有洪瀨清夜聽其聲鏗鏘如珮故名

清泉 在橫溪里

湯泉 在縣之湯頭渡接閩清縣界石穴中水泉温可浴

義井 在縣西北迎仙橋之西宋景德初知縣李堪鑿其泉視諸井冣為甘冽

溪源龍井 在安樂里杉洋百丈漈宋縣尉盧特禱雨有應因名

永福縣

磨笄山 縣之主山也由磨笄而来泝流而上三十餘里一起一復為筆架山至極

岩有洞石之勝由岩而下形脉聯絡猶蜂腰鶴膝行六七里峙為圓阜號曰仙掌平坡迤邐自東北來爲縣前弧矢山東有展旗山當溪之衝襟帶環抱秀聳可愛**楠木崎山**在十六都**澄潭山****鍾山**上二山在十七都巳上四山俱縣北**陳山**在十一都中有石龍山山如龍形循山之①脊為路俗呼登石龍通福清則溪為十八灣通興化則山為十八揖**六洞仙山**山極高而秀舊有仙居之風雨晦冥不可測又時有音樂出岩洞外鄉人有沿厓而至其地者遇二人對奕越明月再造不復見焉衆以為異遂刻六洞仙像於其上禱雨求夢屢有應驗昔嘗有縣尉因歲旱詣山云靈茹葷而往禾至有蜂數百若將螫之竟不達仙之靈異多類此對面南山有三石室中室有一石龍四面雲霧分明如斵如畫龍口出泉鑿井則之四時不溢亦不竭**大張山**其山穹窿磅礴如尊貴人偃坐而諸山如拱列其傍若人之侍立然其中六洞仙山尤為秀特山之南有冲峰上三山俱縣南**龍泉山**在三

校注：①脊

都古靈陳氏墓在焉**大小妃山**在七都舊傳越王埜二妃於此一在可坑之道傍一在洋埔山之麓上二山俱縣東**高蓋山**在縣西二十都峰巒秀聳其上常有紫雲如盖故名昔徐登趙炳嘗昇仙于此爲閩將郊天嘗封爲西嶽玉華峰宴玉岩故雲峰水簾龍吟池螺泉石龜巖旱禱雨於此多應飛昇壇有徐登祠宋知縣施常詩白雲來去自閑閑鎖斷千山與萬山仙客已歸霄漢去虛堂流水漫潺潺鳳立臺龍都峰其下双崖對峙拔起千仞宛若洞門有三石室世傳趙炳飛昇之所舊有祠宇宋陳暘詩岩頂風雲常不散洞門日日吐烟霞齊時偏觧爲霖雨信是神仙第一家已上俱在高盖山白岩在龍都峰頂金支山山之別峰也秀揷天表中有泉色如金故名

大極山在縣西南二十七都

鐵券山在縣南仁榮里唐宗室李氏居之鉄券猶存上署侍郎韓愈押

越峯在元輔里

瑞峰在十七都群峰高拔初僧無爽廬此名寄林後改今名

白鷄仙岩

在縣北十九都岩極高秀前有懸瀑舊傳有仙煉丹於此丹成有白鷄飛來守之岩因以名禱雨求夢多應

極樂岩

方廣岩 在縣東七都峭①祓千仞上有石室可容千人室之内構閣三重上雨旁風皆石室庇之不假片瓦也宋黄非熊讀書其中嘗擬山中之景為十奇各有詩以刻于石有烟霞不改古今色山水無閑朝暮聲之句國朝林鴻亦有詩玄岩太古色恍若入鴻濛一逕攀躋盡諸天香藹中雲歸山殿冷月出水簾空 玉泉洞 瑞松鳩鐘 磬石 聽泉崖 瀑布泉懸崖千丈撒若瓊璣響如琴筑 龍樹岩 靈洋谷 龍尾泉有石如龍貫石崖中潑潑然僅見其尾有泉緣其尾而下注于石盂不盈不涸 望仙臺 清陰洞 已上即所謂十奇也 星岩 仙掌 仙樹 仙墻 仙芝石門 石蜀 石②竃 石田 石燈 觀音影 已上亦皆山中奇觀也 岩之路口有井曰白龍其泉清冽而甘以瀹茗號第一泉

曹溪岩 在縣二十都上摩③倉空下臨深澗其巔微有一逕僅可着足

校注：①拔　②竈　③蒼

舊傳有張趙二仙嘗經於此上有仙竈仙厨

鳳凰岩　翠林岩上二岩在二十三都

西興岩在縣西三十二都岩高二十三丈其巔有瀑布泉

翔嶺在二十四都

峬嶺在二十五六都

龜嶺在縣西南二十八都舊有宋大夫黃裳廟故趾尚存

石壁在四都按永福縣志古讖云天寶石移瑞雲來期龍爪花紅狀元西東宋乾道間天寶瑞雲寺後崖石橫山而行囓地成溪既而此石松上復生龍爪花是年蕭國梁魁天下繼而黃定又魁天下人以為應又按福清縣志亦載此讖蓋瑞雲寺西即永福縣境也但云天寶陂向有石移與永福志微不同矣又按夷堅志福清縣石竺山乾道三年居民夜半聞山上有聲如震雷明旦山頂有大石方九丈飛落半腰間縣士李棵云山下舊有碑曰天寶石移狀元來期龍爪花紅狀元西東邑境有石陂曰天寶是歲永福人蕭國梁魁天下永福在福清西又三年興化鄭僑繼之正在福清之東此說又與永福縣志所載多不同未詳孰是

太源

石在十一都太原灘上按閩中記唐太初中縣令王君羅秩艤舟於此王令因邑人留餞至夜未抵舟其室人題詩於石曰何事潘郎重別筵離情未斷妾心懸太原灘下相思處猿叫青山月滿船宋政和中縣令陳武佑命工刻于石詩久磨滅惟太原二字猶存上二石俱在縣東

烏石在縣西北三十五都高峯絕頂坦然一丘林巒掩映幽雅可愛也

林壁崖崖石赤色屹立於大溪之濱元縣尹王用文遊此因刻赤壁二字于石

龍嶼在二十四都

釣磯在縣治東嶽廟前溪中有巨石平坦元王用文刻釣磯二字于上

鳫湖在縣東二都

鑑湖在縣之東北又名冲湾潭清深莫測邑人崇德宰黄泰少與群兒習水俄傾疾風暴雨陰瞑不辨人色有物奇鱗鬣掀舞寒碧泰視之乃龍也群兒恐未達岸龍露一爪及泰肩衣袂成文泰以爲瑞匣置之今邑人猶以為有龍蟄其間

白葉湖在縣南二十五都宋乾道二年修潛

龍嶼

十八溪在二十四都源發於福清縣界至龍

嶼委蛇盤曲凡十有八折流至大章渡始合大溪

漳溪 在縣東三都源出德化縣流至懷安縣境去楊崎渡三十里入江

雙溪 在縣之前双流帶繞

湀溪 在十七都源出瑞峰按三山舊志溪流會注曰湀溪

龍窟 在縣治之東隔仙掌一山地脉相貫每霖潦汎濫水由小溪出先經鑑湖未至大溪而龍窟之水已增尺許矣或以為有龍居於其間云

鯤潭 在越峰寺前古語云鯤潭生芝草溪沙架高樓此時出公侯

湖汰潭 縣治之西溪流皆灘石惟此㳽漫衍迤瀦而為潭時有龍見其中宋寶祐元年邑宰楊子咸創龍神廟於潭之前故址尚存

龍門三灘 在縣西三十一都

湯泉 在十九都又待旦里亦有湯泉

大湯小湯 在縣南十五都大湯分為四池小湯分為二池俱有室屋各分左右以別男女

漁坑湯 在縣北十八都溪流之測①

龍津湯 在縣西二十六都

溫湯泉 按閩中記在縣中流石上特為②弥怪

香泉 在二十七都

閩清縣

臺山 在縣西南山勢平衍①縣之主山也

鍾南山 距縣一里許上有盤谷巖臺舊傳嘗有二人褁粮深入山中憇草屋下忽一人自外至袖中出芋數枚擲落巢煨之以相啖遲明遂失其處但見木葉盈尺題詩其上曰偶與雲水會不與雲水通雲散水流後杳然天地空山之下又有度仙橋

石竹山 在昇平坊山之中有靈壇山

大湖山 山之巔有湖約半里許因名唐徐登趙炳得道於此鄉人祠之邑有旱蝗禱無不應

鳳凰山 山勢如鳳凰展翼故名宋陳祥道居焉下有祠傅岩祥道之弟暘徵時卜宅其側後應賢良科鄉人因號其岩曰起傅蓋以暘方傅說也上二山在二都

鍾湖山 在十五都大江之西其東有湖泥如浦漵環生蘆荻舊傳其水應海潮盈縮歲旱邑人多禱雨于此

玉臺山 在九都唐時有楊姓者煉真于此鄉人創臺祀之名玉臺仙山臺旁有井中産蜥蜴禱雨立驗臺後有石鼓扣之輒鳴上六山俱縣南

猴山 在和豐坊相傳山有穴出泉猿猴多

校注：①衍

居之故名**白面山**在十九都有岩屹立其色白望之隱隱如人面下有温泉涓涓不絕上二山俱縣東**白雲山**山勢最高林木蓊鬱白雲吞吐中有仙峰巨石**朱頂山**唐乾符中山下有池錫者家畜一鶴每旦輒飛起回翔於山間至暮乃歸因號其山曰朱頂林曰白鶴至今子孫家焉上二山在十七都**偃草山**在十八都山之草有一道偃而上一道偃而下因名舊傳永福有張姓者在宋紹興間居邑之白雲寺為頭陀嘗因飯牛見仙人圍棊於山嶺徃視之仙人奔去追不能及遂卧地輾而下尋復輾而上所經處草隨而偃鏇而去之復出亦然**薛丕山**在五都相傳逸人薛丕居此又號名山縣志作薛仙山**石屋山**在十都有石屋石棊局舊傳神仙居之已上五山俱在縣西**錢山**在縣西南十六都唐乾符間天雨錢於山上有聲錚錚然及旦而視不下億萬計樹木皆折因名**大帽仙峰**在縣西十一都接永福縣界峰之巔舊傳有鼓聲或月一二鳴或經年一

鳴時有雲覆其上歲旱邑人禱雨于此

龍都白巖在縣南舊孝順里高數百丈常有雲氣繚繞其上時或聞仙樂之聲岩旁有洞禱雨輒應○按永福縣志高蓋山有龍都峰其頂為白岩所紀事蹟亦大約相似疑即此岩而界二縣間故並志之

烏石巖在縣西南舊宣政里其岩冣①峻登其巔衆山在目唐薛秘臨行祠在焉

仙人坐化石在縣西十四都演溪中舊傳張聖君卒於其上石旁有潭冣深曰九龍潭遊魚群聚其中雖洪潦漲溢不散人以為異無敢取者歲旱禱雨多應

佛跡石在縣東北舊宣政里瞿曇溪旁盤石上有人足跡故名

仙人跡石在洛洋溪大盤石上有仙人蹟傍有石臼

龍爪石在縣西十二都其石穹然下有澄潭紫雲時見相傳昔嘗禱雨於此有龍懸一足於石大雨隨至乃立祠祀之扁曰紫雲堂至今爪痕猶存祈禱輒應

鍾湖按輿地廣記云湖中有鍾故名

梅溪在縣北和豊坊源出永福縣境由縣西五里入于江

演水溪

校注：①最

在縣西十四都源出尤溪**瞿雲溪**在縣西南十五都源出永福縣境上二溪俱流入梅溪**湯頭泉**在縣東十九都**湯下泉**在縣東北舊賀恩里上二泉皆溫可以澡浴谷有亭覆其上**古井**在縣治前昇平坊宋祥符間鑿其泉來自基臺山之下清冽而甘美

羅源縣

文殊山其山如伏獅狀舊傳邑宰林確嘗夢岩間電光四起明日往視之見石鑄中有文殊像遂構殿居之因名山有章突洞在群玉峯之西有石突然其前平坦相傳昔章壽修煉之所也舊刻章突洞二①字於石**尖山**有王家林嶺嶺下有碁盤石石如碁局相傳嘗有二仙對奕于此上二山俱在縣北東隅**蓮花山**山形如蓮花覆地故名中有聖水岩岩有石洞洞中有小井泉可以愈疾又有奇石二一尖秀曰筆一方平曰硯山與郡接歲時登覽冠蓋相望俯視城市烟樹歷歷比屋鱗襲田園棊畫景物之勝舉在目前又名南山**羅漢山**上二山在西隅**席帽山**在□□里

校注：①三

形如幞帽故名已上三山俱縣南

松崎山

福原山中有龍湫與金鏡山①龍湫相去二十餘里而泉脉相通

簾山在招賢里濂澳山有石如簾前後有石筍仙人跡感夢泉山羊鼻石虎双石文筆峰馬鞍山通濟橋與簾山為十奇上三山俱縣東

四明山在縣西隅一名壽火上有四峰故曰四明相傳此山赤松煉丹之地舊嘗有人聞絲竹之音今石棊局猶存上粘牡蠣殼茂林中有石洞又有泉曰蓮泉雖暴雨不溢

天堂山在羅平里中有李翁祠

萬石山在善化里萬石村一名破石山山頂之左有一大石如盤上疊一小石如鼓右有一石如籠茂林脩竹映帶左右亦邑之奇觀也

梧桐山

鳳山上二山在黃重上下里已上三山俱縣西

烏石山在招賢里海濱下有網門

白岩山在臨濟里

後山在新豐里

寶勝山在新豐上下里其山最高大

仙茅山兩山相連大者曰大茅小者曰小茅山大而峻嘉木蕃茂相傳徐登嘗採

校注：①龍湫

茅根於此上有泥皷綦盤石山之絕頂有羅喜洞洞深數丈環石如垣敫石如壇級石如磴穴石如盆有水無源汲之不竭乃徐登煉丹之所也舊刻羅喜洞三字于石

洞宮山距仙茅山四里許其山發脉於崇安武夷山高三百八十步下有神姥石舊記云昔有仙姥來自羅源所践之跡入于盤石

陳洋山山前有小童峰一峰突出形如童子拱立故名或云昔嘗有神童出於峯下因名

半嶺山其山四圍佳木森翠上四山在徐公里

洪福山在羅平里

金粟山在臨濟里山半有妙喜洞舊刻妙喜洞三字于石已上十山俱縣東北

曹山在縣西北黃重里

登高山其山狀如伏象上有巨石坦①平可坐六七人石上舊刻清賞二字環植佳木邑人多登臨於此故名按舊志石旁有凹昔人構庵其上又有晉塚三塼各印永康元年始改晉郡為晉邦凡十二字山之旁有普賢庵雅有奇勝

金鐘山

鐵障山二山相連其一形圓如鐘其一列峙如屏上三山俱在縣

校注：①坦

西南西隅

三台峰 在東隅山突起三峰故名

五馬峰 在徐公里五峰聳翠若驂馬相從之狀故名上二峰俱縣東

群玉峰 在縣治之右二百步許列石森然故名

道人峰 昔嘗有道人修行其間故名〇縣志又有道人岩與此峰同里下註語亦同疑即此峰俗又呼為岩故記者不察而重出也

雙箭峰 以形佀名

鰲峰 宋尚書陳顯伯建亭其側上三峰俱在縣西梅溪里

仙人岩 相傳昔嘗有仙修煉於岩下故名

石八娘岩 在臨濟里湖頭即紫霄岩也上有飛來石數層俗傳神女石氏主之故因名石八娘岩上二岩俱縣北

匹石岩 在縣東北招賢里四村一石突然高數十丈相傳有僧名秀者遇呂真人於此山後亦飛錫而去

太白岩 在縣西北臨濟里山巔巨石坦然石下有龕相傳嘗有樵者見一叟烏帽白衣扶筇往來於此俗疑為太白星也故號太白岩亦號星岩〇郡志又有太白峰亦在臨濟里疑即此岩亦呼為峰志者不察而重出也

金爐峰在縣東根盤海中與楊梅灣相對

上梅嶺在西隅嶺下有鯽魚嶼在平田中高丈許狀如鯽魚故名

下梅嶺在東隅

西洋嶺在黃重下里嶺之巔有順懿夫人廟上二嶺俱縣北

龍興嶺在縣西北羅平里嶺傍有礜泉從石罅中出礜胡角呼鴛二切尒雅夏有水冬無水曰礜此泉夏湧冬涸故名

呂洞嶺在縣東南一里許上有金吾祠

南華洞在縣東一里許宋林逈字子山號南峯翁為金華簿後歸隱於此中建風月堂左為天地窩右為錦繡谷

逍遙洞在縣西南□□一里石上鐫逍遙洞三字舊有隱者搆草堂居此越一里有地曰甜淡坑相傳民居於此則多壽前有欄盤石清流漱之瀌瀌有聲

石鼓在鰲峰鋪後山上一石如鼓宋景祐間自鳴有豐年之應後凡鳴其歲輒稔

石鰲有石高五丈坦平如砥上有石鰲相傳夜常下石飲水石有爪痕上二石在縣西梅溪里

重步跡在縣東臨濟里田間巨石上有双脚跡各長二尺許

飛來

石在縣西北羅平里山頂一峰突出上有巨石砥平又有小石疊其上

仙人石在縣南三里許相傳昔有仙人遊此足跡尚存元泰定中建亭其上刻清賞二字于石今亭廢石存陳倉洲詩人烟三市近依縣盤石半空長出雲

鶴嶼在縣南拜井里江中與松崎山相對上有佳木蕃茂周圍潮汐浩蕩嘗有鶴巢其上因名

龜嶼在縣東招賢里稟江中嶼形如龜首尾四足俱全

羅川在縣治西百五十步源出蔣山接金鍾潭水流入四明溪分為三派曰中溪堪輿家謂中溪之水可制四明毒火山宣德間湮塞邑屢有火災成化十二年知縣施弘重浚之曰南溪曰後張溪①二溪交流入松崎港以達于海

起步溪源出天堂山流接黨洋溪岡灣溪章溪皇認溪車溪朝格溪至禹步跡會羅川水

九龍溪舊有讖云沙龍長萬丈先出狀元後宰相其水自揆村直抵松崎江潮退沙跡蜿蜒今不知其幾丈矣上二溪在臨濟里

黃沙溪在新豐下里源出寶勝山流入松崎港巳上三溪俱縣北

校注：①三

環溪 在縣治南双石橋左與南北二溪合流縈廻環遶故名

霍口溪 在縣西黃重下里源出古田縣流入連江

龍湫 一在縣西南金鍾山一在縣南福原山兩山相去二十餘里而泉脉相通禱雨隨應○按縣志金鍾山又有龍潭疑即此龍湫而重出也

險巖潭 在縣西北林洋里飛瀑百餘丈下有龍湫潭禱雨輒應

橫峰龍潭 在縣東南拜井里其地險絕人跡罕到歲旱鄉人攀藤而上禱之多應

余家塘 在縣東東隅宋余深築讖云水破余家塘當立狀元坊

仁壽井 在縣治東仁壽坊内宋天禧五年鑿雖亢旱不竭

仙泉井 在縣西北佑聖宮之右刻仙泉二字于石舊傳凡鄉民有暴疾者焚符調此水飲之立愈成化十一年知縣施弘募衆重濬

建寧府

建安縣

雙髻山 在縣城北安泰里兩峰相並亦名筆架山

龍池山 山頂有水一泓

雋傳龍居其中遇旱以物觸之能致雨

鷄足山山有三峰狀如鷄足下有報恩院亦曰卧龍菴

三門山五代時王氏據閩置柵於此以守疆①埸故以門名上三山在登仙里

衮坑山在鉄獅頂下相傳僞閩王延政據建時有蛟如龍形自山而下衮山成坑洪水暴作足年延政卒

虎頭岩山在泰溪外里山多奇石狀類不一前聳一峰高大峻峭若虎首然山巔有菴奉馬真仙歲旱禱雨輒應山之側有凉傘山山形如傘下有孤石高聳如人拱立俗又呼為石人山上五山俱府城南

白鶴山寰宇記云東晉時望氣者言此山有異氣命工鑿之朝鑿暮合已而有白鶴雙翔其上因名山之麓有東嶽行宮宮之中有靈湧泉俗傳泉初湧時有疾者飲之即愈又其泉湧涸不常或遇其湧邦人以為豐年之瑞其右有聖毋池

天馬山狀如奔馬上二山距城二里

嚮山距城五里其山空洞枕於溪側人有聲輒響應

白土山以其土色白故名

龍山狀如龍蟠與鳳凰對峙其

左有龍鳳池偽閩龍啓中製茶焙引龍鳳二山之泉瀦為兩池兩池間有紅雲島宋咸平間丁謂監臨茶事時所作也島四面植海棠方旭日始昇之時晴光掩映常若紅雲浮於島上今塘池湮廢而島猶隱隱可識又有御泉井御茶亭上二山在吉苑里已上五山俱府城東 **隊羊山**連岡疊隴逐逐而下如群羊然故名詳見鐵獅山下 **昇風山**群峰聯屬拱揖左右中一山截然聳立空翠間狀若屏風故名上二山在登仙里 **大富山**在旁村上里山不甚高而土脉膏潤因名元季邑人揚福興嘗於此山種木成林戒子孫留以倫學校寺觀祠廟橋梁之需及貧民養生喪死之具福興國朝少師榮之祖也 **龜山**在璜溪之東 **箱山**在璜溪東南上二山俱以形似名 **曹山**在璜溪之東相傳曹聖者嘗為邑甯氏擇此地故名 **隊魚山**在璜溪南群山突出若隊隊魚之狀 **印山**在璜溪西南其形方而伏如印之狀 **鳳山**在璜溪西其形如飛鳳 **虎山**在璜溪西北其形如

虎豹山在瑣溪東北其形如獅豹已上十一山俱府城西

黃華山其脉從馬鞍山而來郡之護龍山也宋建炎初韓世忠討范汝為屯兵其上元至正二十年為漢陳友①諒寇建寧亦列營于此

馬鞍山距城三里又名瑞峰具山狀若馬鞍實郡之主山也宋淳熙中太守韓元吉以山勢低於客山乃種萬松於其麓以益之今已不存而再植者蔚蒼蒼矣山有瑞峰寺故址

鷄籠山距城五里與馬鞍山聯屬以形似名

鳳凰山在吉苑里形如翔鳳山有鳳凰泉一名龍焙泉一名御泉自宋以來於此取水造茶上供蘇軾鳳咮石硯銘序云北苑龍焙山如翔鳳下飲之狀當其咮有石蒼黑堅緻如玉太原王顒以為硯予名之曰鳳咮即此是也

八仙山在川石里俗傳昔有仙人過此山之上足跡隱隱猶存

辰山在東蓑里山大而最高其巔可望見海日初出之處山有三峯曰道遥曰飲坑曰牛頂又有石鼓擊之鏗然有聲又有牛心洞廣可文許深莫能測中懸一石如牛心鄉人遇

校注：①友

旱輒相與致其誠潔往洞中以紙向石擦之須臾水涸如汗乃盛以淨器致鼓樂引歸謂之迎仙甘雨隨至若不致誠潔則不可得也山之下有蘆竹洞相傳馬仙所居之地山腰有蛟窟歲旱禱雨輒應上六山俱府城東北

仙人山在府城西北房村上里一名龍山其山自郭岩發脉高聳而來至黄溪始平坦堪輿家謂如仙人撒網形故名

象山山形類象其鼻回轉抱水一泓冬夏不涸故又名白象巷湖

鼇源山高峙數百丈此山之茶爲外焙冠浴謂之捍火山又曰望州山

梨山奇秀冠諸山唐刺史李頻雅好登臨於此既卒郡人思之立祠其上宋郡守盧幹爲立碑下有小梨峰相傳頻始塟立祠于此忽一夕風雨大作祠之香火飛掛梨山之樹建人因伐樹刻像祠之此山今亦有小祠故以小梨峰目之

曹高山一名作高山右有曹聖者茶塲上四山在府城東南將相里

百丈峰在登仙里上有百丈岩世傳馬仙所居岩畔有双龍漈歲旱禱雨輒應去岩二十餘里有寶盖洞即馬仙

飛昇之所也**黃龍峰**在南才里有馬仙祠上二峯俱府城南**銅場七峰**在府城東吉苑里七峰連屬中三峰並馳如渴驥奔泉特異諸峰**獅象峰**在府城西旁村下里以形似名**黃梔峰**在府城東南將相里地多産黃梔**靈地嶺**相傳漢梅福嘗修煉於此丹成上昇**天湖嶺**嶺之巔有水一泓故名**大雪嶺**閩中雨雪及地即消惟此嶺極高峻積雪累日故名**丁坑嶺**嶺下居人多丁姓故名**曹巖嶺**昔曹聖者嘗棲息於此因名上五嶺在府城西旁村上里**白石巖**在府城南泰溪內里有馬仙庵**寶勝巖**上有飛泉百尺直瀉澗底望之若玉虹然**八仙巖**舊傳嘗有八仙憩於此今石上有仙人足跡**靈巖**在玉潭岩形方而兩穴相疊高一丈五尺廣二丈五尺其上或有雲氣飛騰後數日必大雨上三岩在川石里**卧牛巖**在東蓑里以形似名岩下有寶可容數人已上五岩俱府城東**圭峰巖**有峰峭立如圭故名

岩之側有馬仙岩

石鼓巖在㙂溪岩頂有石如鼓扣之鏗然有聲岩畔有劉聖者庵

瑞興巖在消溪舊傳岩左右嘗產芝故名岩畔有觀音庵

洋山巖岩前有田數頃一望平衍

寶曆巖岩上舊有庵以祀魏仙今廢上五岩在府城西北房村上里

吉雲巖在府城東南南才里宋侍郎袁樞於此立庵祀龔劉楊三聖者凡鄉民有禱必應

龍興巖前有龍興觀故名

靈仙巖有庵以祀馬仙凡水旱禱之輒應上二岩在房村上里

虎頭巖山形高峙如虎踞狀故名

鶴峯巖其狀似鶴故①民岩之前兩山並立俗呼寒山拾得山上有庵以祀魏王籛鏗二仙旁有水一泓里人病眼者汲而洗之即愈

三姑巖山形高峙如人立狀故名上三岩在泰溪外里

伏獅巖在房村下里以形似名岩下有越王潭相傳越王嘗遊其地故名

寒巖下有南澗發源於岩上至其下轉南遂成小澗流入大溪也

定心巖在詹墩舊傳嘗有道人結屋岩

前終日禪定未嘗下山後人因以名巖

威禮巖 在趙家山相傳嘗有道者建庵於此以奉佛氏因名

雲竹巖 岩極高聳其上多松竹上四岩在登仙里巳上十岩俱府城西南

宜陽洞 在縣南南才里洞穴深邃初入甚暗良久方明故名舊志云即後漢宜新太守楊仲產所居之地

浮石洞 在響山之前蓋溪中小嶼遇水足則與之俱浮人未嘗見其沒相傳漢梅福煉丹前山其徒陳先生者每竊食焉福怒拔劍逐之遂逃入洞中福曰此吾舟之功也乃釋之故又名逃奴洞風月之夕漁舟泊其濱者或聞水中笛聲

紫霞洲 在府城內中和坊宋淳熙間郡守韓元吉闢北園以增府治濬池導泉作亭臨之號紫霞洲蓋取帽亭紫霞得之義內有玉仙池即元吉所濬者其源出慶州之龍泉至烏龍巢口南注經月城僧舍穿城而入猪為大池蓋宋於此置豐國錢監引之以給皷鑄之用紹興以後官治停鑄水道弗脩民多竊引以溉私植郡守韓元吉趙善僃相繼脩治之水仍入于池今遺跡尚

存○按郡志謂故老相傳朱文公嘗卜居于紫霞洲構亭于其左扁曰溪山一覧考之祝穆所著方輿勝覧亦載紫霞洲並不言文公嘗居之穆於文公為内弟凡文公過化之地無不詳載而此獨不言恐郡志有所未審也

石塔 在府城東南才里塔内有大石方圓餘三丈輊搖則動重撼之則不動人以為異

東溪 在府城東源出處州之松源會松溪政和之水而下至城東南隅轉而西合甌寧西溪之水為一大溪自是南流經延平抵福州入于海○方輿勝覧謂建溪源出自武夷至城外即今東溪或謂唐人詩雷霆入地建溪險即此按東溪源出松源在府城東而發源武夷至城外者乃西溪也方輿勝覧以發源武夷者為東溪誤矣且西溪有二源而獨謂出武夷亦考之未審也唐人詩蓋送人歸閩而作其下句云星斗逼人梨嶺高梨嶺之路下接浦城浦城亦西溪發源之處恐其所謂建溪即西溪也不然則東西二溪皆得謂之建溪未必專指東溪也

安泰溪 源出福州府古田縣界

東遊溪

源出政和甌寧二縣界首上二溪在安泰里漁溪源出政和縣界川石溪源出政和
甌寧二縣界上二溪在川石里順陽口溪在順陽里源出古田縣界東安源溪在吉
苑里源出甌寧縣界横谷溪東坤口溪上二溪在建寧里俱源出甌寧縣界東
蕢溪源出古田縣界千源溪源出政和西里及古田縣界流會東蕢口溪上二溪在東蕢里
巳上十溪俱府城東沙溪在府城東南將相里源出南才順陽二里通上一十一溪其水皆入于東
溪登仙普通溪在登仙里源出古田縣界房村口溪①其房村下里源出甌寧髙
陽里秦溪在秦溪外里源出古田縣界上三溪俱府城西南璜溪源出丁坑九漈白嶝大曠
凡四派合流其溪灣環如佩之璜故名桃源溪源出龍岩會璜溪起莘溪源出九漈
岩會璜溪龍潭溪源出白雲岩會璜溪其溪有龍潭故名上四溪在府城西北房村上里通上七

校注：①在

溪其水皆入于大海

蛟潭 在府城東吉施里蕭子開記云昔有樵者見潭面浮槎有金環涉而取之爲蛟所害即此潭也

梨灘 在府城南登仙里灘號嶮險舟人憚之

東溪二灘 岙黯灘在安泰里水勢洶湧能覆舟鄉人因立靈山廟鎮之故址猶存　書筒灘在川石里漁溪口有岩狀類書筒故名二灘俱府城東

放生池 初遷置不一後以平政橋濟川亭下兩溪合流處爲之

甌寧縣

天湖山 宋郡守趙岍詩有美景天湖呈六六之句蓋山有三十六景如双虹泉空翠亭紫芝庵之類其尤勝者也建炎兵燹皆廢

黑牛山 山之下有黑石如卧牛狀

烏石山 在萬石灘上

北平山 其山南多石而北坦平故名上四山在慈惠里

靈鷲山 半岩有亭亭藏仙骨一函昔因禱雨迎賓武夷山

將軍旗鼓山 山有四峯左一峯如鼓右一峯如展旗中二峯如人聳立故名上二山在崇安里

禪巖山 山之絶壁有岩穴唐僧無垢自古田雪峯

來坐禪其中至今水旱禱之有應

蔣峯山 山前有蔣庵蓋昔有蔣姓者居此上二山在禾吉里在禾義里已上九山俱府城北

鐵獅山 一本作峯距府城三里府治對山也山之巔有庵有鐵鑄文殊獅子像堪輿家謂府治來山若猛虎出林溪西諸山若隊羊然欲其不爲傷也乃於對山置鐵獅以鎮之宋宣和間移置開元寺未幾棄笵二山寇縱作且有虎渡河之異紹興間郡守劉子翼復還故處或云恐鐵獅下視城中乃於舊府治廳事及建安堂柱下埋小獅二十四以明子母相應之義又云此山對郡學號文筆峯昔有僧庵其上因鑄鐵塔於山巔郡人以其不利於科舉移置光孝寺次年城中遂有盧覺者中第故諺云城外打鐵塔城裏得盧覺自是科不乏人山之左有紫芝峯王氏擾閩時嘗產紫芝山之右有雲際山其麓爲開元寺寺有八奇曰彌陀岩中有石室高深各丈許闊倍之內有佛像曰補陀岩岩穴廣丈許亦佳致也曰定光岩深邃奇絕中祀定光佛曰陸羽泉相傳唐陸羽所鑿然羽

實未嘗至此宋楊億詩陸羽不到此標名慕昔賢曰石龜池曰寶月井餘見宮室志

梅仙山距府城三里舊志漢梅福煉丹于此丹成騶鸞而去是日有甘露降又所乘馬及鞭自空而墜今山有甘露源騶鸞渡城南有墜馬洲亦名仙人洲縣境旁村里有遺鞭者皆因是得名山巔丹井壇竈遺跡俱存每秋陰虹光時現舊有招隱亭宋郡守韓元吉建堂其上扁曰梅仙山後廢郡守李訦復建更曰梅山又於山上半創二亭曰騶鸞曰虹光亦廢 國朝永樂間都指揮僉事侯鏞即堂舊址建閣扁曰丹成○宋曹文[illegible]梅仙山詩鶴馭雲軿去不還亂雲深處舊仙壇鑿開天外長生地煉出人間不死丹楊億墜馬洲詩寒潭吞別派孤嶼屹中流昔有騶鸞客因名墜馬洲

昇山一名朗山以晉司馬王朗登遊之所故名偽閩王延政僭築郊壇於此宋更今名

覆船山距城三里以形似名上四山俱府城南

天關

地軸山下有天慶觀

慶成山下有慶成寺

黑窰坑山山下舊有窰

龍

首山距城三里勢若龍舉首然一名華源山舊志云昔有華氏居此下有華歆井俗傳漢華歆所鑿歆未必至此蓋因山有華源之名而好事者遂以為歆所鑿也其井雖旱不竭宋郡守趙岍愛其泉甘美作亭庇之而刻石於其傍今俗呼枯木泉井

石塘山山之巔三峯並秀其麓左隴右石蓄水一泓因名

斗鬂山其山方如斗而頂平故名

吉陽山山接順昌縣界上三山在吉陽里

高陽山在高陽里山極高峻先得朝陽故名已上八山俱府城西

天堂山高出群山林木蓊蔚其巔高明爽塏登者心神舒豁如在天堂然

擎天山二峰峙立一峰最秀而圓銳高挿霄漢如擎天之柱宋謝枋得遊此嘗有記上二山在府城東北西鄉里

小湖峽山在禾吉里以小湖溪派經山麓兩崖峽東故因名

天寶山峰巒聯屬延袤五六十里

斗峰山高五六百丈山形左右低而中高其高處方平如斗故名上二山在豐樂里

高峰山界吉陽梅岐二里連亘甌

寧順昌二縣層巒疊巘千態萬狀其中峰挺然特秀高五千餘丈欲登其巔非一日不可到四顧群山皆在其下俯視東南大海若咫尺然一名郭岩一本云在郭岩之西**三峰山**山有三峰其中峰石壁上鐫洞天二字**菴山**山在白鶴菴故名**洋峰山**屹然特出於衆山之中其頂甚平夷**雞籠頂山**山半有白鶴仙亭雨暘禱之無不應**雞籠頂山**與洋峰山對峙山根盤據數里其巔狀如雞籠故名**壺山**相傳仙人壺公與費長房嘗遊此山山瞰大溪石壁削立上鐫壺天寒氷玉屏六大字每字徑二尺許筆力遒勁蒼古岩半舊有亭今廢**東魯峽山**其山中斷溪道於其間**般若庵山**山有般若庵上七山在禾義里**西巖漈山**在慈惠里山之左有石壁高十餘丈其巔有亭祠馬岐二仙以山在漈頭故名**塔嶺山**山舊有石塔因名**白石人山**山多白石叢如人形上二山在禾供里已上一十四山俱府城西北**毛仙峰**在紫溪里相傳毛黃二仙煉丹

于此劒門峯清溪中注東西兩峯對峙如劍圓峯其峯圓故名上二峯在崇安里蓮花
峯在慈惠里以形似名已上四峯俱府城北板壁三峯在府城西梅岐里山如板壁峭峻因
名巖丫嶺上有二髙岩並峙故名秋竹嶺牛軛嶺嶺不甚高而形屈曲
如牛軛然横歪嶺岡巃髙低一路横絓其上黄梅嶺下為平林多梅樹黄源嶺
界建陽甌寧二縣間嶺半有泉黄色巧溪嶺界順昌甌寧二縣間有溪發源嶺下俗呼巧溪上七
嶺在府城西吉陽里歸宗巖在慈惠里舊名鬼子岩宋淳熙間有曹道人結庵于此改今名栢
香巖在禾義里地多黄栢故名斗回巖岩側有小庵以祀梅仙凡有疾者飲以庵下之水即
愈歲若旱澇祈禱無不感應草巖高聳百餘丈舊有祠以祀暨公長者民有疾苦禱之多應上二
岩在吉陽里巳上四岩俱府城北白石巖山石絜白不附撮土上有巨穴穴中有亭今廢徐

將巖 前後二岩峭拔寬廣相傳嘗有徐將軍駐兵於此黃巢入閩鄉民避岩中活千餘人上二岩在崇安里

獅巖 岩有巨石如獅子形故名每星月夜人望之口有白氣上昇如練小頃復收入舊有道人李姓者作庵其上今廢

雲巖 昔有普濟大師坐化其上鄉人祠之今雨暘禱之輒應其頂有獅子鈴石石凡二大者如獅小者如鈴相傳連大師立小石上昇其石人以一指微指之輒動有聲如鈴若集衆力撼之不能動其異如此岩之右有雪岩雙峰並高連大師用指書一大昇字於石後昇去字跡尚存今與普濟大師仝祠于雲岩並著靈響上三岩在西鄉里

郭巖 在梅岐里岩北古有梅庵祀梅福并岐公像舊傳西漢時岩乃郭仙所居故名按舊志福為南昌尉上書不報隱于建之城南山上學仙術後遊武夷望見郭岩有紫氣即往訪之蔣岐公已先居焉因與同處後二人俱乘鶴上昇今其里號梅岐以此庵前有梅仙留頌石岩岩有李偲墓墓側有仙人跡馬跡痕石相傳偲昔昇仙於此此其遺跡也

馬大仙巖舊傳即馬仙所居之所

石龍巖岩勢蜿蜒若遊龍泉出岩竇飛瀉而下有一庵以祀馬仙歲旱禱之多應

金鳳巖山勢逶迤有鸞翔鳳翥之狀下有佛庵

躡雲巖上有佛庵并祀馬仙扁曰躡雲山路極峻峭邑人有事于庵必攀蘿捫石然後可到上四岩在高陽里

獅子巖在慈惠里以形似名岩畔有馬仙祠

壽雲巖在縣西麻溪里高插雲漢上有佛庵已上十一岩俱府城西

擎天巖岩巒峭拔上薄雲霄岩之頂有庵以祀祖聖者祈禱多應

寶石巖舊作寶國岩下有寶國寺故亦名寶國岩

北巖下有北巖寺宋政和陳朝老嘗讀書于此上三岩在西鄉里

西巖在慈惠里舊名曹岩

峙獅巖在梅岐里以形似名左有小洞右有天湖池上建小庵以奉梅岐二仙後灾已上五岩俱府城西北

石橋洞在府城北崇安里高峯環抱內有石潭其外石壁削立俗傳潭中有龍及怪物宋游聖者至此以鐵鍬鑱石壁作一大石門運水遂

竭龍與恠物皆聽役使後聖者化去鄉人建庵祀之歲旱來禱者歸未抵家大雷雨隨至溪流漲湧陂堰多壞人號為游破陂

玉清洞在府城西天慶觀側溪潭中舊志云昔有漁人沒潭中見石室金字題扁曰玉清之洞一青衣童子出曰此司命真君之府也

西峰洞在府城西北界西鄉紫溪二里內可坐百人有鼎爐石牀石上五坎如碗形皆盛石髓各具五味之一其中寒氣逼人相傳九仙居之前有巨石如方座高二十餘丈上列石碁盤洞左右二石竇常有錦雞野羊分宿其內皆石壁如削人不能取遇旱鄉人舉緣徃禱之多應

仙枰石在府城北西鄉里三峰高聳頂有巨石如碁盤相傳唐季邑童氏子因母疾採藥至其頂見二叟以小石子對奕目童氏子而以五石子與之袖歸母疾隨愈後五世孫生五子俱貴顯至今族餘五百口石子尚存

萬安洲在府城西北萬石灘下沙聚成洲平衍寬廣不為溪流①吞嚙故名

潅沙在府城西通濟門外溪濱沙洲聚散不常又城南七星橋上下

校注：①香嚙

溪中亦有沙洲俗傳西為淮頭南為淮尾舊有讖云淮沙圓出狀元　國朝洪武十七年沙聚而圓次年郡人丁顯果狀元及第

西溪在府城西源出崇安縣分水嶺及浦城縣漁梁嶺會建陽諸溪之水至城北別為二派復交會於城西臨江門外稍南會建安縣東溪之水合流下延平縣境○一本謂源出崇安分水嶺盖記者之畧也

大雪山外小溪源出延平府順昌縣界

貫道橋小溪源出黃源嶺下

興賢橋小溪源出斗槃山下

桐溪源出岩丫嶺下唐乾寧間溪岸有大桐樹上出雲氣里人恐其為怪伐而解之有龍鳳文因製琴以進故名一本作大夫橋小溪巳上四溪在府城西吉陽里

小松溪在崇安里源出蓬嶺下

宜君溪由崇安里通慈惠里

萬石溪在慈惠里由溪下至本里

紫溪在紫溪里源出松溪縣皆望山

東曾溪在禾義里源出西鄉里經東曾峽至黃塘會小壺口之水

濠村小溪源出松溪縣大源山下注清潭

溪**陳溪小溪**源出崇安縣南山嶺下注濤潭溪舊溪側多陳姓故名上二溪在禾供里已上七溪俱府城北**壺溪**在禾義里源出浦城縣漁梁嶺下**王溪**在西鄉里源出里之竹溪宋嘉祐間溪嘗有妖作巨浪里人潮守童志賢以玉尺投溪中妖遂息因名上二溪俱府城西北已上一十三溪其水皆入西溪**龍村溪**在府城西西鄉里溪有巨石有龍磨角痕舊為雷所裂竅溪之源有飛瀑由石岩下注長數十丈下有龍井傍有龍王祠遇旱禱之必應**清潭**在禾義里即舊水吉里潭水極清旁有渡通浦城縣界**佛母潭**在慈惠里與宋家潭相近常有巨魚出沒其間俗以為神物云**三山潭**在禾義里三山之麓潭底有大小數石穴深入如屋魚鱉多藏其中人呼為魚屋漁人甚獲其利上三潭俱府城北**東山林龍潭**在府城西吉陽里石壁峭拔而潭據其巔廣百餘尺深不可測環潭竹木蓊蒨登者必擘竹①緣藤方可至也歲旱禱雨輒應**大雪山龍潭**

校注：①竹

在府城西北吉陽里山勢極險峻下三潭相連西有石壁泉飛下如布潭側空洞常若風雷之聲山巔巨木陰翳寒氣逼人盖神龍窟宅也歲旱禱雨亦多有應

西溪諸灘

萬石灘在萬石溪口亂石棊布　灘水迅急　大米灘　小米灘　九匡①灘　和尚灘　洪灘　主簿灘　上七灘在豐樂里　鷄公灘在鎮安坊　羊角灘在慈惠里已上九灘俱府城西　青銅灘在豐樂里葉坊驛下水勢奔急舟師憚之　羅灘在禾供里羅家村前湍急而險上二灘俱府城北　七里灘去此上下皆七里始有灘故名此灘水漲岩沒則浪平水落岩出則港道紆曲嵌險　羊耳灘中有三岩若羊耳然　桿岐灘在兩龍小溪口水落則平水漲則險　五通灘在小壺村廟前上四灘在府城西北禾義里已上凡十有五灘特記其大者耳其餘尚多不能悉載也

校注：①匡

八閩通誌卷之五

地理

山川

建寧府

浦城縣

皇華山 宋時建皇華館於其側因名 **油果山** 油一本作游唐末占星者云山有異氣鑿之經宿復合已而用方上術以油果祀之遂不復合宋時有周霞者嘗脩煉于此丹竈猶存 **漁梁山** ①舊志天下十大名山漁梁其一也山之水源南流為建溪北流為信溪 **百高山** 俯臨大溪其勢挺②枝四面皆見之故名③土三山在長樂里 **盖仙山** 在畢嶺里一名浮盖山界衢信處三府之間周圍三十里失名氏詩涵澄泉瀉東西澗④矶碑山⑤墦南北州 仙豐 石洞洞口有石

校注：①舊　②拔　③上　④矾碑　⑤蟠

如龍口出泉甚甘美深處有竅可以窺天卧牛石水精石雙筍石宋汪藻詩生來雙筍幾經春直上雲霄無蘚痕若使堅剛觧成竹人應喚作兩龍孫石人峯汪藻詩擎天不老歲長在捧日無言形獨尊已上俱在蓋仙山中

船山

在官田里山勢高平如船狀前有王女峯相傳閩平昌王避亂有女死于此因名已上六山俱縣北

囬隆山

圓峯秀拔俯臨南浦溪乃縣治前山也

將軍山

山勢聳立雄偉如將軍然上二山在登雲里

株林山

在孝弟里峯巒起伏林木森秀山有却筌嶺相傳漢弟子期既得道至此却筌而坐遂仙去已上三山俱縣南

越王山

自橫山蜿蜒而來馳結為縣治其勢獨出於衆山相傳越王於此築臺為烽堠遺址尚存其左有金鷄岩石狀如鷄故名又有金鷄嶺通處之龍泉國朝永樂間知縣陳壟建亭其上以為行人憩息之所成化十年又築城門於其上扁日金鳳

吳山

在慕泰里山四面奇秀為邑之望居民多吳姓漢興有吳氏六十戶列屯大澤即此

娃也上有岩洞俗號燕窠岩岩半有石穴瀑布旋又名石竇山唐時嘗有僧結庵其上

太姥山 在忠信里太姆即魏夫人道家謂魏夫人棲真於洞宮此山非鄰也上建太姥寺故名山下又有徐淵書齋故址俱存已上三山俱縣東

夢筆山 在縣西上相里相傳梁江淹為吳興令夢神人授筆于此故名又以山在環障之間挺然孤立名孤山

橫山 峯巒巑亘如屏山陰有井上有馬仙祠邑人禱雨多應

泉山 在永康里山頂有泉漢朱買臣傳云故東越王居保泉山繇即此也上二山俱縣東北

百丈山 尖峰嵯峨高聳千仞舊記云東嶺有鍾離亭已廢上有積石像人俗謂之馬大仙中有九井蓋龍湫也宋邑宰謝邦彥遇旱以詩投之即雨

溫山 舊記云山有泉夏冷冬溫故名上二山在招賢里

銅鉢山 山極高峻南界崇安縣昔有道人創庵其上因開基而得銅鉢故名中有泉井鄉人遇旱疫禱之輒應。按崇安縣山川志云鉢作鋑

石龍山 界崇安浦城二縣間俗傳

有樵者礪斧於石脊①血隨沁出因名山有三峰中一峰名鶖兒下有巨石如龍首其上有井井有石如珠井畔有龍堂上二山在通遠慫里已上四山俱縣西北

子期山在縣東南孝弟里相傳華子期師甪里先生得道後居此山嘗脩煉于溪許之壆有神人語之曰壆前石鼓鳴汝功成矣子期一日扣之果有聲遂却笠仙去

西陽山在清湖里相傳西陽太守全景文居此因名

大同山唐會昌中蕭衆二禪師脩行其上時梁國公丘良居山下一日過二師有虎驟至師曰無驚地主良遂捨水源建寺名大蠱後更名大同絕壁窮涯之上有龍湫又有虎跑泉相傳虎穴地得泉故名

嵩山上有龍井禱雨多應

大湖山在靖安里一名聖湖山巔有湖登瞰無底俗傳採藥者見芙蕖滿湖涉而取之乃石也已上四山俱縣西南

王歸峰在縣北官田里昔平昌王避亂隱居於此今有平昌王廟

致孝嶺在太平里舊號章家嶺相傳章得象未貴時婿於練氏外舅姑頗不為禮得象皆練氏歸誓

校注：①脊

不再登此嶺及外舅姑沒練氏陟嶺上瞻望揮涕人以是名之

梨嶺 路通衢之江山縣其土宜梨故名又名梨關宋楊億談苑云天下之水皆東梨嶺之水獨北流入貴信溪歐陽詹詩南北風烟即異方連峰危棧倚蒼蒼哀猿咽水偏高處誰不沾衣望故鄉。按方輿勝覽載入福州蓋誤

折桂嶺 唐林藻與弟蘊登第經此嶺題詩云長記嶺頭題姓字不穿楊葉不言歸而今折得兩枝桂又向嶺頭連影飛故名一名桂枝嶺一名泗洲嶺宋元絳詩路盤雲雨際人在斗牛間上二嶺在安樂里已上三嶺俱縣北

西巖嶺 岩嶺巑岏勢欲凌空宋章得象少時嘗讀書此山下

竇嶺 梁汀淹嘗遊其地上二嶺在上相里

駐嶺 在新興里嶺極高峻路通崇安縣已上三嶺俱縣西

柘嶺 在縣西北鷹塘里界處州麗水縣以地多柘樹得名

白花巖 在縣北通惠里上有坐禪石昔淨空大士嘗棲于此

白馬巖 在大石里峰巒秀拔①夐出群山舊傳嘗有仙人乘白馬至此故名旁有傳竹岩宋祖秀實故居

校注：①夐

上二岩俱縣東

七房巖 在縣東北大石里岩有七層泉一穴形圓如鏡名鏡泉舊傳泉與九石潭通歲旱禱之即雨

查源洞 在縣西北新興里查溪之源也絕壁懸崖界崇安縣宋紹興初設西安臨江二寨於其地以備寇盜

羅漢洞 在縣西南登雲里洞幽深平敞舊有雙石寺廢址猶存

伏水石 在縣北安樂里其形如獅首尾爪距皆具故又名獅子石

石牛岡 在縣西南總章里其石狀如牛

南浦溪 在縣南源出漁梁山及柘嶺自縣北折而東南匯為大溪復西遶學宮及縣治前至新溪合流復轉東南縈紆環抱堪輿家謂為之玄水由是下接崇安建陽大溪合流以達于甌寧西溪

新溪 在縣西源出百丈山

江村溪 在縣北鳳塘里源出柘嶺轉流與漁梁水會

東源溪 在縣南孝弟里源出西陽山流至登雲下沙橋

南溪 在縣東大石里自高泉流至錦江

前源溪 在縣西上相里源出樓登雲里下沙橋至于古湫

洪源溪 在縣西北招賢

里源出上相里夢筆山前

石陂溪在仁和里自大湖山流至總章里南岸

臨江溪在清湖里源出新興澄湖橋流至觀前上二溪俱縣西南巳上入溪俱流入于大溪中

九曲溝在縣東南源出越王臺側迤邐九曲入日月池

古湫潭在縣南登雲里水極深雖漁人亦不敢游泳於此

白雲潭在縣東郎下陂渡飛湍奔瀨至此深沉淨瑩古有白雲寺石塔尚存

烏綠潭在縣西當南浦新溪二水合流處以其色名

龍背潭潭有巨石如龍形高五丈廣十丈○一本云東有巨石數十餘丈二說不同

巴獸潭左右皆石壁北有石長三丈高八尺舊傳嘗有惡獸潛于潭中上二潭在總章里

九石潭在孝弟里西洋渡深不可測上列九石如獅子狀已上三潭俱縣西南

縣溪諸灘將軍山下灘在登雲里灘勢最險茅洲灘在孝弟里九石渡下溪石低昂曲折頗奇勝可觀上二灘俱縣東南　丘源灘下抵巴獸潭　塔嶺灘邑之水源悉會于此上二灘

供在縣西南總章里

鳳池在儒學後相傳嘗有鳳集于此○一本謂在崇安縣學後考之崇安縣志不載此池而浦城縣志載之蓋記載之誤也

日月池在縣南臨溪二池今名湖塘以諸越王山泉并九曲清之水舊傳南方火位鑿此所以制火也

瀑布泉在縣北樂平里萬葉寺後自山頂瀉下數百尺飛濺尋丈外若珠簾窣地天下號爲第三瀑布

七星井在縣四隅相傳晉郭璞所鑿

狀元井在儒學明倫堂之西相傳宋章衡未第時所鑿後衡狀元及第因以名之

天池井在樂平里焦山清冽甘美

石井在安樂里詹溪

鉢盂井在鵝塘里小福羅山已上五井俱縣北

巖谷井在大石溪渡深不可測內有龍湫歲旱鄉人禱之即雨

龍嶺井水甚清冽上二井在縣南孝弟里

雙門井在高泉里雙門山

東山井在泰寧里上二井俱縣東

建陽縣

太平山在崇泰里峯巒秀偉峭拔萬仞縣之主山也

闌干山在崇文里

與武夷山相連屬山之半有石室可居五六十人其下古木周列如闌干然上二山俱縣北

勒馬山

在三桂里以形似名下有洑洲溪流廻洑沙聚而成洲古有讖云睡龍驚馬出公卿睡龍謂洑洲驚馬即勒馬山也又有讖云山之足有溪田水推去出狀元後洲田為水所推邑人丁顯登洪武乙丑狀元人以為應

蓮臺山

群峰環立中有小山突然如蓮葉狀山足有井水甚清冽患眼者汲洗之即愈下有蓮基臺水月菴

菴山

界建陽甌寧二縣間山高萬仞若雲生其山巔即雨土人以為候後唐時憂土石湖結菴其上因名今山麓靈濟廟蓋祠湖也其神像乃就山石刻成山北峰有石號獅子岩岩之巔有靈泉出石罅中一脉甚微旱不涸潦不盈病者飲之多愈鄉人往往捫石攀蘿而上架竹引之以代汲①南峰有石平整號龍壇上疊石為龕中藏仙骨

壇時山

高五百餘丈凡十三折始造其巔相傳唐末有虎衘小佛像置其上天降甘露双松連理朱道人因結菴居馬山之陽小山排列無數堪輿家謂之

校注：①汲

羅漢出洞形上三山俱沟亭里**浮石山**在興賢下里此山實溪中巨石相傳昔嘗洪水此山獨不沒因名巳上五山俱縣南**東山**雄壯秀麗中一峰高出群山名曰妙高峰**横山**與妙高峰相聯厲下有蠱應廟上二山在縣東三桂里**赫曦臺山**雲谷之東山高萬仞四圍峭峭絕頂平坦雲濤彩翠昏旦萬狀宋朱文公遊此因命以今名**西山**宋蔡元定結廬山中後理宗御書西山二大字表之石刻尚存昔人避兵嘗為寨於山頂上二山在崇泰里**龍湖山**又名湖峰山頂有右①庵石門柴扉映帶前後又有双井號龍湖**高卬山**山之巔若仰掌然上二山在崇化里**白塔山**山巔有石特立如塔狀相傳嘗夜有火明其上故又名天燈山下有龍岩洞洞口有試心石下有蘇盤石相傳唐時有三女煉丹於此仙去今龍濟院所祀即此三女也又有飛來石在龍濟院前相傳唐貞觀六年一石自空飛來國朝洪武二十四年又有一石飛來因名**公裳山**山色青潤巍然峙立

校注：①古

遠望君人着公服狀故名

鷹山 山形如獬豸下有鷹山書院上三山在禾平里

五龍山 在□里山五脉分峙中有小山如五龍捧珠之狀

大潭山 在縣西隅舊志越王築城其上以拒漢史稱吳五六千戶屯大潭即此地也山勢蟠屈亦名卧牛山重九日邑人多遊其上又名登高山

瑤峰山 上有三濟大師庵水旱禱之有應

靈泉山 其山高聳下有泉水繞之故名上二山在永忠里

翠屏山 在三桂里一名羅漢山山勢蜿蜒下有芳洲遠渚考亭書院之前山比巳上十二山俱縣西

皷角山 在三礶里三峰巍然鼎峙狀如皷角上有龍池相傳唐時一日雷雨大作雙龍陞池中因大水漲漫鄉人懼禳之始退縣以聞命立觀祀之後改為龍隱寺雨暘祈禱輙應

童子山 相傳宋紹興間重修拱辰橋落成之日有仙童七人遊戲橋上尋飛昇山頂故名

鳳凰山 山勢如鳳翔上

硯山 在洛田里其西有石端平如案二山在同由里上有二處黴黑隱隱若硯狀旁

立方石號書厨相傳漢仙人華子期師甪里先生于此一名孔夫子案山山有泉凡七穴每穴之水一掬則盡旣而復出但盈坎而止亦不溢也

蕉源山在崇任德里相傳晉尹眞人嘗煉丹于此道書謂此山爲十三福地事林廣記謂爲三十一福地已上五山俱縣東北

武仙山山巔有石筍峯高千餘丈舊傳有仙人武裴跨於其上今足跡尚存深可寸許石筍之北有樓臺石層疊磊砌望之如重樓複閣故名山之陽又有向塔岩石岩如塔故名

九峯山其山九峯聯峙宋時有異人語朱文公曰龍居後塘其先生歸藏之所乎後文公卒葬于此

毛虛滌山秀拔冠群山登其巔者非捫石攀蘿不能至國朝永樂大水山之源推一石寬平可坐五十人上三山俱在嘉禾里

集公山宋江側嘗結屋聚徒讀書於此忽有梧葉墜梁下書集公山三字側笑曰此何義俄復墜一葉書云集諸賢于此故云旣又墜數葉皆書官字後側與群弟相繼登科如葉祖洽游酢施述其尤顯者有小齋

題名石刻今不有

龜山 宋范元覬江灝讀書于此按郡志二人讀書時忽遇山神告之曰江君當有官職澤流後裔范君名雖成未免於難後元覬登科竟殞于兵灝歷守三郡享有壽考子孫俱登科世祿悉如神言山腰有泉脉如一線上二山在北洛里已上五山俱府城西北

九臺山 在縣東南均亭里層巒疊嶂如樓臺狀

三峰山 在書坊之前

蒼峰山 一名龜嶺根盤絕壁蒼翠摩空上有庵祀龔劉王三聖者雨暘祈禱輒應上二山在崇化里

葛源仙山 在興賢中里其巔有方石如截相傳元時鄉人葛蘭翁樵于此遇二叟弈棊石上至晚叟曰子盍歸乎言既不知所之蘭翁抵家已三載矣

洪山 在興賢下里下即洪灘

大同山 其山雄峙高千餘丈上有瀑布泉

畫山 高百餘丈層巒峭翠遠觀如畫因名上二山在崇政里已上六山俱縣西南

玉田峰 在縣西南興賢上里尖如削玉高出雲表又名美女山山之陽宋魏掞之舊居在焉峰下有龜山山

舊有寺宋陳軒讀書于此及第後重遊有詩云山樹似添新喜色野猿猶聽舊①吟聲也

獅子巖在興賢上里凌雲寺後山頂有石觜懸出類獅子狀下有龍洞洞中有物狀類泥鰲有四足號曰小龍湫旱或得一二迎以下山即雨俗因名其處曰龍湫

白水巖上有流泉百餘尺因名

天湖巖上有井其水清而瑩四時不竭因以天湖名岩上二岩在興賢中里已上三岩俱縣南

象巖在縣西永忠里以形似名

桃源洞在縣西三桂里四面皆山由小逕入百步許舊有小菴植桃種竹前後映帶俗號為桃源洞洞口有井泉清冽而甘

松岡在縣西永忠里其上皆松樹風撼之若波濤聲

仁義石在縣西崇泰里二石對立澗旁古木蔽虧蒼藤蒙絡奇峭可愛鄉人名其左曰仁右曰義歲時祀之

仙架石石方三四丈厚五尺平整如截下有三小石鼎足架之中虛可容十數人相傳唐羅仙架為遊息之所每風雨驟至即聞石有鼓聲宋時因名其里曰唐石去三步許又有一石卓

校注：①吟

立端直長五尺餘人謂之笏石

龍石石壁上有龍形脊脇間有紋如火焰長二百餘尺非假鐫刻自然天成上二石在縣西北嘉禾里

床石在縣西南崇政里溪澗中有石平坦如床

雲谷在縣西北崇泰里蘆峰之巔翠巒環繞內寬外密地氣高寒上多飛雲登者緣崖攀葛崎嶇數里始到其上宋朱文公愛其幽邃因號雲谷構草堂名晦庵以為講道之所自作記庵至今尚存

寶蓋洲在縣北崇文里按舊志王審知築城立寨於此一叛將據之既而敗亡以其所竊寶蓋棄溪中後復為洲入夜或發光彩

米洲在縣東三桂里東山觀前俗傳洲之沙高與路平米穀必賤低則必貴因名

油洲在縣西三桂里去考亭西十里許名瀛洲

龍舌洲在考亭溪中沙汀湧現如龍舌狀宋立社壇於上朱文公號滄洲即此

洗馬窟在朝天橋下沙洲中邑人洗馬於此

交溪在縣東南其源有二一出縣之嘉禾里毛虛際經崇泰里而下一出崇安縣分水關合武夷九曲之水而下交注于

東山下為一大溪油溪源出油嶺錦溪與劉源坑水合古有錦工常於此濯錦故名 國朝永樂間洪水壅塞景泰間知縣龍韜始濬道之上二溪在縣東同油里武溪在縣西嘉禾里源出毛虛漈下經崇泰里考亭溪在考亭書院前源出麻沙営口二水至是彎環五里無難瀨聲雙溪在水南朝天橋下源出嘉禾里達于考亭至此分為二支會于交溪永樂間洪水右支壅塞上二溪在三桂里徐墩溪在興賢下里源出五峰山至此始通舟楫已上三溪俱縣南芹溪一芹作勤在縣東北樂田里源自硯山而下九曲繚繞世傳為第二十八福地也南溪在興賢上里穿崖度磴彎環而流達于長湍玉溪在興賢中里源出陳源達于長湍昔溪嘗有恠陳勝以玉環投之恠遂息因名上二溪俱縣西南已上九溪其水皆入于交溪南流以達建溪蓮湖在永忠里方百丈舊多産蓮永樂間淤塞贅湖在崇化里乃溪之別派因以贅名天湖朱文公毋祝氏

塹於湖之陽上三湖俱縣西

水東潭 一名浮橋潭在東山觀瀾深不可測相傳潭之滸有天機洞今莫詳其所在

九石潭 在縣東□□里上列九石故名

龍潭 在縣東北樂田里相傳昔有二龍潛其中一夕見夢里之丘氏曰此地人衆當辭去翌日陰雲四合果有二龍飛昇而去

放生池 在縣治西隅雙溪閣下宋時鑿

大障山泉 在求忠里泉出山頂清冽可療病宋紹興間太守虞翔有宿疾飲之遂痊

匙澗泉 在三桂里資化寺前一穴甚圓田畦屈曲輳之如匙宋朱文公嘗憇此命以今名上二泉俱縣西

汲古井 在考亭書院西其名乃朱文公所命也

松溪縣

尊師山 在縣治北由縣西北萬山而來盤迴起伏屹立縣後為縣治主山也舊傳有何尊師者修真於此因名

石壁山 石削立如壁高數十丈縣治前山也下有龍潭潭之上下皆石灘甚淺潭居其中瀰漫停蓄深不可測舊傳嘗有龍出沒其間歲旱禱雨多應又謂之龍井

湛

盧山連亘東閩杉溪二里及政和縣界山形峭峻常有雲霧凝其上唐拾遺記九域志並云昔湛王鑄劍於此或云甌冶子鑄劍有號湛盧者因以名山劍池相傳鑄劍時鑿石為池以淬其鋒今山上有石井恢廓如池疑即此也又其爐冶遺跡及唐貞觀中石刻尚存 桃花洞宋祥符間縣尹周公才禱雨獲應立祠其上 或云鑿趾之日有石洞發於西南隅冽泉隨湧流出有桃花數片因以名洞

妙峯山峻拔霄漢冠出群山

七峯山七峯連亘迴巒疊巘上摩青蒼上二山在東關里

東山在遂應場五里許亦名吳家山自趾至頂皆石少樹木舊產銀鑛有穿穴十餘深邃盤曲莫究深淺取鑛者必舉火以入

圓珠山在遂應場中山高數丈其頂圓淨如珠亦名珠林山

南屏山在遂應場南一里許峯巒橫亘喬木蓊鬱如屏障然上有石狗下有石龜傍有石佛石僧諸像又名石林山

石馬山在遂應場北山有巨石如馬已上八山俱縣南

中峯山衆山之中一峯卓然秀拔唐景

福巾有高僧白行儔者捌庵其上，山有伏虎壇及塔，或時見祥光。

萬山　山周廻五十餘里，或謂山所産之物萬種，或謂山嘗有萬氏居之，故名。宋元豐初，有僧海照者結庵其上，故址猶存。上二山在縣東皈伏里。

矼亭山　在東閩里，山勢秀聳，下有石矼，舊立亭其上，因名。世傳有頭陀柯普者坐化於此，又名柯亭。山上有石矼，空洞深邃，中有流泉，大旱不涸，旁有脩身岩。

皆望山　在杉溪里，其山巋然高峻，登其巔則環邑諸山皆在目睫，故名。

王認山　在皈伏里，其山秀拔，屹立諸山之上。宋益王昰由浙入閩，道經此山，識其奇勝而歎賞之，邑人因以名山。上三山俱縣西。

鸞峯山　在縣東北永和里，山勢峻拔，南接龍泉，北接南浦，周廻三百餘里。舊傳嘗有仙人乘白鸞翶遊其間，故名。上有古壇，東有龍井，鄉中人禱雨多應。

筋竹山　在縣西北豪田里，上有石室可容數十人，傍有古井。相傳嘗有異人於此修道，後仙去，今遺壇尚存。東岩有竅常乾，歲旱禱之則泉出，以瓶盛之，纔而泉竭即雨。

南峰山在縣西南杉溪里其山聳出群峰之表相傳武夷魏虞二仙嘗憩于此山舊有南峰亭歲久而圮天順四年道士章清源重建亭宇於亭之舊址名曰瑞幡

蘂花峰在東関里巒峰稠疊狀如花蘂

石牛峰在遂應場西有巨石如牛上二峰俱縣南

化巖在縣北東関里岩石五綵紋相間故名舊傳鄉人祀馬氏仙女於岩鑄俄而岩合因立祠其上前有三井及龍湫亦禱雨常應後有石鼓石磨二岩皆以形似名之

寶勝巖岩有石室前後有門常有雲氣相傳呉道者嘗居之辟穀數年一旦化去不知所在

瑞巖下有石壁可容三四十人石上有黑紋如畫叢篁之狀西邊有泉迸出下有石竇昔僊西洲結菴其上上二岩在縣南遂應場

靈應巖在遂應場東南舊傳有柴胡二仙於此羽化上有石碁盤東有龍頸山西有虎頭石前有飛泉三級山之巔有小竅常枯歲旱鄉人禱之得泉即雨

百丈巖在飯伏里舊傳馬氏女仙於此得道上昇峭壁間有馬蹄剪尺痕上有三

聖井又有石硎如陶成者中不容一物鄉人禱雨或弗應以木石投之隨衮出雷雨立至上二岩俱在縣東

獅子巖在縣西慶元里以形似名前有石室其中一竅可三里許僅容一人側行

史君巖舊記云昔刺史王汝休嘗收復此地因以名岩

香婆巖宋嘉定間里人陳翁女名大仙自幼不醮日以鬻香為業有剩香輒焚之岩下或依岩宿數日不食人視為痴惟李五郎者獨禮遇之一日鬻香還呼五郎亟追至岩已化去矣因食其所遺飯亦隨以化邑人遂名其岩曰香婆上二岩在縣東北豪田里

廻沙在放生池上相傳溪潭中廻沙成坂必有士人居首薦宋時沙廻者四而吳岩天李扶李謚葉元皆領鄉薦首選人以為驗

松源溪在縣南一名大溪源出浙之慶源縣松源鄉經梓亭寨迤邐而下出關口渡合流抵政和縣西津接七星溪下建安東溪

新坑溪源出慶元梓亭寨經縣畈伏里至新坑橋

直源溪源出畈伏里花岩東流至縣南上二溪俱會松源溪

松峽溪

源出東關里鐵嶺至關口渡會松源溪又有樂平溪源出遂應場流入松峽溪

杉溪 源出慶元里上元南流至杉溪橋

白石溪 源出皆望山西流出官橋

渡頭溪 源出筋竹山經永寧里南過尾墩上三溪俱縣西

雲溪 在縣北源出獅子岩南流至政和縣界

清泉溪 在縣西北源出筋竹山東北經永和里出波塘橋已上八溪其流俱入松源溪

放生池 在縣市南惠政橋東大溪之旁宋時鑿今淪入于溪

崇安縣

黃石山 縣之背山也

石龍山 界崇安浦城二縣間俗呼石龍岡宋趙抃尹縣時嘗于此禱雨賦詩有云直上更無容足地速田猶在夕陽天餘見浦城山川志

濟長山 其山有石壇如琢飛瀑如玉簾又有龍湫凡九穴水極清可鑑鬚眉上三山在白田里

銀山 在石曰大渾兩里之界又名金鷄峯

白石山 在大渾里山皆疊石若樓臺狀山巔有雷壇石室及三井

舊傳武夷白石先生居之已上五山俱縣北

武夷山

周廻百餘里其峯巒①大者三十六道書謂為第十六洞天相傳嘗有神仙降此自稱武夷君又列仙傳籛鏗二子長曰武次②曰夷因以為名二說不同朱文公序有云武夷之名著自漢世祀以乾魚不知果何神山有枯木查插石罅間以度舟船棺柩之屬柩中遺骸外列陶器尚皆未壞頗疑前世道阻未通川壅未決時蠻俗所居而漢祀者即其君長蓋亦避世之士為衆所臣服而傳以為神仙也今山之群峯㝡高且正者猶以大王為號半頂有小丘焉豈其君長所居耶有小溪繚繞群岫之間凡九曲李左史詩溪流玉雪三三曲山鎖烟霞六六峯洪邁詩一溪穿空舞澎湃九曲度盡方盤紆大王峯一名天柱峯昔有張真人坐逝于此亦號仙蛻岩峯南一隅稜層三出可編梯級而上舊志昔魏王子騫與張湛等十二人隱於此山得道峯之巔有古木仙果異竹奇花芝草之類李綱詩孤峯拔地與天通為問仙人羽化蹤鸞鶴不知何去也玉樓金鎖白雲封劉子翬詩

闌竹斜陽泛小舟獨来天柱訪仙遊風聲樹杪棲笙鶴雲氣峰頭湧玉虬　慢亭峰一名鐵佛嶂舊志秦始皇二年八月十五日武夷君置酒會鄉人于此建慢亭綵屋設寶座施紅雲裀紫霞褥呼鄉人爲①會孫宋白玉蟾詩人間幾度曾孫老惟有青山自古今辛棄疾詩山上風吹笙鶴聲山前人望翠雲屛蓬萊枉覔瑤池路不道人間有慢亭陳夢庚詩山中別是一挑源綵屋虹橋影不存山下人痴猶自說排詹元是武夷孫　仙鶴岩峭壁上有繪鶴霜翎朱頂千古不渝　禪岩又名望鶴臺昔有老僧坐禪於此故名仙羊岩在大王峰之西大小凡六七峰時有仙羊見又三曲亦有仙羊岩虎鼻岩水中石有兩竅仰吸如虎鼻　獅子岩其形蹲踞昂首狀若　獅子徐進齋詩山中彈壓無豺虎留得孤猿半夜啼　昇真洞在大王峰之東石壁上②袷斜一室中有雷文[illegible][illegible]五盛仙蛻其一置石窖中窖口狹東不可出洞前懸以黃心木縱橫爲棧若可通徃來者其上又一穴橫插双木爲橋橋之西壁別開一肆中有香爐藥甌之屬可

校注：①曾　②谽

望而不可即也洞下直裂一隙其旁有鼎爐號丹爐石白玉蟾詩得得來尋仙子家昇真洞口正蜂衙一溪春水漾寒碧流出紅桃幾片花 投龍洞在大王峰絕頂洞門小而直下垂綆百尺乃可至水宋朝纍遣中使投金龍玉簡祈雨於此旁有天鑑池大小①觀音石二石對聳其巔草木蒼翠有寶冠螺髻之狀 兜擔石 名賭婦岩古記云昔有娶婦者與仙人賭而隨其去遺下兜擔化而爲石下有常菴及蔡抗書堂 水光石在溪頭已上俱在一曲 鐵板嶂在大王峰之右 三峰其峰森秀中者尤高 玉女峰亦名三娘石三石差肩而立其色紅潤望之有姝麗之態下有妝鏡臺仙冠石宋辛去疾詩玉女峰前一棹歌雲鬟霧鬢動清波蒲心泉詩玉女亭亭擁霧鬟此心如雪照清灣願將一曲秋溪水洗却人間脂粉顏 馬頭岩狀如勒馬 凌霄岩 仙猿岩 虎嘯岩在玉女峰側草木叢茂上有崇真菴後有南山書堂宋蔡淵并弟沉祠堂在焉宋李綱詩昔年老虎嘯幽岩千里清飆皺碧潭岩上如今無虎跡一林花雨

校注：①觀

落綫綫　題詩岩在溪畔諸名賢多留題又四曲亦有題詩巖　蔡沉詩四曲遊人欸乃歌舊磯千古老漁簑　題詩巖下人來往春雨年年長綠莎已上俱在二曲　張真君上昇峰一名紫岩峰　車錢峰古記云聖姥常鞭牛以車載錢於此因名上有白玉蟾丹爐　升日岩下有金光石　小藏岩下臨深潭上亘絕壁半岩數處斜斷其間或插木架板望之如棧中開數室內有器圓者如斛方者如筲又有如盤如杵之狀者古記云昔有仙鷄栖鳴其間故又名仙鷄岩其側有船架於岩之半壁亦名仙船岩翁彥約詩西溪漂渺接明河鼓棹仙人泛玉波却御長風天上去虛舟千古插嵯峩　仙館岩半岩有石室其間几案具在蓋仙家翰墨之館一名仙學堂李仲光詩天人異所禀事物皆生知強名仙學堂此語將誰欺我欲借尺地虛簷敞茅茨琅琅誦玉章勉力探希夷　水樂石有琴瑟之韻　試劍石舊志云控鶴仙人試劍於此石分為二　會仙石方平可坐二三十人已上俱在三曲　宴仙岩與釣魚臺相對　李仙岩　大藏

巖下滐深淵岩石罅中有仙骨數函鄉民遇旱則詭船以為梯連屬而上取仙函奉以祈雨　鷄窠岩在大藏岩之半壁有洞穴外狹內寬木篠縱橫其間如鷄窠然古記云有仙鷄鳴于此岩之上　翁彥約詩仙人清磬讀黃庭長聽金鷄半夜聲一夕都隨黃鶴去滿窠明月白雲生　雲岩　岩之半有石室可坐百人扁曰雲岩菴　仙機岩　半岩有石室機杼猶存白玉蟾詩織就霞裳御冷風玉梭隨手化成龍天孫歸去星河畔滿洞白雲機杼空　翁彥約詩辛苦支機耐寂寥肯同嬴女只吹簫金梭昨夜成龍去上與天孫織絳綃　釣魚臺　國朝蘇伯厚詩仙子何年把釣竿古臺依舊勢巑岏嚴陵老去能遊此不住桐江七里灘　拜章臺　上平坦有香爐渾然天成已上俱在四曲　大隱屏峰　其峰東上銳下拔地峭立如屏　武夷精舍在其下　陳夢庚詩大隱屏前風月閑何人手種萬琅玕深深五曲東流水合作千年洙泗看　接筍岩一名仙接石狀如筍立其半有痕如斷而復續　天柱石尖玉華岩　羅漢石以其頂髠冑露故名

秀如琢成舊志云昔魏王於此上昇下有更衣臺平正如几已上俱在五曲

三層峯 三峯鱗疊斜倚雲漢每旱暵欲雨則先出陰霾欲霽則開豁遠近視以為候

仙掌岩 岩面三處石紋紅潤如掌有瀑流界於仙掌仙館二山直下千尺頂有崇真館下有仙浴堂白玉蟾詩仙子捫蘿上翠崖岩頭舊有煉丹臺至今石上留仙掌十指春葱漬綠苔林君用詩漢武昇遐幾度春金莖事迹總無聞懸崖更不承朝露空印纖纖十指紋陳夢庚仙浴堂詩神仙無垢骨猶香底用山間開浴堂我欲從之三洗髓騎鯨散髮水雲鄉

石堂院岩 亦名陷石堂宋天聖間一夜大雷雨院東白面岩開剎一巨石飛下覆壓院宇五十餘間陷浸成潭人罹其害惟僧居仁及行者得免云有人擬之以去今石崖橫絕僅可容足轉千餘步則地勢平曠種桃滿原人號小桃源後有劉綸祠堂白玉蟾詩高僧參透趙州禪拔寺移歸兜率天天聖四年二月朔一宵雷雨撼山川

響聲岩 其中空洞人笑語則谷應

仙跡石 與仙掌岩相對有脚膝痕李左史詩

當時天姥立溪邊石上遺蹤見宛然笑殺茂陵劉氏
跡只憑方士口中傳已上俱在六曲　比廊岩廣袤
連屬如廊廡然　仸藏岩　鑄錢岩有石梯磴層
城高岩山形高峙長亘五十餘丈若城壁然　上水
龜石已上俱在七曲　鼓樓岩岩間有樓其下四楹
有路可以攀援而上舊記云是仙家鼓樓旁有鼎竈
葉夢鼎詩鼓樓岩下鼓樓開舉世邯鄲夢未囬安得
老鼇俱喚起萬人醒眼上山來　天壺岩在鼓樓岩
之側中有道院　下水龜石　猫兒石伏于山巔若
猫然　鼓子石兩峰屹起一峰旁有石如鼓細縩
石石紋縷絡如卷絲狀　大小面石兩石相向如人
面　魚磕石將湖石已上俱在八曲　靈峰下有
玄都觀　靈岩又名風洞兩石相倚長數十丈中一
罅窺見天光隱隱如線謂之一線天石洞中可坐十
數人谷口刱門朱文公題扁曰靈岩徐進齋一線天
詩石上烟消綠蘚斑幾人車馬此盤桓誰知一線通
天處照見人心萬古寒　白雲岩半壁如有白雲之
狀　鍾模石隱然如鍾　三教石　香石　大小廩

二石卓立如倉廩元詹先野隱其下名廩江之濱即此地也宋陳夢庚詩白石青霞為歲計佳殽旨酒出仙壺侵天有廩無支遺歲惡還能賑貸無　烏石紫清真人嘗煉丹其下已上俱在九曲　換骨岩在慢亭峰北中一岩室平廣可六七丈室前路斷數尺舊有黃心木為橋迄今不壞室中有四柱樓一所如世俗庋閣上列置蛻函函中仙蛻皆質小而紅色世傳方外之士得道尸解者皆於此換骨云元薩天錫詩千丈丹梯萬丈巖天開地闢鬼神劖夜光玉氣橫溪過多是神仙換骨函　唐刻石在換骨岩下唐明皇遣使封名山大川登仕郎顏行之刻石以記　三姑石三峰並峙相傳秦時有三女遊於此因化為石李綱詩風舞芳林鬟腳垂朝雲行雨濕仙衣不知當日緣何事化石峰頭更不歸安麐詩霧鬟烟鬟彷彿梳老翁指點說三姑娉婷不嫁非無意誰是人間大文夫已上俱在山之北　齊雲峰高出霄漢頂有聖者菴時見燈光　水簾洞在縣南九曲上流一崖高插有瀑布狀如垂簾高可七八十丈又名唐暉天巖

毛竹洞亦在九曲上流遍生毛竹唐李義山詩只得流霞泛一杯空中簫鼓當時回武夷洞裏生毛竹老盡曾孫更不來翁彦約詩毛竹連雲路欲迷洞門深鎖落花遲曾孫幾度春風老未了仙人一局碁已上俱在山之南

峽山 溪回石東湛輿家謂為縣之水口山上二山在會仙里

竹湖山 在豐陽里下有天湖及慈惠廟已上三山縣南

登高山 在縣治水東縣之左山重九日邑人登高于此山之南有官山前巨石臨溪其首左顫如龜形右有鐵砧山

席帽山 去官山數里縣之前山也其側有金鷄山一名鷄籠山山半石上有巨人跡及馬蹄拄杖跡

起賢山 仙洲山之支隴也起于平村有茂林脩竹劉屏山朱文公嘗集于此

屏山 三峰森立中一峰最大如翠屏然宋劉子翬世居其下因號屏山先生

拱辰山 三峰雄偉宋少保劉民先常講學於此

仙洲山 山有兩峰一尖一方山頂有碁枰石舊傳嘗有仙奕碁於此樵者過而觀之及奕終而斧已空矣因名斧空石

仙亭山舊傳有仙居焉下有天湖**嘯天山**一隴横亘平遠**大王山****龜山**以山形似名宋胡定國世居其旁上七山在外五夫里**薰山****寨山**上有石馬五季及宋皆嘗立寨於此上二山在從政里**寂歷山**在上梅里**百丈山**在建平里中菴乃馬氏三女修真之地劉屏山朱文公蔡西山每登臨於此　石磴文公詩層崖俯深幽徼逕忽中斷努力一躋攀前行有奇觀　石臺文公詩出谷轉石稜俯身窺木①末夕眺嵐翠分朝躋雲海闊　瀑布文公記東南望見瀑布自前岩穴瀵湧而出投空下數十尺其沫如散珠噴霧日光燭之璀璨奪目又詩巔崖出飛泉百尺散風雨空質麗晴暉龍鸞共掀舞　小澗文公詩兩崖交翠陰一水自清瀉俯仰契幽情神襟頓瀟洒　山門文公詩置屋兩三間巧當奇絶處峽來百泉傾澗激回風度　西閣文公詩借此芸窓眠靜夜心獨苦安得枕下泉去作人間雨已上俱在百文山號為寂勝通上十四山俱縣東**西山**縣治之右山也

校注：①末

山上有菴菴内有井其泉盛暑愈甘冽白塔山其山高揷雲表陟其巔則閩之山川皆隱約在指顧間中有雲巖洞洞前有試心石下有棊盤石又有龍濟道院鄉民祈禱頗著靈響山之左有筆架山三峯秀聳如筆架狀回龍山中有了空禪師所建佛寺上二山在周村里已上三山俱在縣西馬鞍山以形佀名金籠山上二山在吳屯里銅鋑山見浦城縣山川志岑陽山上二山在石臼里已上四山俱縣東北三髻山三峯鼎峙狀如螺髻巋然為萬山之宗相傳有神仙居焉金印銅魚山上二山在縣西北石雄里壽鶴峯在會仙里石門院之右俗呼壽鶴尖靈龜峯與壽鶴峰對峙蘆峯在豐陽里其山最高朱文公蔡西山江德功每遊其間青鸞峯在蘆峯之西北其旁有白馬峯又有油幢峯上四峯俱縣南五峯曰金鵞形如雙屛絕頂有仙壇仙井棊盤揷劒跡又有石室中藏仙蛻此峯絕險人跡罕到曰蓮花以形

似名曰清湖在諸峰之中山頂有雩壇為鄉民祈禱之所有石洞風出其中名曰風洞曰石畜勢亦雄秀曰廩囷聳如廩古讖云山前却是宰臣家宋翁挺居其下因號五峰

雙峰山 兩山並立夜或有光見其上

隱屏峰山 方正如屏上有隱仙岩其頂一峰樵採所不至岩之上有仙壇平廣可十餘丈宋劉①韜書堂在焉上三峰在五夫里

白石峰山 在從政里巳上四峰俱縣東

文筆峰山 在儒學前之右尖聳如卓②筆

馬頂峰山 在黃柏里古讖云馬頂峰前宰相家

超峰山 在黃村里上三峰俱縣西

狀元峰 俗呼挿破天

騰雲峰山 舊有三女仙居此俗呼三姑峰

白雲峰山 在大安水口山旁一石如人形上三峰在縣西北石雄里

小源嶺

柯嶺

檀香嶺 昔邵汀寇作鄉人立寨於此

枯樹嶺

蕉嶺 抵上饒界昔嘗置寨於此上五嶺在縣北

南源嶺 在縣南□□里

梅嶺 嶺極高峻行者病之邑人丁希作亭於其上以便憩

校注：①韐　②筆

息朱文公詩云路霽威勁歸理雪意深往還無幾日景物變千林曉磴初移屐寒雲欲滿襟玉梅①踈半路猶足慰幽尋

崇嶺 上二嶺在②籍溪里

中峰嶺 在上梅里

清泉嶺 在下梅里

黎嶺 劉子翬雙峽橋記云溪之東屹然而高者曰黎嶺建之望山也即此嶺之路舊爲通衢依山而險隘行者病之元延祐五年縣尹夾谷山壽命工火其石而鑿之遂爲坦途建安翁植爲記又半里許亦依山爲路久而圮於水 國朝正統三年邑人暨孟舟捐貲修甃人以爲便

紫嶺 以土色名上二嶺在五夫里

西坑嶺 界內外五夫二里之間已上七嶺俱縣東

棠嶺 在黃伯里昔嘗置寨於此

溫嶺 即今營嶺延亘數里五代時立鎮於此郭巽行程記謂此處山水極奇六百年後當爲錦③繡地且出狀元

牛軛嶺 上三嶺俱縣西

東嶺 在縣東北吳屯里

佛嶺 相傳五季時有水藏菩薩托稱徐氏以釣隱於此因名

小槳嶺

大槳嶺 左有募司徒廟右有定光佛菴

校注：①踈　②籍　③繡

黃泥嶺 **南嶺** **查木嶺** **梨木嶺** **分水嶺** 界於江閩之間乃八閩第一山也二水發源其下一入江西界一入福建界嶺有銘鑴於巖石上有五顯祠及大安関朱文公詩水流無彼此地勢有西東若識分時興方知合處同已上八嶺在縣西北石堆里

百花巖 在德星橋之左舊多亭臺花卉為邑人遊賞之地

瑞巖 在吳屯里有和氷古佛菴劉子翬詩古峽風雷雙劍在夜龕鐘梵一燈明他時淨社如容我竹几蒲團寄此生 百丈漈 新井禱雨多應俱在瑞岩 將軍岩在瑞岩絕頂舊有三神人隱於此即今義武廟所祀是也又有石室舊傳有雙劍藏其間 伏虎岩在瑞岩院側和氷古佛嘗於此驅馳猛虎

黃洋巖 在石臼里有龍井鄉人祈雨請焉又有萬丈漈

檜巖 在□□里上有三峰蒼檜鬱然彌望

白花巖 在大潭里岩半一石屹然當道登者捫之則其石如欲墜然俗呼試心石又有龍井相傳中有神物禱雨多應

望仙巖 與白

石山相對巳上六岩俱縣北**九井巖**岩有九井其泉下注如更漏然**紫雲巖**上有菴曰天然**陶真巖**昔仙人李陶真嘗於此修煉丹竈尚存上三岩在縣南建平里**將軍巖**相傳南唐二將既克閩棄官隱於此故名上有將軍井**北巖**上有菴每靜夜雷聲隱隱出岩穴中平地殊未聞有此上二岩在五夫里**西巖**在從籍里岩間有瀑布旁有觀泉亭巳上三岩俱縣東**白①華巖**在縣西五里昂首蹲足堪輿家謂之朝天御子**石龍雲盧二洞**在縣東下梅里岩穴幽邃舊傳有神仙居之**金雞石**舊記云宋崇寧間有二金鷄翔集其上上有瀑布下有龍井相傳井神物居之禱雨多應**張原石**宋寶元康定間有二蛇見身若松鱗人見其異相與立龍祠於其處禱雨多應上二石在石臼里**笏石**在大渾里寺溪**腰帶石**在吳屯里溪中石長三丈縈迤山腰水涸則見上有紋斑駁隱然若腰帶巳上四石俱縣北**試劒石**在縣南建平里

校注：①華

石有劒痕相傳嘗有異人斬蛟試劒于此鵝籠石在縣東五夫里仙人石在縣西黄栢里石東北隅有竅透石而出攀拏而上方可至其頂有石室藏仙骨數匜①師姑洲在黄栢里古有尼寺因名浯洲在將村里上二洲俱縣南壓衙洲在縣東其洲高於縣治故名黄龍洲在縣西黄栢里黄龍溪中天湖在縣東五夫里仙亭山下又豐陽里竹湖山下亦有天湖大溪在縣西四隅里其源有二一出於石臼里岑陽既嶺上寮竹同歷濟扳等處至吳屯里納新豐浴水二溪至大渾里納寺溪直抵林渡是為東溪一出水令水嶺經大安村至第四渡會温林寨竹山觀音寨之水至石堆里支分入陳灣陂由縣西而下其正流直抵林渡是為西溪二溪會於林渡橋下遇壓衙洲岐而為二復合於洲尾透縣治之左流出繼賢橋至望仙橋納下源溪又下納潺溪經赤石則西納高蘇陂諸水東合梅溪渡之水經武夷納九曲溪及陳石二溪出峽潭至黄亭又東納岑陂之水西納不②陂之

校注：①函　②下

水由是下抵建陽以達于甌寧西溪

新豐溪源出金井坑①經吳屯下陽谷

浴冰溪源出瑞岩下賜谷舊傳古佛嘗扣冰浴於此故名

寺溪源出吳屯里小東嶺下會小寺水經寺口會賜谷水

東溪　**西溪**其源俱來自縣之西北

下源溪源出到水坑至此入大溪

潺溪源出上梅里馮源由東陂橋下入大溪

高蘇陂源出黃栢里由長灘下納漿溪至黃龍溪又納棠嶺之水出赤石尾入大溪

漿溪源出石雄里陳仔洋接長灘

梅溪源出五夫里西坑嶺別為內外白水過白鵬岩而復合經上梅而接下梅牛皮灘之水至梅溪渡入大溪

九曲溪源出周村里大源山出曹墩合周杉二溪至黃村溪達武夷九曲出石鼓渡入大溪又有柘溪源出西坑下左衢十里許入九曲溪

岑陂凡四源曰籍溪源出梨嶺下曰邐溪源出拱辰山合籍溪曰瞿溪源出梅嶺合衆流至此始與籍溪潭溪合而西遇聚洲轉而西南又與黃石等溪合曰黃石溪源出柳源下

校注：①經

游毗等溪經岑陂而至於黃亭也下陂源出黃沙銚枝而合于下溪陂由黃亭西溪而入大溪滸
潭在縣北石①臼里兩畔岩石相薄水由岩口斗瀉而下激爲盤渦工師泛木至此多沒潭底莫能出
澄波灣潭在縣治之左碧潭在縣東北吳屯里又名鏡潭天將雨則潭先湧波人以爲
候馬審潭在縣東南五夫里金鵝峰之陰龍潭在武夷東南二溪合流匯而爲潭舊傳有
神物潛其中百丈漈在縣四隅里雙溪飛鵝漈有巨石裂爲三岩又有九井其圓如
釜歲旱鄉人禱馬大小二漈并飛鷺漈俱在大運里上三漈俱縣北白鷴漈在縣
東五夫里之白水金斗源瀑布在縣東從籍里窰庵瀑布在縣東南外五夫里
縣溪諸灘壓脅洲灘在縣治左澄波灣潭上師姑洲灘在黃栢里磨灘其流浚急而旋遶
有若磨之轉然　赤石灘以地名　馬敞灘界福灘上二灘在新陽　三姑灘　雙門灘上二灘在三姑

校注：①臼

石前曹峰灘在曹峰溪口洋淙灘在程村上八灘在會仙里天灘在豐陽里鐵山溪狹而浚急石露而噴涴已上十灘俱在縣南

放生池在縣治東自澄波灣至溪光亭下禁捕魚

瑞應泉在瑞岩寺殺後澄澈可愛

白圭泉在縣治西貞節坊之西清寒可鑑

甘泉在縣東北吳屯里味甘而洌冬夏不涸

歐嶺井井有數眼中廣外狹深不計尋丈

西漈井上二井在石臼里

許塘井在大潭里高山之巔井不甚深廣而不以旱澇為盈涸上有龍君祠鄉人遇旱則禱之祠左右多蜂蠆有不敬者輒遭毒螫殆神守也已上三井俱在縣北

西井在縣治西

西坡井在仁義坊

丁公井在貞節坊

營嶺古井在興賢坊泉冽而盛已上三井俱縣西

鶮龍井在縣西北石椎里源谷清邃其上恒霧氣氤氳禱雨輒應

葡萄井在縣治西南美俗坊

政和縣

黄熊山 在縣北縣治上山也相傳山嘗有熊見故名堪輿家謂此山形如展旗而無奇峰峭壁是無劍戟森布非武也特文人之旂耳故又名文旂山上有白雲精舍下百步許有福慶堂

文筆山 在縣南　里奇峰峭拔如筆架狀

銅盤山 在縣東感化里高數千仞非攀蘿捫石不可得而作相傳胡仙姬嘗煉丹於此丹成上昇遺銅盤山上人有欲持①去者遂化為石山之上有飛昇岩下有龍井

望浙山 在縣西長城里一名浙山其勢拔地摩天常有雲氣冒其上世傳古有大魚姬者授控鶴仙人丹訣脩道於此望見白鶴從括蒼飛來喜曰浙仙來矣遂乘鶴上昇山上有池遇旱不涸宋季范汝為作亂元季紅巾寇亂邑人避居其上全活甚衆

籌坑山 有天柱峰獅子岩羅漢岩將軍岩昇風石葫蘆石石室龍井又有嶺亦名籌坑又有圓照菴菴前有聖水凡三石井中一井外俠內廣深不可測舊傳神龍所居遇旱以鐵石投之雷雨立至旁有泉一穴清甘可飲昔有雙牛②鬪其畔

校注：①去　②鬪

見者以石擊之牛犇入穴雷雨遂大作

池棟山 岩壁峭聳橫有溪流如屋棟然下有兩穴以洩東池之水上二山在縣東北政和南里

佛字山 一石上有紋成佛字

九蓬山 其最高一峰曰龍馬宋孝光二朝間龍馬生馬上二山在東瀾里

南禪山 在□□里巒峰奇秀上有龍井

獎山 在東平里其山峭拔入雲山頂凹處有田百餘畝唐僧玄獎創菴其上元僧惠空復創菴於其東又東梅有女子因旱鑿山引水以溉東梅之田鄉人亦祠菴祀之山有觀音岩石柱岩白牛岩石龍洞雙門洞葫蘆潭七聖潭皆稱奇勝已上四山俱縣西北

洞宮山 道家謂為三十七福地其山重疊九峰狀如蓮葉又謂之九蓮峰相傳古有魏眞二眞人於此修煉丹成上昇因號魏眞洞天　翠屏峰在洞宮山石壁峭立草樹蓊鬱若屏障然　東西二寶蓋峰在翠屏峰之南其西有魏眞二眞人宮旁有洞宮禪院院前有飛昇壇香爐峰巨模岩觀音岩羅漢岩獅子岩蓮花石石筍石龜丹室世號十奇

芝

山岩間有石如龍下有會仙菴上二山在政和西里　**大風山**在感化里岩巒秀拔絶類廬山五老峰山有石室相傳古有趙元琦者授控鶴仙人册訣修道於此嘗云不畏大風則大山可登故名其左為觀音岩右為羅漢洞又有寶劍菴菴前有石井靈物居焉歲旱則鄉人往禱之上三山俱縣東南

滿月山在縣西南□□里山峰圓瑩若滿月然上有石壇世傳顔思遠煉丹于此飛昇而去　**飛鳳山**一名正拜山一名皇華山元至元間建寧路管軍總管黄華叛號頭陀軍嘗立營於山之上

蓮花峰在縣東感化里峰巒高峻紫翠重疊下有護國禪師院院西廡外有宋朱良材墓熹之①相也元季邑人張以仁魏伯堅卜築峰下而謝坤孫蘊余應皆從之遊人稱山中五鳳　**蝦蟇峰**在縣西東衢里宋淳熙初人聞其上有仙樂音禱雨多應　**斧蚕嶺**　**虎嘯嶺**上二嶺在縣南東衢里　**黄嶺**　**俞嶺**　**石豹嶺**上三嶺在縣東政和南里　**山表嶺**

校注：①祖

姥嶺 ①逖奴嶺 嶺之名不知何義舊傳詩云憶昔炎劉法網疎季生當離却傭逋至今猶號逖奴嶺蒺蔾人家諱姓朱盖借而用漢季布之事也上三嶺在東平里 常思嶺 在長城里巳上四嶺俱縣西 西門嶺 金竹嶺 秋竹嶺 上三嶺在政和里 鶴都嶺 在感化上里 和尚嶺 在感化下里巳上五嶺俱縣東南 白鶴白狗二巖 與松溪縣湛盧山聯屬相傳歟匱二真人嘗攜鶴與②丈遊此山故名今岩之南有萬松菴北有會龍菴皆在山頂極為清絶 南安巖 在縣西長城里有石室方廣數丈中有馬仙祠 硘坑洞 在縣西長城里洞據岩崖石壁之間其中寬廣可容百餘人邑民遇寇亂多避於此 天柱石 在縣東政和南里方廣數③犬高數七④犬上下大小如一望之若柱焉 七星溪 在縣治前發源銅盤山下經感化東衢長城三里拖邐西流南會浴龍溪西會東平溪自是三溪合為一大溪下接建安東溪 浴龍

校注：①逃　②犬　③④丈

溪發源九蓬山下出考口　東平溪發源獎山出常口受松溪之水至西津會七星溪又有東梅溪源出師姑圳入松溪　山表溪其源有六分為二水西流入甌寧縣界　苦竹溪在縣北源出苦竹嶺自北而南有十里灘　下元溪在縣西南源出籌嶺至蛟龍潭與李洋水合流入雙澗溪　雙澗溪在縣東源出西門嶺自東而西至赤岩寨口①折而東流　和溪源出西表嶺至放生潭橋②折而東流　渟溪源出峽頭東流已上五溪俱東流入寧德縣界　放生池在水南考口溪側其上有亭　定漏泉在縣治東南下藥山下一穴湧出冬温夏冽色清而味甘陰陽家取以定銅壺刻數毫厘不爽

壽寧縣　鎮武山在縣治北　翠屏山在縣治南　叢珠山在縣治東　天馬山在縣治西　板仙山禱雨多應　香爐山　高山　小託山　大

校注：①②折

蜀山（上五山在縣坊隅） 官臺山 漸山 孤長山（上三山在福安里） 牧童山 紫翠巖山 白巖仙山 基德八仙山 仙人跡山 佛漈山 古鼎山 百里林山 東山 立茂山（上十山在政和里） 紙被嶺 溪頭嶺 彈子嶺 章坑嶺 楊梅嶺 黄客嶺 清源青竹嶺 車嶺 九嶺 東門嶺（上十嶺在縣坊隅） 石虎嶺 新峰嶺 花嶺 大同嶺（上四嶺在福安里） 西表嶺 俞嶺 虎穽嶺 芹洋嶺 尤溪嶺 小東古鼎嶺 官田嶺 立茂嶺 黄竒嶺（上九嶺在政和里）

蟾溪（在縣治南，發源大蜀山下，經縣東流至福安縣以入于海）

茗溪原出高山比流入蟾溪

源底溪源出青竹嶺下北流會漈頭入蟾溪

南溪在縣南源出紫翠岩迤邐①流至福安縣入于海

平溪在縣比源出西表嶺東流

尨溪在縣東源出虎穽嶺東流

丹溪在縣東源出岸洋嶺東流

九嶺溪在縣三圖源出大所東流上四溪俱入南溪

鐵梗溪在縣東源出東山下會楊梅洲溪經東溪頭雙港至福安縣入于海

上地溪在縣比源出百里林山下入楊梅洲溪

漁溪在縣東源出立茂山下南流遶花嶺至福安縣入海

犀溪在縣東南源出佛漈山東流入官田塲龍灘溪至福安縣入于海

龍潭溪與犀溪同源

禾溪在縣西源出牧童坂山下至溪口經福寧州入于海

八閩通誌卷之六

校注：①邐

八閩通志卷之七

地理

山川

泉州府

晉江縣 **泉山**一名比山一名齊雲山在棠陰里三十九都周環四十里為郡之主山顏師古注漢書朱買臣所謂越王所保之泉山是也宋錢熙詩巉巀雌壢郡城陰秀出天涯幾萬尋翠影倒時吞半郭嵐光凝處滴疎林　龜岩在泉山之半巨石如龜中空可居唐林藻林蘊歐陽詹皆嘗讀書於此有石硯見存又有崇秀①焉　醉月石　獅子岩在龜岩之畔有石嶢然如獅子狀　清源洞在泉山有上下二洞②工洞名純陽在山巔乃東甌王避漢兵處後有石室宋裴道人仙蛻之所據蛻骨岩下洞名紫澤去上

校注：①塢　②上

洞半里許有蔡如金真人祠及丹竈上有百丈石山陰有梵刹四區峻峰疊巘竇目登眺如在天上郡人多遊焉杖藜泉在清源洞側若坎井然相傳蔡如王手握藜杖拄地而泉出故名清源泉在清源上下二洞間深不過五六尺甘潔無比山以泉名蓋本於此云

雙陽山在愛育里四十一都狀如雙髻名大陽小陽在南安為朋山在永春為雙髻山蓋三縣接界山也

白虹山在常建里四十七都自仙遊縣九座山迤邐至郡境十餘里上三山俱在府城北

寶蓋山在永寧里二十都上有石塔甚宏壯適舶自海還者指為抵岸之期

石城山在沙塘里三十一都山勢透迤連續如城

龍首山在常泰里三十三都蜿蜒盤礴有龍翔之勢俗又呼為龍頭嶺相傳歐陽詹別墅在焉

吴明山在仁孝里五都又名吴山蜿蜒數十里連跨數都郡治前山也舊傳吴氏昆季隱其上後著靈跡鄉人立廟於其麓曰吴明宮山之巔有靈源泉出石①□大旱不竭

横山在仁和里十二都山

勢長數里許橫於邵治之南故名羅裳山在永福里二十八都山之東有五髻峰前有石高尋犬①相傳嘗有異人畫馬於石每天陰鄉人見馬馳驟復入于石舊迹尚存只有龍湫六井其井各相去半里許有在高原者有在平田者泉脉貫通汲一井而五井皆動若歲旱井鳴有聲不三日即大雨往往有龍出没井旁樹木時有龍爪痕上六山俱府城南萬歲山宋陳洪進為節度時築壇山上以祭嵩呼因名回龍山山勢遇海而止有回顧州治之狀因名上二山在鸞歌里三十七都楞伽山在棠陰里三十九都上三山俱府城東鼓雷山在府城西興賢里三十四都上有雩壇或云石鳴如鼓故名皇績山按偽閩王審邽墓碑云皇者天皇績者勳績或云皇當作黃山多黃石堆積故名碑所言盖誇辭也梁相山宋梁克家墓在其麓故名上二山在鸞歌里三十七都大旗山在棠陰里三十九都其峰高聳如旗故名山面為龜岩下有石鏡上三山俱府城東北

校注：①丈

豐山在仙溪里四十五六都每水旱鄉人禱於是山即有豐年之應故名**花山**在常建里四十七都上二山俱府城西北**益輔山**繚繞永寧衛治之後**仙人山**其山巨石盤繞上有仙人跡**象山**形如伏象上三山在永寧里二十都永寧衛城内**金釵山**在永寧里二十二都兩峰延袤數百丈若釵股然其凹處有塔號六勝旁有魁星堂宋梁克家讀書之處也上有石御岩**石頭山**在臨江里三十六都與赤城山相連有三石傑出故名下有石頭市南瞰江亭昔郡守望祭海神於此上五山俱府城東南**龜山**在興賢里三十四都三峰高聳其狀類龜今為山川壇**紫帽山**在常泰里三十三都為峰凡十有二常有紫雲覆其巔　甘泉在山中味甚甘按方輿勝覽山椒有泉眼相傳有龍蟠其間故名龍池疑即此泉也金粟洞在山之陰其東有凌霄塔西有石鼓冊爐試劍棋局仙掌諸峰相傳唐元德真人鄭文叔居之時泉人有客洛陽者邂逅一羽衣寄書與文叔既歸

授書遺以粟米半升還家視之金粟也宋寧宗御書金粟之洞四字刻于石上二山俱在府城西南

雲蓋峰在府城北常建里四十七都花山院後宋林外詩一峰特立出塵寰自昔相傳雲蓋山不是雲來蓋山頂却緣峰峭入雲間

靈秀峰在府城南紘歌里十九都挺拔千仞烟雲出沒林木蒼蒨為一郡之勝上有小岩其石潮上則潤潮退則燥

聸跡嶺在府城東鸞歌里三十七都一名斟酙嶺舊傳五代時留從效嘗於此斟酙軍事

觀音巖相傳宋元祐間鄉人嘗夜見岩上有光因鑿之得白衣觀音像故名

瑞像巖相傳宋元祐中有林道者誅茅是山夜夢神人使鐫佛像於石時鐫者魏周夢亦如之遂鐫其像其石面平如砥而屹立參天亦名天柱峰又一峰對峙危石排列其上名羅漢峰陳讜題北山勝槩四字一線泉在岩之下其出如線故名上二岩俱府城北鸞歌里三十七都

陳君巖在府城南聚仁里二十五都邑人陳珏嘗廬墓於此鄉黨孝之因以名山也

四

恩巖相傳五代時僧守息安禪於此有虎狼馴伏之異

梅巖石高數丈中可容人坐前有古梅因名雲根漱玉泉在梅巖之下有双石對峙泉出其旁上二岩在府城東北崇陰里三十九都也

龍角石在府城西南常泰里三十三都傍有龍爪跡

岱嶼在府城南永寧里二十二都突起海中介于石湖北鎮兩山之間自州東海行二日至高華嶼又二日至①龜鼊又一日至琉球國

烏嶼在鷺歌里三十八都四面潮水環繞居民輻輳舊有石路潮至則沒行者病之宋實祐中始作橋以通往來

彭湖嶼出海門舟行三日始至屹立巨浸之中環島三十六居民苦茅為舍皆業开②魚施肩吾詩腥臊海邉多鬼市島夷居處無鄉里黑皮年少學採珠手把生犀照鹹水國朝洪武間徙其民于近郭其地遂墟上二嶼俱府城東

洋嶼在府城西南常泰里三十三都突起平田之間

晉江在府城南登瀛里三十五都其水入于海晉南渡衣冠士族避地者多沿江以居故名

洛陽

校注：①亀　②渔

江在府城東北鸞歌里三十八都源出惠安縣界至縣境入于海唐宣宗嘗微行覽山水勝槩有類吳洛陽之語因名

龍湖在府城南相傳湖與海通中為潟沙所隔遂別為湖嘗有龍出沒其中故名

綠潭在棠陰里三十九都有綠潭瀑布四字鐫于石

龍潭一在善政里四十二三四都有岩曰龍興禱雨多應一在常建里四十七都相傳禱雨者投簡於潭逆流不沉一在四十四都潭前有凌雲閣

白虹漈龍潭在常建里四十七都舊傳龍自此飛起歲旱禱之或有霧氣升潭中如虹三日必雨上五潭俱府城北

芙蓉池在府治南府學東偏地連光孝寺舊見侵於人今復之內產芙蓉

放生池在肅清門外唐天寶六年鑿

鎮西池在義成門內俗名七①丈潭池闊數畝深七②丈中有小山阜圓如星水環繞四面歲旱不竭舊與木塔對峙世傳城西居民富庶以此為鎮星上二池俱府③治西

蔡公泉在常泰里三十三都曾公濟記宋皇祐中蔡襄知泉州與僚屬登山求水

校注：①②丈　③治

有泉自石罅出後人作亭其上因名

樟木泉在永福里二十七都舊傳五代周顯①中歲旱禱于廟一夕雷震古樟木有泉自木中出因而成井汲之不竭上二泉俱府城南

清玉泉井在織染局內其水用以染練勝於他井

玉泉井②在師帥坊內味其清美

聖泉井在崇陽門外相傳舊泉脈釁竭唐湧泉尊者以杖扣之自是雖極旱不竭因名

湧泉井在集賢坊內味甘

煉丹井在玄妙觀內或云昔通③元先生吳崇岳煉丹之井上五井俱府治南

大井在備署內相傳留從效所鑿又名留公井

會通井在會通坊內泉冽

義泉井在義泉坊內其水清冽

趙公井在奉聖坊內宋郡守趙令衿鑿

城中三井宋淳祐間鑿泉甘冽

狀元井在晉安驛內宋為貢院故井以狀元名今石蓋刻狀元二字尚存上六井俱府治西

旃檀林井在府治東南承天寺旃檀林之南泉甚甘寒土人以煉糖霜

石眠井在十六都西壁山之

校注：①德　②其味　③玄

麓①瀕海石堆中天然如龔潮長則浚潮退即味甘②瓊異他井

鼓雷山龍井 在十九都宋慶曆間有龍蟠繞于井因名上二井在府城南弦歌里

涅槃井 在崇陰里三十九都唐僧黃涅槃以卯位忌風鑿此井以鎮之

真濬泉井 在護安院前水清而甘上二井俱府城東邊

衛井 在永寧衛儀門內之左其泉清洌釀酒煮茗尤佳

龍坡井 在永寧衛育賢坊其泉甘洌冬夏汲之不涸

巽水 按建安志云葉廷珪知泉州嘗通巽水云後十年當出大魁後梁克家果魁天下

南安縣

葵山 在三都山有疊石如葵號疊經石

鵬山 在四都謂其形如鵬之張翼故名

四瑞山 在五都其上多產芝蘭梅竹人以四瑞名之亦名瑞峰山

明心山 在六七都其山高大明秀

卓雲山 山勢極高雲霧騰滃竟日不散

樂山 上有福祐真君祠鄉人歲以鼓樂賽禱故名上二山在八都

胡洋山 在九都山下皆胡氏田塘故名

高蓋山 在十一都

校注：①瀕 ②瓊

山頂方平如盖唐歐陽詹①毋塋其下詹拜墓有詩云高盖山前日影微黄昏歸鳥傍林飛墳前滴酒空垂淚不見丁寧道早歸後人因詹詩又呼此山為詩山○按韓愈歐陽生哀辭詹沒時其父母俱在而郡志載詹哀毋詩殊不合竊詳愈與詹為友而哀辭作於詹初沒時其言必可信無疑也哀毋之詩豈好事者假托而為之歟

郭山在十二都上有威鎮廟其神郭姓故名

天竺山在十四都

洪巖山在十五都岩石嵯峨而大

城山在十六都山勢環抱如城

臥龍山狀如龍之偃伏

香爐山以形似名上二山在十七都

龍源山在十九都下有泉自石而出已上十五山俱縣北

半月山在三十五都其形如半月下有巨石湧泉尊者嘗禱雨其上

晏然山山勢巍然時有雲霧擁其上

三綸山三峰並立奇秀可觀

留旆山双麓如旆之帶

麗碧山峰巒秀麗而其山之石多潔白可愛上四山在三十七都

桂山舊多產桂故名山畔古有鄭氏

校注：①母

居之又名鄭山雄山山甚高邑諸山皆出其下一名大雄山上二山在三十八都大豐山山勢豐隆下瞰大溪又名太湖山留相山舊傳嘗有楊肅者遇仙對奕於此山鷄暮山上三山在三十九都覆鼎山在四十都山四圍平坦如鼎之覆楊山在四十三都昔楊肅嘗遊此山因名又名楊子峰華表山在四十四都雙峰夾拱如華表狀山之麓舊嘗産芝亦名靈瑞山黃漸山界於同安南安二縣間山土脉枯①瘠草木不甚榮茂其麓多産黃菊又名黃菊山象隱山山勢如象之隱伏因名上二山在四十五都已上十五山俱縣南武榮山唐嘗改縣為武榮州疑因此山得名吳亭山上有吳氏墓亭因名其下為縣學佛跡山唐光啓中忽夜有光現山上刺史王潮令蹤跡之得石上有巨人跡長二尺四寸廣半之今見存山之旁又有靈秀山屹然特立秀麗可愛其後又有靈秀岩中有石室祀賓頭盧尊者歲旱禱雨多應龍山

校注：①瘠

其勢如龍伏而復起者凡九又名九躍山○按同安縣亦有龍躍山其所記形勢與此相似蓋二縣接界山也

獅子山狀如獅子上五山俱在縣東三都

九日山連跨晉江縣界重九日邑人多登高於此　無等岩高丈許鐫泉南佛國四大字唐僧無等建庵其側趺坐四十年庵今廢　石佛岩在高土①峰之巔陳洪進鐫佛像於大石上建庵以覆之　翻經石梁普通中僧拘那羅陀嘗翻譯金剛經於其上　一眺石在蓮花峰之巔高廣皆丈餘登其上則四方萬境畢在目中故名　小清涼石方廣丈餘古木數株掩映其上登者必先憩於此　石竈石盌石磴石硯四石皆在秦君亭側相傳唐隱士秦系遺物也　自然礫石圓如彈丸周圍丈餘出於天成　碧玉峽二石相並如玉之立　放生池在寺前上有翠光亭　惠泉宋郡從事袁闓一重濬之陳知柔爲銘　白雲井泉味甘冽相傳唐進士②傳荀嘗旦汲井見雲覆水湧有龍躍其中又名釣龍井已上皆九日山延福寺三十六奇中景也　姜相峰在九日山之

校注：①士　②傳

東唐丞相姜公輔貶爲州別駕卒葬于此因名高士①峰在九日山之西唐秦系隱于此上有石篆刻曰高士峰元張光道詩淡淡梨花寂寞春一聲啼鳥隔花聞高峰影射金鷄月渤海晴横碧嶠雲 蓮花峰在九日山之北上開八石若蓮花然宋朱文公詩八石天開勢絕攀算來未似此心頑已吞繚白縈青外依舊箇中雲夢寬

金鷄山俗傳嘗有金鷄栖其上山下有渡上二山在一都

西山在三都與佛跡靈秀諸山相連屬去府城僅十有五里以其在府城之西故曰西山有佛刹十六區爲郡郊勝槩

齊雲山在二十都高與雲齊故名

雙溪山在二十二都下有雙溪夾流

鳳凰山以形佀名

武城山山勢矗立環抱其狀如城一名京峯上二山在二十三都

御看山在二十四都其山高下環拱林木蒼翠可愛

大宇山在二十六都下有大禹鋪今改禹爲宇

九仰山在二十七都衆山九面環仰故名下有石泉院邑人多於此祈保祐其父母又名報恩山

校注：①士

大羅山山高而險下有小溪西南與同安縣接界又名靈水山

象運山以形似名按同安縣亦有此山蓋二縣接界山也上二山在二十八都

囷山山勢峭拔秀銳其狀如囷每風雨雷聲多出其下①昔留從效刺郡時航海者率以此山為標準歲大旱禱於山下雨隨至其壇尚存此

榮第山附山居民子弟多業儒故名

蟹坑山山下有坑產魚蟹因名上三山在二十九都

小郡山山舊多人烟四民輻輳如郡邑然故名

蔡嶺山山之西與安溪縣接界昔有蔡翁者廬于此常以湯茗給行人人德之因其姓名山

鵝眼山其麓有阜如累石而成者宋慶元初道人陳大受劉其下為洞名曰開化

大帽山延袤十餘里山頂巨石九疊亦有如帽者故名○按同安縣東大帽山所記形勢與此大同小異盖亦二縣接界山也

梅花山山多產梅上五山在三十都

平洋山山下田疇寬②衎俗呼平洋因以名山

四馬山勢若馬之奔驟故名上二山在

校注：①昔　②衍

三十一都

雲臺山 五代時刺史王延彬措別館於此延彬嘗為雲臺侍中故名山形如二象出林又名雙象峯

堆美山 上有數石堆疊秀麗可觀

羅水山 下有羅水渡

福泉山 中有流泉又名龍泉山上四山在三十二都

烏石山 與晉江紫帽山對峙有石光黑如漆因以為名其絕頂有三石列峙號三公石山下有石高三丈餘中有石室像觀音於其內號觀音石又有一石如香爐高二丈餘號香爐石山之東有龍水巖相傳有龍潛其下巖有三峯多石穴為虎豹所宅旁有石室可容二百餘人其西有九州巖

寶蓋山 山形如張蓋然上二山在三十三都

鳳栖山 在三十四都上有石柱端方峭拔百里之外四望皆見天欲雨其石輙水出如泉

栢峯山 在三十七都山多產栢樹又名雲秀山已上三十山俱縣西

朋山 兩山並立如朋字故名餘見晉江縣雙陽山下

九峯山 其山九峯突起上二山在縣東北三都

高田山 山最高其頂有田數

十畝**梁山**昔有梁姓者種松於其上陰森可愛因以為名上二山在十三都**白龜山**在十六都上有怪石如龜其色白一名白蒙山又呼白巖山**文筆山**在十八都尖秀如筆故名上四山俱縣西北**瓊山**在二十一都中有龍潭禱雨多應又名龍潭山**三公山**舊傳江楊林三姓卜築于此**謝墓山**有謝氏墓因名上二山在三十四都**谷口山**在三十五都衆山森列其中盤邃如谷**壺公山**在三十六都形如倒壺又名太平山上五山俱縣西南**金石峰**在二十都山上疊石有赤痕類丹書又有石刻金石峰三字**石鼓峰**在三十一都山之陰有石狀如鼓舊傳有鸛窠其上鄉人以其鳴卜水旱故又名鸛石峰上二峰俱縣西**高鎮峰**在縣西北二十六都一名鷄髻山蔡真人祖父夔嘗居其下又有翠峰巖大成洞昔詹道者嘗居洞中俗號詹道岩東有小穴宋僧法盛居之呂夏卿嘗與之遊題其壁曰晏默法盛道行高潔出入或騎虎今見祀岩

中

天柱巖在縣北十都天柱峯之上極高峻有石佛長丈餘雲烟常覆於其上

棲眞岩在二十二都大安山下有大石穴可容數百人泉一脉自石竇中出歲旱不竭

龍鬚岩在二十八都翔雲山下石罅有泉

池溪巖在翔雲山之西南宋蔡襄嘗遊此山山背有石若碑狀長二丈①餘面平如削下有石趺渾然天成

北陽巖在三十都巨石嵌空横廣而深舊名鬼岩有徐道人者為農家飼牛夜棲其中鄉人始未信之授之皷約以聲聞為證已而果然乃披荆棘攀石磴縱至其地架屋宇以居更其名曰陽岩

陽調巖在三十四都松崎山山有坦平地可三百餘丈氣常温和其上有岩鄉人禱雨多應上五巖俱縣西

虎廳巖在縣西北十九都楊梅山下巖中有石如虎形

五峯巖在三十五都上有石室色如銀俗號一片瓦其中可容三百餘人唐僧道岑居之宋祥符間嘗建石塔其上世傳山多靈恠非有道行者不能久居其後又有獅子岩大石突起狀如獅子石下有

校注：①丈

穴可容數人

白雲巖 上有盤石中虗如屋時有白雲棲其上下又有小身端跡岩石室天成下有三小石揞之上一石長二丈餘室中一石長丈餘各鐫佛像於其上長畧與石稱上四岩在縣西南三十五里

烏石 在縣北二里許其石高大突出平地群烏常集其上因名

秀才堤 在縣西唐黃皡有文聲郡守烏仲儒以女妻之為築沙堤十里直抵其廬號秀才堤

黃龍溪 在縣南半里許源出永春安溪二縣界合而為一自是漸大南流經金溪橋入晉江縣界宋王十朋詩清源太守鬢鬔鬆未遂歸農又勸農農事正興天不雨誰能喚起老黃龍

金溪 在縣西一都古諺①云金溪通人行狀元方始生宋建炎初縣令江愼置小橋是年梁克家生即今金溪橋

壽溪 在縣南四十都源出覆釜山縈紆二十餘里溉田三十餘畝昔有王氏居其旁人多壽考故名

九溪 在縣西南三十七都源出柏峰山逶迤而東分為九派匯龍潭經通濟橋大盈橋達安海鎮過安平橋上三溪俱入于海○一本又

校注：①諺

有桃林溪在縣西二十里考之舊志不載此溪詢諸邑人亦未之識姑記于此以俟知者

洋平龍潭在縣北四都平洋中其水深黑俗呼龍潭

赤井龍潭在縣南三十八都山邊赤石罅間其深如井禱雨多應

石硿龍潭在二十一都山下溪傍深不可測山頂又有小潭時或龍見

吳潭在十三都兩山夾峙流注石壁間其泉湛深里人目為海眼時有龍見

烏石山龍潭在三十三都有水一泓出石罅間雖旱不竭相傳有龍潛於其下

翁潭在三十四都相傳宋元符間有兩蛟從空飛下至潭化為龍故名

留獅山下龍潭在三十五都其深無底疑有龍潛其中上五潭俱在縣西

溪潭在縣西北七都上中下三①函如貫三泓如甕水各入泓中其聲如鍾又名弓潭

囷山龍屈在縣西二十九都其中泉冷如冰或云有龍居焉

龍泉在五基龍泉庵石竇深二尺餘泉出其中汲之不竭

溫泉在城山前凡四池三熱而一溫上二泉俱縣北

校注：①函

湶在黃漸山出石罅閒禱雨多應腰又有石竇其水盈縮與潮相應

清水泉在揚山之頂泉自石罅中出禱雨多應上二泉俱縣南

聖泉在御看山之巔水自高石凹處出能療眼疾上有聖泉庵

菩提泉在延福寺後山泉出大盤石中其源莫測湍流奔激有聲上二泉俱縣西

周井在三清宮之側深不及數尺雖亢旱不竭相傳周氏所鑿

仙人石井在高盖山下大盤石中相傳漁人嘗以石引線數兩試之其深無極

仙人井在仙人漈側石竇天成深不可測

小石井歲旱鄉人禱雨有小蛇見水面則雨立至

崑崙井在道傍雖旱其泉常溢上二井在十五都

隔頭井在縣南四十三都深不及二尺取之不竭其地臨海隨潮消長而味獨淡

六龍井在縣東甘棠亭側井甃六角舊有巨榕蟠井上其根下垂如龍狀故名

夜光井在三十一都宋紹興間有夜汲者見井中有光如半月狀援以汲器光彩煥發因名

龍井在報岩院內天將旱

則水溢將雨則水涸上二井俱縣西。**聖井**在縣西北二十六都相傳蔡如玉所鑿

同安縣

大輪山在長興里三四都群峰環列如異人奇鬼或乘車張蓋或露冕峩冠或如帶甲或如躍馬或如奔輪。**九躍山**在同禾里五都自大輪分脈而來九起九伏如龍之躍餘見南安縣山川志。**三秀山**在長興里三都三峰秀拔邑之北鎮也又名仙人亭山上有石榻禪床及仙人跡。**斗拱山**其勢上摩星斗故名上有石岩西有高齋山重崗疊翠山之澗出九節菖蒲。**應城山**舊有寺鍾聲與閩王城鍾相應故名上二山在感化里七八都已上五山俱縣北。**崑山**上有石如盤盤有巨人跡祈雨多應。**金鞍山**形若馬鞍上有泉自石罅出雖大旱不竭上二山在從順里一二都。**寶傘山**在感化里七八都形若傘蓋又名寶蓋山上三山俱縣南。**臥龍山**以形似名。**孤卿山**宋少卿林棐居其下故名。**東大帽山**其形端圓廣袤十餘里上

有巨石如堦九級上三山在同禾里六都

黃漸山大明一統志作峰在民安里十一都卓然秀出冠於群山

象運山在長興里三都旱歲此山若帶雲氣必先得雨上三山各詳見南安縣山川志

三魁山在民安里十二都三峰奇秀可愛故名上六山俱縣東

夕陽山在安仁里十五都以其常帶落日故名山之上有遺跡岩相傳唐宣宗微時以武宗惎之遁跡為僧於此嘗與黃蘗同觀瀑布黃蘗云穿雲越壑不辭勞到底方知出處高宣宗續之曰溪澗豈能留得住終歸大海作波濤云

天柱山危峰屹立若擎天之柱因名

西大帽山以形似名上二山在從順里二都巳上三山俱縣西

北辰山在縣東北長興里三都高拱北辰故名

蓮花山在歸德里九十都峰巒秀聳狀若蓮花又名金冠山

三重山在安仁里十五都複嶺重崗高聳千仞

萬石山在西安里十六都其山衆石錯綜

大鳳山形如鳳之展翼

龜洋山其狀如龜

吳

淮山隔聳霄漢上三山在感化里七八都

洪巖山頂有石岩極高大相傳邑士洪姓者嘗隱于此

太尖山界安溪縣上二山在歸德里九十都已上八山俱在縣西北

文圃山在縣西南積善里十九都上有花圃唐文士謝脩與其弟脩嘗讀書于此

烈嶼在縣北積善里二十都居民有魚鹽之利

丙洲嶼在仁德里十一都居民二千餘家以其地當縣之丙方故名

嘉禾嶼在嘉禾里二十二都延袤五十餘里居民二千餘家上有塲老山唐文士陳黯累科不第遂隱居讀書于此故名

古浪嶼在嘉禾里二十四都居民二千餘家洪武間嘗徙其居民成化六年仍復其舊上三嶼俱縣南

白嶼在仁德里十三都

大嶝小嶝二嶼在積善里二十都

浯洲嶼十七都至二十都之民皆處其上凡二千餘家多產魚鹽上有海印岩一名太武山岩有十二奇曰太武岩曰玉几峯曰蘸月池曰眠雲石曰偃盖松曰跨鰲石曰石門關曰古石室曰蟹眼泉曰

倒影塔曰千丈壁曰一覽亭士大夫多題詠有曰要知海印分明處一點青山下大江**夾嶼**在浯洲小登二嶼之間**小登嶼**在翔風里十六都宋丘葵居其上**大登嶼**在翔風里十五都上二嶼洪武間嘗徙其居民成化六年仍復其舊**浯洲嶼**在翔風里居民千餘家已上八嶼俱縣東南

東溪在朝天門外源出長興里三四都羅山流過大師橋與西溪會**蓮溪**源出黃嶄山自蕭村外經蔡塘村一源出大帽山與蔡塘溪水會流至董水村過通濟橋上二溪俱縣東**西溪**在縣西厚德門外源出安溪縣界流與東溪會至丙洲**曾溪**在縣東北源出同禾里六都曾溪嶺下流入第一溪與東溪合**苧溪**源出蓮花山流過苧溪橋與小同溪會**沙溪**源出長泰縣界流至安仁里林埭村上二溪俱縣西北已上六溪俱入于海

石馬潭　**滐坑潭**上二潭在縣西歸化里**北山龍潭**　**鷹濟岩龍潭**上二潭在縣東北長興里**侯**

山龍潭在縣東南同禾里

龍湫潭在縣西南嘉禾里

興福巖泉一人汲則足供一人百人汲則足供百人

西源溫泉在平田中上二泉在感化里六七八都

聖泉在長興里一二三都白雲山上宋紹興中鄉人因山為巖忽一童子披緇衣蓬首危坐石上有泉湧出所坐石下尤清甘可飲上三泉俱在縣北

董塘溫泉在長興里一二三都溪水中

洪前鹽泉在仁德里卄三都東山浮洋中海潮所不到但風日晴明輒有小鹽自沙土中出鄉人取而淋之可煎成鹽上二泉俱縣東

湯兜溫泉在縣西積善里十八都

小崎溫泉在民安里十一都泉有二所俱湧出石孔中石池天成不假修砌

瑞泉在翔風里十六都海岸有石如臼宋隆興中泉始湧出適有久病者飲之即愈邑士陳彥先因屋而覆之名曰瑞泉上二泉俱縣東南

含光井在縣北梵天寺內相傳嘗有紅光現其上故名

南門井在銅魚門內

城邊

井在登龍坊內上二井俱縣南

東井在東市

前街井在名鄉坊內

臨溪石井較他水最重俗傳能愈瘴癘

嶺下井在嶺下上四井俱縣東

西井在西市

市曹井在挂林坊內

蛟井在積善里道傍有穴橫穿極深

豪山龍井在仁德里豪山之巔每天將雨輒聞龍擊水聲如鍾磬有五色蟹出焉宋朱熹真德秀禱雨於此其應如響上四井俱縣西

仙人井在小登嶼有三石如品字泉湧其中潮來則沒潮退則清甘如舊

虹井在縣西南嘉禾里小山上有石盤自然成穴相傳並嘗飲之

德化縣

龍潯山在坊隅突起數仞狀如龍蟠縣之主山也

繡屏山在新化里層崖峭壁若巨屏然上有仙人跡

九坐山在□□里重巒疊障中有石龕廣闊數丈唐正覺禪師由九仙山來宴坐其間上三山俱縣北

瓊山一名困山為縣之前山也上有石堂石龕焉

雙魚

山自變山發脉兩峰並聳如雙魚然

鳳翥山秀水諸峰如鳳之翥一名鷄山上三山在縣南永豐里

靈山奇峰峭壁常興雲氣歲旱禱雨輒應

石牛山上有石如牛上二山在縣東青泰里

五華山在永豐里舊名根山五峰並峙狀如蓮花上有五峰寺唐咸通間無晦禪師鑿石為室與虎同居室前有虎蹲之跡故又號虎蹲巖

太湖山四面崔嵬其頂平廣數丈上有池闊丈許影涵太空

金鷄山以形似名上二山在小尤中團已上三山俱縣西

九仙山在東西團大明一統志云九峰聳起如筆郡志云昔有隱士九人經此後皆仙去山勢高廣甲於諸峰上有仙洞龍池石井石碁盤仙人跡及有丹爐丹竈之類

筆架山

石鼓山上有石如鼓上二山在湯泉上團

鍾山其山四面皆石壁形如覆鍾相傳有僧道微者趺逝于此因即其身塑像伺①之

蓮花山攢峰峻拔如並蔕之蓮故名上二山在楊梅上團

戴雲山在新化里山頂峭拔

校注：①祠

雄跨十里許其上常有雲氣已上六山俱縣西北

南臺山一名基臺閣山其勢高聳上平如掌下有巨石如盤石上有仙人跡

徽陽山山之上有岩曰像山昔有僧劉姓者化于此因像而祠之凡雨暘疾病禱之多應上二山在縣西南黃認團

湯嶺在下湧團湯頭村有溫泉出焉

姑栖嶺在楊梅上團與鍾山對峙上二嶺俱縣西北

伏虎巖在縣東清泰里狀如伏虎

大尖巖在□□里昔有崔法興者結庵居此戒行精勤後化去鄉人祠之凡有禱輒應

龍湖巖在小尤上團昔有僧林自起者居此後化去祈禱多應上二巖縣西

靈馨岩在縣東北□□里相傳昔有樵人於此採杉穫異香故名

獅子巖在湯泉上團昔有黃頭陀者化于此鄉人祠之頗有靈應

金雞巖在新化里上二岩俱縣西北

金液洞在純陽雪山中深廿丈許洪武初有吳絵二道士羽化于此洞前有真武祠

紫雲洞洪武初吳隱山學道于此每旭日初升輒有紫雲騰

其上石上有仙人跡長二尺許上二洞在縣西南坊隅

丁溪在縣南俗云水①畫丁羅替纓宋時一夕雷雨決流一縱一橫宛然丁字程揚休果登高第林應龍詩水從鰲頂分丁派人向蟾宮占甲②科又邑人傳須一聯云水向丁溪分地脈人從甲第破天荒大意與此相似而句差勝因並志之

丘店溪在縣西北新化里源出戴溪□巽寺流至涂坂頭併入本縣大溪

大雲溪在縣東南坊隅源出雙髻山至此進暹達于平濟下倉與縣下溪合流

下坪溪在縣西南小尤中團源發小三峰寺流至尤溪縣美口併入大溪

佐溪龍潭在縣東清泰里

石山龍潭在縣西北新化里

永春縣

高鎮山在十九二十都高出群峰為一邑之鎮

三貫山在十八九都三峰秀拔若貫雲表

羊嶺山地名黃羊故嶺以羊名

武極山形如步武

火焰山

校注：①畫　②科

數峰聳立形如火焰上三山在十八九二十都**雙髻山**自龜龍洋迤邐而來巨石排立形如列焰聳結二峰若雙髻然上有水一泓名仙人池餘見晉江縣雙陽山下**浮空山**一峰突聳若浮空然上二山在二十都**向龍山**起伏屈曲若龍蛇之拱向**懸鍾山**界德化縣峭峻如懸鍾人有聲則谷應**御蘭山**其山產蘭或一莖三十花異於常植故名上三山在二十一二都**大鵬山**突起萬狀形如鳥翼**康山**頓伏而起爲縣之障衛**高田山**其山夷平泉水四時流注昔有高姓者田於其上故名上三山在二十四五都已上一十三山俱縣北**朝拜山**縣治前山也峰巒蒼翠若人之朝拜然又名應龍山**馬嶺山**勢若馬之奔馳下有龍潭潮**塔口山**界南安縣舊名大姑山**筆架山**三峰並立形如筆架上四山在十三都**靈山**在十一二都山外一峰崖谷響應人謂神靈故名已上五山俱縣南**白馬山**勢若奔趨過湯洋訾

立一峰爲留灣南唐留從效故居也

留安山 留從效嘗居此因名

水口山 縣治水口山也

龍卧山 山勢迴環若龍之卧

石谷山 疊石崢嶸而中盤迴幽邃故名

穀平山 山勢平夷上有田數畝豐衍宜穀故名上六山在十四都

樂山 周迴數十里時有音樂之聲

崑崙山 山勢峻拔盤礴數里人以擬於崑崙仙山焉上二山在十五都

萬歲山 在十五六都太平寺後上有一石刻萬歲山三大字磨之不動

蓬萊山 山勢迴環秀麗與錦繡山對峙有金龜橋橫截于外人以擬於蓬萊仙境焉

馬德山 舊傳有馬仙者嘗採藥于此上二山在十八九都

齊雲山 在十九都峭拔高聳時與雲接

翰文山 東接僊遊縣亘數十里崗巒迴伏如禽鳥飛舞之狀故名

穀山 界南安縣下有腴田數畝宜穀因名

玉柱山 一峰突起狀如玉柱

石鼓山 其山有聲如鼓鳴則天降霖雨上四山在十八九二十都已上十六山俱縣東

貫湖山 與德

化縣貴湖相鄰文章山宋陳光讀書于此後登進士第有文章因以名山上二山在一都白巖山在二三都山勢峻拔下有白石巖雪山在四都界德化縣嶺極險峻窮冬積雪連月不消陳巖山在六七都中峰尖聳東西二峰亢立名曰二臺東臺之半有碁局文又有瀑布泉飛落數百丈昔有蕭姓者開路於左通龍巖尤溪憑虛架石下瞰深澗過者股栗達理山在八都與馬德山相接峰巒蒼翠障於縣學之西又號筆架山下有達理仙祠碧溪山在十都下有清溪澄碧與山相映大羽山在十九二十都重岡疊障若鳥張翼下趨平夷處始為縣治蓋縣之主山也東平山邑諸山皆險峻惟此獨夷平故名洪步山與陳巖山相接高聳凌空巍然獨秀若步武狀周山在達理山之東北形勢雄狀①綿亘三十餘里上三山在九十都已上十一山俱縣西吳田山山頂平處有田十餘畝昔有吳姓者耕隱于此因名石獅山上有石如伏獅

校注：①壯

之狀上二山在十五六都

錦繡山在十八九二十都舊名鬼岫山宋侍郎莊夏築墓山麓光宗更今名

高嶺山在二十都山頂平夷起於衆山之上巳上四山俱縣東北

文筆山在九十都縣學之西三峰峙立圓尖如筆

大湖山在二三都峭拔摩空蒼翠可愛

陳田山在二十一二都昔有陳姓者耕於山麓因名上三山俱縣西北

長安山在縣東南十三都今名小姑

瑞雲巖石屋天成其形如船

大池巖山勢盤曲凡九十九峰前向大池上二巖在縣西二三都

泰山巖在縣東南十三都宋顯應普濟大師祖居之地淳祐間無為道人闢為巖室

魁星巖在縣西南十一都與縣學相對宋乾道中僧覺圓庵于此次年登進士第者二人因名

桃溪

在縣西四五都其源自縣西北南流與山踝水合過漈溪橋又有一水由登瀛橋來會名肥潮溪又過達口村有橋名芳桂其下為卓埔溪復有白象坑達理山龍堀馬氏山石碑山凡五水來會溪流始大自是

而往又有苦竹蝎滐頭徐流三水來會至縣東知政橋流入南安縣水江村歷雙溪口以達于泉州大海

龍潭在縣東十四都旁有雩壇 三清潭在縣西一都澄澈深數丈 龍窟潭在縣西南二都潭形如龍不時雲騰水湧已上三潭歲旱禱雨輒應 鍾山灘灘勢險阻浪湧衝突日夜水聲如雷即桃源咽喉之處 山門灘亦名石門灘上二灘俱縣東十五都 湯泉一在縣東十四都龍洋橋下一在縣西二十五都真武殿後一在縣西南七都登瀛橋之北其湯較熱泉源始出可熟生物

安溪縣

鳳山在坊乃縣治之鎮山又名鳳髻山 雙髻山 雪山上二山在感化里 覆鼎山以形似名 高蓋山形如張蓋 高旗山形如旗上三山在常樂里 纛山在來蘇里其狀如纛已上七山俱縣北 黃龍山在□□里又名登高山上有石如帽

如來几下為黃龍渡其東又有三公山中峰差低如公字故名象山在永安里屬南安縣又名象運山盖山形如象故名上二山俱縣南高田山在長泰里界南安縣宮山山腰有盤石可坐數十人石中空如宮室旗山山勢逶迤若旗之揜映上二山在永安里北觀山距縣五里羅漢山在長泰里下為羅漢渡巳上五山俱縣東白菊山山多白石望之如菊故名荷葉山以形似名上二山俱在依仁里龍蹤山在新溪里石有龍跡故名石鼓山在龍涓里舊傳有仙人抱一石如鼓置石盤上下有穴廣丈餘又有石如兎仰首望石鼓俗謂玉兎望月鼓上有仙人手抱跡及臍跡南斗山在還集里上有六小山布列如南斗巳上五山俱縣西大眉小眉山在縣東北長泰里與南安縣連界大帽山上有巖其形如帽鐵鑛山山產鐵鑛上二山在還集里駟馬山在崇善里其勢若駟馬奔騰佛天山在□□里

五代詹君澤因愛佛耳山來監小溪場至請置縣縣
成遂隱此山以山形如佛故名巳上四山俱縣西北
金龜山其狀如龜縣之水口山也牝牡山在羅渡之西俗呼公毋林上二山在縣東西永
安里黃蘗山在□□□里一名南山一名午山堪輿家目為廉貞山龍塘山在新溪里下有
龍祠閬山在□□里俗名浪來山以其山勢之來似浪然上三山俱縣西南月峰巖在縣
北來蘇里舊名東林岩達磨巖在還集里一名玳瑁岩泰山巖在感化里慈濟
巖在依仁里一名鐵砧巖閬苑巖在永安里其下有月娘潭或曰形如半月故名相傳下有
大鍾陰雨則浮上五巖俱縣西五峯巖在黃蘗山之半五峰尖秀因名仙姑巖在閬山五
峰二巖之間虎跳石在縣北崇善里蓬溪中有石四俱高丈餘一石有巨人跡及虎跡俗名仙
人跳①藍溪在縣治南即龍津渡發源萬山中環繞一邑水深而碧白瀨龍潭在縣北來

校注：①跳

蘇感化二里界舊傳潭或時鳴聲聞二三十里旱鳴則雨雨鳴則晴

龍塘廟潭在依仁里潭上懸瀑數十尺相傳昔嘗禱雨有龍現焉今遇歲旱禱之輒應

龍蹤廟潭在新康里潭側巨石上有龍跡上三潭俱縣西

龍潭在縣東北長泰里象洋村水流為三潭上有龍祠歲旱禱之魚蛇現則雨龜鼈現則旱

放生池在縣南永安里舊名陳塘

橫山湯在感化里石砌有亭

小橫湯在常樂里上二湯俱縣北

金湯

華湯上二湯在縣西依仁里

蓬溪湯在縣西北崇善里舊名便材湯

井泉在縣南□□里泉極甘冽異他井

甘泉在永安里折柳亭前味絕甘邑人多汲以煮莒①

聖泉在隘門外泉湧道傍砌小池瀦之刻石曰聖泉上二泉俱縣東

瀑布泉在永安里雨後奔瀉如瀑布狀

湯泉在龍興里上二泉俱縣西

歐宅林井在縣北鳳山之麓舊云主山之井又名後田井

縣庭前井在縣治中東廊下宋紹興中縣令龔

校注：①茗

□鑿以資民汲

縣內井在東廊天順間知縣楊紀鑿以資民汲

下市井在縣南路傍湮塞已久成化八年里人共浚之味清甘

曹主簿井在下尾石闌上有主簿曹公四字故名

縣前井在興賢坊外味甚清洌上二井俱縣東

佛泉井在縣西新溪里相傳昭應禪師嘗過此天暑渴甚無井可汲一老嫗汲澗飲之師感其意以杖錫卓地泉出民隨甃為井

惠安縣

螺山縣治後山也舊名羅峰相傳唐羅隱嘗寓於此後以山形如螺髻故更今名

卧龍山自東平山分一脉東行二三里凡十盤九曲中一峰昂然如龍首故名上二山在三都

三髻山在十四都山勢連亘中起三峰若三髻然傍有靈湫歲旱禱雨多應

大帽山在四都屹立千仞其巔平地百丈餘中有龍井縣諸山皆祖於此

大聖山在九都崖壑①幽絕東臨大海堪輿家謂之大象捲湖亦邑中之勝也已上五山俱縣北

樓山在二都自登科山發脉迴拱縣

校注：①壑

治
龍泉山在二十八都下有龍窟深尺許泉水湧出居人時見龍出之狀
九峰山在二十九都山勢蟠踞翔伏其峰有九
文筆山在二十八都秀聳如卓筆縣之前山也
香爐山在二十九都以形似名
馬山在二十都其形若馬飲泉又若眠牛故山之左曰牛坑右曰馬坂
陳平山在二十九都相傳唐時有陳平者精地理術乘牛過此遂瞑目而化從者至見其土自湧尚留一掌示之後人因謂山曰陳平墓曰牛客
獺窟山蓋海島也上有巡檢司
楊崎山東漢末將軍楊大眼居山之陽故名上二山在二十五都已上九山俱縣南
螺蚽山在二十八都上有盤石大十丈許圓如螺蚽○按韻書蚽薄碑切虫名此云螺蚽則音如否塞之否蓋泉人呼螺掩為螺蚽而借用其字也
尖山在三十一都其山尖圓秀凈又名凈山
香山上三山俱縣東
登科山在三都舊名登高宋盧瞻讀書于此乾道間舉八行科三山鄭青子為書登科山三

大字勤于石

鶴堂山 在二十一都舊傳留從效塋時有二鶴來上于此因名

覆船山 在卜九都以形似名常有異雲覆其上歲旱禱雨輒應上三山俱縣西

五公山 山石壁立上刻五公山三大字及五公符五道相傳梁時有唐公寶公至公化公朗公居于此

龍盤山 山勢逶迤如龍之盤上二山在三都

東平山 在十三都一名北山群山聯屬東有平原三四里許復突起一峯因名巴上三山俱縣東北

錦田山 在二十五都山前有田數頃相傳唐張西湖居此後任漳州刺史還鄉鄉人以為州晝錦山因以名

嘶山 在二十六都相傳五季時其山忽嘶聲聞十餘里山之巔有石如笠上①在巨人跡入石六七寸許

大岞山 在二十七都特出海中有洞可容數百人

小岞山 在三十都山之陽多怪石中穿一洞洞之中豁然明朗可容四五百人傍有小石門僅可單入而入門內丈許折而右轉有巨石如屏風以蔽內外一人持戟守之雖千百人莫敢犯宋樂間海濱

校注：①有

入寇民多匿洞中倭寇百計攻之不克遂舍而去

黃崎山在三十二都舊名寧崎山三面瞰海風濤鹵氣之所侵蝕草木不茂土色微黃因爭今名

峰崎山在三十四都以地名上六山俱縣東南

盤龍山在一都東北七峰相屬而來其勢蜿蜒若龍之盤

危石山在十七都盤石上有危石嶄然高三丈餘

城山在二十八都東連大海西接長江延袤如城上三山俱縣西南

登龍峰在縣北十六都宋崔拱偕二子正則則讀書于此後父子相繼登第因名

麗**美女峰**在縣南二十五都舊名龍秀山唐末錦田黃氏女有容色閩王審知納為妃人謂美女峰之應後妃卒葬于此

太白峰在縣西北十六都一名蓮花峰有石方直如碑碣宋蔡襄大書太白峰三字於其上

陳店嶺在縣西十七都鸛堂山之東北東屬惠安西屬晉江唐末晉安陳轉運使居此

曾師嶺在縣東北四都五代時有巫師曾姓者居此因名

三台嶺在□□都山勢連延萬疊三峰

聳起峭絶不可攀上有雲秋仙跡**天開巖**在□□都初沒蓁莽間人莫知者宋熙寧中縣令吳克見其頂烟蘿蓊欝疑有異境攀緣而上遥望山海歷歷如指掌因名曰天開宋王獻臣詩小石大石皆羅列造化安排非力設覆者如軒深者洞方者如屏平者帝可以安尊罍可以横琴瑟天邊烏免眼前飛海上波瀾掌中白**伏虎巖**在□□都相傳宋祥符中僧道養庵于此與一虎同寢處其馴因名上三巖俱縣北**清水巖**在縣南二十二都有泉一泓澄澈不涸**赤石巖**在縣東□□都峭立如赤①辟**白馬巖**在縣西□□都相傳天色晦冥之時樵牧者見時有白馬出于林下**虎岫巖**在縣西北□□都上有石竇可容三十人相②傳嘗有虎處其內人莫敢窺後有佺道者居于此虎隨遁去**白雲巖**在縣東南□□都昔有高人道淵者菴于巖下白雲常覆其巔因名**松③洋洞**在縣東南□□都洞有石門僅容一人側身而入中極寬廣唐宋間里人多避寇于此洞門石縫自

校注：①壁　②傳　③洋

有藤根直垂三丈許入洞則執以縋下故老相傳云自古有之不枯亦不萌

樂嶼在縣北十都

竿嶼在縣東三十三都上二嶼在海中

龍湫溝在雷山之左畔其水迤運至學宮前注于鳳池歲久湮塞或侵為田園成化十八年知縣張桓命工濬之以復其舊

縣後溪發源東平山出南嶺橋過草馬埭

芠布溪源出柯溪嶺過居仁滬前橋上二溪在三都

驛坂溪發源禪靜寺後出驛坂橋

李林溪發源行林寺後出舊鋪橋

下田坑溪源出山半坑過王孫埭上三溪在四都

王田溪在十三都源出懸鐘嶺折而東流過芠溪橋已上六溪俱流入峰崎港以達于海

西充溪在十二都發源角山前過白水鋪橋入布埭庄埭以達于海

白巖溪在十四都其源有二一自三髻山後大山坑出一自柯嶺山出為澳溪西過谷口橋達洛陽港以注于海

澄果東溪發源定光寺後過無量橋

真如溪一本作真女溪發源橫溪嶺歷塗嶺

官橋會于栁青宮前過林田上二溪在十二都巳上十溪俱縣北

南坑溪在縣西十六都發源馬龍坑過陳公橋會于上林溪巳上三溪俱流入添崎港以達于海

黃坑溪在十八都發源鶴嶺坑過九斗坵橋

下會溪在二十都其源有二一出上曾溪過上田小橋一出上范溪過上田大橋會于充口溪上二溪在縣南俱由馬山埭以入于海

左潭在縣東二十四都潭側有五龍廟

濟龍潭在縣西北十七都報劬山下

放生池一在縣北七都大湖巖前一在縣治南門內舊學前

金蓮池在縣南十九都產花若蓮其色如金

鳳池在縣治東南宋縣令趙汝稟以縣治有龍蟠鳳舞之勢故鑿池于此瀦龍湫溝水灌之

八閩通誌卷之八

地理

山川

漳州府

龍溪縣 隆壽山在府治北蓋登高山之左支府治來山也舊志云居其下者多壽考故名宋時在城內今負城址 禪月山登高山左臂第二峰也舊傳嘗有光如月照耀於其上故名上二山俱東北隅 登高山自天寶山一脉蜿蜒起伏三十餘里至此一峯聳拔山頂舊有臨漳臺山半又有半漳臺宋郡守危稹撤臨漳臺構亭扁曰登高後守黃朴復扁曰碧玉千峰 國朝洪武中建亭山頂曰威鎮 日華峰登高山左臂第一峰也旭日初升此峰先得其光故名 淨安山登高山右

臂聳起一峰復聳一小山而下為府治來山也其下舊有浄安寺已上三山俱府治西北

騰龍山舊名龍亭山奇石攢崒突起有亭翼然俯瞰溪流舊傳嘗有龍騰于溪因名

起鳳山舊名高亭山與騰龍山對峙宋儒吳勳搆亭讀書其上二山在府治西南縣學前已上四山俱西隅

上名第山在二十一都舊名天成山為州前山唐郡人周匡物潘存實讀書于此匡物登元和進士第因名

石獅巖山峰巒奇秀延袤數里上多怪石有若獅子者有若蟾蜍者有可梯者有如門者狀類不一又有半月池羅漢峰超然亭寶月岩南泉岩及圓明石門龍泉妙峰玉泉五庵以石獅岩為最勝故以名山宋李彌遜詩翠合峰巒萬葉稠雲擎佛屋出巖幽秋光不到遲陰樹曉日先明竹外樓

太平嶺山嶺道坦夷行者便之故名上二山在十二三都

九龍山在二十五都山北有九龍水又有金溪水宋陳堯佐詩人生五馬貴山有九龍遊

龍際山在十一都下有龍潭飛泉百尺直瀉

而下潭之前有龍祠禱雨多應已上五山俱府城南

觀音山一本作巖在十一都與鳳凰水頭二山品峙下有觀音寺

水頭山在十二三都由太平山而下至溪①瀕聳拔奇秀與鳳凰山對峙夾于郡東之水口○按舊志有浮山在龍溪龍岩之間和溪之上有聚落曰水頭蓋泛舟沂②流至是而止官鹽場之北一里許有山當路圓如覆甑在兩山之間而不相接故曰浮山疑即此山也

岐山與鶴鳴山聯峙三峰秀聳龍江之上延袤十里許五代時僧楚然居此　石禪床鑿石爲之宋胡搠所詩空山危石平如掌雲　鎖苔封自昔時不識山僧曾坐處幾回彈舌雨龍歸題詩石一石覆之其文字漫滅可識者數字而已桃源口胡梅所詩洞門無鎖白雲深洞口開來一問津安得當時種桃者相逢花下說前因誦經壇有石斜疊色如銀擊之有聲一作誦經石胡梅所詩昔人曾此月明中掃石焚香禮碧空千載臺空人不見野花啼鳥自春風一人泉在虛白巖出於石穴深不盈尺清冽可愛以其水僅足供一人故

校注：①濱　②泝

名

潛翁岩　隋唐間有潛翁者修煉於此

石棋枰　虛白巖上覆全石下竅而平日華照耀洞然

虛白千人洞　在掛練石下洞口狹而暗其中寬朗可容千人黃巢之亂郡人多避於此胡海所詩天生巖穴受千人隱隱[1]幽深隔世塵不識人間經幾劫洞門依舊鎖閑雲

譙師巖　僧從儉坎石為室居四十年因以為號　已上俱在岐山宋郡守郭求嘗即其景為十詠

石室巖　在岐山之上巨石如室其中廓然平朗正統初有僧絕塵者修行於此因作樓岩前以居嘗剗竹引水入廚竹筧間生筍遂成叢竹今號筍竹岩

瑞龜岩

屏風石　石壁峭削如屏

青雲洞　在山之陰峭壁嶢岩有石室深廣丈餘其上時有雲氣氤氳

○按方輿勝覽謂郭功父有岐山仙亭十詠考之舊志乃郭求非功父也又謂潛翁虛白譙師三巖俱有鶴鳴山蓋岐山與鶴鳴山本一山也今依舊志移置於此以足十詠之數

鶴鳴山

層巒峭壁高聳雲霄相傳潛翁修煉于此養一鶴時鳴山巔因名

仙亭巖　祖傳宋僧從譙見二士對奕就之化為雙鶴

校注：①幽

而去宋祭酒郡人劉植建亭眞處名白仙亭後顏順仲復拓為菴胡梅所詩風送白雲歸洞口鍾隨明月到人間馮善詩鳥啼芳樹野花落龍起寒潭山雨來陳孟光詩風迴萬壑松聲壯泉落雙崖水氣清　凌雲閣　天開圖畫亭皆宋顏順仲所建　風動石在山巓高五丈圍一十八丈下有大盤石閣之風來則動

鳳凰山在鶴鳴山之南形如飛鳳之展翼故名**好景山**紆迴起伏風景奇勝故名上四山在二十七都**仰盂山**在二十八都其山高大峭拔頂凹如盂上有田池又有仰盂岩**金鷄山**在二十九三十都山頂有石赤色①娥鷄之展翼故名與長泰縣欽化里連界已上八山俱府城東**望高山**在西②柜明秀聳特出於衆山故名**銅鉢山**山勢蜿蜒數里內一峰中窪而外圓其形如鉢故名**羅漢山**五代唐天成中王延休憩此忽聞異香馥郁得一龜背有羅漢像遂建寺山因以名**尼姑山**山舊有尼寺故名上三山在二十一都已上四山俱府城西**龍山**

校注：①如　②廂

在府城東北二十六都北来諸山此為冣秀**天寶山**五峰峭列周廻百餘里郡諸山皆祖於是宋時山有明珠夜飛入九龍江為漁人所得以貢因名○舊志作三峯**天公山**上有瀑布泉飛瀉數十丈上二山在二十一都**石蠔山**在二十五都尖聳千仞南下小山纍纍盖天寶来山也其頂石多粘蠣殼故名**望月山**秀出群山之表每海月初升此山輙先見故名**鷲峰山**下有鷲峰寺上二山在二十六都巴上五山俱府城西北**雲盖山**在府城東南四五都山多奇石嶮巖峭拔上有石室可容百人雲氣常覆其上宋天聖中勅名雲盖山大悲巖**圓山**在府城西南二十一都形如覆釜頂有石池仙壇每雲氣冐其上輙雨郡人恒以為候舊傳嘗有人貨藥於市自言姓康家在琵琶坂語竟不見今山麓有康仙祠**萬松峰**在府城內西北豐衍夷平亂松翁鬱**丹霞峰**在府城南一里許南廂其峰土石皆赤每晨夕日照望之若丹霞然故名下有南山寺**蔡公嶺**

在二十四都舊名揭鴻嶺為安溪龍岩通道以其高峻元末於其嶺南畔少低山腰別開新嶺為道○唐慕容韋詩閩越曾為壁將軍舊置營我歌胡感慨西北望神京

新嶺 在二十五都天寶山之東南石磴盤廻十餘里路通安溪龍岩漳平三縣舊有亭上二嶺俱府城北今廢

九龍嶺 在府城南十二三都兩山夾峙中累石磴凡十里許路通潮廣巡檢司在焉景泰間知府謝騫建亭其上以憩行者

龍門嶺 在一二三都峰頭有石上刻龍門二字

萬松嶺 在岐山鶴鳴二山間舊名馬岐路通泉福上有亭正統間郡人陳克聰植松夾道連陰十里行者便之因改今名上二嶺俱府城東

白雲巖 有層巒疊巘上薄蒼旻岩磴間時有白雲來往

紫雲巖 巖前諸峰甚奇其巔常有紫雲覆之宋僧雪山嘗創庵其上

烏石巖 在石獅巖山宋淳熙間有僧陳聖者居此上三巖在二三都

龍泰巖 在二十三都據龍溪長泰二縣界故名上有佛庵已上四巖俱府城東

水西巖

在府城西北二十三四都上有佛庵山明水秀左右環抱

浯嶼 林木蒼翠上有天妃廟官軍備倭者置水寨於此

荆嶼 多生荆禾故名

浮嶼 上有水豹水人上三嶼俱在府城東海中

丹霞嶼 在府城東南海中一名赤嶼晏殊類要云有石朝色如丹晚色如霞宋林宗臣詩笑憑詩句說丹霞城郭人民數萬家禮接紫陽風俗厚學傳東嘗道源賒

寶珠石 在府城北二十五都北溪大瀨之下高大丈餘中一穴徑二寸舊傳漁人所貢之珠時或飛入其穴故名

西湖 在府城西西廂發源自金仙院南流折而東遂瀦為湖有泉極甘美可辟瘴癘宋紹興初統制陳敏令軍士運薪木填塞鑿平諺云圓山青西湖平此時出公卿宋張成大詩水遶漳城湖已平向來有記出公卿白袍不倦三冬學錦綉行看駟馬榮

九龍江 在府城東二十五都歷二十三四都及二十二都舊名北溪源出汀州上杭連城二縣及延平沙縣界合龍岩安溪長泰諸水經蓬萊峽是為柳營江過虎渡橋抵到河會南門溪

之下流而注于海梁大同間有九龍遊戲于江因名歷代見實珠輝瑩其中而不可得宋時漁人網得之

江中有潭潭有五曲深不可測夏秋間時有龍潛躍其中

柳管江在二十七都二十八都之界蔡如松十辨云漳州東偏之險要也

到河今名福河

南門溪在府城南門外源接南靖縣大溪入縣西界故又名西溪歷天寶山之南圓山之北繞府城西轉抱南門弘澄靜漭呑吐潮汐由薛公橋而出逆繞城東折旋西浦迤邐出鎮門抵到河會九龍江縣境又有苦竹溪在府城北二十五都源出龍岩歷南靖縣深渡磋頭浦至龜洋浦下塔與西上溪合沿木場雙溪與西下溪合其流亦入南門溪

南溪在府城東南六七都源出三平山分水嶺歷百丈漈從漸山何潯①沿泰江豐田市出港入于海

龍鬚水在府學前按舊志櫺星門內有石溝出門外分為兩道達于龍駁瀛池謂之龍鬚水宋淳祐間郡守章大任重浚治之

更鼓水在府城北二十五都天宮溪中一石②漈高丈餘其水傾瀉潭中激成水泡

校注：①沿　②磜

自底滚出水面泡散有聲如擊皷良久復然春夏水大聲細秋冬水小聲洪夜聞其聲次第不停故名

龍潭 在府城南六七都由漸山何潯二溪合流至北①匯而為潭嘗有龍起潭中故名

荖洋潭 在府城東南四五都源出龍漈及澄溪周圍四里許深四丈餘溉田六百餘畝

金龜漈 在府城東南四五都塔頭山絕頂樹木陰翳嵐霧霏微漈不可測歲旱禱雨多應

曬藻池 在府學前東南通溪秋冬不竭夏月絕蛙聲

滿月池 在開元寺池上有松百餘株號松關蔡襄有詩

盖蒼池 在府治東馬平街之左舊傳池有神物遇雲雨晦瞑或騰躍而起

惠民泉 在府城北門外泉甚清冽○泉郡志作井

卓錫泉 在府城東南四五都大悲岩前相傳昔僚真禪師卓錫於此泉因湧出清澂而甘

天慶觀井 在府城中相傳漳南水土薄惡初至者飲其水即病惟此井水極甘美且可辟瘴癘凡仕宦者至必先汲此泉

開元寺井 在府治西北開元寺登高山右有下

校注：①此

為井泉第一令呼為東井**天宫井**在西湖天宫院泉極甘美**石眼泉井**在府城北淨衆寺口相傳井初鑿深丈餘遇石盤堅不可入一夕雷震石裂泉迸出故名**龍井**在府城南六七都相傳井底有穴通大帽山泉極甘洌歲旱禱雨或應其上有亭**龍鬚山中井**在府城東北一二三都吳真君祠內其水同毎①潮消長相傳真君煉丹取水於此

漳浦縣

羅山在七都環邑諸山皆此山發脈羅列拱揖故名山之上有東羅巖**大帽山**在縣北二十八都高大圓秀自泉而下遠見此山上二山俱縣北**良山**高數百丈東接潮界宋賢良潘存實讀書於此故名**梁山**高數百丈周廻百餘里秀麗而崇圓又名圓山山有大峰十二曰蓮花山之中峰也相傳為齊武帝所賞更名齊帝石曰獅子曰金剛曰力士曰雙髻曰長劍曰七星曰八柱曰覲日曰臨海曰晋亭在蓮花峰之西相傳葛洪常居之曰青閣古記云梁岳閣中之望也圖經序

校注：①海

云梁山記董奉之遊唐吳明倩詩梁山重回首翠峰三十六張登詩孤高齊帝石蕭洒晉亭峰宋滿存實詩根盤來楚蜀作鎮表甌閩山之上有中峰巖又有瀑布泉宋蔡希蘧詩會稽之南羅浮北中有大梁神仙宅瀑流今古掛長虹瀉下銀河數千尺山之東南盤石上有穴窪折上穿如井水泉湧出大旱不竭謂之靈泉山南北兩麓又各有湯泉

棊山 高百尺許舊志云鄉人入山採藥因得棊子故名上三山在八都

皷雷山 在九都亦作古雷山其山瞰海潮聲如雷相傳葛洪嘗煉丹其上丹竈尚存上四山俱府城南

印石山 去縣數百步山頂有石高丈餘端方如印上有仙人足跡

海雲山 在七都頂有石如龜下有清泉大旱不竭又有威德行祠及海雲巖

臺山 高數百尺平坦如臺自近視之與諸山齊海上舟人自遠望之則特出乎諸山之上

燈火山 距海一里許海中乘舟夜行者或見山上有火光燄如燈故名

香山 有五峰如馬馳鳳翥其麓有靈順宮鄉人祈禱甚衆香烟時散

山谷間故名上三山在十七都已上五山俱府城東

大武山

在縣東北二十三都高數十仞周廻一百八十里東隣大海圖經云山有大武夫人壇記云大武夫人者閩中未有生人時其神始拓土以居民舊亦名大母山蔡如松十辨云世傳越王建德避兵於此按史記越王勾踐至無疆七世未有名建德者惟漢元鼎中南越相呂嘉反立述陽侯建德為王城守番禺後人誤指為越王云

好景山

在縣治西北而縣治居是山之麓其巔有石狀若蹲虎俗呼虎子山

峯山

在縣東南八都山勢尖聳秀麗又名鰲峯山巔有亭曰連鰲宋時黃克寬所居之處也

霄山

以其高聳雲霄故名按縣志有此山而郡志不載郡志有大神山亦在六都而縣志無之恐即此山也

將軍山

唐將軍陳元光初征蠻寇築城居之故名今有將軍父墓在其麓宋祥符圖經云將軍山蔡如松辨之以為古閩越土豪力騶等為吞漢將軍使之南據險要以拒漢今自南抵潮梅界又有將軍山而大海之濱北岐有將軍澚

鴻儒有將軍樵豈皆元光之迹乎上二山在六都

九侯山在二都山半有石室及清泉郡志謂九侯傳夏后之緒似指夏之子孫而蔡如松十辨云九峰之神各主其一山其說不同已上三山俱縣西南

大桑嶼在井尾港内居民皆業漁其地宜桑故名

小桑嶼與大桑嶼連屬

大澈嶼在井尾港口聚沙成之産車螯上三嶼在十七都

小澈嶼與大澈嶼連屬

鴻儒嶼上有樹木多集海鳥

沙澳嶼與鎮海衛相近

茅嶼以産茅得名

浮沉嶼潮長則僅露小尖潮退則大若浮沉焉上五嶼在二十二都

將軍嶼在十五都盤石疊聳舟船不通濱海者多乘筏取蜡於此相傳陳元光嘗駐兵於其上故名○蔡如松辨見將軍山下

石城嶼其石巍峩遠望若城壁上二嶼在十五都已上十嶼俱府城東

竹嶼在港門之內居民百餘家皆業海

魚腸嶼在海門之中潮通鹿溪上二嶼在縣東南七都

仙跡石在縣之東山路口左右有

二大石紫色上有兩足跡長尺許指蹤分明世傳為仙人跡

磨劍石在縣西南二都石陛溪世傳唐將軍陳元光平寇磨劍於此故名

漳江在縣南八都

蜡湖在縣西□□都舊名淡溪忽有一蜡魚在其中因改今名郡國志漳浦蜡湖隨潮盈縮

傅公河在儒學前河通鹿溪湖宋縣令傅溪始開

綏安溪一名綏女溪在縣南八都源出縣界東流入海

石埢溪在二都源發江西閩廣之交杜預通典獨載此後人訛為石神其水惡涉之則足黑飲之則病瘴俗謂之烏脚瘴

火田溪溪之西向皆山罕有平地便於畬田多產黍稷

李澳溪亦名李澳川源出良山北灌田千頃縣境又有石峽溪源出縣界東流入於此溪上三溪俱在縣西

鹿溪在縣東南源接李澳溪舊讖云梁山嘯鹿溪平此地出公卿溪舊波流浩蕩自天順成化以來地擁沙合溪流日淺時或暴雨則其水氾溢上遡梁山之麓鄉人多堰陂漑田陂流交響其聲如嘯由是邑人登科甲為顯官者多或謂

古識之言符於此云

溫源溪 在縣西南兩泉湧出一微煖一極熱合流南入縣前溪圖經云唐詞聖問胡商康浸遞經此將欲投十錢泉為張溢浴畢泉復如故上四溪在八都

放生池 在縣治東門外

龍湫井 在縣治北門之旁泉源不竭

龍井 在縣東北七都

龍巖縣

天宮山 在縣北萬安里山常有白雲覆之每陰晦則聞簫吹之聲頂有瀑布泉飛瀉數十丈唐初有山賊至為雷所擊因而就擒故又名天公山

奇邁山 在縣南龍門里與縣學對峙峻巘叅天旁有小峰形如簾帽尤為奇秀故名

東寶山 舊志云每風雨晦冥之夜上有火光人以為寶氣故名其左一山恠石峭峙山巔有一孔狀如牛角可容一人內寬平可一丈許有水清冷四時不竭歲旱禱雨輒應成化十年知縣常濟豎表於上扁曰天瓢靈源

龍巖山 在弅峰山下有小石山突起中有石穴容百許人石壁上有紋狀若雙龍常有泉滴故名上二山俱縣東在坊

紫金

山在縣西龍門里層崖疊嶂壁立千仞上有石池泉出石鱗有魚遊泳其中山石皆紫色每旭日初升夕陽返照恍惚如金之紫故名

九猴山在縣西北表政里高入雲霄延袤百餘里上有九峰列峙如猴故名一名筋山

三台峰在縣東□□里舊志云東實峰在右凉傘峰在左屏風峰在中三峰並列故名

硯石嶺在縣東北節惠里峰巒秀麗其石可為硯

龍川在縣南源出汀之上杭古田里歷龍門越虎嶺環繞縣匠會曹溪小溪歷鳫石合衆川而東出華峰三硿注九龍江

曹溪源出表政里

小溪源出龍門里茶洞流抵縣治來會上二溪俱在縣南

硔溪在縣東節惠里源出萬安里灘流箭急多石硿故名

羅橋溪在縣西源出龍門里大小池二水合流而下春夏雨漲深急

羅溪在縣北集賢里源出延平沙縣界合衆流而下

藿溪在縣東北萬安里源出汀州連城縣界上四溪俱流入龍川注九龍江

三井在縣西　　里以泉味高下分為上中下三井

長泰縣

良岡山在石銘里縣治主山也上有泉歲旱禱雨即應山麓有良岡寺鼓鳴山舊志云每風雨晦冥則聞鼓聲董奉山舊傳仙人董奉嘗遊於此今丹竈棊枰琴室猶存上二山在旌孝里巳上三山俱縣北登科山在縣南拱對縣治又名登高山石鼓山在彰信里石上有足跡世傳為仙人跡邑山在恭順里縣治左山也即吳田尖上二山俱縣東西峰山在縣西北人和里縣治右山也雙髻山雙峰突起如髻天柱山頂有一石柱高二丈餘舊傳道人楊處誠學道天寶山忽夜見燈明天柱上遂移①柱此山歲旱禱雨輒應又有巨石如弁高九丈闊五丈上有天柱巖三字如苔蘚紋各闊三尺有東西南北四石門又有石室石庫百丈巖觀音巖勢至巖象鼻巖海湛巖應潮巖一線泉忘歸石盤陀石香爐石大帽山仙人亭刎脊橋超凡閣為二十奇上二山在縣東南欽化里朝天嶺在縣東欽化里跨天柱金鷄二山間乃縣人適京之路故

校注：①住

名上有巡檢司

佛手巖在縣東彰信里石形如覆手其下可容百人

龍津前溪在縣治南七十步源出善化里流繞縣治入龍溪縣

高層溪在縣西北□□里源出安溪縣界過高層與綏瀨合上二溪俱流入九龍江

西湖池在縣治西宋嘉熙中縣令鄭思申鑿因亭其上

義泉井在縣治南舊環珠樓西宋時鑿雖大旱不涸

南靖縣

歐寮山在習賢里張倉社又名大帽山縣治主山也南北二峰峭聳周廻百餘里歲旱邑人禱雨於此

金山在永豐里山形尖圓秀拔堪輿家以爲金星故名上二山俱縣北

鵝頭山縣治前山也形如鵝頭昂峙故名俗呼鵝背山

湖山下有黑潭上二山在由義里

琯山舊南勝縣在其下

五牙山五峰尖聳如牙山多產礬又名礬山南勝縣初建於此

三平山巖谷深邃登者歷三險三平乃止其上因名唐僧義中建三平寺上有龜蛇峰仙人亭和尚潭

九層巖雙髻山高柯嶺前茶塢侍郎亭虎爬泉錫杖樹大伯山凡十一奇上三山在清寧里

麒麟山在歸德里峰頭高仰若麒麟狀

大峰山在新安里高大巉巖頂多巨石已上七山俱縣南

鏡山在縣西北習賢里夕陽斜照山崖映目光耀煒然故名

峰蒼嶺在縣北習賢里天寶山之西南山之腰石蹬盤廻路通汀贛其上有亭

舊巖在縣北習賢里

雙溪在縣治前合大小二溪而名小溪發源永豐里龍巖縣界歷金山湧口至永濟橋下與大溪會大溪發源盧溪太平者歷赫潭而來發源山布禾平社者歷西林寺等處而來至縣前與小溪會是曰雙溪自是合為一大溪經縣治東趨入龍溪縣西溪

深渡溪在縣西永豐里源出龍巖縣界趨龜洋流入小溪

三團溪在縣西南永豐里源出上杭縣界歷山城水寨至西場寨下

橫溪源出小平山至溪口

九團溪源出漳浦縣歷洋頭經下經後市出銅湖溪口

山陽溪源出三峰經侯山

翠微

溪源出翠微社歷三平寺經圓濟橋下上四溪在縣南清寧里俱流入大溪三脚澗源出峰蒼嶺經三脚橋下入源渡溪峰蒼澗源出峰蒼嶺銅山寺前至新寨過得仙橋而入雙溪上二澗在縣北習賢里思清井在儒學大門內元時所鑿泉極甘美廟前井在城隍廟大門東其泉清冽温泉在縣北永豐里者二在清寧里者一泉深而熱不可浴在歸德里者一

漳平縣

仙帽山頂圓如帽故名昔鄉人遭寇亂匿此寇將逼忽西偏大霧濛霧寇不能及故又名西霧寨石鼓山山有大石如鼓狀相傳天陰雨則鳴凌家山峭拔而秀無林木山半地勢平夷凌氏居之故名①二三山在居仁里九星山九峰疊聳中有石竇號仙人捧劍雨不溢旱不涸碧凌山②青色青蒼高凌霄漢故名天柱山其山勢屹立蒼冥如柱花瓶山三峰峭立如瓶狀馬頭溪山上有二石一大一小如馬之引駒上五山在和睦里賴

校注：①上 ②山

家山 山高而其巔平坦頼氏世居之故名

虎山 如伏虎狀故名山麓有古寺號水月堂上二山在聚賢里已上十山俱縣北

文筆峰山 去縣五里許爲儒學前山尖聳秀麗如卓筆然

新山 山之石可作灰一邑皆取給於此

覆鼎山 山巔突起如覆釜狀上三山在居仁里

大壯山 在永福里其勢宏壯爲衆山之冠已上四山俱縣南

銀瓶山 在居仁里三峰秀峙其狀如瓶

石門隔山 兩峰夾峙如門又有石如將軍然

雲峰山 其勢極雄壯常有雲氣浮其上故名中有寶臺巖上二山在感化里已上三山俱縣東

高巖山 上有大小二石洞

龍亭寨山 山半有清泉一脉舊有騎龍仙廟今移置東關山上二山在縣西居仁里

雙髻山 在縣東北聚賢里界漳平尤溪二縣間以形似名山有靈異禱雨輒應

牛頭相觸岑 在縣東感化里兩山夾立中一坑相夫二丈餘深數十丈水流轟響嵁削險隘行者病之鄉人朱崇慶募衆砌

石為橋人度之者毛髮森竦

飲水嶺 在縣北聚賢里上有井泉清冽可飲

三重嶺 在縣南來福里山極高峻人跡罕到中有三龍井禱雨多應山之上三峰疊出因名

百家畬洞 在縣南來福里界龍巖安溪龍溪南靖漳平五縣間萬山環抱四面阻塞洞口陡隘僅通人行其中深邃寬廣可容百餘家畬田播種足給衣食四方亡命者多通聚其間憑恃險遠易於為亂宣德正統間嘗有江志賢李烏常盧赤鬚羅興進者烏合群醜跳梁出沒至動方岳守臣連年勦捕僅得寧息然服則人叛則獸無常性也自漳平設縣以來官政易及不復反側然尤在司民社者控御得其道云

龍門洞 在縣東感化里其洞如石室冬溫夏涼中有盤石可容百餘人

九龍溪 在縣治南源出汀州上杭縣界歷龍巖鴈石繞縣治南東趍華峯三磜會下折溪東南流入龍溪縣九龍江

下折溪 在縣南居仁里源出來福里曲折縈迴而下

九房溪 源出汀州府連城縣歷龍巖徐溪

羅溪 源出

延平府永安縣歷和睦溪南溪源出泉州府安溪縣歷華口上三溪俱入于九龍溪攔牛灃在縣南石壁險峻牛馬莫能度故名碧龍灃在縣西其水澄澈若鑑相傳嘗有龍遊於此上二灃俱居仁里鰲池在縣北聚賢里周圍二十餘里大澇不溢亢旱不涸池東有祠朔望群魚浮列而向仰之湯坑在縣北聚賢里其泉如湯可澡浴上有亭

汀州府

長汀縣

臥龍山在府治後為郡之主山偃臥如龍登山椒盡見井邑他山皆拱揖俯伏其下一名無境山宋郡倅郭祥正詩臥龍勝事堪圖畫迴壓閩南七八州鷄籠山在府城北成上里以形似名舊傳宋時王中正成道之所郭祥正詩神仙之府名鷄籠千尋翠玉聳寒空秀色凌風入城郭半街曉日金濛濛南山屹然如弁青葱可愛府治前山也其下坦夷有文殊同慶二寺宋郡守陳

軒詩呀然碧玉洞屹立分雙戸天生護佳景常恐塵上汚上二山在左廂**圓珠山**在右廂形圓如珠宋郡守張憲詩萬疊層岡揖卧龍一峰圓頂翠凌空一名龍珠山俗呼寶珠峰**玉女山**在古貴里舊傳王氏女修真之所月明籟寂隱隱有音樂聲下有通仙橋**赤坑障山**在□□里**靈蛇山**在□□里山舊多蛇下有佛廬及蛇山廟已上五山俱府城南**東山**在府城內正東卧龍山之首也上有鄭江臺傍有五顯廟今廢**拜相山**俯挹卧龍山如人之拜**蓮花山**在左廂**筆山**按大明一統志作筆架山在歸陽里上二山皆以形似名已上四山俱府城東**展旗山**在□□里以形似名**瀨溪障山**在□□里上二山俱府城西**馬鞍山**在左廂以形似名**翠峰山**在府城東北歸陽里壁立千仞紺碧可愛其上烟雲出沒惟天色晴霽卓午方見其頂○一本作翠峰在府城東南誤**七寶山**在□□里下有上寶塲今廢上三山俱府

城東南

二老峰在府城東五里雙石峭立如人形故名

西峰在卧龍山之右上有西峰法林羅漢三剎

雙峰山在府城東南□□里峰巒雙聳高入雲漢

横岡嶺在府城内卧龍山之左

白葉嶺在左廂上有白鶴菴

棗木嶺在□□里

分水嶺在成上里

蘘荷嶺在□□里地産蘘荷故名

共溪嶺在□□里上五嶺俱府城南

東莊嶺在□□里下有平田千頃

枸木嶺在□□里

大息嶺在歸陽里上三嶺俱府城東

白頭嶺常有白雲冒其上故名

新路嶺峭險壁立砂礫崎嶇行者病馬嶺時即隸江西此天以限閩中也宋嘉定間郡守鄒非熊嘗設隘於此以備顛寇名羅坑隘上二嶺在古貴里

佛嶺在左廂今名通竅巖石壁間有佛菴宋長史鄧魯建後人復祠長史亭於菴側

湘溪嶺在□□里

流源大嶺在□□里

歸嶺在□□里路通連城縣已上六嶺俱府城東南

亶巖在青巖里宋崇

觀閭寘門隱居于此洪芻詩一綸①涵碧磻溪釣千穗垂黃谷口耕

石燕巖 在古貴里相傳嘗有飛燕數十遇驟雨集石上皆化為石

雲谷巖 在南山之址

朝斗巖 在南山崎緣石捫蘿而上俯瞰城市盡在目睫間下有祐聖祠上四巖俱府城南

通濟巖 在左廂上有菴祀伏虎禪師祈禱多應

霹靂巖 在府相山之隈宋元祐間白晝迅雷一聲巖實劃開中有丹竈後建佑聖道院於巖間上二巖俱府城東

獅子巖 在府城東南肯巖里雙石為門相傳定光佛初振錫於此

蒼玉洞 在東禪寺前道傍兩石劃峙如門內有烟嶼仙掌鶴巢抱雲等石清氣逼人宋蔣之奇詩蒼玉門徑闢白雲庭院深謝洞詩溪瘦玉聲小山橫翠色深

仙隱洞 在雲驤閣下石徑緣溪嶔②崟深窈洞外兩石閣一小石天然成門內頗寬廣宋郡守趙宗模開闢以發天秘創谿堂及數亭繼守林嵒後創洞天書院及白鷗亭今俱廢上二洞在府城東左廂

飛來石 在府城內雲驤閣之西相

校注：①涵　②嶔

傳一夕隨雷雨而至

石壁在府城南□□里

烏鼻石在府城東惠民橋上流

白面石在府城西□□里

鄞江在府城東即東溪水自翠峰發樂曾鄞坑水至張家陂與正溪合蔣之奇詩鄞江一丈水清可照人心

寅湖距府城二里許周圍百步以其居郡寅位故名湖中一小山雖水溢不沒宋長汀宰錢厚頫湖搆亭今廢

子地湖在□□里居郡子位故名其地入東禪寺今墾為田

青草湖在歸陽里深不盈尺廣不踰丈其中草色長青蔣之奇詩地無一勺水安得有湖名世事果如此風波平地生上三湖俱府城東

辛湖在府城西一里許周圍七十步居郡辛位故名

正溪在府城東南又名大溪發源寧化縣界出石含歷謝地新橋湘洪峽逃邏至東莊潭分為二泒一泒自有年橋入一泒自濟川橋入至高灘角復合為一南流以達于海即汀水也說見郡名志

東溪即鄞江水

梓步溪源出大息嶺在至南田

小湘溪源出南泉至湘洪廟前上

三溪俱府城東

西溪在府城西源出大原過杉嶺至南柀①橋下官引一派東至為城壕至崇善坊與雲橋一派②入東至于西田過富文坊抵洲湖廟前

南溪在府城南源流不一經普濟橋至南山

北溪在府城北源出橫坑過攀桂橋巳上五溪俱流入正溪

曲潭在□□里

大潭在□□里上二潭俱府城南

龍潭在左廂雲驤閣下東岸有龍祠遇旱則禱雨于此

白步潭在□□里

東莊潭在東莊嶺下今水徙于都教場之後上三潭俱府城東

麻潭在府城東南石③廂郡之衆流皆會于此山勢蟠互過此折為九曲

磜角在古貴里高巖怒崇激田甚廣

磜頭在歸陽里峭壁數十仞瀑聲如雷上二磜俱府城東

五百灘自汀抵朝溪灘五百

放生池因雲驤閣下龍潭為之

金乳泉在府宅堂東臥龍書院之右舊為枯池相傳宋郡守趙遂良用定光佛偈投池中得清泉郡人因偈中語取今名

湯泉一在府城南清泰里周圍數十丈能

校注：①板　②又　③右

①熟物米紹興間郡砌石池覆以兩室異向則以別男女旁結菴名無垢縣尉李格爲記一在府城南安仁保由石竇湧出漑田甚多

法林袈裟泉 在府城西法林院舊傳有老僧講法華經夜窓漏忽明見一龍蟠石上遂以袈裟覆之翼旦石裂一泓如袈裟狀清泉坌溢

玉泉 在府城東南□□里清泚而甘流爲瀑布舊有佛菴前後植茶其品與建溪相伯仲

鄧長史井 鄧曾鑿至丈餘遇盤石闔其下有泉聲以鐵杵撞穿之泉湧出四時不竭

南亭井 在富文坊闊二丈許引手可掬上二井俱府城南

鄞江井 在府城東左廂金花坊深僅三尺春秋潦而不溢夏冬泉出不涸漑田甚多其水稱之重於他水

弼星井 在府堂西

巨門井 在府治東北塔院之前舊傳白鶴仙遷城之初謂如斗形故按斗象開七井以七星名之

祿星井 在府治後園西北

廉星井

武曲井

文曲井 上三井在府治東南

魁星井 在府治儀門外西南

校注：①熟

寧化縣

翠華山在在城里山色蒼翠為邑人遊覽之所

寶山舊傳山有五色石璀璨如寶故名其石性剛或磨以為珠不堪用

鳳凰山崇岡峻龍蜿蜒起伏其形如鳳上二山在龍上下里

陶峰山峰巒峻聳四面壁立舊傳有陶姓者結茅其上因名

牙梳山以形似名上二山在招得里已上五山俱縣北

南山在興善里其山中起一峰如筆架為一邑之望流水一帶環繞其下

五靈山在縣市即五家山上有普惠王祠祠前昔嘗產靈芝五莖聞于朝勑攺今名上二山俱縣南

龍鬚山在縣東招得里草生崖石如龍鬚然

羅平山在縣東北泉上里舊傳羅平者隱居于此故名

牛頭山在縣西北興善里以形似名

鷲峰在縣南新村里也

登高山在在城里重九日邑人多載酒囊桊登高於此

苦竹嶺以所產名其嶺甚高四時常有雲氣

神王嶺上有神王廟鄉人旱潦疾疫必禱於此

南橋嶺嶺勢高拱如橋故名

上三嶺在永豐里已上四嶺俱縣北**獅子嶺**嶺有石形如獅子故名**羅漢嶺**已上二嶺在縣南新村里**金船嶺**在縣東求豐里舊傳山有金船其光夜現鄉人求之弗得**狐栖嶺**在縣治西龍上下里其狀如屏相傳有白狐栖於此故名**城門嶂**在縣東北泉上里山勢卓立如屏嶂元季寇亂邑民多避兵於此**瑞花巖**在縣北□□里旁有僧舍又名下巖**龍池巖**在縣南□□里舊傳嘗有龍蟠于此蔣之奇詩蒼龍蛻骨去已久山根一究如云開寄言俗客不可入往徃白晝生風雷**西巖**在縣東北□□里石筍屹立如門其中空洞可坐千人有數石室曰寶陀石中肖觀音像曰乳穴必烈炬然後可入中有泉鄉人禱雨輒應曰丹室一小穴匍匐乃入其中寬明有丹竈之屬其一方丈初入頗暗坐久忽明其一如堂奧寒氣逼人不容久立傍有龍井深不可測**東巖**在西巖之側其中亦有數石室始入隱隱若有人形諦視則無有謂之仙影洞旁有石蓮數朶大如車輪

左有石龕藏經其中又有石如壺高可二丈泉湧出壺口皆成鍾乳最高處有石鶴若騫飛之狀

靈隱洞 在縣北□□里舊號洞源巖宋治平間有僧祖覺者結菴於此遂芟闢其地洞前重岡疊巘小澗橫絕烟雲縹緲群石奇詭狀類不一野花殊草香氣蓊葧又有一石拔地而起上有窪摶乳泉商歷滿而不溢病者飲之或愈禱雨亦應

黃連洞 在縣東□□里地多產黃連縣舊以此得而名之

烏路峽 在縣南新村里兩岸壁立水勢縈廻深不可測

獅子石 在登榮鄉田間以形似名

危石 在□□里突然一峰四壁斗絕宋紹興間有僧祖月者結菴其上名曰翠峰上二石俱縣北

狂波石 在縣東赤岡潭中舊傳有二龍蟠石上水漲則波濤洶湧故名

蛟湖 在龍上下里深不可測昔有僧結菴其上嘗見白龍卧湖面鄉人遇旱以敗鐵投於內輒作暴雨怒濤湧出其鐵而後已宋嘉泰間郡守趙映禱雨有應遂建龍神廟于湖側

柘湖 在泉上里去蚊湖不遠其水四時不涸溉

田甚多

羊鵝湖在柘湖之側舊傳鵝羣于木羊跪于地忽成此①胡故名上三湖俱縣北

大溪在縣南溪之源凡六派其正西自贛之石城縣壍嶺來會西南自長汀孤栖嶺來會西北自石城縣長放來會北三派縣之上流也其東北自臺田嶺與邵武建寧縣分水至縣來會正北自苦竹嶺至馬家渡來會正東自熱水寨頭至側潭來會又至縣東渡里許與上流三派合而為一然後東至清流縣又東會翎津抵福州以入于海

龍門潭在在城里其深莫測自龍門橋出會大溪

神頭潭在興善里神頭嶺下水清澈極深

斑竹潭在七里潭側多斑竹故名上三潭俱縣南

龍潭在□□里舊有龍神廟今廢

赤岡潭在□□里上二潭俱縣東

院子坑潭在縣西在城里遇久雨水溢接大溪

龍潭磜在縣北泉下里舊傳有黿浮水面溪水即漲歲旱鄉人取其水禱雨多應

雷鳴磜在興善里聲如雷轟

潭飛磜在縣南鄉重岡複嶺環布森列登陟極難磜居

校注：①湖

其中坦然寬平山環水合有田有地草茂林深易於藏聚宋紹定間有寇作亂於此後討平之因置南平寨上二磜俱縣南

七孤龍 在縣南烏路峽下清流激湍淩迤七曲舟師憚之

藍布地 在縣北□□里舊名水豈池產藕最佳

放生池 在縣南

萬斛泉 在縣北石洞中瓮涌而出流為小澗下溉田數千頃

潔溪泉 在縣南□□里清泚甘洌一名滴龍泉

甘泉 在鷲峰院

光嚴井 在縣治後光嚴寺前其水清洌甘美市人爭先汲之不竭

太平井 在太平巷口水極清澈

周家井 其水清洌雖大旱汲之不竭上二井俱縣治東

古井 在縣西五里清澈甘洌病者飲之或愈

上杭縣

金山 邑之主山也巒嶂嶒岏蒼翠如畫宋康定間嘗產金因名山之上有三池名曰膽水其上下二池有泉湧出中一池則畜上池之流相傳宋時縣治密邇其池水赤味苦飲則傷人惟浸

生鐵可煉成銅後縣治既遷則其水遂變不異常水而浸鐵亦不復可成銅矣山之側有百丈際高可百丈一溜如線自石罅出舊名黃金坑山之陽有南一寶山望之如筆插空舊傳有童子牧牛其上得白璧一雙因名・大明一統志云據金山之陽故名近山有巖名曰寶興

靈蛇山峭拔凌空舊傳山有巨蟒出沒人過其處必禱之故名上二山在平安里

七峰山在在城里為邑之後鎮七峰岌嶪翠麗可愛堪輿家謂上應北斗故又名七星山巳上四山俱縣北

袍山為邑之前鎮以形似名舊志云未縣之先林木森蔚有術者過之謂其民曰袍山蒼蒼朱紫盈坊未幾遷縣于此

横琴山横亘縣前之溪南平廣延袤如横琴然亦名横琴岡岡之後有井凡有疾者多取其水洗之云有驗也以其上有觀音庵因名觀音井上二山在縣南在城里

冷洋山在在城里高出群山俯見縣治舊有道人結菴其上

亂石隅山在古田里其上亂石巉巖故名上二山俱縣東

展旗山在在城里

爲邑之右鎮數峰聯屬迤邐若展旗然

石獅崠山在來蘇里山石巉岩狀若獅子

鐵嶂山在勝運里石壁峭拔勢若屛幛山之西産鐵鑛上三山俱縣西

覆羅山在縣西北在城里高聳特立山頂端圓若覆籮然

高唐山舊傳有姓高唐者二人年皆九十餘一日登此山遂不復歸因名

羊廚山高可百丈盤亘百餘里據汀潮二州之界危峰怪石千態萬狀其巔常有群羊栖止人跡罕到上二山在縣西南來蘇里

美女峰在縣南□□里其峰有四葱蒨秀麗故名又名美女峰

雙髻峰在縣東□□里爲邑之左鎮雙峯並聳若雙髻然

三層嶺在縣南□□里嶺三級始至其脊成化元年邑民李特英夾道植松五百餘株行者便之

羅括嶺舊傳有羅括者結廬於此因名

雙溪嶺有二小溪環遶其下與長汀縣隔界上二嶺在平安里

爐背嶺在□□里鄉人嘗建爐於其前故名

石冷洋嶺在在城里嶺多石窰迩冷洋山故名成化

十二年邑民丁貧植松數百株以蔭行者

香嶺在白砂里舊有檀香木數本因名新志謂上產木乳膏居人採而爇之故名巳上五嶺俱縣東

大際嶺在□□里路通武平

石牌嶺下有巨石方正如牌因名

燈籠嶺上有石若燈籠狀

蜈蚣嶺嶺路蜿蜒若蜈蚣然正統間鄉民吳廣植松千株以便行人憇息

棉嶺在棉村故名景泰間邑民唐常夾道植木千餘株人賴以蔭上五嶺在縣西勝運里

管公巖在縣北平安里深廣數丈內有石鼓擊之輒鳴舊傳有管姓者修行於此故名

仙女巖在縣東白砂里負岡瞰溪中廣三丈有穴上透天光舊傳嘗有仙女居此

黎公巖在□□里舊傳嘗有黎姓者修煉于此

青嶝巖在來蘇里尖聳蒼翠故名上三巖俱縣南

東安巖舊傳定光佛嘗棲息于此

石燕巖天順間鄉民建菴於其上上二巖在縣西勝運里

赤面石上圓下方峭直如壁其色赤

石龍橫亘大溪中背有鱗文遇旱鄉人積

沙石於其背即雨水漲蕩去沙石乃巳

觀音石在大溪中其石有三以形似名前有觀音潭上三石在縣北平安里

烏虎石在□□里大溪中巖然如虎之蹲踞

獅子石在□□里梅溪寨之西水口山巔高數十丈長獅之狀若獅子之臥

香爐石在白沙里九曲水口以形似名上三石俱縣東

鬼湖在縣北平安里廣文有奇深不可測傍無寸草人莫敢狎相傳下通大溪乃蛟龍窟宅

天井湖在縣南勝運里闊五十餘丈舊傳深淺莫測一日水忽涸而復湧出於十五里之外今春盈秋涸為常

大溪在縣南發源於長汀縣界巢溪匯合入縣境與舊州語口水會至縣治南山下西流又南經潭口抵廣東潮州入于海

九曲溪在縣東白沙里源出新坊口縈紆九折至語口

黃潭溪源出龍巖縣石門至漢漈硿

安鄉溪源出東安巖山澗中上二溪在勝運里

瀨溪縈紆至展旗山下已上三溪俱縣西

南寶溪源出南寶山下納磐水會金山下溪

至鍾寮場與南橋小澗竹林坊水合而東流**礬溪****赤水**出鍾寮場之東與南寶溪合**新田溪**在鍾寮場西與南寶溪合流過靈蛇山會語口溪南流至舊州**金山下溪**流數里①滲入沙石中號乾坑數百步外復湧出長流**水浦溪**源出武平縣界經巖頭鋪至水布灘上五溪俱縣北**苦竹溪**在縣東北源出白沙里山澗中合衆流至水西渡巳上十溪俱流入于大溪**草鞋潭**在□□里延袤數里舟人云行竟此潭可成草鞋一雙盖狀其長也**黃土潭**在平安里潭傍土皆黃色上二潭俱縣北**相公潭**在縣南三里**灘頭潭**在縣東一里**石壁潭**在縣西石壁寨之下**縣溪諸灘**髙車灘傍置高車轉水漑田馬尾灘灘水散流若馬尾然上二灘在縣在城里逆船灘灘勢甚險舟至此必避溪傍齊力倚器然後敢過椮篷灘上徐灘下徐灘大籠鈎灘歷前若籠鈎然此七灘九險上五灘在縣西勝運里文孫灘在縣南來蘇里磐石

校注：①滲

槎牙舩不可下行者至此必易舟而去田龍灘有石如龍渡江白石灘禾灘灘俱有石平坦農者往來常頓禾其上目忌一灘水極湍急舟人畏視之①鑊風灘灘有二水一直一橫浪濠如鑊上五灘在縣北平安里

御天池在縣南塔院前蓄水備旱宏深不竭

放生池在縣西駟馬橋下

佛嶺泉在縣東□□里水自石孔中出清澈可鑑往來行人飲之未嘗少減

瀑布泉自山巔直瀉而下如飛練然

里田湯泉其熱可褻生物傍亦有列泉鹽灌者恒取以相濟

小拔湯泉其泉性温可澡浴上三泉在縣西勝運里

碧泉井在縣南三十步

觀音井在縣治西北

吳公井宋慶元間有龍見于其中

射圃井在射圃前

東門井在昭賜門内上五井俱縣治東

靈源井大旱不涸霪雨不溢

普濟井

甘泉井在進士坊北巷内其水重於他水

石固井在石固廟前上四井俱縣治西

應星井在縣治東

校注：①鑊

北**所前井**在縣治西北千戶所前**新開井**在縣治西南

武平縣

交椅山在□□里山兩脈交加形如交椅**鵝頭山**在□□里山上有石若鵝頭然上二山俱縣北**天馬山**在□□里以形似名**梁野山**大明一統志作梁山在信順圖里高五千餘仞凡十二面絕頂有白蓮池舊傳鄉民採茗至一巖内有佛像經帙鍾磬幢蓋煥然如新後再往遂失故道唐開元中有福僧卓錫此山毒蟒惡獸爲之馴伏上二山俱縣東**雙①鷹山**在□□里雙峯高插雲漢**靈洞山**在□□里山有仙人上馬石蛟池湯泉石龜之類大洞三十六小洞二十八下有靈洞院洞元觀今俱廢又有石井凡三舊傳爲葛真人煉丹井上二山俱縣西**石徑嶺**在□□里高峻多石路通羊角水接江西會昌縣界**當峯嶺**在□□里鑿石爲路其長五里②上接永平寨上有泉兩泓自石眼出名雙井泉**黃公嶺**在□□里與長汀縣分界修阻二十

校注：①鷹　②下

餘望上有聖公泉舊傳定光佛過此偶渴因而卓錫泉迸石中僅杯勺許雖千人飲而不竭上三嶺俱縣北

伏牛嶺在縣南□□里嶺有石高廣百丈狀如卧牛

獅子嶺在縣西□□里上有石若獅子狀

橋背嶺在縣東北五里路接太平橋

南安巖在縣南□□里其形如獅子舊為龍龜窟宅俗呼龍穿洞後定光佛卓錫於此中有二巖南巖窈窕虛曠石室天成東巖差隘而石龕尤縝密又有石鼓石虎石龍石龜石猫俱以形似名宋郭祥正詩汀梅之間山萬里南安巖實向玲瓏青瑤屹立敞四壁巧匠縮手難為工前有十二峯森然並峙若拱揖然宋孫章詩蒼峯十二碧巖隈豈是飛從海上來靈境莫將巫峽比但令雲雨下陽臺

象洞在縣南□□里接潮州界其初林木深阻後漸次芟闢為聚落縈紆環抱之地凡十有九號九十九洞宋時嘗置寨於此舊傳象出於其間故名

綠水湖在產賢巖前相傳定光佛剏院時水色深綠可以彩畫粧飾院宇所用大綠皆取於此及

其化去則水色遂變不興常水矣

化龍溪一名南安溪在縣治前百步許源出清平鄉南流合歸順鄉小溪入廣東程鄉縣界

千秋溪在縣東源出梁野山

武溪

濠坑溪在丘留東里源出江西安遠縣界西南流上二溪俱縣西

漁溪在縣北豐順平里源出當峯嶺下會禾豐溪合逕口水南流

黃沙溪在縣東南溪多沙少石故名

禾豐溪在縣東北源出當峰嶺下南流入漁溪已上六溪俱流入化龍溪

大順嶺小溪在縣東信順團里流自露溪保北入長汀縣界七里河

順明溪在縣西順明里大嶺下西流出江西會昌縣界入大溪

露溪在縣東北一里一溪七彎俗呼露溪七渡

九潭在縣東北衆水所聚今淤塞已平

龍溪潭在縣西□□里舊傳龍穴其間禱雨輒應

雲磜在縣東□□里色如白練又名白水磜

縣溪諸灘剪刀交灘在縣西歸郡里白鷺灘在縣南豐順平里七里灘在縣北大湘亭里大

頂灘弩牙灘鈎丁峰灘小籠鈎灘上四灘俱在縣北歸郡里

放生池在縣治西門外

熱水泉在縣南□□里

龍泉井在縣南禪果院殿後相傳定光佛所鑿其水澄瑩甘冽後有以污濁觸之若一夕龍鬪①于井飛騰而去自是色味俱變宋慶元間龍復見水復其舊

清流縣

屛山在坊郭里屹然特立於縣治之後蒼翠如屛

象形山以形似名

蓮花山中有蓮池上二山在求得里已上三山俱縣北

龍山在縣南坊郭里自長汀平原山一脈蜿蜒而來八十里許至是頓伏低昂盤旋回顧乃縣之左山也堪輿家有左龍右虎之說因名山腰一峰高聳峭拔其巔則邑之風景俱在目睫名南極山上有二小菴龍山之左有銅鑼山其頂平圓如鑼狀又有塔山蓋龍山之枝山也山巔舊有塔今廢下有萬壽寺

東華山高大而長林木鬱茂上有二菴一攢絕項尤勝

筆山巒疊嶂盤亘數里中聳一峰如筆上二山在坊郭里

蓮葉山

校注：①闘

斗笠山上二山以形似名在倉盈里巳上四山俱縣東方山在大溪之西山形方正故名

西靈山縣之右山也舊有西靈庵上二山在縣西坊郭里貴人山夢溪山

鐵石山多石堅黑如鐵或云舊產鐵上三山在夢溪里豐山在羅村里山極峭絕其頂如磨常有雲氣覆之秋霽方露全體人跡罕到宋有道士劉姓者嘗與其徒五六人裹粮攀躋凡六日乃至其巔坦夷可坐數十人上有田地又有碁局用竈礎石散於地如故居廢址疑為神仙窟宅云巳上四山俱縣東南

拜龍山在坊郭里與南極山對峙狀若人拜漁滄陽山楓陽山多楓木上二山在四保里巳上三山俱縣西南

向陽嶺一名激陽玉華嶺上有玉華西洞石峰矗立翠色橫空玲瓏穿透可容百餘人中有石牕石龕石觀音石蓮花石獅子之類宋乾道間始建佛廬玉華洞之西有三穴舊傳一道人秉炬齎粮行一日餘出洞口乃寧化縣境名石燕洞玉華洞之東

又有靈龜洞

高地嶺在大山中其地最高上三嶺在縣北求得里

高陽嶺在縣東嶺之上先得日光故名

高風嶺在縣東北坊郭里宣德間創亭其上扁曰高善

長空嶺在縣東南倉盈里

蔣公巖在□□里叢石嵯峨外險中寬宋紹興初有蔣道人居此能辟穀後不知所終

七峯巖七峯突然聚於一處

清溪巖中有一水流出清瑩異常

靈龜巖舊傳有僧見大龜於巖下而心異之因創菴以居上三巖在求得里

獅子巖在歸仁里以形似名已上五巖俱縣北

馬兒巖在縣東夢溪里一名馬子巖舊傳有馬生駒化而為石

灞湧岩在縣東北坊郭里飛泉怪石茂林脩竹為一方之勝舊傳定光佛遊憩於此巖前嘗有金蓮湧出故又名灞湧金蓮巖

白雲巖在縣東南求得里相傳國初漳州有江姓者棲此巖後惟見白雲冒其上訪其人已化去矣鄉人因像而祠之

金烏石在龍潭橋東今沒于水

廩石在倉盈里

高大圓尖若廩米然上二石俱縣東

玉兎石 在鳳翔橋北色瑩白春夏或變青紅色今墜溪中惟見其底

獅子石 以形似名上二石在縣西坊郭里

大溪 在縣治西源接寧化大溪環抱縣治三折經漁滄潭出九龍灘趍沙縣而東

芹溪 源出歸化縣至安鎮

沙溪 在歸仁里

連城縣溪 自連城至縣東六十里羅口上三溪俱縣東

清溪 在縣北發源寧化縣至嵩口

夢溪 在縣東南山澗合流

三港溪 在縣西南源出寧化縣

半溪 在縣東北源出高地嶺至白石橋上七溪俱流入大溪

漁滄潭 在龍津橋南三潭相屬深不可測西岸有巨石對峙漁人多萃於此故名

長空潭

秋口潭 二潭俱以灘名皆深不可測上三潭俱縣東

長空灘 在縣東其中屹立一大石水勢洶湧舟人憚之

九龍灘 在縣東南內三灘在永安縣境故又名六龍灘詳見永安縣山川志

放生池 在縣西登真觀前

東峰泉 在晏公廟

下邑人架竹引過龍津橋利濟甚多**東菴泉**在菴山之麓泉甚清冽宜作茗飲上二泉俱縣東**湯泉**在縣東南凡三曰池溪曰丘源曰萬口其熱如湯發源處可煑雞卵**泗聖井**在縣北平山**倉前井**　**真武井**石巖四圍中一穴泉味清甘可飲一名聖堂井今亭於其上上二井俱縣南**縣前井**水清冽而美嘗覆以小樓水即涸因撤①去之泉出如故**城隍井**水味淡以煑茗則有礬氣上二井俱縣治東**東嶽井**在縣治東南水甘而冽

校注：①撤

八閩通誌卷之九

地理

山川

汀州府

連城縣

後龍山在縣北在城里山之脉自清流縣豊山東南逶迤而來至縣境為旗石峰為西寶山為三軍山至是岦然峙於縣治之後實縣之主山也

金鷄山舊傳嘗有人至山中見一菴有金鷄飛鳴因寄宿菴中及覺遂失菴所在

銀屏山磅礴屹立每冬晴雪霽若銀屏然

筆架山三峰聯屬狀若筆架上三山在南順里

雲山峰巒峻聳勢凌霄漢時有雲氣出其上

高貴人山挺拔端重秀出群山之表上二山在河源里

白雲山①在表席里稜層奇崛

校注：①崚嶒

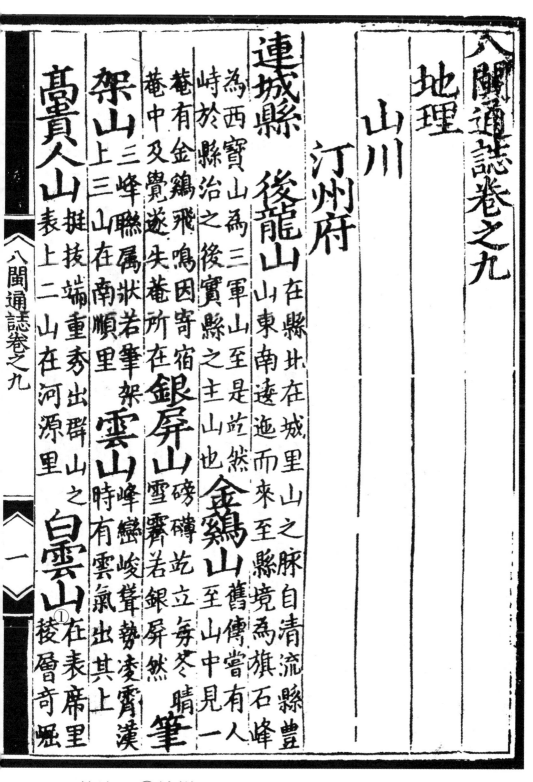

高入青蒼時有白雲覆其頂故名巳上六山俱縣南**西竇山**在縣西南順里祖傳嘗夜有白光發林麓間或者以爲金銀氣故名**蓮峰山**舊名東田石峭壁攢峰盤礴數十里絶頂哩凍石泉流衍宋彭孫嘗居之外有石梯石巷僅容一人官置三寨其上遇寇警則移民以避於此又有定光道場號白雲洞天元馬周卿取山間奇勝命題凡十三以隸書刻石曰蒼玉峽曰雲棧曰天梯曰豸冠曰桃源曰清①如許曰芙蓉波曰金字泉曰白雲深處曰天光咫尺曰蒼谷曰靈虛曰小崆峒**金櫃山**山形②方正如櫃**天馬山**怪石昂藏起伏若天馬爭奔舊傳遇風雨夜則嘶嘶則鄉里不靖元末雷擊其首**獅子山**怪石嵌呀蹲踞狀若獅子故名**三仙山**舊傳嘗有三人聚會山中優游談笑一日皆乘鶴而去因名**上峽山**兩山夾立中有一路達北安鋪上六山俱縣東北安里**文筆峰**在縣南表席里尖聳如筆**分水嶺**與長汀縣接界嶺之水西入長汀東南入連城故名**彭**

校注：①清　②形

地嶺 相傳宋開國侯彭孫嘗駐兵於此上二嶺在縣北北安里 垂珠嶺 在河源里相傳宋文天祥起兵勤王經此嶺回首垂涕邑人因表之曰垂珠 遠水嶺 在表席里路接上杭縣界行人遵此嶺以避壹灘之險故名上二嶺俱縣南 塔背嶺 在縣東在城里東塔寺之左 虎忙嶺 在縣西南順里陡峻而長謂虎過之亦蒼忙也嶺半有庵 靈峯巖 南峯巖 中有佛庵上二巖俱縣南 石門巖 兩石相峙壁立萬仞中有宿雲庵總宜亭懸然閣 鷲峯巖 勢如騰雲旁有瀑布泉及石倉上二巖俱縣東 滴水巖 在縣東北□□里有水一線出石竇①直瀉巖下相傳定光佛嘗駐錫于此 七星岡 在縣南南順里岡凡七環列如星之布 龍子岡 在縣南南順里因後龍山脉過此故名 迎春石寨 在蓮峰山上邑民過立春日皆詣迎禱 龍爪石 在縣南表席里西山之下形如龍爪 香爐石 在蓮峰山玄真堂前圓仰如香爐狀

校注：①竇

文溪在縣治前舊名清溪源出長汀磜經新林寺迴環屈曲到縣凡九折東入清流縣界

菖溪在河源里源出龍巖縣山中下接楊家渡入長汀縣界

新泉溪在表席里源出上羅地下抵湯泉溪合流入上杭縣界上三溪俱縣南

石門潭在縣北北安里烏石嶺下夾溪兩石對峙潭居其中深不可測

楊花潭在文溪之下夾岸多楊樹故名其下有蓮花潭相傳漁人沒水見潭底有石如蓮花其下又有龍潭舊傳有龍居之歲久湮塞

楊梅灘在縣北北安里灘之源出長汀縣界合虎忙嶺及清泰里衆流而下灘流險隘上多植楊梅故名

蓮塘在縣西一里泉水所豬舊為放生池今多產蓮故名

沙水池在縣東南順里冬涸夏溢姚坊之田賴其灌溉

瑞泉在縣治前東畔

湯泉在縣南表席里

三龍井在縣南□□里有雲騰井上即雨舊傳有三龍居其中歲旱禱雨輒應

福仙井在縣西福仙觀側

古佛井在縣西南

歸化縣

龍西山在栫楊里其山奇峭高約千餘丈中有聖水巖泉出石中深尺許不盈不涸雖百十人飲之不竭俗傳人或涎其水即雷鳴

娥眉山在縣治前郡山聯屬中一峰正對縣門若娥眉然上二山縣北

樓臺鼓角山數峰聯屬有高聳似樓臺者有圓而似鼓者有長而似角者實邑之主山也

印誥山山形高而平正故名上二山俱縣北按今縣治北向而此二山實縣治後山也

象山以形似名即南山也

屏風山方正而高若屏風然

龜山一在晏坊一在石術村其形如龜下有井潭深可三丈水極甘冽已上六山在歸上里

蓮花山在中和里峰巒皆石若蓮花瓣然已上四山俱縣東

小三台山在縣學之前三峰聯屬如台星故名

響石山其山皆石以語則響應上二山在縣西歸上里

飛鳳山在縣東北歸上里望之若鳳之下平原

五馬山有五峰周遭聯屬其中土地平衍居民殷富俗謂之五馬歸槽

靈臺山

高入雲霄故名上二山在歸上里

旗山在歸下里高約三百丈其形如旗已上三山俱縣東南

銀瓶浪盞山在縣西南歸上里四峰聯屬中一峰圓尖如瓶餘三峰圓小如盞故名

筆架峰在縣東□□里三峰聯峙形如筆架

仁壽峰其山最高雲起即雨人以為候

五雷峰峰之傍有石如雷因名上二峰俱縣西

大黃嶺在縣南歸上里其土黃色得名

鐵嶺在縣東□□里路通延平將樂縣

滴水巖在縣北□□里有水滴下亢旱不竭西有洞闊可數丈其石扣之聲聲然下有水流地中約數十里俗傳仙人堂滚水即其所出也

聖隱巖在中和里巔崖峭壁樛木聯陰相傳嘗有異人棲息於此後隱去故名。按此見將樂志蓋舊屬將樂縣今分屬本縣

獅子巖在晏坊狀如獅子一石室約闊數丈里人建菴為遊賞之所

鳳凰巖在龍湖市內有一石形如鳳凰上三巖俱縣東

黃楊巖在縣東南□□里去巖二里許有侍郎巖舊名

翠雲巖其旁又有觀音洞並界歸化永安二縣間詳見永安縣山川志

騰雲嶂在縣東歸下里高數百丈周廻百餘里其頂常有雲氣

玉巖洞在縣西□□里巖石光瑩如玉洞內虛明相傳嘗有金鷄夜唱

獅子洞在縣西北□□里怪石蹲踞狀如怒猊中有數石室虛明深邃一柱屹立文如雕鏤洞外草木葱蘢風景殊勝

紫雲臺在縣東□□里高約千文①周廻二十里其頂平夷有田塘水碓居民三百餘家氣候多寒雖盛夏無暑氣每日色嵐光相掩映紫氣氤氳故名

棊盤石在□□里平正而大

八卦石在桂山下澗中一巨石狀如龜紋又有八小石龜繞之故名

門檻石在衎溪有石沿渚夾峙一里許水從中流如門檻狀

金盤石在□□里形圓色黃狀若金盤石上四石俱縣東

印石在縣西北羅漢寺溪口以形似名相傳剏寺時每月朔旦其石自能浮動

儒冠石在縣東南歸上里太平橋外狀若儒冠俗呼秀才石

明溪在縣東象山下自腰

校注：①丈

帶水而來流繞福林巷側經龍湖澗①接圻溪又有翰溪在縣東興善里源出龍湖澗流接雷霆溪又有布溪在縣東歸下里源接吉溪已上諸水俱流接沙溪自是溪始大可通小舟匯於巖前而去

腰帶水在縣學前源出五通凹流至黃溪頭始大環抱學前形如腰帶

圻溪在石圻村

雷霆溪在興善溪頭沿渚十里亂石礩硠聲激如雷

沙溪在歸下里

石硤澗在縣西南二里許源出山下石硤間流至慈利橋與腰帶水合

龍坑潭在縣東興善里山間深不可測有龍居焉禱雨輒應

百丈漈在縣東□□里源出山巔噴如雪花

白水漈在縣西□□里山巔流下如瓶之斟高約五①犬

滾水在縣東仙人堂小溪自水底石隙噴出高一二尺如散珠然

水簾在縣東中和里張淋漈石崖間一泓流下狀如垂簾高約十三四丈

鑑池一在布政分司堂後一在漳南道堂後成化八年參政謝昌僉事周謨鑿

泮池在儒學櫺星門前成化八年建學時所鑿形如半壁

校注：①接　②丈

硯沼在儒學門東成化八年教諭陳冠訓導張恂節縮廪餼買地鑿之以便諸生

白蓮塘在縣西覺林寺廣可五丈

甘泉在縣西五里葉舍坑山石竅中溢出四時不竭味冽而甘

湯泉在縣東南中和里源出溪頭熱可燅物

東泉井在東泉閣下

西泉井在儒學後上二井水泉皆佳遇旱不竭

仙人井在縣東太平橋外

永定縣

臥龍山在溪南里自茫蕩山一脉蜿蜒而來若龍臥然實縣治主山也

銅鼓山高數十仞周迴數里山有巖竇井泉石壁上有倒書千年二字舊傳嘗有銅鼓墜山中諺云銅鼓聲聞則歲大稔山下左右各有湖皆廣袤數丈其一或涸一雖大旱不涸

筆架山以形似名高出群山為邑之望

虎岡山西山相合林木陰翳舊傳烟雨晦冥輒有虎咆哮其上又名虎光山山凹中有坑如巨艦名金船塘每急雨山之土四流略不淤塞上三山俱在於太平里

黎袍山蓊鬱

蒼翠遠望如畫

茫蕩山　盤樓上杭永定二縣間山勢嶄絕人跡罕至二山在勝運里巳上六山俱縣北

掛榜山　邑之前山也橫方如屏正對學宮故名

龍門山　峰巒連屬與貢人峰並峙為邑之左鎮上二山在縣南溪南里

印匣山　在縣西溪南里為邑之右鎮平夷方正若印匣然

蓮花山　在縣東北太平里峰巒叢峙狀如蓮花

滿山紅山　在縣西南溪南里森聳雄麗與潮州接界

三峰　自梌山嶂發脉縈紆起伏至于卧龍山

雙髻峰　兩峰並聳狀如雙髻上二峰在溪南里

凉傘峰　在勝運里崗巒崒嵂亭亭若蓋故名上二峰俱縣北

水珠峰　兩山相向奇秀特出上有瀑布泉又名雙飛蝴蝶

雪竹峰　陡峻插天為邑之勝上二峰在縣南溪南里

貢人峰　在龍門山之左峭峻端重如人形

新村嶺　在梌山嶂下延袤十餘里路通勝運里田

緣嶺　在縣東豐田里接漳州界嶺脊有圓墩故名蓋誤以圓為緣也

分水嶺

在縣西北溪南里石逕險隘一水分流南北入勝運溪南二里一名猪槽凹

三層嶺 在縣東南金豐里畱崗三折最巇險隘令設巡司於上以察是非

龍顯巖 在黄田山麓昂然一名如龍騫足掀爪鱗甲具備巖壁間有筍突出如牛首今結小菴於其下

獅子巖 形勢壓厚狀如獅子

石鐘巖 中有石乳上三巖在縣北太平里

吳坑巖 在縣南豐田里空洞深窈中有石如龍蟠

梌山嶂 在縣北勝運里山勢峻特綿亘百里林木龍葱四時不改上有石如馬諺云石馬鳴則有兵成化十四年草寇竊發太監盧勝令軍士燬其首而碎之

松栢嶂 界饒平永定二縣間疊獻[1]巍峩林木蓊欝昔人多避寇于此

桃坑嶂 山高林茂鄉民嘗建爐冶於此上二嶂在縣南溪南里

楊梅崠 在金豐里高峻磅礴盤亘數十里多產楊梅故名

牙梳崠 在勝運里以形似名界上杭永定二縣間水分南北上二崠俱縣南

伯公坳 在縣南溪南里路通潮州

寒水

校注：①巘

坳在縣西勝運里路通上杭縣石逕巖險行者以為病成化十七年知縣王環鑿石開道人頗便之

横龍石 **頭巾石** 上二石俱以形似名在縣北太平里

蓮花石 在大溪中群石叢生狀如蓮花溪湍怒激舟行稍失勢輙有覆溺之患上有石壁隱然有文如女婦逐一鶖又名漁磯石壁

藍盤石 雄據水涯

九磴石 巨石層疊為階級者九故名

蠟石 色如蠟居民寓以蠟石名鄉上四石在縣南溪南里

馬跡石 在勝運里小澗中廣二尺餘厚四之一面背皆有馬跡每大水巨石皆浮離故處惟此石不動

鰲石 在平田中抗陂水逆其下上二石俱縣西

晏湖 在儒學前周圍綜百丈餘陂水來注瀦而為湖春夏洩以漑稻秋冬閉以畜魚

①**涵水湖** 在縣西今名龍安寨湖澄湛縈環中趍一阜旁有溫泉迸出

大洲溪 在縣南溪南里源出龍巖大地經高陂由豐田過縣治西趍折而南流至廣東潮州入于大海

文溪 在縣北太平里源出孔夫至深度合

校注：①涵

武溪

武溪在縣東豊田里源出寒袍嵊經緣嶺下由龍潭深度合文溪

金砂溪在縣北金砂村源出分水嶺南分流經金谷寺出古溪溪橋巳上三溪皆流入大洲溪

豐稔溪在縣北勝運里源出龍巖縣界經上杭黃潭過豐稔寺前會跳魚溪水合流至漢滎崆入于大溪

跳魚溪在縣南勝運里源出梌山嶂經豐朗至豐稔寺前

信豐潭在豐稔寺西其深莫測

齊頭潭旁有民居因以潭名村上二潭在縣南勝運里

龍潭在大洲溪舊傳有龍居焉

鸕鷀潭在縣西常有鸕鷀群聚捕魚因名

縣溪諸灘磨石灘在縣北太平里江沿隔水勢澎湃舟人至此加謹箭灘水急如箭羅灘湍流奔急居民因以灘名村上二灘在縣南溪南里樵灘在縣西水勢奔激舟人過此有惧色

箭灘湯泉在溪南里源出小澗不涸

下洋湯泉在金豐里自石壁流出四時不竭上二泉皆可盥浴

里田湯泉在勝運里其湯最熱可①熟物旁亦有列泉

盥濯者恒取以相濟上三泉俱縣南　大洲湯泉在縣東隔溪泉出池中可盥浴　雙井在縣南溪南里吳坑其水澄澈不涸

延平府

南平縣

龍山一名龍騎山城壁環其巔山之半道南祠在焉　西山舊南劍州治之西郡學據其絕頂上二山在府城北隅　九峰山在劍津里九峰岧嶤相接為郡境諸峰之冠　展旗山在□□里以狀名宋黃裳詩峥嶸南揖展旗山旗鼓相臨縹緲間上二山俱府城南　衍仙山在府城東衍仙下里舊名含源山晉衍客結廬煉丹其上傳以為仙去因名山有支峰巖中一石峙立如佛一名石佛山○衍一作演　虎頭山在縣治之右形如虎踞舊縣學在其下　蓮花山在天竺里重峰疊峙如蓮花然　溪源鳳山在劍津里山上一泉井有龍居焉歲旱禱雨輙應

天柱山在大源里屹立凌空如柱
篔簹山在安福里雋多竹
寶雲山山勢秀拔時出雲氣
文筆山一峰聳秀如卓筆然上二山在資福里
天馬山在太平里劉禹錫詩山如天馬奔已上八山俱府城西
百丈漈山在府城東北新興里高峻臨水
雲頂山高與雲齊
寶龜山平田突出一石如龜形上二山在府城西北梅西里
九龍山在長安北里九峰蜿蜒如龍又有石如獅子狀號獅子巖左有石壁立峭聳號禪巖下有書院祀宋楊時羅從彥李侗朱熹四先生廢址猶存
金山在餘慶里山側有石洞名金鐘相傳昔有仙居之
龍湖山四山環峙中為平原傍有龍湖寺
虎掌山以形似名上二山在保福里
群山在晉安里群峰競出故名已上五山俱府城東南
南山在羅源里宋羅從彥家其下
金鳳山在太源內里高出群山其形如鳳
金寶山山形高聳秀麗
米頭山相傳巖畔有石竅出米山

下道菴賴以給日食後有呉釋子者大其穀米遂絶上二山在開平里已上四山俱府城西南**文筆峯**在府城南羅源里高出群山摩切霄漢**小鷲峯**在衍仙下里峭崱如鷲鳥狀宋元祐間漕使曹子方過此愛其奇秀有詩云面前山好無人識定是飛来小鷲峯**蓮花峯**在崇福里曡巒疊障狀若蓮花上二峯俱府城東**紫芝嶺**在北隅嶺道逶迤民居稠雜通郡學之西山下有夏水井水清洌汲之者甚衆不竭至炎月愈甘美故名**石鼓嶺**在梅南里其山高聳絶方圓數丈中心尺餘以石扣之其聲如鼓故名上二嶺俱府城北**湖頭嶺**在府城東衍仙下里昔張甯設伏敗張激於此**梧桐嶺**在府城西資福里多產梧桐**黄源嶺****白砂嶺**上涯白沙**清風嶺**高出群山上三嶺在府城東南金沙里**美巖**在雲盖里唐劉聖者於此坐化遺菴尚存**鹿坑巖**在壽山里相傳山多鹿故名上二巖俱府城南**容照巖****百花巖**

劍溪之東石壁峭立方春百花鮮麗故名下有碧雲洞上二巖在崇福里**中巖**在銜仙下里高出衆

山有瀑布自巖中飛下**雲頂巖**在汾常里常有雲氣冒其上故名上四巖俱府城東**西巖**

其石崔嵬相傳唐寶曆初有蔡郴二禪師搆菴山神示現二師接松倒植於地而松倒生山神乃歸向

天井巖山石中一竅通明故名上二巖在大源外里**聖泉巖**在天竺里當道傍有巖泉

清而甘歲旱不涸夏月行人競飲之相傳有聖僧道此鑿以濟渴**碧巖**在長沙上里相傳曾出異

石**青巖**在梅東里四時青色隱隱故名已上五巖俱府城西**白土巖**在府城東北新興里

山產白土人取以製粉**郭巖**在府城西北壽巖里相傳梅福煉丹於此又云上有仙翁菴仙翁郭

姓故名**舉巖**在長安北里**虎掌巖**在餘慶西里狀如虎掌故名**紫巖**岩石皆紫

色**文筆石巖**尖峰如筆上二巖在晉安里已上四巖俱府城東南**間猿洞**在城南玄

妙觀之右昔有方士袁深嘗煉丹其中二白猿往來而狎風晨月夕時聞清嘯故名深詩聞猿何似不聞猿聞得終妨一夜眠息箇心猿如了得洞門深鎖月明天

蓮花洞在府城北梅南里巖石赤紋狀如蓮花

隱鱗洞在崇福里左依百花巖右傍藏春峽直抵雙劍化龍之漪宋隱士吳儀嘗漁釣其中

石背洞在衍仙下里上二洞俱府城東

花心洞在劍津里山有九曲似花心焉

金源仙洞在梅東里元至正中有方士隱其姓名修真於此賜號顯迹道場上二洞俱府城西

平寇頌石李先鋒繫降寇坐此郡人刻頌

花紋石有五絲紋

蝦蟆石臨水如蝦蟆狀居邇此石者夏月無蚊今鐵冶是也

笏石

幞頭石上二石皆以狀似名之已上五石俱在府城南劍津里

金星石其色黃瑩如金故名

鳳味石相傳昔有孝子母思鳳肉成疾遇仙指曰此石味同鳳肉擊塊煮而食之疾愈上二石在任州里

仙書石在崇福里蕭坑之前

或指以為仙書巳上三石俱府城東鹵水石玳瑁石如玳瑁狀上二石在府城東長砂上里盤陀石在府城東南杜溪里一石坦夷方廣丈餘四山環峙清泉涌出其旁嘉木陰森景絕幽雅宋李侗朱熹二先生嘗遊息其上馬鞍石在府城西南狀如馬鞍歸雲峽在府城北衎仙下里兩後常有雲氣蒼峽在府城南長安北里兩岸青山迴合溪流轉折而去藏春峽在府城東崇福里劍溪之東兩山崇攤繁花雜①卉生其間篔峽在府城西天竺里山多產竹大洲在壽山里安濟鋪前其地多民居雖洲在長沙上里水中平地民多居焉上二洲俱府城南濛洲在汾常里仙洲有山介二水之間上二洲俱府城東黃龍洲一名黃龍洲在府城東南張司空祠前每春水後土人視洲之沙多寡占歲豐歉宋黃裳詩云看取黃龍沙斗起滿城歌吹入豐年金沙白沙上二沙在金砂里小沙在崇福里巳上三沙俱府城南

校注：①雜

鼇湖在府城南羅源里

龍湖在府城東保福里

三溪在府城南西溪源出長汀縣經將樂縣東流至順昌縣西與邵武溪合又東流經王臺驛前至沙溪口與沙縣溪合四十里至劍潭東溪源出浦城崇安松溪三縣凡五派合流會于建寧城外南流一百二十里至劍潭遂合流而下俗呼為丁字水者曰南溪又九十里與尤溪水合直抵福州而入于海

大芹石橋溪長沙里二小溪發源尤溪縣界冊嶺下約三十里至此

太平里溪溪源自沙縣界黃泥隔約三十餘里至眞當

開平里溪發源自大原里流五十餘里至武口又十餘里抵大溪上三溪俱府城西

羅源里溪發源自威溪流經本里至壽山里

雲蓋里溪發源自尤溪林平聚流成小澗又二十里經羅源里至壽山里合羅源溪

大源里溪發源自本里經大地歷巖頭蔡坑口至伏溪口約二十里至大芹石橋下

杜溪發源自坑柄嶺下十里會流入崇仁里又四十里至水東口上

四溪俱府城南

遵教里溪 在府城東南發源自建安界小溪流經本里小演溪約五十餘里至黃源巳上八溪皆流入三溪

常坑 在府城東演仙下里坑即澗也 **小常村坑** **小溍村坑** **大溍村坑** **鑿灘坑** **小鑿坑** **大鑿坑**

峰溪村坑 上七坑俱發源演仙下里山谷間 **馬坑** 在府城西發源自小浴嶺後興化院前及林坑胡坑源合流至坑口化龍橋下

西門坑 發源小浴嶺下至舊縣尉司前石橋下

花心洞口坑 源出溪源經大浴嶺下約十餘里至羅源鎮口鎮安橋上二坑在府城西劍津里

水磨坑 源出劍津里尤坑約七里至坑口

田坑 在府城南源出廣教寺之東西坑至中巖合流經水雲村至府城西四鶴橋下

林塘坑 在府城南壽山里巳上一十四坑水俱注入三溪

萬丈潭 在府城南劍津里靈源庵之前其深莫測潭上有亭以潭名名之

九里潭 在府

城東南金砂里上下皆急灘惟潭九里澄碧其平如掌

百丈溪在府城北新興里

羅源溪在府城南羅源里

東溪諸灘曰汾曰竹林後曰高桐曰鑿曰黯澹此下直至劍津接西溪其中黯澹一灘古稱最險宋天聖中郡守劉滋開其港道元豐中朝命其地僧院主之歲度僧一人導湮塞紹興間郡守上官愔督漕晁謙之范同通判吳逵知縣吳叔虎謀以義財募開民鑿其險爲港闊三丈又爲二乾①港闊減三之一官復以錢三十萬付院僧收支佐用於是東溪之險悉平

西溪諸灘曰石柱曰扛猪曰張八嫂曰三門曰小黃口曰大黃口曰張鑊曰虎口曰樟槎口曰蘇坑口曰星窟曰大端曰小端曰城門曰將軍曰黃墩頭曰慈油此下直至劍津接東溪

南溪諸灘曰劍鞘曰萬口曰大傷曰小傷曰五港曰天柱曰鳩道曰同蕩曰龍窟其中大傷天柱龍窟諸灘古亦稱最險宋紹興間郡守上官愔等既開黯澹灘愔復議大開諸灘有僧祖日者能相②灘勢因命董其役漕司助錢百萬

校注：①港　②灘

鑿此灘棓復請于朝願益助費事下漕司如章又益錢一百五十萬而南溪之險悉平

劍津 在府城南建寧邵武二水合流之所晉雷煥子所佩劍躍入水化爲龍即其處也唐歐陽詹詩想像精靈欲見難通津一去水漫漫空餘昔日凌霜色長與澄潭生晝閑

放生池 一在府城東迎恩亭之前舊爲宋南劍州放生池一在溪南玄妙觀下舊爲宋劍浦縣放生池即劍潭上下水深處禁漁捕

綠淨池 在府治東地名天河古放生池也

蓮花池 在田坑南山之陽

葉家池 在府城梅山麓

茯苓泉 在府城北中巖畔舊有古松根下結茯苓泉出其側故名

槃澗泉 在劍津里源出山巔盤迴石澗泓深清潔其味甘美土人飲焉

育德泉 在延平書院橫翠樓之右其泉寒冽宋羅從彥李侗朱熹三先生講道於此飲此泉取蒙卦象之語名之上二泉俱府城南

金泉 在府城西二里許灘中有沙人淘之往往得金

佛智泉 在開平寺方丈之後極清冽遇旱不竭

譙

樓門内井味甘而美遇旱不涸七星井水味甘美夏月不竭雙井在府儀門前左右成化初知府鄭時鑿泉味甘冽四時不竭上四井俱府治南學粮倉街井在府治東俗呼夏郎倉井水帶鐵氣南山下井在衣香巷其泉自下湧上漫溢平地色清潔而味甘美釀酒尤佳河泊所前井上二井俱府城西

將樂縣

西臺山一名鐘樓山邑之主山也巍然高峙其上坦夷如臺因名山之麓有真濟洞封山其山高大群峰環拱為一邑之鎮山南有玉隆萬壽宫昔楊道真君煉丹於此山麓有小洞名真君洞宋楊時有記上二山在龍池都龜山寔封山之支峰其狀如龜宋楊時世居山之下因以為號今有書院在焉百文山在崇善都與江西南豐分界懸崖絶壁高出群山蒼藤古木高聳拂雲昔越王嘗於此建置臺榭五臺山在永吉都峰巒環拱林木森然已上五山俱縣北

翠簾山 蒼翠高聳如垂簾狀上有天湖山三面①峰環中夷而曠有龍窟承天瀦水曰天湖山因以名

天階山 一名登岁蓢高若升天相傳赤松子採藥處有玉華洞洞有二石門相去一二里許中分二路會于後門初窺之黑猎秉炬而入中有雷公溪源揚梅果子藏禾黄泥六洞又有靈泉龍井石泉合為潤而出怪石奇偉萬狀内產藥石品類頗多若石英寒水禹餘糧井泉砂鐘乳石燕龍骨狗牙此其最名者八其邃處有一小竅上通天光洞之外蒼藤古木鳥韻蟬聲清人心目遊者忘歸洞之陰曰寶華洞其中僅容周旋一石穴泉寒而冽不涸不盈其陽曰南華洞石室方平景物尤勝昔人稱為三華○

靈泉遇旱禱之輒應　龍井泉極寒冽　石泉其泉微温巳上俱在玉華洞中

馬鞍山 兩峰突屼狀若馬鞍上三山在玉華都

石壁山 蒼崖壁立周迴三四里險阻難登

金泉山 建安記云山南枕溪有細泉出沙淘之得金

五馬山 五峰森列如馳馬狀

東寶山 在南勝都

校注：①峰環

其山高聳甲於諸山朝暮嘗有光焰如寶氣燁燁因名

天柱山在三溪都其山孤特撐雲望之若天柱然已上八山俱縣南

九仙山重岡疊巃如龍翔鳳翥相傳嘗有九異人煉丹其上

石帆山聳峰如帆故名坤元錄云將樂石似張帆即此也上二山在忠孝都

孔子山層巒矗起溪濱山半有石竅深邃玲瓏遇水漲則巍然孤立如石壘然舊傳山有獸人形名曰鸞鸞○鸞扶味切又胃切

仙橋山山勢橫截如飛橋然上二山在富谷都

雲衢山在高灘都勢高木茂時生雲氣已上五山俱縣東

含雲山朝暮間常有雲氣氤氳其山下有寺宋楊時嘗築室讀書于此

鳳山兩峰對峙狀若飛鳳上二山俱縣治西

三石山在縣西南山上有三石色紅白如人形俗呼為三郎石

太陽峰在萬安上都高揷霄漢日初出此峰先得其光故名

山門峰在永吉都高聳雲霄下有兩石對峙如門其中小逕可通往來上二峯俱縣北

羊角峰在隆安都

兩峰並秀如羊角然

丫峰兩峰對峙如丱角狀

塔峰其峰岧嶢出雲漢之表絶類浮屠故名上二峰在中和都

君子峰在南勝都宋政和間邑人湯巖居築室隱居于下其人文行修潔時称君子因以名山上四峰俱縣南

笏峰在縣東高灘都卓立如笏

太靈峰在縣東北上衢都峰巒峭拔樹木陰翳人跡罕到巖穴嵌空相傳有靈物藏其間故名

馬嶺在龍漈都峻絶難①躋如愁馬奔躍故名

張源嶺在張源都嶺路盤曲十餘里上二嶺俱縣北

亭嶺在王華都其嶺崔嵬難於行步嶺半舊有亭以為行人憩息之所因名

三崎嶺在胡官都其嶺陡峻三崎頂有山泉一脉清澈可愛

湛嶺在蛟湖都又名蛟湖嶺嶺道僅一里許極險峻上有古木數株俯視大溪蛟湖在其下

鐵場嶺在興善都鐵場鋪一名鐵嶺嶺道險峻可五六里上四嶺俱縣南

星窟嶺在龍池都路出山巔下有落星穴故名

五岐嶺在積善都嶺道峻絶難躋其岐有五

校注：①躋

故名上二嶺俱縣東**藤嶺**在縣西二里其嶺高峻起伏縈廻嶺側多藤蔓故名**油雲巖**在縣
北龍漥都巖石礧砢瀑泉流其間每天欲雨則雲氣油然而生故名**瑞雲巖**在桃源都一名補陀
巖下有石室中立觀音像**永興巖**在興善都巖石峭然藤蘿垂絲可翫**春巖**在水南都又名
春谷林谷陰翳花卉繁蒨四時如春故名**金谿巖**在石壁山之巔傍有惠應禪師庵右有亭翼然
俯瞰溪流為邑人遊樂之所上四巖俱縣南**甘露巖**在高灘都相傳嘗有甘露降其巔故名
龍津巖在龍池都巖石森聳下臨龍潭上二巖俱縣東**白雲巖**左有石室楊道真君嘗煉
丹於此丹竈尚存禱雨多應旁有馬仙祠**聖泉巖**巖穴中有泉一脈病瘦者飲之輒愈**仙井**
巖在陽岸都孤峭崔嵬巖畔有泉一泓如井深不可測因名**普照巖**在隆興都嶢巖聳立一覽
之際景物無遺**聖者巖**其巖最絕處有靈泉禱雨輒應**花巖**多產佳茗上二巖在隆蓬都已

上廿巖俱縣西

虎頭巖在玉華都一名龍池頭巖峰巒秀絶旁一石形類虎有石門自山下通山頂其中明爽可居下有佛刹重樓複閣為一邑勝處

東巖在龍安都巖竇出泉或謂神龍窟宅歲旱禱雨多應上二巖俱縣東南

石門洞在龍池都相傳葛真人煉丹於此

石燕洞在崇善都崖壁陡絶洞方廣可丈餘中有數石如燕

油雲洞在龍渡都洞門劃然泉清石潔相傳宋淳熈間有蕭公者遇異人於此遂得道至今有庵存焉上三洞俱縣北

金華洞在永康十都山高數丈洞口風出甚急内多蝙蝠宋有僧普盈結庵居之遇旱禱雨多應

鐵華洞在大里都不甚深廣其中雲氣吞吐泉聲清亮亦一佳境也

龍居洞在君①子峰之巔巖谷幽邃石泉清洌常有雲氣蒙洞外或疑有龍居之故名上三洞俱縣南

靈源洞在縣東忠孝都山巒秀絶由石逕而上一里許蒼崖陡壁泉響如雷一石室廣可六七丈倍實俯傴而入其中深邃微明多小石奇潤好事者採

校注：①君

歸植菖蒲以供清齋下有泉水遇旱禱雨輒應

星穴 在縣南蛟窟之右舊傳村民一夕聞震聲如雷起視之見一星大如屋黎明地陷為圓穴

蛟窟 在縣溪南相傳昔一小兒見溪傍一巨螺拾歸穴地潴水畜之未竟日其地橫潰水勢洶洶民懼以經卷鐵器投之方息今周廻寬畝許水清澈不涸

三公石 三石峭立儼如人形

金雞石 相傳昔人鑿石一金①鷄飛出石穴尚存上二石在縣北龍渡都

麻子石 在縣南翠蕉山下其石散碎色斑斕如麻子然

龍津巖石 光潤可為硯

石劒石 鋭利類劒故名

雷公石 與石劒相望相傳石罅中有泉清②塋土人禱雨汲之即有雷聲故名上三石在龍池都

聖石 相傳嘗有僧禱雨于石巔之雨澍故名

石門隔石 光潤可為碑為硯上二石在忠孝都

七賢石 在高灘都里人余氏世居其旁相繼登科者七人因名已上六石俱縣東

石獅石 在縣西北大里都鐵塴山屹立如獅之蹲

竹洲 在縣南竹洲都

校注：①鷄　②瑩

當溪之中林竹深茂故名亦因以名都

飯籮洲在縣東龍池都每值詔歲溪中或湧出小洲形如飯籮則邑士有預薦者

浮洲在縣西蛟湖都渡溪中其洲高時廣袤民居十數家上有佛廬相傳昔人嘗立寨避兵于此俗呼水砦

蛟洋湖在縣北陽源都孤峯絕頂水光澄瀲相傳嘗有巨蛟於此化為龍

西湖在縣南桃源都一名野水自桃源潨而下至此匯而為潭深碧如鏡

大溪在縣南水南都發源南自清流北自建寧泰寧合流至縣金溪縈紆經縣前折①而東至順昌會邵武溪至府城入三溪

安福口溪在積善都源出泰寧縣界經萬安寨前

龍池溪在龍池都源出泰寧縣張源嶺下

小莫溪在高灘都源出沙縣界

小常溪在富谷都源出常源村澗上四溪俱縣東

水口溪在來康都源出沙縣黃源嶺下經南勝都與龍安都石牌塲溪合流至此抵大溪

莫溪在縣龍都

竹洲溪上二溪發源俱自泰寧縣分水而來

常溪源出

校注：①折

寧化縣上二溪在竹洲都

將溪在義豐都源出石牌塲

桃洒①小溪在桃源都源出桃源漈已上六溪俱縣南

望江小溪在子數都源出本都山谷會諸澗之流

𧗱村小溪在桃源都上二溪俱縣西已上十二溪皆流入大溪

海溪按大明一統志在縣西北八十里詢諸邑人皆不之識姑志以俟知之

黃坑口澗源出順昌縣盖竹村

石帆小澗源出靈源洞上二澗在高灘都俱注大溪

白石潭在縣南蛟湖都下連黃竹灘洲多白石故名

龍潭在縣東龍池都二水夾流匯而為潭靈物潛焉每風雨晦冥則波濤洶湧可愕

金溪潭在縣西南石壁山下湛碧靜深崖畔有亭

白水漈在池湖都一水自高崖而下可百餘丈望之如白虹

桃源漈在桃源都飛瀑懸崖上二漈俱縣南

重灘在楊源都亂石巑岏湍勢迅駛如注

搖濺灘在義豐都灘勢曲折巨浪驚濤舟過則搖曳然

黃竹灘在桃源都亂石齟齶水勢奔湧約一

校注：①源

里許上三灘俱縣南。

三硐灘在積善都灘中聚沙旋①州春②張則分為三縈紆而下約里許復合為一

白渡灘恠石屹立水勢奔瀉如建瓴然

常灘中有沙洲二水分流淺水急僅一里許較之他灘是為常焉上二灘在富谷都

瀨口灘在高難都石③頹險駛其聲潺潺已上四灘俱縣東

硿頭灘俗呼謝家硿又名榕林灘左列亂石右峙沙洲當中一石巋然

延澗灘遇暴雨輒濤浪掀轟④睛明則可厲而涉上二灘在縣西曆龍都

將溪灘在縣西北竹湖都怪石⑤吃立其中水勢迅急舟師患之

仙池一名仙塘在縣南大里都隴竹山之上大旱不竭

龍池在縣東龍池都唐大曆中廖藏真人祖廖⑥大歲嘗以二水交流淵深莫測⑦措有龍居其中名之曰龍⑧也後因以名都

靈泉在封山之巔相傳昔人禱雨于此有泉湧出汲而灑之輒雨故名今有石穴無泉

金泉在石壁山下其山如金星泉出其下

湯泉在池湖都靈山寺東崖之巔其泉混混而出氣溫如湯

校注：①洲　②漲　③瀨　④晴　⑤屹　⑥太　⑦指　⑧池

仙泉在大里都仙塘之側其泉時盈時涸上三泉俱縣南**蟹眼泉**在高灘都巖上有兩石竅如蟹眼狀泉出其中**藤嶺泉**在藤嶺之下泉味甘美長流不竭**古井**在儒學前上二井衆汲不竭**龍井**一在玉華洞內一在寶華洞後巖石上一在縣南興善都一石穴大如盤三井泉味甘美遇①早不竭**含雲井**在縣西含雲寺之前

尤溪縣

伏獅山自兩髻山南龍逶迤起伏行三十里為貴人峰峰迴突聳而起狀如伏獅為縣之鎮山**雙髻山**兩峰峭拔萬仞如双劍倚於天外又名双峰山有堂祀觀音山之巔生異草二種一如婦人束髮髻俗名觀音髻一如蠟燭灌油可燃以照夜俗呼觀音燭**小雙髻山**狀如丫髻**碧鷄山**以形似名上三山在七都**董山**在二十都上有石室廣丈餘相傳為董真人煉丹之所已上五山俱縣北**眠象山**在青印溪之南**席帽山**在二十都上二山俱以形

校注：①旱

以名**仙靈山**唐末有王道人者結廬煉丹其上後不知所終人皆以為仙以此山為仙靈窟宅山有十奇曰双鑑池曰靈泉井曰飛星壇曰卓筆峰曰宿雲洞曰鷹嘴巖曰白雲菴曰棊盤石曰獅子石曰仙樂臺俱在峰頂**蟠龍山**狀如龍蟠上二山俱在二十三都**靈旗山**在二十五都望之如旗幟然**龍門山**在二十六都高聳千丈餘其巔有石穴泉極清澈歲旱不涸相傳有龍居焉巳上六山俱縣南**應仙山**在十都其山極秀麗好遊者臨絕頂群峰一覽在①日舊名鷄心山山半有亭曰應仙因改今名**參拜山**在湖頭溪之東山勢起伏若趨拜然上二山俱縣東**屏帷山**在縣治西自貴人峰傍出環抱縣之西市如屏②惟然**鷄龍山**在五都以形似名**仙山**在六都其山峻絕勢凌雙峰山之巔一石③六吞吐雲氣深不可測相傳有牧④豎挪石其中聲隱隱若雷即有異禽飛出牧豎病死鄉人戒勿褻因以仙名之**靈龜山**在⑤一十九都山形如龜**銀瓶**

校注：①目　②帷　③穴　④豎擲　⑤二

山在三十一都其狀如瓶舊於此閘辦銀課瓶或作屏孚①誤上四山俱縣西

登高山在縣西北二百步許屹起群山之間邑人士多於此登眺

石井山在縣東南十八都下有龍潭

鸕鷀山在二十四都其山三面壁立千仞鸕鷀難②環其下一徑盤旋至山巔如羊賜③然寇亂鄉人多携家避此

金樓山在二十七都翠聳雲間狀如樓閣

九仙山在一十八都峰巒秀拔人迹罕到上有金鯽池石碁局黑白二石馬煉丹竈時有仙人往來髣髴聞誠④樂音昔鄉人林五六樵山中見二人奕從倚觀之二白鶴啄揚梅墜一顆於地奕者揎⑤令拾之因俛拾以食遂失奕者所在暨抵家遂辟穀不火食頗知人休咎上三山俱縣西南

蓮花峰在七都以形似名峰之山頂有天湖水色紺碧莫知泉脈所自出極深歲旱不竭魚鱉充物⑥人不敢取蓋有神物憑碧⑦焉宋時每現五色雲開並蒂蓮則歲大稔鄉人以是占之屢應

卓筆峰在三都高數千丈尖聳如卓筆然上二峰俱縣北

毓秀

校注：①字　②灘　③腸　④誠　⑤指　⑥物　⑦藉

峯在縣溪南宋朱文公生於此故名有南溪書院

文筆峯在縣南二十五都高數百丈狀如卓筆

牛角峯在縣西七都以形似名

皇華峯在縣東北十一都下有亭名仙亭宋重和元年旱邑人禱雨於此忽香火楮錢墮地有神降於巫體自稱神姬馬姓第五欲托跡山下致霖雨以甦此方語畢兩隨霑

高原嶺縣之龍山自此而來

丹溪嶺在十二都又名挑水嶺界南平縣縈廻可十五里自①嶺趾至其巔凡三疊皆數百文田視數十里之中川源隱隱溝塍②基布如身在霄漢間上二嶺俱縣北

分枝嶺在二十三都南臨泉州德化嶺居二縣界上有大樹南北兩枝分二縣境故名又其上有③閲俗呼大④閲嶺

黃坑嶺在二十九都黃茅苦竹澗水潺湲

板嶺在□□都上三嶺俱縣南

松山嶺在二十五都下有松山院

小村嶺在□□都上二嶺俱縣東

戴公嶺在三都嶺道紆廻凡三十二折

棗嶺縈廻可五里有瀑布泉瀉其巔

杉嶺山匯

校注：①原　②碁　③④關

峻絕青印溪源發於此

安州嶺山石巋然臨於潭上俗呼禿頭山上三嶺在六都

佛仔嶺嶺道有石梯旁有僧伽祠鄉人有禱頗應

小王嶺通泉漳二府嶺道艱於躋攀邑人朱綾別開坦道嶺遂廢上二嶺在七都

麒麟嶺在二十八都以形似名

鐵山嶺在二十九都山產鐵𥗽①

急坑嶺在三十一都山峻險澗水流甚急

白沙嶺在三十八都嶺道高峻多白沙

藍嶺嶺之石階皆藍色

新嶺嶺下有寺宋淳熙中寺僧新開此道上二嶺在五十都已上十二嶺俱縣西

褒溪嶺在八九都縈紆約六七里

大帽嶺在十五都以形似名上二嶺俱縣東北

黃林嶺在縣東南□□都

柿模嶺在三十六都山產鐵𥗽②

馬軍嶺在二十九都昔人嘗屯軍禦寇于此上二嶺俱縣西南

白鶴巖在縣南二十三都與石梯嶺相望

珎巖在縣東□□都

賴巖在五都其上恠石萬數一鉅者如屋綿亘可三里宛然一洞

校注：①②礦

府也洞口緣梯而上石室聯屬皆有竇如戶僅容入其中流泉可愛石罅如窓牖者數百所宋時嘗有怪①孽為鬼為蛇為美婦變態一日出為鄉人患僧智收寓巖中趺坐九晝夜怪遂息紹熙初建寇桀亮犯縣鄉民匿其間保全者千餘人

銅盤巖在六都懸崖峻峭竹樹陰翳鳥道縈紆流泉濺沫如雨巖下有潭廣可四五丈歲旱鄉人禱雨輒應

流溪巖在二十九都髙約百餘丈其上不毛其崖石皆鐵礦也鑿之皆可熔鐵

高峰巖在三十九都頂有佛庵巖竇湧泉如淵深數丈舊有龍潛焉鄉人遇旱禱雨輒應上四巖俱縣西

虎窟巖懸崖陡峻前遏流水中有一竇可列坐數十人巖下舊有起庵傳

彭坑巖有巨石疊其巔或云有物憑之夜發火光間出靈響如鼓角聲

石門巖在□□都上三巖俱縣東北

靈惠巖在縣西北四十五都巖壁峭拔去地三丈許有竇可入內容聽事者二所可環坐千人有泉出石縫間隨飲者多寡為之盈縮號聖泉舊名師姑巖又名佛窟巖山

校注：①孽

陰為沙縣界土泥極腴每三大㪷可糞田一畝農夫輕①百里來市之

連喜巖在縣西南二十九都巖石峭絕時有猿數百為群經此而去

觀音洞在雙髻山之陽昔有陸道人廬山間歷覽奇勝得一石室見其泉石可人他日偕一僧由石室旁捫蘿而上至髙崖極峻處崖隙中有小石塔驚異之遂謀募衆力建閣洞前方鑿石為趾深及尋尺得一像如世所謂觀音者衆共駭愕因以名洞旁有泉一脉深可尺許未嘗見其溢然終歲汲之不竭

龍門洞在縣南二十六都洞口廣僅四尺而其深莫測中有石龍狀石碁局碁子石竇滴水如雨又名滴水洞其水流入石穴不知所之入百步許蝙蝠百千為群其大如鵶撲人面再不可得而入矣宋朱松詩挂藤危磴響濯足細泉潔能詩有老休聯句嬈前哲擬結汗漫遊更恃儳②鎗威

凌霄洞在縣西三都山崖壁立惟一竇可躋宋紹興三十年寇亂鄉人皆即以避難自後僧廬其間

天神洞在縣東北八九都褒溪之旁

藏劍峽在縣東七

校注：①經　②欃

都相傳張真斬蛟溪上匣劍藏峽中

石牛石 在小演村狀如卧牛天欲雨則汙①

龍爪石 在西華村有池方廣約六丈池中一巨石有青色高七尺許龍爪痕入石者四上二石在縣南二十四都

寶珠石 在縣西五都山澗中相傳嘗產異珠光彩夜發

三龜石 三石狀如龜屹立溪中俗呼繆為三姑石

仙人石 在沅潭岸側昔嘗有人鑿之其聲轟然俱而止上二石在縣東北八九都

石魚石 在連莒溪之左狀如魚長文餘大可三尺首尾鬐鬣畢具

石龜石 在連莒溪中天將雨此石輒濕潤如汗鄉人占此為雨候上二石在二十九都

青印石 在宣化門外平水灘唐興僧黃涅槃過此畱②偈云塔前青印見家家親筆硯水流保安前尤溪出狀元先是尤溪未有登第者自宋慶曆中林積登進士第邑人始知學逮宣和中土風漸盛南度③後青石如印則此壘緫誦矣石今尚高丈餘巳上三石俱縣西南

洗馬洲 在求豐門外方廣平夷宜洗馬

應龍洲 在縣治東水口

校注：①汗　②留　③渡

堪輿家以為縣山行龍處故名

尤溪洲 在縣東洲多尤姓故名今尤氏自言其上世本姓沈避王審知諱故改姓尤非也

黃沙 在縣西黃沙嶺

沅湖 在縣東北十都兩岸巉巖插石綠波泓渟可二里

青印溪 在縣南其源出縣西九十里沙縣界東行迤邐魚山坊溪王衛溪牛皮溪新坑溪渡源溪胡爕溪飛溪戴公溪杉溪杉嶺溪①莒積溪凡十又一溪經縣前入于湖頭溪

湖頭溪 即尤溪在縣東其源出泉州德化縣至尤溪境西北迤邐會湯泉溪巖下溪牙坑溪上碟溪上下池溪小湖溪黃乾溪石堰溪葵洋涔莽蕩洋溪石圳溪沈村溪湯溪白石溪上芹溪際頭溪蓋竹溪橫當溪黑藤溪青印溪凡二十源自是轉北流是為湖頭溪至尤口②涵會劍津○按太平寰宇記謂尤溪之源發于雙③髻山下殊不知一源出德化縣白石上斤二源出龍巖縣源流之長幾三百里雙髻山在縣北二十五里細流濺濺深不逾尺蓋當時記者考之不審耳

忱溪 兩山崇擁石壁如削湜水下注高千餘仞山④岷

校注：①莒積　②涵　③髻　④岷

①故木筏至此躡石磴循山而行其筏則釋令其②隨水射潭底移時自浮出或了無寸木可尋者

胡盤溪 溪有龍潭深不可測鄉人剏龍祠其上歲旱禱雨輒應

保峰潭

鬼坑潭 在八九都昔鄉老有陳歸者見黑龍橫亘水面奔告鄉人皆見之土人王庚狀其形刻于潭側石壁以表靈異後人禱雨以鐵攬潭有赤蛇見雨即霑沛上二潭俱縣東

曲尺潭 在六都石壁嵌巖臨於潭上瀑泉瀉下如飛練然潭中多產鯆魚而不可漁釣以其形如曲尺故名

虎跳潭 在賢城門外青印溪水澄碧深不可測有龍潛焉宋賜額號豐潭潭之上雙崖相逼俗以虎可跳而過故名

苦竹潭 在二十八都鑿柄潭下流有五龍潛其中人嘗見之相傳嘗有人見龍疑其非是投以石少頃波間雹起風雨暴作

莒溪潭 其深莫測有龍潛焉歲旱禱雨輒應

鑿柄潭 潭側峭壁萬仞拔蕭捫石方可進跬步山多猱猴每千百為群遇之或以石投人上二潭在二十九都

大井潭 在三十一

校注：①放　②隨

都石堰芰洋二水會慶山陡水深為潛龍之窟鄉人歲旱多禱雨于此已上六潭俱縣西

沅潭在縣東北八九都

落星潭在縣東南十八都其水深碧有龍潛焉宋侍郎陳暘自閩清來致奠禱雨雨隨霆

百丈漈在縣北十都高凌雲際林木蔽虧水極清澈飛瀑百餘丈

懸劍漈在縣南七都水若懸劍

楊梆漈在縣西三十九都極高水如懸練下有潭其深莫測有龍居于此

湖頭溪諸灘曰大截占湖湖頭溪上流上躁上下二池二溪會小湖溪激而成灘德化縣於此截界故名曰側枕有石狀如側枕故名曰春壔兩旁石壁如墻水衝其間①曰帶延袤②七里如帶下此為樟木潭潭下流凡六灘聯屬曰魚煎曰鸕鷀曰樟根曰大連興曰小連興曰大石頭下三十里為莽蕩洋洋下凡八灘曰吳令曰大覽曰小覽曰大昌曰小昌曰三吏曰鍾山曰連乾由是踈為張四磴下流又八灘曰猿曰白羊涘曰太極盡曰冲曰沉曰黃坑曰牛角曰鱠自此以上諸灘俱在湖頭上流下一百一十里

校注：①間　②袤

為弊三十牲尤口函①

放生池在縣東積善坊舊以保安寺後廣莫亭前之塘為之宋慶元中知縣詹乃以為淺洒不稱臣子祝壽之意移就縣溪東自峽頭西至涪坑口下至小村口禁魚捕於東西門外立石鐫放生池三大字以識之

西園池在縣廨之西

雙鑑池在仙靈山三峰之下

根口湯池在縣西南二十九都

長流泉在縣治南發源毓秀山四時滔滔不竭宋朱熹詩所謂源頭活水即此是也

龍井在縣東十七都高峰千仞下有二石井琢削天成每欲雨必有龍緣崖上下或鑑旋波間人多見之歲旱輒禱雨于此

通駟井在縣治西通駟坊味甘冽諸水石斛僅廣二尺長一尋朝夕汲之雖數百人不涸也相傳嘗有小金鯽出其間汲者欲涸水取之遂失所在宋秘書黃聲居其側嘗紀異而刻于石斛

靈源井在縣西靈源院前深十餘丈每遇米價高則湧溢四出平則止四五尺鄉人以是卜米價低昂

校注：①函

八閩通誌卷之九

八閩通志卷之十

地理

山川

延平府

沙縣　鳳岡山縣治鎮山也　屏風山形類屏幛　雞籠山以形似名上二山在九都　馬笠山在十都高出群山蒼翠可掬　吳早山在十三都宋給事中張致遠居其下自號吳早山人　佐仙山在十五都　將軍山在十七都山勢高峻宋紹定三年山寇聚其中招捕使陳韡討破之故名　何家山在下九都巳上八山俱縣北　羅公山與羅灘對故名　鳳凰山山形如鳳多産梧桐　虎丘山在鳳凰山之側形如虎踞上三山在縣治溪南　太

平山界南平縣太平里天湖山其巔有泉遇旱不竭上二山在一都勒馬山在縣
東隅山勢如攬轡然玉山在五都下有玉山寺鐵鉢山與玉山寺對峙狀如鉢盂上二山在
五都越王山相傳越王嘗屯兵於此山側有寨俗呼越王寨山之下有㴋峽武仙山山勢
高峻其頂夷曠可容千餘人山揖縣治俗呼報銜山上二山在八都補笏山在十都形如插笏巳
上八山俱縣東補陀山下有觀音寺馬鞍山狀如馬鞍上二山在二十一都虎頭
山在二十二都一名虎峰狀如虎蹲下有瑞雲院普賢山在二十四都山形如人騎象故名巳
上四山俱縣西赤珠山在縣東北隅其山上石皆赤淘金山在洞天巖之下昔嘗有人
淘金其下故名又昔人嘗屯軍於此故亦名屯軍山山頂巨石可坐百餘人俯瞰井邑俱在目睫有泉自
山頂飛下清澈如鑑勝國時遍山樹桃春花盛開遊人壺觴無虛日獬豸山昔鄧將軍光布云百

年後縣當以忠義之士爲國觸邪後邑人爲臺官者相踵推擊奸究謂此山之應**幼山**寰宇記云

孤峰上聳約三十里周迴三百里山中山魁形似人生毛黑色身長丈餘逢人而笑鄉人謂之山大人又

云山魈或野人也爾雅云狒狒如人被髮迅走食人即此山之上有普照寺宴坐峰鐵碪石聚星石志憂

石降魔石天威石藏雲塢歸雲洞又有風洞廣徑尺餘風生洞中清爽可愛山之下有龍湫○佛父沸切

龍山與幼山並時自下而望似高於幼山及上幼山則俯視之矣上二山在十都已上四山俱縣西

北**白鶴山**在四都山形如鶴故名**橫山**在七都山勢橫截尤溪縣界**大章山**

在八都上三山俱縣東南**聚峯山**在九都峰巒高聳衆山聚其下故名**呂峰山**在二十一

都峰之巔有呂七塘上二山俱縣西南**文筆峰**在十都一峰秀拔如卓筆然**大靈峰**

峰頂有巖**小靈峰**上二峯在九都**五谷峰**在十五都已上四峰俱縣北**七峰**在溪

濱寰宇記謂之七朶山皆石壁峭立水底峻嶒而出其上竹木蓊然如屏障間宋李綱謫官於此名其最東一峰曰朝陽最西一峰曰碧雲朝陽之西一峰曰妙高妙高之西一峰曰真隱碧雲之東一峰曰挂花桂花之東兩峰相屬曰凝翠東峰凝翠西峰各賦詩識之

雙髻峰〔在九都兩峰並聳如丫髻然上二峰在縣溪南〕

祥雲峰〔在縣東□□都有祥雲庵〕

蓮花峰〔在縣西二十三都宋經略使鄭祚居其下因自號蓮花居士〕

蓮花三峰〔在縣東北十都遙望三峰若蓮花然〕

尖峰〔在縣西北二十都其峰尖削上有真濟菴〕

龍泉峰〔其山自尤溪縣界分三支龍蜿蜒而來至此崛起三峰中有龍泉寺〕

蒸餅峰〔以形似名上有馬仙祠上二峰在縣東南八都〕

茶盤嶺〔嶺極高遠〕

蕉坑嶺〔上二嶺在十都〕

黃巖嶺〔在十一都〕

官嶺〔在十四都〕

磨石嶺〔在十五都〕

三崎嶺〔在十八都嶺峻而遠路通將樂嶺之下坑中石巖陡絕下一潭水極深相傳有龍居焉已〕

與六嶺俱縣北佛子嶺在縣南九都舊有泗洲亭蔣公嶺在五都有蔣道者菴今廢黃
泥嶺倒油嶺上二嶺在八都靈應嶺在十都已上四嶺俱縣東棲雲嶺
在九都上有棲雲亭上城頭嶺椛米嶺上二嶺在二十都禪山嶺下有
禪山關板嶺上二嶺在二十一都已上五嶺俱縣西棲霞嶺東衙嶺上二
嶺在十都篔簹嶺茅嶺苦藤嶺齊嶺上四嶺在十四都已上六
嶺俱縣東北羅巖嶺在七都半嶺有蛇岳神祠章坑嶺曲折餘十里桐岡嶺
古有桐江驛并鋪上三嶺在縣東南八都殊勝巖在十六都雷震巖隆興巖
上二巖俱有佛菴在十八都龍鬚巖在縣南九都龍湖巖下有龍湖鐵碪巖
以形似名又名羊蹄巖黃巖下有玉山寺虎頭巖聳立如虎上四巖在五都龍龜

巖舊有佛庵高巖上有佛庵龍噴巖屹立大溪之中相傳昔嘗有龍蟠其上至今黿鼉無敢集者歲旱則於沙磧中築壇斬鵞祭之輒雨上三巖在九都羅巖在七都極險絕已上八巖俱縣東洞天巖在和仁坊石壁峭立依險架佛閣宋羅鷹可居其下因自號巖阿老人巖之上有小天池邑人鄧右文因鑿井得泉一脈甘冷可給數百人巖之下有幞頭石又有漈飛瀑下注數十丈其下舊有欶玉亭三姑巖三石差肩而立豪峯巖巖石峭拔其上可容千餘人上二巖在二十一都黃龍巖在二十六都已上四巖俱縣西陳震巖在縣東北十三都蕉皮巖在縣東南七都下有蕉皮洞深廣可一里清泉怪石樹木陰翳四時如春①涵清洞在縣西瓊山亭之下俯臨溪水於中可容十餘人梯雲洞靈龜洞上二洞在縣東南七都臺峽在縣西二十二都謝峽在縣東北十一都善峽在縣西北二十都試劍

校注：①涵

石長約三丈相傳昔仙人嘗試劍於此故石截為兩段後鑿為迎仙橋至今橋石有肝膽痕

虎跡石俗呼蒋公石宋紹聖中蒋道者棲禪於此上二石在五都

蝦蟆石在高山巖之下以形似名已上三石俱縣東

瓊臺石在縣西瓊臺山之下

長洲在縣南太史溪洲長約三十餘丈宋縣撰羅畸靈衞廟碑云長洲亘其左有潛虬出水之勢

山洲在縣東門對岸一名仙洲一名崇安洲溪旁三面皆阻水唐時崇安鎮在焉

樂灘沙洲在樂灘之旁其上多樂姓者居之

圓洲在龍湖岸

湛洲一名伊洲

古縣尾沙洲在舊縣治下上五洲俱縣東

大洲在縣西和仁坊上多民居

荆山沙墩在縣西二十三都荆村之下積沙成墩

沙源在縣東九都舊縣治之濱接舊志云以縣有沙源故名沙縣又云沙溪之源縣人今指舊縣濱為沙源而大明一統志則謂源出汀①之寧化水險巇如龍門過縣東合建溪下福洲盖指沙溪也未知孰是

黃沙

校注：①州

在縣北十五都舊為黃氏別業故名今為墟市

高沙 在縣東五都九曲水之旁即高沙市多民居宋樞使曹輔故宅在焉

白沙 在縣西二十一都大溪之濱

下龍湖 在二都延福寺之右

上龍湖 四面皆石壁其中積水為湖相傳有龍居之

蛟湖 相傳昔有蛟潛其中上二湖在五都已上三湖俱縣東

碧湖 在縣西南二十都其水湛然澄碧

太史溪 在縣治前七峰下十里澄碧宋李綱初以太史謫官居此因名綱嘗賦詩有七峰倒影蘸晴碧十里平津流向東之句溪發源自汀之寧化連城及漳之龍巖皆會於吉溪自是合三溪為一東流會梅溪左板溪欝溪固發溪黃沙溪荆山溪館前溪碧湖龜溪洋鄉溪至縣治東朝陽峰下會北鄉溪自是又合二溪為一經縣南門會洛溪洛陽溪高沙溪九曲水五溪楊溪冊溪漁溪下湧溪賓箐溪至沙溪口與順昌將樂溪合流直抵延平城下郡人謂之西溪

欝溪 源出徭田

固發溪 源起自獲村

黃沙溪 源出自汀之清

流縣

洛溪源出尤溪縣界北流與小洛溪會又會雙溪麈程溪入大溪

洛陽溪源出尤①溪縣濁水西流過漕溪出溪峽迤洛陽溪入大溪

玉溪源出大竹下太源經百丈溪南流入大溪

楊溪源出蛮溪潭出梅花溪入大溪

冊溪源出洛陽里

漁溪源出南平縣太源里流入大溪

下湧溪源出自天湖之南流入大溪

篔簹溪源出南平縣界出湖光橋入大溪

北鄉溪發源將樂縣界南流會湧溪庇口溪幼溪傑溪至縣治東入太史溪

湧溪源出將樂縣界

庇口溪源出順昌縣界自湧溪而下與赤溪黃沙溪會赤溪源出化劍里龍興寺山流十里會庇口溪黃沙溪源出順昌縣界流三十里會庇口溪

幼溪源出幼山

傑溪源發傑村

梛坑

張坑

歸坑上三坑在縣北

前坑

長坑

黃坑

高坑

羅坑上五坑俱縣東

北津在縣北地名官塘

南津在縣南翔鳳橋頭今稅課局

東

校注：①尤

津在縣東登瀛橋側

西津在縣城西坊之側

湖源潭在四都小坑中石潭深碧土人傳為龍窟歲旱禱雨輒應

高山巖潭在九都水光澄碧一巨石屹立潭心相傳嘗有龍潛其底上二潭俱縣東

柳源漈在縣北十一都

靈應漈在靈應寺前高十餘丈

玉溪漈在玉山寺之右飛流約三十丈餘漈上有石橋中有石竅如井名黃金井上二漈在縣東五都

陳公漈在二十一都瀑流數十丈下有陳氏居焉

莘口銀河漈在縣西二十三都飛流百餘丈如銀河下注下有石橋跨兩山之間

梅花漈瀑流飛注巖石數十丈石激散沫如梅花然漈之下石窪為潭名窟溪潭極深而清相傳有龍居焉歲旱禱雨輒應

百丈漈飛流約百餘丈上二漈在縣東北五都

小洛漈在縣東南八都兩山崇峙泉飛其間

西溪上流諸灘牛角灘　上黃石灘　張司空灘　荆汫灘　斑竹尖灘　三姑巖灘　弦瀨灘　樵峽灘　此灘最險遇暴雨濁

漲舟不可行　三花灘　牛瀆灘　黃石灘一名黃
龍一巨石横亘中流隱於水底轟濤掣浪最能覆舟
火劫灘　歌月灘　水磨灘　此
下至縣治前七峰下接太史溪

西溪下流諸灘

窮灘　在太
史溪下　騰龜灘　湓灘　大磯灘一名大姨　小
磯灘一名小姨上四灘兩旁皆巨石水勢奮激舟行
甚艱　池倉灘　雷霹靂灘　張婆灘　排港灘
石鶴灘　青龍灘　將軍灘　龍港灘　鷓鴣灘
張判官灘　雷澱灘俗呼螺紋灘灘港彎環若螺旋
然巨石亘於中流舟行返折多覆溺之患　玉山灘
胡師曲灘　白苧冲灘　弦冲灘　玉陂灘　牛穴
灘灘之下石壁夾峙潭匯其中名漁溪潭　佛子灘
一名囝仔灘中流一巨石狀如蟾蜍相傳每遇暴張①
有二小□格鬬石上篙師見之舟往往溺於廻狀後
有異人經此繪金仙像于石其怪遂滅上書佛子灘
三字行舟以見金佛為候諺云水沒佛肩不敢行船
水浸佛足舟行宜速　樂灘　烘角灘　三涉灘
伊周灘　水噴頭灘　刀擘石灘　金沙灘此下出

校注：①漲

沙溪口接南平縣界。**瑤池**在縣溪南，俗呼月池。水清澈，四時不竭。**龍池**一在縣東二十里，溫泉。相傳嘗有龍潛其中。一在縣前，水九曲，名九曲池。**熱水池**在洛陽，其水夏冷冬溫。**王母池**在東嶽行祠內。上二池俱縣東。**放生池**在縣治西，宋名祝聖池。**石井泉**在縣西□□都。**琅溪泉**在八都琅口興明堂前砌，以石欄其泉，甘美可愛。**濴溪泉**在九都濴溪。

聖泉在七都。其泉有三青膽瓶：一在基口巖中，一在大基頭巖穴中，一在八都泡嶋山巖中。鄉人歲旱禱必齋戒登山，啓視瓶中有小紅蛇即雨。相傳昔有何姓者為處□①龍泉尹，夜夢三美婦人入縣廳。及旦，縣民禱雨于馬仙飛昇處，得三瓶泉，爭取之不得，訟于官。尹知為神物，悉收之，官滿携歸藏山巖中。泡嶋一瓶為鄉人他竊，失其所在。基口、大基頭二瓶遇旱禱之，其泉洶湧盈山澗，或噴起一二丈，見青蛇即雨。已上三泉俱縣東南。**澄清井**　**聖澤井**在興國寺側。**甘泉井**井底為石

竊

龍德井夏月泉愈冷 善政井俗呼梅子鋪井 時清井俗呼鋪頭井 節義井許懿節夫人祠前上七井在縣治東興義坊舊名七星井 官需井在譙樓前左偏 耿星井在縣治西江家巷

順昌縣

華陽山在仙源都三峰並列山半有石門高廣數丈雖盛夏寒氣凜然中峰頂有仙水壇石常潤歲旱禱雨多應一名仙水巖 九龍山在松溪都其山九壟蜿蜒若遊龍然上二山俱縣北 五馬山五山羅起如五馬然 龍山宋黃裳云南望一峰若遊龍者即此山也余良弼嘗創菴山下為遊息之所自號龍山居士今遺趾尚存上二山在石豆都 貴人山在水南都堪輿家謂宅墓面此山者必生貴子因名已上三山俱縣南 板山相傳嘗有得道者於此上昇山之巔故菴遺趾存焉 魚袋山以形似名上二山在縣東石豆都 大明山孤特峭立旭日

初昇先被其光故名山之左有巖名白鶴山之巔有石高丈餘如馬狀名石馬**巖山**山巔石巖巖然

故名**金龍山**與大明山相屬山巔夷曠舊有壇歲旱禱雨輒應莚輦者不敢至其處上三山在西峰都**鳳山**五峰疊翠高數百仞勢如翔鳳然**景靈山**與鳳山對峙時有雲霧蒙其頂歲旱禱雨輒應蓋神物栖焉山之左有耳珠巖多生異草相傳唐耳殊先生嘗採藥于此山之下有黃家洞宋建炎中兵亂邑人黃氏族數百指避其中**圓山**形如覆釜上三山在靖安都**寨山**在寧安都昔有偽常侍游姓者嘗於此立寨**幹山**在大幹都周廻二十里山之巔有石洞可容數百人中有泉清澈可鑑晉太康中道士陳嵜幹煉丹於此因名**芹山**在莒口都泉甘木茂山多產香芹故名里人以為定光佛第二道場已上九山俱縣西**超華山**在白水都周圍甚廣西北入邵武境山頂有菴下有泉出石罅中分為五澗東出者一北出者二俱入順昌溪西北二□①亦入邵武境山之幽曠處

校注：①澗

有田園居民數十家雞犬之聲在烟霞竹樹間有超出紛華之意故名山有嶺名寶嶺舊時出光焰人以爲寶氣故名

梅仙山在興賢都界甌寧順昌二縣之間樹傳梅福嘗煉丹于此有細石圓如藥粒又有累累爲塔危若累卵而未嘗墜者

七臺山高峰峭壁幾至千丈山有微雲即雨土人以爲候唐會昌中有惠應太師於此山乘虎出入師劉姓今山有劉聖者菴

鉢盂山與七臺山相望如鉢盂然上二山在慈悲都

西巖山在壽榮都山之巓石巖𡾰峒故名

魚山在大幹都二水夾流山形如魚

吳地山在驛砧都舊有邑大家吳姓者墓此山故名

鼓山在仁壽都

屏風山在桂溪都上二山俱以形似名

洪山在杉溪都山勢宏壯故名上十山俱縣西北

寶山在縣西南婁杉都峭拔秀麗絕頂一菴梁柱椽瓦之類皆斲石爲之

獅子峰在石豆都以形似名

七寶峰在長壽都七峰奇峭可翫上二峰俱縣南

祥雲峰宋紹聖中里人余君

錫率鄉民抵七臺山奉劉聖者像禱雨于此尋有祥雲來覆雨隨注乃刱菴祀之今廢趾尚存丫峯
兩峯並峙故名上二峯在縣東石豆都旗峯以形似名君子峯高特端重故名或云堪輿
家謂宅墓面此峯者必生賢達子上二峯在縣西驛砧都吳道峯在縣西北仁壽都相傳吳道者
脩道其上因名高峯在縣西南靖安都一峯挺出群山宋廖剛九世祖鎮自將樂徙家其下自號高
峯居士松林嶺在縣治之北甃石為蹬夾道松陰鬱然石湖嶺在石湖都佛嶺
在仙源都嶺上舊有佛菴上二嶺俱縣北徘徊嶺嶺旁竹樹陰翳鳥聲在蒼翠間行者徘徊不忍
去一名亭龍嶺范家嶺嶺下居民多范姓泗洲嶺與范家嶺相望上三嶺在縣南水南
都韭沙嶺在縣東石溪都上有草菴赤嶺在縣治西北山之土赤色交搓嶺在縣
西南靖安都以其近交搓故名吉巖在吉舟都相傳嘗有神珠見人逐之莫能得龍興巖

在驛砧都舊名豸角山有泉出巖罅間洪武中知縣張縉開渠引水至縣民享其利

烏石巖在仙源都上有水一泓不以旱潦盈涸一名仙水壇鄉民禱雨輒應上三巖俱縣北

龍頭巖在縣南石豆都山巔惟石礧砢泉出石罅中清洌可飲

栢木巖在縣東石豆都舊多產栢

白鶴巖在西峰都陡絕摩雲

饒公巖在靖安都相傳饒公嘗禱雨于此巖頂烟霞起輒雨

合掌巖兩石如掌相合巖前舊有小菴菴側一泉極甘美

凌雲巖舊有小菴今廢上二巖在驛砧都已上四巖俱縣西

寒巖在縣西北興賢都烟霧蒙罩雖盛夏猶凜凜焉

赤松洞在縣西驛砧都喬木陰翳一石室可容十數人傍有花石如人物鳥獸之狀

洋沽洞在縣南長壽都

白巖洞在縣西北壽榮都

靈龜洞在縣東南石溪都洞有靈龜石紫色如金又有石如鐘磬魚鼓狀叩之其聲清越旁有通天藏雲蓮花三洞

龜石在縣北仙源都初隱于沙中宋崇寧間有術士

云石龜見朱紫滿大觀初洪水推積沙而石龜見自是邑人登科出仕者寖盛今沙壅石又隱矣又縣西有石龜捍于水口首尾皆見

幞頭石 在縣南水南都亨龍菴之側

虎跳石 在石豆都溪中一石竇通水道舟楫往來其間

郎官石 在石溪都興國寺石上有郎官二字不知所自上二石俱縣東

試心石 在七臺山石高數丈其下空虛相傳茹葷者不敢入

莊濠石 在縣治前溪南水濱石上有莊濠二字大徑數尺舊隱于沙

仙字石 秋江澄淨則字形隱隱如篆書世以仙書云

盤石

浮玉石 與仙字石對有浮玉二字秋水澄淨則字見焉上三石在縣西南安靖都

蒙谷 在縣南長壽都四面山高日影不照常如將雨之狀

龜嶼 在縣西門外形如龜

洑洲 在縣東□□都

上下瀧 在縣西彝砧都其地上下高起二凸故名

西南溪 一名大溪源出將樂縣至縣治與灌砧溪合流至南平縣建興里又六十里會沙縣溪東流至劍津

竹步

溪在縣東石豆都源出甌寧縣境

基溪

石溪二溪在縣東石溪都源皆出沙縣桃源洞

沙溪在縣西安富都源出邵武縣境至沙口與順陽溪會

富屯溪在縣西富屯都源出邵武縣境

婁杉溪在縣西婁杉都源出邵武縣境

大幹溪在縣西大幹都源出幹山下

洄村溪在縣南水南都源出沙縣境至亨龍嶺為瀑布傾瀉而下

水南溪在縣南源出長壽都明源流與蘇源小溪合

交溪在縣西南源出沙縣交桂嶺流與蘭村小溪合

順陽溪在縣西北源出建陽縣境至白芒畬始通小舟流會沙溪又會密溪

密溪在縣西北仙源都源出甌寧縣境流與順陽溪會已上一十二溪皆流會西南溪

明溪在縣南長壽都

鯷潭在縣治南山下相傳其水產鯷魚味甘美

溪水潭在縣東石溪都濟川橋南

谾水潭在縣西西峰都潭有洑洲歲荒則湧出人以為異

釣潭在祥雲峰下宋咸平中里人余起以隱德自高常扁舟漁釣其

中後人蔦其風因以名潭

蜚人潭 在縣東南石溪都相傳舊有蜚蜚故名○按山海經蜚獸如牛白首一目蛇尾又有蜚亦音蜚蠹鳥名如梟人面一足冬見夏蟄此云蜚蜚未知孰是

李將軍際 在縣南沙縣界李將軍提兵陷於此遇風雨晦冥輒聞金鼓之聲

西溪三灘 牛軛灘溪自光澤來迤邐至縣吉舟都一灘屈曲如牛軛故名 祖公灘自牛軛灘下流至驛砧都一灘水急難於牽輓雖公相亦須下舟故名 水磨灘相公灘之下一灘彎環如磨旋故名已上三灘雖皆險峻然少石崖衝激舟上下視他灘為安流

西南溪五灘 婁杉灘在婁杉都 幕坂灘 交溪灘 桂嶺灘此三灘聯屬俱在靖安都飛湍激石或能敗舟下此會西溪水磨流經縣治之前東注 石柱灘在石豆都下此三十餘里則接南平扛猪灘矣雖灘勢陡峻而峽東灘石衝激而濤吼然而舟楫往來持慎則可免破溺之患焉

放生池 即縣前大溪宋時以上下五里為池禁漁捕舊在正識院前

靈

泉在縣北興賢都梅福煉丹壇邊

瀑布泉在縣南水南都兩山之間

氷壺泉在縣西北壽榮都再昇院方丈之右

古龍井在縣南水南都瀑布泉下

劉氏井在縣治西舊吏隱坊宋時每天欲雨其井輙生雲氣後有道士曰此孽龍也投以鐵符有片雲飛出井泉遂枯

鰍魚井在縣西北莒口都

永安縣

栟櫚山在縣治北二十七都多蓮栟櫚木故名宋鄧肅居其下自號栟櫚居士舊傳嘗有神仙往來其間峰巒巖岫不可勝數神刹鬼劃高下相屬烟雲出沒無時草木蒙茸四時一色宋李綱嘗目為小武夷　大柱峰與獅子巖並聳百餘丈如削　射垛峰舊傳仙人嘗射於降仙臺以此峰為垛宋明道中耕者嘗得數十箭于臺側　觀音巖在野雲洞側石壁萬仞　集仙巖　頭陀巖相傳唐有裴頭陀者鐵履渡江來居此山拔荊榛創小菴坐側石罅日湧米二升以贍之客至則隨增後人大其

巔米遂絶　對雲洞其中日夕雲霧吐吞降仙臺在山之上一石高大而平如棊然舊傳仙人時降其上足跡尚存臺下一石室碁局界畫分明有黑白數子左右着石可坐名爛柯石　步雲臺　走馬埒山絶頂寬廣而砥平相傳仙人走馬其上蹄跡尚存銅盤澗流十餘里潴而為潭泓渟涵碧　接仙橋　天池在山之上廣一里許水澄澈不涸　金剛石　寶蓋石　試劒石已上俱為拼擱山之奇勝也

東山去縣一里許

三台山三峰並列故名上二山俱縣治東

莊山

大莊山

龍會山山極高峻其巔群峰簇聚如龍會然上三山在二十四都

大寶小寶二山在十四都產鐵礦最佳因名

雲山在四十一都通天巖側與鄉子峰對峙已上六山俱縣東

金星山在縣治西門之外

大秀山在縣東北□□鄰巍然秀拔於群山之表

斗山一名天斗山其山高峻自頂凹下廣可五里狀如斗山陰一石穴名風穴一洞名雲洞每雲生即雨石竇中有

一石龍介風穴雲洞之間石磴嶮巇人跡罕到惟樵者攀緣而上得覩其頭角鱗介之狀上有白雲菴

文筆山 形如卓筆上二山在縣東南崇仁里 **吉山** 在吉溪之旁 **天臺山** 上二山在縣西南二十九都 **卓筆雙峰** 去縣五里雙峰並聳如卓筆然 **羊角峰** 在二十四都遙望如羊角然 **獅子峰** 在四十一都以形似名上三峰俱縣東 **翠竹峰** 在縣東北二十六都宋祕書少監陳世卿築室讀書其下 **合掌峰** 在斗山 **黃田嶺** 在縣南二十八都抵漳州龍巖縣界 **牛嶺** **九龍嶺** 上二嶺在二十四都 **陳平嶺** 在四十都元至正中平章陳友定開此嶺通尤溪縣 **鐵山嶺** 在四十二都產鐵鑛已上四嶺俱縣東 **大望嶺** 在縣西二十七都 **新嶺** 在縣東北二十五都上有小菴 **梨子嶺** 在三十一都 **根陽嶺** 汀州舊志作艱陽嶺在三十二都上二嶺俱縣西南 **黃楊巖** 在二十五都界永安歸化二縣

間巖上多產小黃楊木故名又名萬壽巖又名鱗峰巖巖四壁如削周廻可十里角出群山之上上有三洞相連屬一在巖下淳化寺旁洞户空闊秉炬而入縈紆二里許路狹風駛炬隨滅不能進舊傳有龍居其中土人嘗得齒牙骨角之類每雲氣氤氳洞户外輙雨有龍井又有石龍鱗介皆具一在巖半名碧雲怪石彷彿如獅子洞極幽邃而路險人跡罕至有穴名虛白上通天光有僧廬其外一在絕頂有石井下透兩洞深不可測又一穴名天窓或投以石震響久之其深莫測巖之南有梅齋東有石門巖頂數峰突起奇怪萬狀宋清流縣尉鄭域詩高山如逸民不肯近人跡孤峭尺五天空洞容數百不招龍自來其下為蠶宅天下待霖雨胡乃躭睡癖我今喚飛廉駕汝上空碧吾鞭不妄施慎勿憚勞瘠

侍郎巖

在黃楊巖北二里許亦界永安歸化二縣間舊名翠雲巖宋熈豐間侍郎張駕祭酒楊時司諫陳瓘讀書於此相傳三君子肄業時不置臥榻歠粥飲水終歲不到巖下其旁有觀音洞深可里許內懸石多彷彿

觀音羅漢之像又有石室廣可六七丈前數十步如卓筆下有石皷及試劍石絕頂怪石羅列好事者多採以供清玩

黃龍巖 在二十六都上三巖俱縣北

甘乳巖 在縣南二十九都下有甘乳洞廣袤約五十餘丈洞口怪石森列洞之中一石突出如蓮花泉自石中迸出滴巨石上如甘乳人或以鐵器承之泉脈即斷旁一石穴風自穴出昔嘗有人秉燭入越三日乃返至深處聞溪聲澎湃可怖既出因以石窒之洞右一石罅深不可測出洞過石橋緣小徑至山巔有小亭名看經亭之後有小庵由庵前行轉數十步一小洞如覆鼎石光璀璨洞後又有一洞名透天相傳謂神仙窟宅遊者必齋戒否則輒遇恠物云

百丈巖 在二十五都高約百丈周圍三里四面削壁中有一經陡絕難躋其巔常冒雲氣

蓮花巖 去縣五里狀如蓮花

瑞龍巖 在二十四都

通天巖 崖壁峭絕山半一巨石橫跨如梁由石梁仔過僅容一人闖首而入其中夷曠泉石幽潔石梁後阻高山因而為門其上

如寶仰見天光

蘇巖 巖直起千餘尺土人郭氏依巖架層樓遙望如神仙居巖中有石龍頭吐水注石穴中名滴乳井近巖一池方廣可一畝鱗類雖夥惟鯽差大①每三歲水邊紅而魚輒死上二巖在四十一都已上五巖俱縣東

官寨巖 在縣東北二十七都舊為官寨巖石峻絶幽花異草四時芬馥

赫靈洞 在縣北二十五都

曹巖洞 在縣西崇仁里空曠可容千餘人

安沙 在縣西南三十都聚沙成岸溪水春激其岸不崩因名

大湖 在縣西二十七都小坑之中積水成湖

燕水溪 在縣治西其源凡三泒一泒出汀之寧化縣境流至吉溪一泒出汀之連城縣境經吉山下龍灣歷鷓鴣溪會吉溪一泒出漳之龍巖縣境入掃溪口過俞皇歷張坡出車坂至縣治西與吉溪合是為燕水東北流會梅溪鬱溪固發口溪黃沙溪下流經沙縣直入劍溪

吉溪 在縣西南一里許

九龍溪 在縣西源出汀州清流縣有九龍灘其流下接燕水溪

大淘口潭 在縣南大

校注：①大

淘口石巖之下深不可測

石壁潭 在縣西一里巖石如壁下為潭

九龍灘 即九龍溪之灘曰長龍曰安龍曰①昜龍曰馬龍曰三惧龍曰五白龍曰興龍曰替龍曰下長龍乃溪水最險處過者必導山逕空舟而行內六龍屬清流縣下北又歷三十九灘至沙縣曰牛皮曰狗瀨曰芎鎌曰薵平曰銅盤灘曰雷霹靂曰繼峰曰大皎鑯曰五港曰紫陽曰牛欄角凡十有一灘在縣境餘屬沙縣湍石悍利舟師畏為

湯池 一在熱水口一在苦竹村一在上村池水尤熱俱縣南二十九都

仕洋湯池 在四十都注為三池砌屋覆之泉湧如沸患疥癬者浴之輙愈

清水池 在黃假山前池水極清饒之不濁或有兵火之災池底水輙先變紅水草皆赤色池面之水不敗災平則池仍清澈底水草還綠矣

溫湯池 上二池在四十一都

龍峰湯池 在四十三都已上四池俱縣東

澄清井 在縣治前

大義井

貢川井 上二井在縣北崇仁里

校注：①陽

邵武府

邵武縣

象山與熙春山對峙狀如伏象**萬峰山**其山據諸峰之會故名**蒼山**與萬峰山相屬舊名米倉山**石鼓山**下有石狀如鼓**金山**狀如金字或曰昔有人得金於此因名舊名巾山亦以其狀名宋饒方詩地將雲氣吐林巒至寶會闌瓦礫間若把圖經重校定此山宜喚作金山上有大祭**丫頭山**其項兩起若丱角然上二山在五十二都**旗山**在五十一都漠①口又月山之右及青雲溪邊亦各有旗山俱以形似名**麻姑山**在四十都俗傳麻姑嘗寓此遊道已上八山俱府城此**鵝峰山**在二十五都以形似名**祥雲山**在二十九都上常有雲氣**南午山**山有三峰俱當午位與郡治相對一名業簝山**高嶓山**上有風洞深不可測特有風自洞出又有嶺路通泰寧以達汀贛上二山在三十一都**道峰山**又名道人峰在三十

校注：①漠

二都負長溪面蕉水跨長樂泰寧二縣界廣八十餘里高出群山之上郡人每即其上雲氣驗晴雨宋黄希旦詩雨欲澤人間雲霞先掩映上有池冬夏不涸又有碁盤香爐諸石欹池岡龍井井如螺殼旋轉而下時有雲氣覆其上深不可測山之側有羅漢巖深數丈俯視諸山皆出其下歲旱禱雨多應昔有道人號龔聖首結菴於此頗有異迹巖前有試心石長可三丈許迥出巖外下視空谷巇險不測舊志云釋氏之徒巧造此名以誣世或從而試之一失脚則骨肉齏粉矣

涼傘山以形似名

殊山雙峰筆聳高插霄漢亦號文筆山宋上官均詩高標秀色掩斷巒塵境紛紛意獨閑欲識旱天時雨候孤雲一片起山間

小殊山在殊山之側視殊山小而尤奇宋上官惜詩云雙岫西南聳東山小更殊又云氣清秋色早池迥夕陽閑上三山在三十五都

翠雲山在三十八都上有石泉

五馬山在四十八都五峰環拱郡治狀如馬

伏虎山狀如伏虎

丹臺山舊名靈臺山上有煉丹臺

世傳隋盧真人唐樊真人宋支離子黃希旦皆煉丹於此元黃鎮成同御史鄭彦昭登丹臺詩晨登煉丹臺雲磴互盤曲遥峰明曉霽近瀨激寒玉驂鑣得驄騎杖策偶馳逐坐久獨歸遲鳴騶出空谷下有靈臺坳今為市壘已上十二山俱府城南

文筆山以形似名

泉山山之麓有宋黃中遊息之所曰蒙谷

旱山上有田數頃①旱則少收上三山在一都

幞石山上有石狀如幞頭

仙亭山諸峰環列挺然特秀山巖深邃中有龍湫歲旱鄉人禱焉上二山在二都

白鹿山俗傳唐樊東師築壇煉丹於此後乘白鶴而去故名

青雲山其土白膩堪陶器上二山在四都

鷄籠山以形似名上有龔劉二師祠水旱禱之有飛蜂至則應

鷄鳴山宋開寶間賊盧絳入閩居民不知也忽中夜鷄鳴山頂人皆起而賊適至遂得免於害因名○一統志作山郡志作峰

壺山與鷄鳴山對峙已上三山在五都

三臺山又名錫源山界建陽邵武二縣間自武夷盤礴而來形有

校注：①頃

三級如臺狀舊有慶福菴祀楊聖者

四角山四望皆有角上二山在六都

五臺山在九都

龍山在十都山大而高抵建陽縣書坊界

龍鬚山在十二都當順昌建陽二縣界周圍三十餘里冬有燕子聚其上以萬數多産藥品

白泉山在十五都山勢高聳上有瀑布泉飛流數十丈如素練然

九臺山與白水山相對上亦有瀑布泉

蓮花山群峰層出如蓮花狀上二山在十六都

寶山舊産鐵鑛

東山與寶山相屬高百餘丈上有瀑布泉上二山在十七都

龜山其狀如龜

觀音山上二山在十八都

天池山山高大而頂寬平有池方廣數畝冬夏不涸

北崖山

清涼山上三山在二十二都

雲巖山在二十六都高出群岫俯瞰長川上有巖呑吐雲氣宋嚴羽常遊詠其間

紗籠山在二十九都群峰攢抱中一峰獨高而直號通天蠟燭故名又號三千貴人峯已上二十七山俱府城東

登高山一名熈春自潮

魚白鶴山岡巒連屬迤邐至此一峰特聳勢如猊踞宋時在郡城之內舊志云山有三峰謂之靈泉三峰此其一也宋葉儀鳳詩溪上千峰碧玉環轍溪臺榭紫雲間鳥啼花落非人世似此金鼇山上山

西塔山在登高山南一名金鼇峰亦靈泉三峰之一也

樵嵐山在西塔山後俗名鐘家岐又名金蓮峰樵水出焉宋龍圖孫諤居其地故又名三諫中有馬鞍石崇二嶺上三山俱府城西

冠峰山在府城東北三都上有捺石高廣丈餘推之輒搖動

象牙山在四十一都山接光澤縣界

黃栢山

天馬山山勢如馬從空而下一起一伏周十五里上二山在四十九都

龍湖山山勢峻拔深谷盤回絕頂有湖漑田三萬餘頃相傳有老蛟穴其中下有寶乘院唐僖宗子圓覺道場

西乾山一名大乾山自乾方來故名隋泉州守歐陽祐墓在焉上二山在五十都

印山在乾賓溪山形圓小如印下有石潭巳上五山俱府城西北

福山舊名鷲峰又名腰帶山元

黃清①老讀書其中有聽雨軒雲在寮翠微閣近廢

七臺山 跨汀延邵三郡境高二十餘里上有七臺曰台星曰文殊曰普賢曰會仙曰御子曰雲曰月有菴祀真濟劉大師菴前有百花洞洞畔有石穴常乾每旱疫禱之輒有水以灑田中則雨以飲病者則瘳宋黃本仁詩登涉最高頂四圍山盡低星辰可手摘杉檜與天齊只覺風生腋恍如雲作梯何當謝塵事來此共幽棲山之麓有通判泉在通判何兖宅前其泉清冽兖居官有清節鄉人以擬之故名上二山在十八都

石岐山 一在府城東南浮橋頭一在王塘渡頭又名胡孫岐兩山互抱勢如龍蟠

凌雲山 在二十三都高一千三百餘丈勢如獅子仰天

浮潭山 在二十八都三峰秀峙已上五山俱府城南

壽山 有三台峰

月山 在壽山之前形如半月

潮魚山 在三十九都三峰鼎立高出雲表

獅子山 在四十三都狀如獅子前有山如毬

雲錦山 在四十四都有三十六高峰

白鶴山 在四十五都高

校注：①清

峻如孤鶴冲天又名天帝峰 **潭山** 平田中有潭山寺一名古山 **紫雲山** 歲旱鄉人禱雨於此元黃鎮成詩甘澤中霄下建瓴一簾秋意枕邊生名山有禱神如在聽取村村打稻聲上二山在四十六都 **白壺山** 在四十七都一峰獨秀凌雲 **錦幛山** 在四十九都端平蒼翠望之如玉几然又名覆船山中有七寶坑其泉清冽禱雨多應已上十山俱府城西南 **蓮花峰** 與石鼓山相連峰巒疊秀狀若蓮花舊有吳梅軒所剏漱玉抱奕亭○梅軒舊失其名惟峰下有墓題曰梅軒教授他無可考 **祥雲峰** 在三十八都山勢如奔馬伏御之狀 **官尖峰** 在四十二都一名展旗一名龍樓寶蓋一名太常 **雙髻峰** 在四十六都上有二級上三峰俱府城南 **石人峯** 山上有石狀如人立 **興雲峰** 上二峰在八都 **合掌峰** 在十都兩峰尖秀相向狀如合掌 **天筆峰** 在十一都狀如卓筆又名君子峰 **金字峰** 在十五都 **興元峰** 在三十九都濟

川橋頭山麓有奉議泉其泉清冽冬夏不涸元延祐間郡倅斬其除道得泉乃甃為井以飲行者構亭其上亦以奉議名今廢巳上六峰俱府城東

玉龍峰在府城東北一都上有白石狀如龍首

石鼓嶺在府城北

垓嶺去府城三里路通泰寧縣

白石嶺在三十二都

劉師嶺在三十八都舊傳嘗有劉姓者結菴於此故名路通盱江鳥道崎嶔綿亘六七里人以為病戲名愁思宋上官端義募衆甃道行者便馬宋上官彥宗詩遠望輕雲絕頂浮泉聲山色破年愁當年閩有幽棲客坐對春風萬壑流

黃土嶺在四十五都

羊角嶺在四十八都上五嶺俱府城南

黃岡嶺在一都

苦竹嶺在二都接建陽縣界

窯嶺

水車嶺

倒槎嶺有阜如笏倒原中長可三百步上三嶺在五都

分水嶺在六都嶺之東水趨建陽嶺之西趨邵武

洪家嶺在林墩驛前上一五嶺路通建陽縣

吳師嶺在十都與建陽接境

溥泉嶺

在十一都俗訛為虎蹲嶺　朝天嶺在十二都　五通嶺在二十二都拿口　僉嶺在二
十六都昔有元姓者夾道植松千株今猶存又名千嶺　天湖嶺在二十七都下有萬松菴上五
嶺路通順昌已上十三嶺俱府城東　飛猿嶺在府城西三十九都其地產紙衾　望州嶺
在府城西北五十一都高聳望見府城　星窟嶺在二十都舊傳嘗有星隕于此為三穴其大如
屋其光如玉　磨石嶺　官際嶺路入大竹上二嶺在二十九都已上三嶺俱府城東
南　碎石嶺在四十都　桃花嶺在四十一都上二嶺俱府城西南　西巖在府城北
五十二都中可容百餘人　會聖巖在三十五都石壁峭立巖內寬廣可數十丈前有池四時不涸
東巖在三十六都方平可坐十餘人鄉人禱雨于此上二巖俱府城南　桃花巖在府城東
二十六都自小僉嶺泝澗流而入十餘里在山之絕壑處可容百餘人　羅公巖在府城東北一

都舊傳里人有羅姓者隱於此巖有龍井歲旱鄉人禱焉

蒙谷在府城東一都谷口僅通單騎循澗而入其中深邃夷曠有田可數頃宋黃中歸休日築精舍於此山之麓有石泉澄瀅可愛因取易蒙卦義命曰蒙谷

桐樹坳在府城南四十七都通古山〇坳凹同

三望坳在府城東二十都通將樂縣

鶴林坪在府城南四十八都宋孝子黃栢廬墓于此時有鶴來巢故名

龍鬭坪在府城西五十一都宋謝師稷墓在焉

銅青石壁在府城東□□都上有魁字信齋謝紹祖書

鼓石在鼓石溪側狀如鼓唐監鎮廖樾鐫石鼓二字於上

巨石在五十三都石甚大下有小石擎之推之似欲墮者上二石俱府城北

印石在府城東六都方如印

珓杯石在府城西樵溪一曲以形似名

雙鯉石在十九都溪澗中双石狀如鯉

獅子石在四十七都烏羊尾溪中狀如獅子上二石俱府城西南

紫雲溪在府城北發源自光澤西北二溪合流帶飭漠

諸水至此東下合郡中諸溪至順昌之富屯流入劍津俗名大溪①囙樵水入焉又名樵川宋郡守蘇為詩樹紅雲白靄寒瀨自魚舟

樵溪 一名九曲溪一名秀水出樵嵐山經城內逶迤九折遶泮宮東北流

鹿口溪 源出潭山經芹田南折到白諸下北流出鹿口

將溪 源出建陽縣界來合諸澗水循芙蓉陂經此出步雲橋

青雲溪 在青雲山下源出旱坑合招屯諸澗水出洒溪

洒溪 在五都即青雲下流經溪竹東南流與壺山溪水合出洒口

莫溪 源出大木演與諸澗水合流

壺山溪 又名九里溪在五都源出分水嶺西流經林墩九里至山下又數里與洒溪水會

分水溪 即壺山溪之源

交溪 在七都源出六都坑源至八都兩水相會而來

平洒溪 在八都合餘分漈臺山衆水聚為大湖在平洒高項漑田數萬畝白東南而來

洋尾溪 在九都源出黄竹阜至大平橋

廖坊溪 在九都源出湾泉嶺合拿口水

澤里溪 在十都源出大爐坑會大白溪

校注：①因

諸水出壚田

大白溪在十一都源出上山坊

下黄溪在十五都源出建陽縣界合白水

繡溪在十五都溪中有巨石宋謝源明鐫繡溪二字於其上

桃溪在十八都源出將樂縣界合七臺水

水口溪在十六都源出建陽縣連何源

窖溪在二十一都源出天池山會窖中窖西諸保水並流

大拿溪在二十二都源出建陽縣界東北流出拿口

大竹溪在二十五都源出曾坑經楊圳會類源水至溪下

莒溪在二十七都源出板陽至嚴坊合滄浪水東北流

黄溪源出西坑會扁嶺諸水至新鋪

鶴冲溪源出山坊東北流出鶴冲橋

銅青溪源出高嶓嶺至銅青山下上三溪在二十八都已上二十五溪俱府城東

三澗溪在五十都源出類源東流入飭溪

飭溪在四十九都源出龍湖至大乾廟前

義溪源出鶴籠山

西峽溪源出光澤縣界與龍闘諸水合

滇口溪源出仁豐葵洋上三溪在五十一都

藥村

溪在五十三都源出郭前已上六溪俱府城西　**石鼓溪**在府城北二里源出桐木關已上凡三十二溪皆流入于大溪　**三溪**在府城南三十三都源出將樂縣界西北流三十里又轉西南流入①太寧縣大溪　**太和溪**在三十四都源出殊山　**將石溪**在三十五都源出新城縣界西南流　**官坊溪**在四十二都源出太常官尖西南流已上三溪皆流入于三溪　**鹿溪**在府城西北建安記邵武縣衆山西北來溪溪源出縣西烏嶺撫州南城界謂之鹿溪東流下與窰溪合東南至萬福亭入縣界㩜　大明一統志如此而方輿勝覽及郡志皆不載此溪縣境雖有窰溪亦不言與此溪合或疑即鹿口溪而傳寫之訛然考其源流亦不合也光澤志云豈即西溪之源特因時變更而易其名歟

縣境諸灘　泉山灘在一都　吳公灘在二十八都　烏馬灘在五都王磄　大孔灘在二十七都危家渡下　曲賽灘在三十三都又曰鐵爐　小湖操灘在二十一都　大湖操灘與小湖操相連水

校注：①泰

石衝急舟人病焉福孔灘在十四都高坊灘在十五都上九灘俱府城東麻倉灘在四十九都獅子灘在五十一都蒙洲灘在五十三都一郊灘一名陳家在釣魚臺下上四灘俱府城西磨車灘在府城東北又名大石與石鼓相對

白垣漈在府城南三十一都天平巖左凡三崖飛泉如練崖下石倚激成穴

芹光漈上有田數頃居民十數家

危家漈上二漈在六都

天樂漈在天樂山頂

餘分漈在平洒壢上二漈俱產紙

白水漈在十五都

上官漈在二十五都

三漈在二十九都

伽藍漈在二十都上有燕子崖已上八漈俱府城東

龍湖漈在府城西北五十都

九龍池在玄妙觀內相傳唐貞觀間有九龍見於此

秀水池在縣學內舊志謂自西南引樵水紆曲而入今故道湮塞池底自有泉四時不涸

水南泉在水南廟右

瀑布泉在十五都泉自山巖噴激直下數十丈上二泉俱府城東

靈泉

在熈春西塔兩山間唐末僧大僞駐錫於此有泉湧出又名大僞泉味甚甘

龍湖泉在四十九都世傳龍爪石成穴湧泉一泓溉田十餘頃上二泉俱府城西

府堂井在府堂階西南

鐵闌井在東南大街其泉清冽不竭井口鑄鐵為闌

仙源井在縣治前相傳宋熈寧間有徐熈春者居此遇武夷道人後仙去井因以名熈春詩云天鍾秀氣魁文陛地湧仙源接武夷

烏龍井在東隅烏龍巷相傳元皇慶初旱郡守禱雨井有烏龍升天大雨七日因名

四孔井在東北隅石蓋為四孔以汲

古井在三十三都和平市東溪之源水本甘俗誤呼古為苦故又名苦井宋上官均詩澄寂應無暗浪翻何年穿破碧雲痕誰人為引千尋綆三伏炎蒸渴煩市又有張家井

八閩通志卷之十

八閩通誌卷之十一

地理

山川

邵武府

泰寧縣

鐘石山在福興下保形如覆鐘周圍壁立其上坦平下臨清溪高可百尺緣崖爲逕上有泉及鶖髻石

南石山在將溪下保石皆南向上二山俱縣北

鼓樓山在縣南水南保跨將樂縣界山形方峻狀若樓閣

應聲山在梅林保大溪之西山圓谷空呼則聲應

凉傘山在龍湖東保高數丈頂平四面赤石峭壁層層圓轉黑溜間下狀如凉傘上二山俱縣東

鑪峯山在縣治西五十步圓峙如香爐爲邑之勝

虎頭山在梅口保怪石巉巖狀如虎頭其巔

夷曠有流泉竹木之勝又名鶴鳴山

南會山延袤數十里

鳳棲山又名鳳棲石壁嶄峻中有鳥道縈紆可登山麓之南舊有池廣數頃深甚兩旁崖石峭立僅乃可渡既至曠然平野可容數百家昔人嘗避地于此今涸為田又有南會巖三石鼎立旁有数巖俱有小逕可登上有流泉竹木之勝上二山在南會保

逢源山在大田東保高六七里延袤十餘里

青簾山在瑞溪保高廣十餘里石崖壁立林木蒼翠如簾幪然已上五山俱縣西

旗山勢如長旗延袤五里餘與爐峯對峙蓋縣治來山也

古靈山在長興保圓下銳上高約百餘丈蒼松翁鬱有茯苓上二山俱縣東北

金鏡山山最高大周廻四百餘里跨建寧寧化泰寧三縣界多產藥材上有龍湫瀑布仙池仙碁枰馬跡石膝帶石蹤①跌跡石九域志音越王無諸嘗遊獵於此遺金鏡其上故名舊名大弋山又名大歷山宋陳軒詩突兀幾千仞孤高難比倫巨為三縣鎮雄據衆山尊

石仙山高聳而峭如人形上二山

校注：①趺

在善溪下保

雲蓋山在龍安保山勢峭接雲氣常冒其頂上有龍潭入有瀑布泉垂三十餘丈已上三山俱縣西南

峨眉峰在縣北安仁保周迴四十里高數千丈類蜀之峨眉峰因名峰之左有三仙巖巖勢甚高石中一小穴僅容三人夏月涼颼颼入石乳滴泉旱亦不竭禱雨多應巖之前有三峯狀如筆架峯之西接建寧縣界

寶閣峰在縣南來興上保狀如樓閣

卓筆峰在縣東長興將溪二保間其峯圓銳特立宋蔣之奇特節過之因名之曰卓筆

君子峰在縣西南龍安保山勢高聳蒼翠可愛下有泉亦以君子名又名聖水

大洋嶂在縣北福興下保特立高聳前有三峯多產藥品上有池雖旱不涸下有人跡石廣丈餘上有巨人跡嶂之東又有小坑嶂山勢稍平低縣治之後山也中有小坑村

金雞嶂在縣西南善溪下保一名①闆王嶂山高林深人迹罕到

禹嶺在水南保兩山聳峙嶺當其坳僅百餘步又名甲嶺

九盤嶺在大田東保紆回九曲

校注：①閻

藤嶺在龍安保通寧化縣地多産藤因名上三嶺俱縣西

大杉嶺在縣西北福興上保路通江西地多杉木昔閩王遣鄧值防寇屯兵於此因家焉鄉無異姓

挽舟嶺舟或作舟①在縣西南梅口保接建寧縣界高十三里上有番雲亭

棲真巖在縣北長興保相傳漢梅福修煉之所中有朝斗石米藥②淵

天神巖在龍湖西保

瑞慶巖在將溪上保巖上有泉鄉人恒禱雨於此

寶蓋巖在朱口保巖如壘東西五十丈南北三七二丈一逕自半山入高曠凿③邃西有石穴東有漱玉泉泉出峯頂冬夏不竭其聲泠泠如漱玉然上三巖俱縣東

齊雲巖俯瞰大溪登之如在半空故名其右爲獅子巖下臨清溪有鳥道緣石而登中一石狀如獅子二巖之巔又有百尺巖前俯清溪其下峭削鳥道縈紆人迹罕到

甘露巖高十餘丈石門天成一逕僅通單騎飛瀑垂巖而下内有石乳滴水甘甚因名宋紹興中有僧倚巖架重樓疊閣不假片瓦梯棧縈紆而上俯瞰溪澗澄

校注：①丹　②藥　③幽

碧數十頃尋幽者以不到為恨邑人梁淮詩又聞勝地到無由今日追随雪滿頭石髓香生甘露乳巖扃影落梵王樓人愁石逕蒼苔滑鳥語山風碧樹凋一縷爐烟飛不斷共談清話對茶甌

醴泉巖上有石泉其味甘冽因名上三巖在南會保

聖水巖巖中有三石乳下垂大四五圍禱雨多應

瑞豐巖高四丈廣十五丈按方輿勝覽瑞豐巖又名東巖有院初闢時得龍骨以其牙刻觀音像又有冊霞巖高三丈餘深廣十丈羅漢巖在瑞峰冊霞二巖之中高三丈深五尺廣十丈許上二巖在瑞溪保

寶雲巖在梅口保時有綵雲浮其上故名宋鄉應龍歸老嘗遊憩于此又名西巖已上六巖俱縣西

南谷在縣東南水南保有古澗疊巘之勝宋鄭應龍歸休日遨遊其間理宗御書南谷二字賜之有南谷亭應龍神道碑在焉

蔦蕪坳在縣治西一名麥湖坳邑之孤貧及客死者瘞於此

乘風石在縣北長興保石一穴高廣二丈許深五丈餘有風從穴出可乘涼焉

鼓石□在

保以形似名

雙峰石在[redacted]保頂有洞中有碁枰石婦人多梯險禱之以求嗣上三石俱縣西

筲箕石在縣東北將溪下保周圍峭壁狀若覆箕南一石穴人迹不可到內有截木望之若箱然

猫兒石在依口保狀如猫之蹲踞

筆笏石在善溪下保二石對峙一峭立尖銳一平正稍曲遠望如卓筆植笏之狀上三石俱縣西南

麒麟洲在縣西南一十五里舊傳越王戲馬于此

大溪在縣南源接邵武縣三溪西南流至梅口會建寧縣灘江之水是為雙溪渡遶運經青洲渡合衆小水入將樂縣竹洲而東下

龍湖東溪在龍湖東保源出林陽西北至龍湖橋下

龍湖西溪在龍湖西保源出邵武縣三十五都西南流至于潁坊

交溪在交溪保源①出邵武縣道峯山下西北至安濟橋

梅林溪在梅林保源出道峯山麓西北至梅林保黃公橋

將溪源出西南至朱口保

朱口溪在朱口保源出李家源西北至朝天橋下

黃溪在水

校注：①源

南保源出將樂縣臺山西北至安泰橋下

山夾溪在福山保源出太坪坑西北至山夾橋下已上八溪俱縣東

均福溪源出大坑坳西北流

福冲溪源出福冲山西北上二溪在水南保

求興溪在求興上保源出寶閣峰西北流至梅口保爲均溪抵泥坑

鋪溪在開善下保源出寧化縣挪洋里北流至合口灘

仁壽溪在仁壽保源自蕭坑來北至善溪下保

開善溪在開善上保源出將樂驀源西北至竹洲已上六溪俱縣南

城步溪在城步保源出大嶂西南至縣西揭潭

瑞溪在瑞溪保源出峨眉峯下西南至南會保臨江寺前

二十四溪源出南會保赤坑兩傍夾以石山曲折二十四渡西南流至梅口

雙溪又名建寧溪源出建寧縣洛陽保經大田西保至梅口

馮家漈溪源出挽舟嶺南流上二溪在梅口保

石塘溪在南會保源出大田東保西南至南會保

善溪在善溪上保源接建寧縣赤上保南至龍安溪又南

流巳上九溪俱縣西**杉溪**在安仁保源出茶花嶺西南至縣治北**龍門溪**在上高保源出

大杉嶺西南至福山保上二溪俱縣北**龍安溪**在龍安保源出君子峰下循開善下保興鋪溪

水合流**均溪**在梅口保源接來興溪水至泥坑**依口溪**在依口保源出金鐃山南至小

溪口巳上三溪俱縣西南**大田東溪**在大田東保源出九盤嶺下至山坊**大田西溪**

在大田西保源接建寧縣焚溪下保水西南流入灘江上二溪俱縣西皆入建寧縣灘江巳上几二十有

八溪其流皆入于大溪**鈷鉧潭**在縣北上高保深不可測下流為龍門溪**鮷潭**在縣南開

善下保深不可測中有漩渦舟人恒病焉**何潭**在縣東一里一名龍潭黃溪杉溪二水合流至此匯

而為潭潭之下有灘狀如斗角俗傳云何潭流斗角此地狀元生宋葉祖洽鄒應龍大魁天下入以為應

○方輿勝覽云①灘江之水自向山下環繞縣治遂踏為潭以今攷之泰寧無②灘江而建寧有灘江疑即灘

校注：①②灘

誤而何山亦在建寧故建寧亦有何潭**揭潭**在縣治西三里**水簾漈**在南會保又名白水

漈泉直瀉百餘丈勢如垂簾**馮家漈**在梅口保上二漈俱縣西**縣溪二灘**火夾灘在

縣西梅口保溪亂石嶢巖兩旁石崖壁立奔湍激浪其聲若雷舟楫至此不通合口灘在縣西南善溪

下保大溪與鋪溪合故名灘甚險**放生池**在縣治南利步橋下去溪一里**醴泉**在南會保

味甘如醴**縣東井**在縣廳前左洪武九年知縣定定鑿**縣西井**在主簿廳前石刻志紹興

四年鑿**天王井**在天王寺內唐會昌中鑿**晝錦井**在晝錦橋頭**崇仁井**在東

偶①街崇仁坊**朱紫井**在朱紫巷內宋熙寧元年鑿**聖公井**在南隅溪岸上**普勸**

井在普勸寺內唐天祐中鑿**保安井**在保安寺內宋天聖中鑿**集慶井**在集慶庵內元

至正十一年鑿

校注：①隅

建寧縣

龍歸山在縣北求城保山勢蜿蜒若龍歸然上有大乾惠應廟

金鐃山在鐃村保擾長吉將屯洛陽赤上赤下六保間跨建寧泰寧寧化三縣境山之絕頂有聖嚮石嘗有雲氣出其上邑人每以占晴雨又有石燕巖一石穿僅容人身深二丈許盤折而入至正巖深三丈許橫闊半之巖之户有石屏屏後數步一石竇通天光俗謂之石天窓有石凳石床石廚位置向背皆天成泉瀑清此①行乎木杪而注於絕壑一勝槩也山之半有龍潭清澈無底跨洛陽保有東西巖上舊有巨藤橫亘可通往來昔何白旗之亂邑人多避地於此後藤絕路遂隔跨將屯保有長嶺山曲折起伏長亘數里

青山在迎薰門外舊有宋陳瓘所書青山扁刻及練江亭山二山俱縣南

何山一名東山循石磴而上其巔有跨鰲亭蓋邑人歲時遊賞之所也下有何潭環遶縣治詳見泰寧縣山川志

平山山形如龜怪石巉巖其巔平坦可坐百餘人山之下江瀨有米洲邑人歲以沙之漲否占米價上二山在在城

校注：①沘

保。**開山**在開泰保宋嘉定間寇平父老相賀曰泰運自此開矣因名其保曰開泰山同開山。**昇山**在洛陽保山方峙如昇上有碁盤石已上四山俱縣東。**鳳山**狀若翔鳳或傳宋元豐間有樵者見五色禽翔集其上故名上有東嶽行祠迎鼇觀極樂寺嶽①詞内有王母池又有放生池邑人多遊觀於此。**西山**形勢聳峭上有戰坪相傳五代宋齊丘嘗營戰于此故名上二山在在城保。**寶山**在部下保其土可陶器鄉人資以為生故名。**登高山**形如覆鐘重九日邑人多於此登眺。**望君樓山**疊疊高聳狀若樓閣又若人之企望者上二山在里心保。**雲蓋山**山勢高峻時有雲氣覆之上有石巖懸絕瀉瀑如簾。**金龍山**山有潭舊傳龍見於此故名又有鈎鼇嶺推轂峰馬尾②澿。**五龍山**上三山在窖坊保。**白鹿山**在安吉保昔人見白鹿遊食其間因名已上九山俱縣西。**白雲峰**在縣北永城保常有白雲出其上舊有三峯亭。**王仙峰**在饒村保舊傳有王姓者脩煉其間故名　**仰天峯**在長吉保上三峯俱縣南　**器村峯**峯勢嶮岌旁有山如馬鞍又有三峯如筆架　**雞籠峯**以形以①名上二峯在洛陽保　**金斗峯**在楚上保上有三台七星石大石三小石七皆圓如星　**雙仙峯**在楚下保两峯對峙如人拱立已上四峯俱縣東　**嚴峯**在客坊保高峻端重因名　**禪頂峯**在大南上杏两保間上二峯俱縣西　**龍歸嶂**在縣北藍田安仁黃溪三保間勢如萬馬奔驟有石如門限　**嚴嶂**在縣南赤上保　**北山嶂**在將屯保自仰天峯而來突起一嶂高出雲表　**楚陽嶂**在楚上保俗訛為楚王岡鄉人墾藝其間往往得古器如瓶盎罏銚然蓋地氣融結而成既出隨復消毀　**浮沙嶂**在周平安仁二保間山壁立而多沙上三嶂俱縣東　**仙湖嶂**在縣丙都下保中有仙女湖故名　**百丈嶺**在縣北藍田保嶺極高峻乃江閩分界處昔越王無諸嘗獵于此因築臺焉故址猶存　**獅子嶺**在縣

校注：①似

南鄉上保以形似名**蟠湖嶺**在縣西上黎保抵江西南豐縣界上有湖豬水不涸**華蓋巖**
在武調保石磴縈紆而上上有水名仙增四時不涸**五龍巖**在楚下保雙峰石壁之下歲旱鄉人
禱雨於此巖有山水石石壁上有山水二字出於天成故名上二巖俱縣東**雲谷**在縣南宋俞豐
嘗讀書于此有雲谷書院及怡雲來薰致爽猗香爵嘯渚亭皆其所築也**桐樹坪**在縣東武調保
地勢平衍多產桐木**鮨前洲**在縣東水心狀如游魚出水揚柳生其上有游魚出鼉侍郎生之讖
九仞石在縣南赤上保九九石列峙**仙人石**上有人足跡故名**雷鼓石**擊之
鏜然有聲上二石在楚上保**獅子石**在溪潭中高丈許狀如獅子**馬迹石**亦在溪中
石方而平上有馬蹄跡**廩石**圓正而高狀如米廩上三石在黃舟保**笏石**在武調保直方
如笏已上六石俱縣東**印石**在縣西客坊保龍溪口潭中方正如印**濉江**縣古名綏城後

訛綏爲①雌曰江者邑人修其稱也俗名大溪源出寧化縣中順山經龍下保曰寧溪東北流至縣治南曰②雌江自是又東北會泰寧縣水東下將樂出順昌達于劍津

都溪 源出江西廣昌縣雲蓋山東南流

藍溪 源出藍田保百丈嶺東南流上二溪俱入於寧溪

洛陽溪 源出金鐃山下東北流經洛陽將屯長吉保至縣東南二里

漠溪 源出安寅保向家山經開山黄舟保至縣治東南流

楚溪 源出楚上保界東南流上三溪俱入于灘江

桃源 在縣西大南保衆山環秀一溪三級中有居民人以方桃源云

九流漈 在縣東楚上保楚溪黄瀾灘中有龍潭

龍歸潭

龍潭 在黄揚坪山巔廣數丈漈不可測溉田可千畝每風雨則晦冥人以爲異物潛焉歲旱鄉人輒禱于此按 大明一統志建寧縣南有龍平潭相傳舊有異物潛其中宋時其旁居民有享年百餘歲者疑即此潭也上二潭在縣南鏡村保

魚潭 在縣東黄舟保深數丈下有穴魚常聚其間

石印

校注：①②灘

潭在縣西客坊保深廣數丈旁有巨石如印因名縣溪諸灘在牛軛灘在縣北在城保灘亞曲

如牛軛狀　金灘在洛陽保　金鼎灘亂石砼砑潴水衝激中有一石如鼎　黃瀾灘上二灘在楚上保

已上三灘俱縣東南街井在清平坊其水清冽四時不涸興賢井在縣學前上二井俱

南隅水巷井在東街劉家井在西隅熊家嶺上

光澤縣

昴山在縣北二十九都山勢秀校鄉人遇水旱多禱于此管蜜山在五都山

兩峰相望前後皆石壁宋淳祐中有管姓者取蜂蜜于山中①墜崖而死因名山有洞光巖橫闊數丈餘

雲巖山去縣一里宋李方子講學其下有雲巖書院虞集記云崇岡似壁人跡罕至最為清致宋

李月洲詩烏君之山山北樓高興懸空浩不收萬里風雲長入夢百年詩酒只生愁依稀遠摘連寒②鄏蒼

莽殘陽落暮洲閩道登臨愛詩客仲宣何必問荊州上二山俱縣南石螺山在八都兩山相合大

校注：①墜　②郭

石掎角對峙于溪上曰石門僅通单騎有石如獅子昂踞水中旁有石如螺因名**蓮花山**前有五峯號筆架山**黃華山**山勢蜿蜒旁支與止馬諸山相連屬上二山在九都**徐公山**在十都鄉人爲徐仲仙立祠于此故名已上四山俱縣西**烏君山**去縣五里山高二千一百餘丈頂有两石峯各高二十丈人謂之双石筍又謂之珓环山寰宇記云秦漢間有徐仲仙于此採藥遇神仙其妃偶多假①烏皮爲羽飛走上下山因以名江淹詩洞中烟鎖五雲樓洞口寒泉今古流見說秋高風雨夜徐郎騎鶴更來遊徐徹詩杭州雄鎮烏君山山頭古迹仙人壇仙人騎鶴去不返藥爐丹竈留人間至今鬼神與守護洞口時時起雲霧玉清臺殿常依然縹緲仙蹤無覓處**珠寮山**在十八都又名諸毋崗謂其爲諸山之毋跨邵武光澤及江西鉛山三縣蓋邑之巨鎮也**大和山**在二十七都抵江西南城縣界山有鐵牛嶺嶺舊有鐵牛關**小和山**與大和山相連舊有大寺寨巡檢司今徙于彭

校注：①烏

關上四山俱縣西北大里峯在縣北二十都白雲峯聚雲峯上二峯在三十都
里人峯在四都頓筆峯在八都狀如卓筆毫居峯興龍峯上二
峯在九都僉竹峯在□□都已上七峯俱縣西象牙峯在縣西南□□都接邵武縣界
一峯屹立旁有二十四峯森秀如象牙邑之來山也盤有嶺在二十三都東抵江西弋陽縣界西
抵江西貴溪縣界山高徑險盤曲而登故名雲際嶺在二十五都接弋陽鉛山二縣界路通浙
江上二嶺俱縣北烏石嶺在縣東與烏君山接高二千六百六十丈有奇杉關嶺在縣
西九都爲福建江西之界會仙巖巖口有穴名石斗內方而深清泉常滿相傳宋嘉定間有醉者
褻瀆其地火從斗中列巖四絕崖上有挑實丹色熟時即墜人莫能得黄茅巖有石樓七重高
下捫透後有石壁水自穴去歲旱鄉人常禱雨于此七仙巖高入雲際上三巖在縣北二十二都

烏洲在縣東二里又名月洲當西北二溪合流之會

杭川俗名大溪發源自六都極高嶺分水至四都合杉嶺止馬諸水曰西溪至縣治西納杭溪與徐源諸水曰杭川至縣北烏洲與北溪合曰交溪又東南流三十里入邵武縣界　大明一統志府城西北有麼溪舊志載於縣境而云疑即西溪之源詳見邵武縣山川志

北溪源出縣北二十五都雲際嶺會二十四都諸澗水

縣溪諸灘交溪灘當西北兩溪之合　龍孔灘上①一灘在縣東黃龍灘在縣西北一里　撞石灘在一都怪石攢矗飛流迅激水涸則舟不能進雷公灘在四都灘聲若雷舟行者止此上二灘俱縣西

錫杖泉在十六都崇安寺後

過夏泉在二十七都招禪寺西上二泉俱縣西

七星井縣治南井曰廟前在縣東張王廟前曰司前在建寧道前曰澄清在澄清坊曰縣前曰八角在卓行坊曰五通在五通廟前曰光祿在光祿坊凡七因命曰七星井

六角井在縣北種德坊

城隍井在縣治南

校注：①二

城隍廟內**杭頭井**在縣西北杭頭市有三井

興化府

莆田縣　烏石山舊在府城東北　國朝洪武十二年闢城圍其半於城內上有米巖寺並石浮屠山半石崖二處元人俱有刻字一曰左丞雨一曰右丞雨蓋紀當時左丞右丞祈雨有驗但其旁刻細字俱苔蘚蔽蝕不知所紀為何人也山之東北隅有唐大理司直陳嶰墓古讖云烏石山前官職聯聯自唐以來林陳方黃宋劉王鄭李九大姓世居之**北亭山**在府治東北下舊有將迎亭**陳巖山**在府城北常泰里山峰三疊如雲飛如髻鬟俗傳古有陳姓者隱於此故名陳巖亦名陳仙山山之頂峯巒攢矗若蓮花又名蓮花峰亦名九華山

石洞在陳巖山上廣可數丈旁有巨人跡　石茶竈　石棊枰　琉璃院　桃花塢　燕子洞　仙篆石巨石坦平文跡縱橫若篆書宋方翥詩盡文鳥篆

不可識如讀岣嶁神禹碑　粘蠔石山高數百丈距海七十里今山頂有石蠔山粘殼猶在方翥詩纍纍蠔山着石面此非所有能無疑細着大石深孔竅舟人操篙跡猶遺乃知此山千載前洶湧尚作海渺瀰蛟龍魚鱉占窟宅不省造化能容移

淘金井山之麓井深纔二尺泉甘而清舊傳陳仙於此淘金云

壺公山

山有八面高聳千餘仞郡治正對之山形方銳如圭首峙立如畏舜秀特端重蓋郡之鎮山也舊經云昔有隱者遇一老翁於絕頂忽見宮闕臺殿似非人間翁曰此壺中日月也後人因以壺公名山宋朱文公經莆望見壺山曰莆人物之盛皆兹山之秀所鍾也唐翁承贊詩井邑斜連北蓬瀛直倚東秋高巖留白日出海波紅黃滔詩日月中將近龍蛇蟄處腥宋劉克莊詩所①不人多山漸瘦結庵僧去石誰眠鳥歸半嶺銜斜日燕返踈林起暮烟國朝黃耕詩濕雲將雨歸深洞古樹號風撼怒濤

蟹井在山頂泉出石穴中其脈通海視潮盈縮中有雙蟹歲旱縣大夫率請祈禱以茅葉引之置缶中迎歸即

校注：①木

雨宋通判劉子翬詩穴泉類蹄涔幽靈隱其涯髣髴小雙鰲控御蛟龍隨

真淨巖在山之絶頂前中風物之勝一覽可盡

靈雲巖在山之陽上有桃花洞蘸①月池泉石奇勝爲莆人遊賞之地

虎丘巖宋徐思仁云李習之謂九山居以怪石奇峰走泉深潭老木嘉草新花視遠爲幽壺山虎丘巖殆兼有此景

盤陀石 碧溪灣 法流泉 濯纓②沼 石壁峰 已上俱在壺公山號五奇

名山 下有名山廟上二山在胡公里

鼓角山 在惟新里壺公山之西宋吳世延詩白水一陟浮鷺背青茵千壠疊虬鱗

石梯山 峻峭如梯其土最宜茶莆之茶龜山爲上石梯次之上有爐峰巖

浮山 上二山在壺川里已上五山俱府城南

塔山 在莆田里舊有石浮屠後圮 國朝建烽燧於其上

雙髻山 在興福里自西視之双峰尖聳故名双髻自南視之五峰並列故又名五侯亦名筆架山上有湧泉巖大雲院今廢其泉亢旱不竭

赤岐山 上有爐峰巖

白湖山

印山 山之上有

校注：①蘸 ②纓

石如印古刻印山二字於其上爛柯山 東山 石獅山 東龍山

鳳石山 九潮山上九山在武盛里大蚶山按舊志莆田海濵有蚶田百頃

號大蚶山山有巖洞十里之內水草皆香蔡山 青山上有巡檢司丘山上四山在

奉谷里已上十五山俱府城東天馬山在南廂山勢起伏如奔馬太平山其山自福之來

福延袤而來峰巒峻拔爲莆之主山石室山山有二石室皆廣二丈許及巨人迹石僧涅槃隱于

此亦名石室巖又名伏虎巖巖之右有天泉巖上二山在東廂林墪山在文賦里唐林攢葬母處

又名甘露林上四山俱府城西福平山在興教里亦名北平山唐歐陽詹讀書於此侍御史陳嶠

墓在烏山之陽爲北螺村有林氏伯仲九侯墓今謂之林墓埔澄渚山在仁得里舊有陳暄者居

之初谷陳渚唐睦州刺史林披徙居于此因改陳爲澄今有林九牧祠堂囊山在延壽里形如懸囊

亦名土囊①碎支巖其中可容數榻旁有八小石負之玲瓏明徹如窗欞然唐中和元年異僧黄涅槃棲隱于此巖石間有小竅甫徑寸時迸異香今焦者聞猶得之前有二巨石對峙如門右有石高廣可二丈後人因設藥爐茗碾於其上宋郭祥正詩磴道迢嶢接畫簷陰森古木翠相銜寺形突兀從中湧山勢包藏若外緘猛虎至今馴片石異香時復降重巖欲窮眼界無邊際更到幽人宴坐嵌余越詩千林欲暮山一帶雨六合無塵秋滿天　國朝柯潛詩攀雲凌絕頂一望海天空野色斷橋外鳥聲高樹中烟凝芳草緑苔襯落花紅萬慮都消却長歌送暮鳴破曉携餘興搴蘿上碎支雲邊孤鳥没天外數峯奇拂石題新句摩苔看舊碑此中真絕景能有幾人知

文殊巖　佛日山　石竹山　須彌②臺　降龍澗　於菟③窟　半月池　伏虎石

雙魚山　狀如雙魚下有子魚潭亦名小姑潭在迎仙橋下廣僅數百步所産子魚爲真而不可多得王安石詩長魚俎上通三印蘇軾詩通印子魚猶帶骨黄庭堅詩子魚通印蠔破山而

校注：①囊　②彌　③菟

建安巖有翼藝苑唯①黃亦謂通印長魚古人以爲食味之咏通印者言其大可容印也今山上有小廟政和間立里人劉仲審始題其額曰通應因以名港追考歲月實在三公作詩之後而王彥輔麈史反以詩訛應爲印盖考之未審也

駟馬山以形似名

戴帽山山高千仞旁連紫帽山山有鴿鴿巖舊傳地曉鸛鴿棲焉上三山在待賢里

烽火山在興教里三小山突起平田中舊傳嘗舉烽火於此一名華盖山

鄉林山下有靈龜潭歲旱禱之若龜浮乃雨徵也有石梁跨其上又有石如砥平可坐数十人流泉環遶鄭樵詩泉聲潄玉開心孔山色挼藍鬭眼花着手摩挲溪上石他年來訪汝爲家

大帽山下有爵山南有太湖坑石門馬尾漈綠榕橋王悅詩鷄犬一聲雲一塢春陽桃李鄉成蹊

東山山多異產宋鄭樵有東山採藥詩刻于石旁有西巖

棋山仙掌峯有石高三十餘丈巉然特立如掌宋林光朝豐登樓記云仙掌一帶如湘潭其峯映數處如鴈蕩即此地也文筆峯

校注：①雌

興朝天馬兩峯相對又名石竹峯峯之麓爲故興化縣治　香爐峯舊經以爲朝天馬峯　仙人臺兩石對立中有端石如棊枰　出風穴大石上有穴大如斗深不可測風自穴出巳上俱在棋山號五奇　龍山亦在棋山山巖如圓屏瀑水高三十尺流下瀦爲小潭又有石如室深廣一二丈相傳五代時有隱者居此地爐猶存中有棋山寺旁有西臺

百丈山亦名華蓋峯唐會昌中僧崇演避地辟穀居于此山有石室又有六巖曰華蓋曰客廳華蓋西北大峯峻峭第一石室可坐五十人曰古仙此巖向北有石累架厝以爲門曰石傘石門向後有一巖形如層塔一巖相枕形如傘蓋下有石床平坦可容二十人曰石樓石傘西北有巖形如樓臺其下宛轉可容百人曰重玄石樓西北連大山鼻直指玄空中石室可棲息百人傍沿石壁乃至其中即此巖也又有百丈嶺接福清縣界上五山在廣業里巳上十二山俱府城東北

果陽山　**方山**　**三仙山**在莒溪上三山俱在府城西北常泰里

城山在景得里俗傳舊有蜘蛛遶山爲城故名又名𣪍城山與①壼公山對峙爲黃石谷淸之望山有石巖可坐十許人前臨國淸塘上舊有竹隱梅隱松隱三精舍今惟松隱存焉其巔又有呼月臺與雲洞宋林光朝嘗講道於紅泉東井學者因立祠於此祀之 國朝柯潛詩有云呼月臺前看海色興雲洞口聽龍吟孝廉墳古蒼苔合文節祠荒碧草深又云好山横碧水窮處落日留紅天際頭

羊眠山在安樂里頂有窠平數十步

鯽魚山在合浦至其下有潭

嵩山在海濱山頂有峯名文筆其上石壁有苔紋成文筆峯三大字宛然如書刮去復然旁有石室俗呼仙姑巖峯之下有嵩山院焉

金山山下有一水謂之金谿宋林光朝記此水發源於仙人臺其最上層有雲氣濛濛然旁有虎嶺石雞冠石又有石室可容十許入登高臨眺並見海上數山若蓮花之狀

岳香山

芝山峭石巑岏草樹蓊鬱爲海濱勝處山之嶺有菴曰萬松 國朝柯潛少嘗讀書②丁北及第後歸嘗重遊山

中有詩眼底皆親舊相邀訪白雲好山看不了名酒歙鄰醲晴旭移花影輕鷗護水紋莫談人世事詩思正紛紛

石馬山上五山在禮泉里　柯山在安樂里舊名松山後以山下多柯姓所居改今名　吳山在崇福里　嶽秀山　蔣山　龜山亦曰西山　芹山　塔林山　火頭山　文甲山　華胥山南有吉了巡檢司東有南日山水寨居民蕃盛商旅輻湊亦富饒之區也上八山在新安里海濱已上十八山俱府城東南　鳳凰山在南廂山形如鳳之展翼故名梁陳間邑儒鄭露書堂在焉　橫山在鼓角山之西　木蘭山其下爲木蘭陂上二山在惟新里　將軍山又名將軍巖　龜洋山產茶爲莆之最舊經云僧無了嘗栖隱于此遇一大①□躍四小龜而行因名山有六畔龜池尊□池　紫帽山與龜洋山相連曉日籠烟山色絢紫故名上三山在文賦里已上六山俱府城西南　州峰其上爲共樂臺

校注：①龜

梅峰與烏石山相連郎①光孝寺之後山也上二峰在城内今府治西北**大象峰**上有靈石大夢巖**鷄足峰**以形以名又名北巖上二峰在東廂**仙臺峰**按　大明一統志在府城西上有石碁枰馬蹄迹前有石罅深不可測又有仙臺石石上有字鋭如鑴勒遠則字畫分明近則糢糊不可識其文曰日月逝酒漿九五字未詳何謂已上三峰俱府城西**九峰**在永豐里舊志作延壽里徐師仁記云院之左右峰巒連屬有類香爐之九疊衡陽之九疑故名九峰**靈峰**在待賢里山環五峰上二峰在府城東北**盧峰**舊傳有盧姓者煉冊其上　郎中林忠詩神仙聞在幽深處待叩龍宮闕秘龕**越王峰**亦名越王臺舊經云環山巔築臺十餘層遺址石礎猶存漢書朱買臣傳東越王更徙處南行去泉山五百里居大澤中今所歷之池多有遺迹峰之旁有燧峰三舊傳越王舉烽火之所宋宏詞方□詩聞道騶餘避漢兵竄身巖谷覬偷生知雲甲馬今何在只見良田萬頃平峰之西南有

校注：①即

鍾湖 湖頗深廣每雲雨晦冥則湖中隱隱有鍾聲舊傳越王金鍾①飛落於此

瑞雲峰 舊經云峰頂有雲起則兩鄉人恒以此爲候峰之左舊有神祠五代周顯②德中居民一日見白衣人入祠忽視之不知其處但見壁上有金書二句云瑞雲峰下出三元東西二里人皆傳宋熙寧九年薛奕以武舉第一其孫珩知梅州寄詩云瑞雲古讖舊傳聞一曲青山抱小村簪紱相傳今十世姓名猶未應三元旁一里許

有轉水巖 又名轉水臺舊經云窮山之巔有泉源如車輪在黃茅中東傾大石西流永福縣界崖壑中唐末有陸禪師者以鄉民苦旱振錫大喝石開水轉而東溉田數百頃至今旱歲遠近迎水其應如響 大明一統志云府城③東北山巖下有泉或歲旱居人□④水田流入故興化縣應期祈雨其說與舊志少異

螺峰

仙壽峰 相傳舊有仙館真于此

長壽峰 舊經云何氏兄弟九人先隱此山得不毛之術故名其旁有馬鞍山以髻山鼓角山峯之東北有金鐘潭亦名金谿舊經云俗傳昔有胡

校注：①鐘　②顯　③城　④儺

人自嶺外擱溪水飲之覺有金氣所流尋至此潭見金鐘浮水①西湖撥水戲之與鐘俱沉至今鐘尚留潭中時隱隱有聲土人常以此卜陰晴潭在瀑流之下深不可測有隙光漏月又名仰月潭上六峰在廣業里已上八峰俱府城東北

羅漢峰 在府城南南廂舊記云俗傳有一僧南來追暮過此忽覩一刹樓閣層出鐘鼓鏗然榜曰羅漢院因寓宿焉遲明失所在詣廣化寺言其事後遂造石塔②於此下有佛賜坑舊經云俗傳廣化開山僧吐出腸胃於此跡焉

天竹巖

彌陀巖 上二巖俱在府城西常泰里

紫霄巖 在常泰里上有精舍舊名迎福院琉璃峽宋蘇舜欽書　天台洞　石鼓考擊有聲　石門　仙人橋仙人塚③已上俱在紫霄巖

上溪仙人巖 舊經云巖狀如駿馬垂頸頸上有平處下瞰一洞可容數十人中有藥炉丹竈石棊局人迹不可到惟一竇如牕眼斜窺見之

望江巖 叢山之中層崖千仞東望滄海故名上二巖在廣業里已上三巖俱府城東北

龜紋

校注：①面胡　②塔　③塚

原书缺第十六页

原书缺第十六页

衆城既闢壕遂堙塞天順間指揮僉事丁晟嘗奏請疏鑿以通舟楫　制可之而未有能任其責者成化初知府岳正始命工疏之自養濟院前抵東水關以達于外河深四丈廣倍焉中爲三堰以殺水勢一在養濟院前曰上堰一在城隍廟傍曰中堰一在玄妙觀前曰下堰其上中二堰之間瀦水成湖刻石其傍曰小西湖自下堰以下名曰蕪齊河上有石橋三間即舊寧真門外通衢也水盛則舟楫或可至橋下人以爲便其費皆正所自區畫不以煩民僚士民王行安嘗率千夫助之○正作小西湖時有詩云性癖耽山水莆陽不負吾林巒青欲滴城①廓隱如無天險閉形勝坤靈效壹圖全功些子欠我作小西湖湖中所産魚萵歲入府學正爲師生會餼之助

延壽溪在府城北常泰里源接漁滄溪流至延壽村爲陂分流新港蘆浦端平三斗門入于海

南萩蘆溪在府城東北待賓里發源自游泮溪流經呵吷陂五里至妙寂橋又五里爲漁滄溪歷使華陂過延壽橋○萩一本作荻恐誤

莒溪發源自游

校注：①郭

洋桑溪歷九鯉湖流會荻蘆溪以達于延壽溪

漁滄溪 南流入八瀨溪會于延壽溪上二溪在府城西北常泰里

上溪 在府城西常泰里源自林莽坑而下流五里至南門第二橋與北港水合

迎仙溪 源自北荻蘆溪合桃源白石水又東流會迎仙港入于海

蒜溪 源出興化縣黃跡山遶蒜嶺歷五峯陂駟馬橋南合迎仙溪上二溪在待賓里

吉富溪 在馬長溪下流源自黃渡南流過百淩與碧溪水會于東鎮

湖溪 亦名上溪源出石竹峯南注張洋達于荻蘆陂

碧溪 接湘溪之水經荻蘆溪

瓢湖溪 一名莽湖接大松溪過馬洋合洙溪

百丈溪 在崑山溪下流源出兜率山下為瀉清界

洙溪 一名蘇溪在碧溪湖合流之下五里有蘇陂舊經云大溪之中有溫泉數眼百沸如湯混以溪流不能止其沸居民三五十家沐浴烹飪日取給焉

杉溪 源出長壽峯下接大松瓢湖水

大松溪 源出大松嶺下接瓢湖水過洙溪合流

鳳摶溪 源出羙①山並山東淒②

細流交集歷溪尾過白虹折而南流六十里入碧溪。**灣溪**蓋薦溪吉宦溪搏溪合流處也。**北萩蘆溪**在灣溪下流至萩蘆陂岐而爲二左行者歷萬安溪迎仙橋會蒜溪之水以達江口右行者過漏頭以達新港各入于海。**碧溪**在溪下流十里許上十二溪在廣業里皆縣江口橋以入于海已上十四溪俱府城東北。**瀨溪**在府城西南文賦里其泉自泉之德化永春及仙遊三邑而下合澗谷之水三百有六十流至木蘭陂以入于海。**八瀨龍潭**在府城北常泰里旁有九龍廟歲旱禱雨于此或名鰲瀨宋方翥詩瀨寒隱魚鰲廟古動龍蛇按舊志郡北十里地名善溪有大惡潭在峻峯之間左右石壁峭聳宋開寶中縣令吕承祐因歲旱禱之大雨雱霈或見黑白二龍戲于水上遂立廟祀焉以其地勢考之疑即此潭也。**龍潭**嘗聞宋紹興四年春夏不雨潭有龍見即雨。**虺潭**源自沐溪而下其深不可測舊經云時有群虺出乎其間上二潭俱在府城東北廣業里。**辥公池**在莆田縣學大成門之前宋薛奎知縣事時所鑿其後奎入參大政邑人思之因名元至順初移建縣學於此遂以爲泮池。池植蓮有雙萼同榦若出於其間則諸生必有登魁名者林環柯潛廷試第一人皆有此瑞

桃源溫湯池 在府城東北待賢里錦江之西其地有仙跡龔田丹竈宋林大鼐莆陽風物賦云浴①桃源之湯者多年壽。按舊志陳洪進時號靜邊都鄭仁暢爲使

瀑布泉 在府城北常泰里使華亭之西舊經云懸流高百丈

溫泉 在府城南南廂元豐橋之西深可丈餘

大泉 在府城東武盛里平海衛城東二里許泉脉自石竇中湧出

石馬泉 在蒜嶺之西立碑道旁以石馬名之今在福清縣界

䃥光泉 在望江里巖嶠循崖巨石有窪可容勺泉湧其中瀦如一綫雖久旱酌之不竭宋林光朝以是名之

乳泉 在廣業里張蓋山上三泉俱府城東北

觀音泉 在府城西北常泰里松嶺之半塗負擔者取汲焉溪磨氏築亭覆之有石刻曰觀音靈泉

西漈瀑布

校注：①浴

衆在府城西南文賦里西重院之上瀑流懸崖如練

留公井在府治内之東即舊莆田縣丞廨之西隅有石記云知縣留居道重新縣廨累甃井無泉夜夢神人指示曰西隅草色光澤處有泉覺而甃之果得

鋪前井在府治前宣化坊總鋪①内

衛前東井在譙楼之左

衛前西井在譙楼之右僧捏②槃甃

梅峰井在梅峰光孝寺内

興賢井在館驛内

龍津井在太平社仙水行宮内舊志云昔何氏兄弟嘗憩於此上七井俱右廂

市頭井在市頭石塔之前亦名塔井

義井在永福寺前之通衢③舊經云僧涅槃所甃歲旱汲之不竭

福泉井在後街井上有石刻福泉二字上三井俱左廂

石幢井在宋黄公度狀元坊之側僧涅槃甃

四穿井在石幢市

鄭井在王巷尾舊鄭氏井也

龍井在烏石山下上四井俱　廂已上十四井俱府城中

望仙門外井僧涅槃甃

涅槃井在元豐橋側舊記云涅槃自南鄉歸

校注：①鋪　②涅　③衢

同船者渴涅槃乃登岸駐錫湧泉以飲之因名上二井俱在府城南南廂惠井在平海城內西南景泰四年指揮使戴瓊鑿以便士卒故名龍崆井按舊志在縣東龔龍山下古井亢旱泉源不絕上二井俱府城東梅井在府城西一里泉甘而重深可八尺枯旱不涸舊經云昔有叟梅姓者指其所以示人因名之宋林大鼐莆陽風物賦云飲梅山之井者無癈疾徐井在常泰里舊傳僧涅槃所鑿與徐氏宅相連故名張井在望江里下張黄井在待賢里江口鼓樓山瞰海旁日給千家大旱不竭上二井俱僧涅槃所鑿方公井在尊賢里白杜路左唐方峻所鑿仙人井在杉溪之西醴井味甘故名郭坡井上三井在廣業里已上七井俱府城東北靈惠井在湖公里白湖之側環境皆斥土而井居其間舊記云時疫有夢神示一井鑿而飲之無不愈是歲神始封靈惠故名亦名靈惠泉雙慶井莫公井舊傳莫姓者所鑿東井

宋林光朝開①義學處

琳井 泉源湧出亢旱不竭上四井在黃石界於連江景得二里之間已上五井俱府城東南

施水亭井 在府城西南南廂舊經云僧涅槃鑿以施水即錦亭前井今廢

八閩通誌卷之十一

校注：①開義學

地理

山川

興化府

仙遊縣

大飛山小飛山縣之主山也蜿蜒數百里屹立為二髙可千仞其形翼然如飛揚之狀下有鍾鼎馬鞍二山東為將軍山後又為天馬山

瀑布山懸崖瀑布泉髙數千尺望之如垂練下有龍潭上二山在功建里

大象山在興泰里下有唐光祿鄭讀墓已上三山俱縣北

鳴山山頂有石髙二十餘丈石上有風穴穴中有蠋殼天將雨則鳴過三日不雨則旱鄉人遇旱禱之必應上有鶴峯巖嘗有道人卓姓者結菴其上宋縣尉黄巖孫詩卓道當年愛此峯直於頂上駐

禪笫巖深疑有仙人宅地僻全無俗客蹤鑄石引泉園古屋斷烟拖露滴寒松夜來冷枕蒲團睡夢破一
聲殘月鐘**白巖山**白石成巖下插青谿又名白石山舊經云孤標秀異靈仙所集焉**香山**
舊經云昔有人登此山時聞異香或於土中得之若乳香然下有院旁有清溪其源發於泉州之晉江沐
極青泚而奇峰森列溪旁小逕可通杖屨①又有石梯掛錢石銀臺石馬香爐峰龍潭**九峰山**亦名
九仙峰上有雲即雨縣之前山也**飛鳳山**東有昭靈宮**卧牛山**上六山在孝仁里
羅山傳氏族居其下唐僧涅槃讖曰吾居爾室干戈永息爾居吾穴衣冠不絕後嘗兩易為僧舍又
曰二百年後異姓同光今林氏同居焉**翹足山**自留仙山發脉以至于此上二山在永興里
梛峰山自東南望之其形如帽自正南望之其尖如筆**九龍山**山分九支與銅鼎山對峙
牛歇亭山宋王邁家其南**照船山**其山秀拔登其巔望見南海**鴻漸山**山秀

麗可①觀

錦屏山風亭市居人延遶其下上六山在連江里已上十四山俱縣南

雞子城山昔越王築城其上舊經云靈異非人力所為又有彭城相去不遠遺址並存

崑崙山大溪之南二峰圓整秀拔山之巔有雙井禱雨必應又有崑崙巖

龜城山其形如龜故名上三山在常德里

石鼓山在永興里東渡溪之南有石如鼓因名

東山在沙溪橋之東其下為巖坂又縣東北興泰里亦有東山狀如伏龜

白馬山

瓊山山之石瑩潔如玉上有盤石廣十餘丈可坐數百人上三山在香田里已上七山俱縣東

寶幢山在養志里東為玉幢峰西為塗貂峰

詰軸山

南林山

魁巖山

正奏山在大帽峰之前舊名精進旁有欄柯山下有大[redacted]陂

泗洲臺山俗傳嘗有仙人往來其間又有仙人臺山有天柱峰大帽峰其勢高大若展旗然宋葉顒世居其下

雙桂山雙峰峙立故名又名②雙髻上六山在萬善

校注：①觀　②雙

里已上七山俱縣西銅盤山山鋒尖銳其頂坦夷如盤九仙山自永福縣嶙峋起伏而來
至此聳為一峰石上湧飛泉色白味甘世傳漢時有何氏兄弟九人飲此泉因而上昇故名東有仙迹石
南有侯坂高平山唐陳嶠世居焉高望山舊名高望峰在九仙山之西何嶺之上上有石浮圖
下有龍潭南有雙髻峰又有二石各高數丈名曰笏石北有仙人臺臺山在紫洋之東延袤二
二十里其上為古重巖旁有石室深四丈許廣亦如之又有小石室十餘皆有隙路相通玉几山
方平如几其高與九仙山齊上五山在常德里石犬山頂有石狀如伏犬林洋山
蓮花山狀如蓮花銀巖山又名白巖山山下有羊山又有黛藍山下巖清溪小市數家水
竹映帶如蘭山下有水陸精舍雙髻山又名雙筆峰南鎮山福鼎
山與蓮花石所三山峙立南湖山在何巖之西舊有萬安寺小巖山中有石門門中

有石鏡石龜石鼓

牛嶺山

石屏山 山下舊有亭

尋陽山 有大山自西北來峙為三峰曰大雲仙臺香爐又有鷄髻巖雲頂巖紅袍山笏山筆架山烽火山大象山鸞峰蓮花峰環列左右循南而東又有石龜巖龍鬚巖銀頂峰宋知縣陳昭度西軒賦云西澗之水懸流二千尺開闢已三百年初發源於銀頂即其地也蓮花峰之下有龍潭雲頂巖亦名雲頂峰巖有石室十餘處舊傳隱者棲息于此名舊隱巖旁有化蟒巖釣月灣聞猿洞眠雲閣有石並峙對望之如閣又有漈坑巖之前有鄭氏書堂面挹其秀古讖云漈坑州監無人識雲頂山前出狀元宋乾道中有部使者過此山曰當生異人後鄭僑果擢魁薦官至樞相是其驗也

高陽山 又名谷目山崇林蔽翳居人剢木以識所從出入之路後人訛傳剢木為谷木宋黃其言谷中山小娟秀如人之眼目是其清明處也上十四山在興泰里○剢考之韻書無此字疑當作剝又疑當作掾

蛇灣城山 亦號越王城已上二十山俱縣

東北

將軍山　**鼓樓山**　**北斗岐山**　**平光山**　**飛鳥山**相傳昔有孝子廬墓于此飛鳥群集鄉人謂孝感所致因名郡志作鳥

烏石山在烏石溪口又聞賢里亦有烏石山陳氏居焉

大帽山陳次升世居焉

金雞山頂有石如雞故名上八山在善化里

梁山舊經云平田之中突起一峰高揷霄漢其上多神仙窟宅水旱禱無不應舊傳嘗有紫氣凝結經旬不散邑以祥瑞聞是時蓋梁朝也故以梁名

明山　**祥雲山**

九座山泉南錄云重巒疊嶂之中巍然高峙凡九峰故名　盤髻峰亦名鳳頂山在九座院後舊經云八峰環遶而一山中峙迴然峭拔勢如盤髻植筍嘉木異卉寒暑不改色蓋絕勝之境也　棲真巖院東三百步有石龕廣踰尋丈舊記云山之東有伏蟒巖巨蟒族孕其間唐僧智廣駐錫于此蟒悉化爲石　錫杖泉棲真巖下有淺穴無水智廣以錫杖叩石泉忽湧出　徹雲澗院西三十步有大澗出於窮

山群石①藂萃堆積水下激石其聲錚然如鐘磬環佩失名氏詩延綿不可窮寒光徹雲際落石旱雷賁濺空春雨細龍潭徹雲澗北上躋險捫蘿不啻五里却入澗中巨石之下覓餘一丈深二三尺水湛而清旁有陰竇莫測深淺歲旱禱應荅如響透龍石潭北有大石中斷如截舊傳嘗歲旱龍蟄其中智廣叱之透石而去故名

大祐山其山自金華嶺而來伏為平地者里許乃復突起一峯上五山在閩賢里巳上十三山俱縣西北

弇欄山在常德里

洪山舊經云洪崖嶮峻層巒清瀧相傳舊有紫氣盤遶又時聞絲竹之聲

魁山與洪山相連

留仙山舊傳何氏兄弟嘗留憩此山石棊石猶存

大尖小尖山雙峯尖秀而高聳

銅鼎山形如覆鼎其旁有耳與垂蕉掛幞之山相並上五山在永興里

雲頂山自洪山羣山發脈而來其麓綿亘黃氏居焉

新峰山其高凌天頂平如掌上二山在香田里

紫帽山

塔斗山在雙溪之上其

校注：①叢

頂有螺峰巖又有浮屠上二山在連江里已上十山俱縣東南**鄭墓山****大智山**上二山在孝仁里**帶帽山**其峰高峻頂如手掌九溪居人多依此山**鐘石山**上有仙門洞石門高闊丈餘其東有碑刻云古有樵者遇一翁問其所居曰居此山五百餘年矣問其屋宇所在翁以手指石遂開為門入門乃化鶴而去因號仙門洞上二山在養志里已上四山俱縣西南**龜峰****文筆峰**峰秀拔如筆席麻林氏居焉上二峰在縣西南養志里**烏頭巖**在縣東興泰里有石池清泉宋林光朝目此山為小武夷**飛錫巖**在縣西聞賢里**北山巖**舊經云群山之巔兩石峙立負一石焉號曰石室可坐百許人初泉源以巖石不通相傳雷裂其石泉始達于石室之下裂石今尚存宋鄭樵詩倚杖巖頭秋獨望稀疎烟樹是人間**羅漢巖****何巖**俗呼寒巖上有古何城城之東有石洞可坐百餘人下為何嶺宋陳讜書何嶺二大字刻于石俱以何氏九仙得名

路旁有仙泉井宋李陳照度仙水第一源記何氏兄弟經行於鷄子城憩於嶺畔煉丹於湖上丹成乘九鯉魚仙去後人號其湖曰仙湖嶺曰何嶺水曰仙水縣曰仙遊巖之側有石所山舊經云縣中北爲坦途山皆石也故號石所又有滴水巖麥斜巖極樂巖雲霄巖林際巖南湖巖名山巖樂應巖高望塔皆錯峙於石所之間山之下有平埔十餘里宋黃定齋建書堂其麓林光朝劉夙時至其所嘗曰天下佳山水未有如鯉湖石所者也石所之南有玳瑁山下有龜臺岡西瞻山又有九仙宮

蔡谿巖

宋陳易隱居於此巖前有石如雙闕曰石門高三十餘丈廣百十丈石門之北洪崖石壁凌雲環立上有瀑布泉懸流石壁數百丈頻年不竭下有龍潭深不可測又流而爲谿澗因總名蔡谿又有普陀巖石壁間可坐三五十人風日不到處也與普陀巖相對有羅漢洞石門之下有幻游洞巖水至此會流如奔雷聲瀦爲一湖大木百圍盤屈石上雖盛夏猶寒巖之東有象王峰西有獅子峰象王峰之下有望賞臺易結廬於其間臺

畔有藏真、搗瞑、雲石。已上四巖俱在縣東北興泰里。**石碑嶺**嶺路甚峻，有石立道側，平闊數尺，上有鳥跡書，其文漫不可曉。**仙嶺**相傳何仙嘗憩於此。上二嶺在永興里。**馬嶺**在連江里，嶺之上有亭，為迎送使客之所。已上三嶺俱縣南。**歸仙嶺**在善化里。按舊志名孤单嶺，五代唐陳乘、陳光①义居嶺畔，登第還鄉，因改今名。**白陽嶺**在萬善里。**石獅嶺**　**磨石嶺**上二嶺在闡賢里。已上四嶺俱縣西。**亭嶺**　**白馬嶺**　**長嶺**在何巖之東北，通郡治孔道也。昔邑人黃鵬捐菴道側，買田付住僧，使備薪水，以給行旅之宿食者。**牛頭嶺**舊經云：按九域志，舊載百丈嶺，今諸嶺之峻，猶有絕高於百丈者。大抵環典化縣皆山也，大山如奔虬，小山如促浪，來自建昌、昭武，越尤溪，至于永福，分為三四，自洑口達九座，為仙遊，至壺山，入于海。筆架、仙臺、大雪至于香山，乃其支出也。東自杉溪出為長壽峰，又東為二支：一自浪山為仙壽峰，為日月角山、金芝、瓔珞、暘谷、夾際

校注：①义

越王烏石皆其別名一為瑞雲峰為兜率為百丈達于福清其中則為小章山為牛嶺為興化縣治過章嶺雙髻覆鼎至于石所號何巖下有九鯉湖直出為龜山為廣化為華嚴為興化軍治上四嶺在縣東北興泰

梯雲嶺 在縣西北永興里歷險里沿危又三十里至九座

羅漢墩 在縣治之南高一丈廣數丈古讖云水流羅漢墩仙遊出狀元

浮龜墩 在紫澤觀之東有石墩闕溪旁相傳昔有潦漲民居悉淹沒獨墩上數十家無恙

九鯉湖 在縣東北興泰里漢何氏兄弟九人煉丹於此丹成各乘一鯉仙去故名湖上有九仙宮西有仙閣宮之前左右兩山蟠踞環抱湖其中一水沿石澗由宮之左而下匯於湖澄泓渟蓄深不可測前復通一澗兩壁夾聳石底平遠湖上下凡九漈春水時至洶湧激烈其聲如雷流下石壁噴為真珠簾再折而下散為烟霧其下即萬仞之壑為魚龍蛟螭之所窟宅西山有瀑布懸崖數百尺下與漈水合奔流數里為莒溪宮之前有大石平曠下瞰於湖石上有穴如烟

穴其中水深亦不可測蓋下通於湖也湖之左右及涂之上水落石出其石底有穴小者如盤大者如臼又其大者如鼎鑊不可以數計每一穴則兩竅並立其中各相關通又於衆竅中迂回虬曲泉脉亦相流屬雖不雨水亦不涸又有湖光臺并碁秤藥爐丹竈之屬歲旱鄉人禱雨於溪南隱隱若有聲一二日聲不止乃雨徵也 國朝黃孟良詩石遺丹竈淩溪裏雲鎖瓊樓縹緲中青鳥去來猶夜月碧桃開落自春風徐資用詩石門斷處疑無地洞府深中別有天晝憚遠開橫晚岫珠簾倒掛瀉寒泉碧桃開謝三千載赤鯉飛騰幾百年

赤湖在縣南連江里楓亭市之西舊經云周環五里土色皆紫其下為焦坑地形如豹隱眠故又號豹眠

仙溪在縣南永興里合縣西衆水流入莆田縣界

余溪在縣北源出永春縣流入大目溪溪旁有余姓者居之故名郡志云其溪蟠曲狀似盤蛇因號蛇灣溪非也

可溪源出香山潘巖並會仙橋

周溪東繞龍井下接仙溪上二溪俱在縣南孝仁里

安吉溪

源出九座山之龍湫流四十里為碧溪又天①里為清光潭又五里為龍擊溪流入于蔣溪

三坑橋溪在常德里源出富洋山東由瀑布山龍潭水磨坑而來

崑溪在安賢里源出安吉溪東流至仙水橋而南出崑崙山前王十朋詩崑溪想自崑崙決由此觀之舊郡志以坤溪即昆溪誤矣上五溪俱縣東

蔣溪在龍華寺前源出金沙其沙如金故名

九溪溪流凡九曲故名上二溪在養志里

大濟溪源出九座飛瀧合般流由耶湖過石峽為飛烏溪又三里為龜峯潭

神堂溪源出富洋山

三會溪其源有二一出白陽嶺東過古瀨溪一出金華嶺歷東山溪大目溪石碧潭與古瀨溪會上三溪在善化里

大目溪在萬善里其源有三一出九座巖一出佘溪一出石獅嶺東流與衆水合已上六溪俱縣西

飛烏溪在縣西北源出德化縣流入大目溪其溪水淺沙平群烏翔集因名已上十三溪皆流會于仙溪

楓亭溪在縣東連江里其源有二一出皂洋合吳

校注：①六

坑水而下一出新嶺東流至沙溪與衆水合從雙溪口而出至太平港以達于海沙溪在縣東南
溪之旁人烟稠密號沙溪市雙溪亦名滄溪山水環抱風景可愛溪之上林氏世居焉坤溪
在縣東永興里其源亦有二一出皂洋坤村之鷲峰一出白石山流會于楓亭溪游洋溪在縣
東北興泰里源出上院山與郭洋石馬二溪合歷沐溪與尋陽溪會為廸潭又與小姑水會達于龜嶺溪
逾永福大樟入于海郭洋溪源出雲頂峰石馬溪源出銀岩山尋陽溪源出
蕨陽嶺逕亮峰與衆會歷鳳陽溪洙溪小姑水源出永福縣白寶山白浮溪源出屏山
下接尋陽興角溪源出東山下接郭洋溪上二溪皆流會于游洋溪黃龍坑在縣北與
泰里水出山峽間瀦為一潭名曰龍潭宋嘉定改元亢旱縣尉朱子昌禱雨冀獻畀有物似蛇浮水面大
雨隨注越月復旱知縣陳齊精誠禱之次日大雨何巖水在何巖之下其源有三一出谷目溪

一出楊梅溪一出蓮花峰

吳坑山龍潭在求興里

卓洋龍潭在連江里上二潭俱縣南

西明院後龍潭在連江里

寒洋龍潭在養志里上二潭俱縣西

夫人潭在縣北聞賢里角溪中按游洋志東甌吳氏女善巫嘗居於此潭因以名

龍岡漈上有二潭水出潭底下流為漈其勢甚高下有石洞歲旱鄉人率捫崖攀蘿詣之以禱雨澤

仙人漈發源于峰山之下上二漈在縣東北興泰里

蔡坑池在縣南連江里

龍池在養志里龍華寺寢室之前龍井之右其水雖旱不涸

放生池在孝仁里中有恩波亭上三池俱縣西

溫泉一在求興里雙林院前一在安賢里天柱菴側一在興泰里舊經云縣西南大溪蟠石中有三兩穴泉出如湯旁有精舍以湯泉名○舊經所謂縣指舊興化縣也

聖泉在縣南孝仁里下坂上亦號龍井旁有昭靈祠春農將作先致祭於祠泉方湧注豐歲不加旱亦不減溉田千有餘頃冬則枯涸

伍泉

泉窟泉　洋埔泉　營前泉　乾尾井泉　洋泉　大泉上七泉俱在縣東常德里

瑞泉在縣西養志里靈陽山之下俗傳僧正覺卓錫南巖以杖擊開石罅有泉湧出失名氏詩坐斷藥頭千仞壁擊開石根一支泉

白巖泉　動洋上保泉　動洋丁保泉　灘溪保泉　坑泉　陰泉上五泉俱在縣西北聞賢里

義井一在縣東街一在縣西街

大井一在縣前南門街一在縣東北登賢坊前一在縣學明倫堂前凡上五井俱建功里

東井在永興里石碑東溪一嶺之間舊名張趙井舊志云溪之中流有盤石上隱隱數尺旁有膝足跡及鞭跡俗傳張趙蹤欲于此

道者井在常德里自馬鞍山而下旁有泓泉其味甘美深不三四尺雖旱不竭相傳昔僧伽經行卓錫于此故名上二井俱縣東

月臺院前井在縣西萬善里

福寧州

本州

龍首山 在州治後峰巒秀拔高出諸山分為數支其直下者為州之主山前抱長溪東抱華峰西接蓮峽水光山色映帶城郭山之頂平夷千丈唐李巢寇南侵屯兵於此號黃巢坪山之西有泉號聖水其水清冽可以愈疾故名

飛來山 在二十八都勢極高大上有石巖軒豁幽邃俗呼仙洞相傳嘗有異人修煉於此仙去失名氏詩覆石雲間丹竈冷采芝人去洞門空上二山俱州北

洪山 在四十八都其絕頂勢凌青蒼蓋州南第一山也登高眺遠溫合之境如在目中舊傳爲洪至此煉丹後仙去因名山有石洞洞內有石屏石几碁局皆渾然天成上有篆文六字人莫能識洞口又有石竅石罩石泓泉通海眼深不可測西有天鄣山石馬峰臥龍潭釣魚石桃坑擂洞丹泉東有三丫嶺山陰有洪下村

瓢峰山 在四十都山青水秀鄉之名勝多遊眺其上

鼓樓山 山之下舊為溫

麻縣治有鼓樓與山相連因名宋政建爲寺

紅山在龍旁①山之南亦名小蔦洪山元教授吳南詩眼窮滄海三千里脚踏紅山數萬層上有大小風門天欲雨則吐雲霧東有龍潭西有雙髻巖上二山在四十一都

羅浮山在海濱舊傳此山浮海而來與水澳山相連

石筍山峰巒聳秀上有清泉一穴冬夏不竭上二山在四十二都

文岐山在四十三都海中廣袤五里上有玉井峰鐘寇峰羅漢巖金牛跡桃花村梅坡凝烟積靄宛如海上青螺

霞浦山在四十七都昔有陀羅仙翁者居此宋謝邦彥詩十里灣環一浦烟山奇水秀兩鮮妍漁人若問翁年代爲報迯秦不計年

南金山廣袤二十里舊傳有客從海道來宿山下人家昰日早遺金二大錠而去主人兄弟知客所亡追十里許還之客謝曰得金不取必非常人興日聲價當比南金後人因稱其山曰南金又曰大金僞閩四門博士楊農授詩雙金悞失在須叓追送還金世所無②過此令人懷往事山名萬古播芳聲

石洞相傳嘗

校注：①首　②過

有仙居之内有煉丹竈　翻巖已上俱在南金山上

筆架山在江中望之若浮於水上　沙龍沙提若龍以障海濤者也已上俱在南金山下　保老山中峰山二山南北相向宛如賓主　小金山在南金山之南山下居民多以魚為業

浮膺山在海中失名氏詩絕頂試窮千里目烟波深處是琉球上有四澳控壓海道宋元間居民甚蕃亦有蟨宦者如鎮國大將軍林國祥輩①皆居此　國朝洪武二十一年江夏侯周德興奏遷其民於大金山防倭寇也○一本浮膺之膺作鷹

筆架山亦在海中三峰秀聳於烟波蒼莽之中望之若筆架然上三山在五十二都已上十一山俱州南

積穀山在十三都峰巒峭拔景槩幽勝有泉一泓清泚可玩舊傳有仙遊于此歲旱取其水禱雨多獲豐年之樂故名

鐵障山在二十都壁立千仞其色如鐵亦名崑崙舊有駐蹕亭宋時里人程氏所建知縣孫循詩聞說君家千仞崗着亭山麓費平章

俞山在大海中汭有三十六澳其地肥②瀧生齒繁盛洪武中江

校注：①輩　②饒

夏侯周德與徙其民於八都以防倭寇

七星山

在前山之東浮立海面如七星北拱故名

蓮花山

在四十八都五峰攢簇若蓮花狀山巔有大小二石如龜其色瑩白形體①皆具首尾可動背有拆②文宋林祀詩天開五葉蓮花峰祥龜引子巢其中千年皮骨老化石玉色不爽□□同③已上五山俱州東

龍榜山

在州西三十九都上有飛仙石石凹又有仙馬跡山下④人多登科者故名

大姥山

在十都舊名上山□⑤六牧錄容成先生嘗棲之今中峰下有石□石鼎石門尚存王烈蟠桃記□⑥時有老毋以藍染為業後獲九轉丹砂法乘九色龍而仙□⑦因□為大毋山下有九龍嶼漢武帝命東方朔授天下名山文乃改毋為姥山有新月天冠神羊毬頭寶旌仙女仙童仙仗迎仙象簡星珠團玉碧鍔怪石三靈抗天捧玉摘星飛蓋靈龜龍角天圭凡二十二峰冣麗秀拔又有仙掌石虎摩霄懸鍾石筍天柱擬雲卓筆⑧子蓮花石鶴飛仙棊盤隱真凡一十四峰合之為三十六奇其他懸崖飛瀑千巖萬壑

校注：①體　②拆　③同　④居　⑤按力　⑥堯　⑦俗因呼　⑧童

不可殫紀九龍墩或云王氏兄弟九人肄業于此後為九州太守故名○宋林嵩記山舊無寺祥符間僧師待始築居於此乃圖其秀拔二十二峰示林陶陶因名之如此州志所列峰名多與此不同恐當以嵩之記為正□一本謂閩王封此山為西岳考之三山志有云偽閩將郊天乃封高蓋山為西岳霍童山為東岳三山志脩於宋時去偽閩未久必有所據

馬冠山在二十一都女仙馬氏煉丹於此井臼猶存

崐崙山在二十一都高聳凌空望之如半月山脊時吐雲霧可知雨暘

草堂山在十一都舊號靈山唐林嵩嘗築草堂山間讀書因名上有巖泉雖旱不枯里人禱雨必有峰①自巖中出俄而石壁流液乃取以歸甘霖隨應上四山俱州東北

望海山在二十八都距海百餘里山勢極高上有石池四時不涸又有稜層石蠣殼粘其上甚多高峰時有雲氣土人恒視之以候雨暘下有二小山對峙如門每歲重九日鄉人多登高於此上

雙髻山在三十三都雙峰並立其狀如髻

柘洋

校注：①蜂

東山在三十一都視諸山為極高絕頂春深積雪不消東望海外數百里西南北諸山皆在履舄之下上三山俱州西北○舊志柘陽之洋作陽

松山在州東南瀕海唐乾符中白水仙陳蓬居於此今山下人家雜離雞犬之聲相聞蓬嘗題所居詩云竹籬踈見浦茅屋陋通星古讖云東去無邊海西來萬頃田東西沙徑合朱紫出其間昔時風濤險惡歲有溺舟之患今流沙漸合可褰裳而涉也

臺澳仙崎山在五十都俗傳葛仙翁嘗讌①群仙於此江中有小嶼形如樽俎又有仙舁山仙崎石遠望若臺

白瓠山在三十六都其山色白如瓠臥大海中山脊則寧德縣界也上二山俱州西南

展旗峯在在坊都以形似名又有櫃林文筆峯石鑑軒壽山屋翠蘿屏湛恩池偃松塔涅槃石仙人塚合之為十奇

文筆峯在西隅都以其狀名上二峯在州城西

白虎巖在十七都桐山之北狀如伏虎州有登科者其巖輒鳴

合掌巖在十五都巖巔之石皆如合掌狀有石鼓石角

校注：①讌（宴）

又有石上即指足痕舊傳僧仙居之祈雨輒應上二巖在於州東

任公巖在州東北俗傳任公舊棲①下此夜眠石磧驅兩龍興雲行雨巖後懸崖下有篆刻其文曰任公鳳棲巖谷清幽又有臥石二字沉淵底字皆盈尺筆力精勁世傳任公手筆也宋元豐中王謹徽□追記其事至今鄉人目其地為仙源

分水嶺在州北十九都閩浙②之界也

松橋嶺在州南四十四都宋開寶中虞部員外郎周齊作施飲亭於其上并以田給之今廢

王頭陀嶺在州東六都昔有王頭陀者嘗砌嶺路因名北連九嶺崎嶇險峻為九嶺之最宋嘉定中知縣楊志用石甃之以便行者方憲武為記

池家嶺在二十六都中有古澗深百餘仞又有石門俗呼仙人洞洞之右石上有巨人□俗呼仙跡相傳清夜或聞絲竹之音

楊梅嶺在□□都舊多產楊梅故名宋開禧間建寺僧始砌嶺路自嶺而下東抵九里亭西抵十八溪然猶路崎嶇犖确行者患之宋嘉定十六年知縣楊志捐俸甃之以石邑人因

校注：①于　②浙

名曰楊公路上二嶺俱州西**石馬嶺**在[redacted]都嶺甚高峻有石危立如馬下有石乳流沫俗傳其能耗四鄉之粟居人因鑿缺其口**駱駝嶺**在五六都嶺之勢如駱駝狀其下居人多貴顯者上二嶺俱州東北**梨溪嶺**在州西北二十五六都其上多產梨木下臨清溪唐林嵩登第歸結廬甚其上**馬跡嶺**在州西南三十八九都上有馬蹄行跡又有石室石碁盤皆出天成世①傳神仙所居**漁洋埠**在漁洋山勢如蜂腰去海甚近而隔絕不通故曰埠若鑿港引潮而舟楫可通則不經大海可以避驪頭馬頭之險舟船輻湊寔郡之利也宋淳熙中縣宰議興是役邑人翕然聚財至數千緡後鑿之遇石而止**白水江**舊記云閩之先居海②島有七種盧亭白水郎樂山莫傜遊艇子山夷雲家之屬是也此江在州西南一百七十里先是白水郎停舟之處因名○按州志謂昔閩人先居海島者有七種或云白水郎乃盧循餘種散居海上以船為家衝波逆浪畧無惧憚唐武德中招其首領降之二說

校注：①傳　②島

不同

董江在州東北無江里江邊有山舊傳董奉嘗居之後冊成而去江因以名

霞浦江中有青赤黃玄四嶼若霞之映水而其狀又若鳳之展翼然

硯江與霞浦接流中有嶼頂平如掌上有石人拱立隨水出沒上二江在州西南

長溪在州西門外源出白巖流經建善寺前迤邐至沙塘溉田數百頃

秦溪在州西三十六七都

倒流溪在四都源出九都鳥巖流至赤岸其水冬夏不竭溉田萬頃以其西流異於衆水故名

藍溪在十都源出大姥山西北東南流每歲八月中溪水變藍色俗傳大姥染衣居民候其時取水漚藍染帛最佳上二溪俱州東北已上三溪俱達于海

松山港在州東南□□□都其上流接白巖前溪之水至松山前兩潮會合有沙洲今海舫多泊於此

陳八娘坑在州治北石壕中有泉自石洞中出咏①其而清夏月州人多汲以飲舊傳陳八娘病飲此水得愈因名

龍潭在州南□□都源出洪山至此瀦而為潭溉田數百頃

泰

校注：①甘

二娘潭在州東□□都中有石床石籠石印石馬蹄兩兩相對□□涸見之相傳求二娘仙於此

少府潭在□□都舊傳嘗有縣尉禱雨於潭隨感因名

蓋石潭在□□都潭有三穴舊傳上穴為龍居之處上有石蓋中穴有一大石坦平而水清冷為龍浴之處下穴水泉澄湛為鄉人祈禱之處凡歲旱精誠禱之則潭中波濤洶湧霖雨隨至上二潭俱州西

緯絲潭其水澄徹俗云以綿絲測之莫知其深

北坑西斜二潭歲旱鄉人迎其水及魚蝦蠏之類而歸禱雨多應

藜溪潭舊傳中有伏龍每旦至午雲霧不散歲旱禱之或驗上三潭在州東北

石池在望海里四時不涸

雙泉井一在州治東一在州治西

曲井

西巷井上二井在西門外

東津玉井在州北二十九都上有惟石穹窿高數十仞井門可容一人出入當門水淺門內深不可測絕頂有水三五點常滴如更漏之聲相傳有龍居其中歲旱禱雨輒應

鹹井在五十二

都其井並田或八月潮大田中俱沒潮退井水清甘如舊里人供釀酒味特佳諸井皆不及也

後崎雙井 在四十都其池濱海居民咸賴是井以汲上二井在州南

蒙井 在州東十都靈峰寺前泉清而甘莆人鄭樵嘗品題為第一不讓惠山泉又佛殿石罅中一泓舊傳能瘉疾今堙塞久矣

義井 在州西北四十三都泉水清甘居人五十餘家咸取給焉

寧德縣

霍童山 在縣北十二都神仙霍童所居洞天記謂霍林洞天是也唐司馬承禎於此脩煉後駕鶴飛昇遂名鶴林又吳郡鄧元沛國王元甫監官褚伯玉於此授青精飯白霞丹景之法天寶間改名仙遊山偽閩封為東岳山之中幽巖邃壑人跡所不到者不能悉數每天晴月皎居人往往聞空中有樂聲山之西有支提山那羅延巖西有神僧石窟葛公仙巖南有蘇溪鶴嶺北有菩薩紫帽二峰大童峰小童峰二峰並峙壁立無際左右弼峰仙經云茅君為左弼仙卿韓衆為右弼仙伯寶劍

巖霍林赤城洞□都泉湖廣十丈傍近田資以灌溉□①都尉甘露坑水絶甘美飲之去疾延年俗傳茅君嘗與二大都尉會於此蓮花石石仙壇海鰌井廣五六丈其深莫測相傳中有海鰌甚巨或時出井面弄水久晴必雨久雨必晴石廊長三十餘步又有石室室東有石橋横跨澗上亦有搗藥石臼石盆石盂皆天成也已上俱在霍童山中高盖山山之别峰也洞天正在其上常有紫雲覆之

石鐘山在四都山之脉與石壁嶺相連頂有一石如鐘扣之有聲鎗然因名

龜山在十都唐太和中有二僧携鐵鉢銅瓶入于幽谷逢龜即止曰此吾居也因名宋程師孟詩香焚薝蔔巖雲暖花發荗蘿海口春

鳳山在十四都山之高者卓然萬仞旁分兩翼如鳳凰之飛故名山有鳳池聖僧巖虚石巖其巖四面玲瓏又有卓錫泉舊傳僧湛庵遇旱泉竭無水以供湢浴遂以杖卓地其泉湧出上四山俱縣北

金甌山在一都四際平曠山突出其中形如覆甌又名覆釜山

勒馬山東接飛鸞

校注：①二

巔西府大海前峰同顛拱挹狀若物馬為縣之前山與學宮相對

梅溪山 在飛鸞嶺之東前有筆峰後有屏山而鸞江遶其下亦一勝處也

城灣山 山四面環繞如城郭然內有南北中三灣可容萬人然四際皆海中無所產人跡罕到

直龜山 四峰壁立青翠插天遠望若屏風然上有一石如龜懸巖左①顛因名

楊溪山 與梅溪山相連上五山在二都已上六山俱縣南

棋盤山 地極幽勝中有仙人坐臥形跡及碁盤石元道士周淨白因構庵以祀焉

石碑山 其山多石少樹木石皆溫潤又有一石突出山前如碑碣之形故名上二山在二十二都

白象山 在二十二都其山自長旗峰發脉以至于此其形如象後峙三合前對環溪溪之流縈迴清②徹俗謂之白象臨湖上三山俱在縣西

蓮花峰 其形如蓮花萬朵青翠插天蓋一邑之勝槩也

星帽峰 林木蕃茂谿谷幽夐與白鶴峰瑞峰皆為縣治之形勝亦名長諧峰上二峰在一都

雙鴈峰 在九都兩峰並

校注：①顧　②澈

立秀拔千仞宋提刑鄭南家於峰下其後一門多中科甲因名已上三峰俱縣北

玉女峰在一都四際皆小山而此峰獨立群山之上雲烟繚繞如王女之在帷中堪輿家謂之簾幙貴人

仙茅峰舊傳茅仙煉丹於此中有虛土擊之輒有聲號仙土鼓○按羅源縣志亦有仙茅山亦謂其中有土鼓疑即此峰而界於二縣之間也

白馬峰峻極雲霄如馬昂首之狀上二峰在二都已上三峰俱縣南

瑞峰在縣東三都海上秀拔萬仞與白鶴峰對峙為縣治之左山昔韓董二仙偕煉於此丹井棊枰之類尚存

白鶴峰其脉起於白巖逶迤數里秀拔千仞南連飛鸞嶺北接蓮花峰縣治之山最高大者無出於此其下為白鶴嶺道通羅源縣石磴崎嶇峰巒百折宋樞密曹輔嘗搆亭鑿泉於其上以便行者今亭廢而泉猶存

文筆峰其尖如筆故名

展旗峰峰巒千仞舒徐委曲形如風中之旗西鄉諸山皆本於此又有鍾峰峰之下有大湖曰鍾湖水深莫測魚龍宅焉相傳昔有金

鐘自湖中飛騰而去上二峰在二十二都巳上三峰俱縣西

五雲巖在四都金剛寺相傳舊嘗有五色雲浮其上故名

獅子巖在七都以形似名

鳳凰巖在十二都形如鳳凰展翼因名

仙迹巖在丙步溪邊上有雙仙掌及馬跡

響山巖二山相對峙人語則山谷響應因名上二巖在十三都

燕窠巖在十五都形如燕窠因名

顯聖巖在十六都石室可容數百人有虎溪橋靈巖井醉經堂鐵羅漢靈凉閣石爐峰石磬顯然泉天然池合之為十奇巳上十二巖俱縣北

萬石巖在縣東三都巖石如室可容數百人中有石龜石井石床旁有仙人石兩山之間有石橋

道者巖在縣西二十三都中有石門石室昔有姚道人居此故名

金雞巖在縣東北十都龜山寺

峬嶺在七都下有東牆渡通寶豐銀場

新嶺在十五都路通寶豐銀場冣高者曰大新嶺其次曰小新嶺上有瀑布如銀河倒寫人過其下雖盛暑亦肅爽如秋上二嶺在縣北

飛鸞嶺在縣南二都形如飛鸞展翼與勒馬梅溪山一脉逶迤曲折以達羅源嶺之下有飛鸞渡又有飛鸞橋

石壁嶺在四都與石鐘山相連上有石壁峭拔蓋嶺之最高若岜上有顯井巨石之中泉水湧出清澈而甘美雖旱不涸雖潦不盈上二嶺在縣西

石塘嶺在縣西北二十都路通古田縣嶺之下有塘以石甃之清①弘可鑑元陳尚德居嶺下學者因稱為石塘先生

金仙洞在縣北八都際山

羅漢洞在二十三都與石壁嶺相對四山崒嵂樹木蒙密相傳秋夜或聞鐘聲嘗有樵夫深入忽遇行脚僧數十趂其後杳無所見洞邊有羅漢橋

石室洞在二十二都歲旱或聞洞中有音樂聲必雨歲乃豐稔

穹窿洞在一十三都其形穹窿故名已上三洞俱縣西

天柱窟在縣西二十三都穹窿溪尾有巨石窟乃天成也約圍十丈深不可計

琢玉洲在八都

桃花洲在二十都鸛林觀東一里相傳唐初始有此洲其上種桃甚盛今洲存而桃已

校注：①泓

唱

柜洲在十四都水極險惡難綫居人憑倚其險辯畏法者上三洲俱縣北

官井洋在縣東三都源出處州龍泉縣界東流百里至斜灘過載首合松潭溪至甗首村而匯于洋

油溪在四都源出古田合羅源至溪口村同出于三嶼之左匯于洋

外渺溪在十三都源出政和縣界至程家口渡南合甘露溪甕溪經深渡浦至長境坪水分為二而匯于洋上二溪俱縣北

飛鸞溪在縣南二都源出羅源至于三嶼之右而匯于洋

環溪在二十一都源出古田縣雙溪夾拱周圍環繞經于天柱窗五峬源而匯于海

寧隆溪在二十三都源出古田縣合周仙湖東流至此又東為漩尾經赤鑑湖而下匯于海上二溪俱縣西

棲雲龍潭在縣南二都澄深莫測有龍宅焉禱雨屢驗

百丈龍潭在石壁嶺中有三潭險絕不可到緣險石攀藤而上約百餘丈乃至因名

峻龍潭從石壁嶺沿溪而入其潭有三地極險絕故名上二潭在四都

午日龍潭在二

十三都姚溪尾四山環繞巖頭瀑布千尋而下下有三潭

定泉在縣西一都甕溪寺深僅二尺大浸不没大旱不①域故以定名

福安縣

銅冠山在縣東北為縣之主山四時雲氣蒸鬱青翠不改山下流泉清冽有疫②癘飲之多愈

衮山在縣治後列峙如衮上二山在一都

石馬山在五都以形似名

玉寨山在六都頂平如寨上有玉女洞

石羊山在七都上有石如群羊

菖蒲山山中多產菖蒲③貝右有樂道巖巖之上舊有紫微庵旁有樂道堂故名少師王賓詩林端仙舘千山合④白鑄靈泉一派清

崑崙山高聳萬仞上有天池池畔有人家上二山在八都

東山在九都上有天池積雪不消相傳昔有繆仙者修行於此邑人呼為繆仙峰下有銀坑

虎口山在十一都巳上七山俱縣北

重金山在縣治南今布政分司在其前失名氏詩東迎五馬青峰秀後擁重金紫

氣禽**三公山**距縣二里即儒學之前山上有巨龜旁有石塔邑人謂之文筆山以三公名所以期後學也上二山在一都

靈巖山下有金印石釣魚臺前有雙劍水交流唐薛令之居此嘗聞龍吟之聲後令之歸隱賜名廉嶺里人鄭孔材詩殘破塵懷強自寬瘦節扶步訪名山坐看流水心偏靜吟對落花春已闌梵刹古碑蒼薛合草堂殘礎白雲閑清風高節今還在欲酌幽馨想未難

湖山山之絕頂有積善巖下有石龜潭相傳古潭水深闊唐宋以來流沙漸擁①古讖云石龜沙合狀元生唐薛令之首擢巍科為閩破天荒進士其後應村之人簪組蟬聯不絕人以為應

城山薛令之棄官隱居之處也舊傳唐季巢寇亂鄉民築城於此拒之故名

繆家峬山唐時繆氏有子七歲聰慧能文開元間以神童召試賦新月詩云初出如弓未上弦分明掛在碧霄邊時人莫道娥眉小十五團圓照滿天人怪其志高邁竊極其山有淡血流出遂不顯今或呼為娥眉山上四山在二十都

流水

校注：①壅

坑山在二十二都高峰上有一洞人跡罕到每山頭雲起其霖即至邑人視之以占雨暘

鳳山在二十六都形如翔鳳故名

覆鐘山在三十三都以形似名上有魏虞二仙石歲旱祈雨多應

馬鞍山在三十四都如馬鞍狀與文筆峰相連邑人謂之文武峰

周大山宋①止齋陳傳良嘗經此留②頭

旗山形如覆釜連下三級又若旗然上二山在三十五都已上十一山俱縣南

馬頂山在二三都其山兩端高起中央平凹其頂朝邑中若奔馬狀

巖湖山在三都上有巨石如掌又有仙掌馬蹄跡上二山俱縣東

龜仙山在一都上有馬仙遺跡歲旱禱雨多詣焉至則以空瓶置巖石間須臾水自溢求乃迎以歸霖雨隨霔山下有泉自石眼中出僅容一勺取之不竭

仙境山在十五都峰巒峭拔怪石嵳峩巖洞寬豁石門封固相傳嘗有耕叟見三人服唐衣冠由洞門而入蓋神仙也因以名山歲旱禱雨輒應

馬仙山在二三都相傳馬仙嘗憩於此山頂有泉清冽

校注：①傳　②題

歲旱禱之多應**葉仙山**相傳閩昔有葉姓者脩涑于此**福源山**上三山在十八都穆洋**牛山**在三十六都山石巉巖上有牛跡因名已上六山俱縣西**獅子峰**在七都蒲家山峰巒峭峻巖穴幽邃其上時有烟霧冥濛**天池峰**在十三都山巔有池泉水清泚雖大旱不竭主簿徐元德詩地靈特遺泉通石天近常留水滿泚**紫藤峰**在二十六都峰巒峭聳紫翠參錯亦邑之勝處也**蓮花峰**在三十五都**文筆峰**在三十四都端重秀麗尖如卓筆**天柱峰**在三十六都有巨石端方而高勢若擎天之柱因名上四峰俱縣南**龍首峰**下有鳳渚**揭旗峰**與龍首峰對峙上二峰在縣東二都**奏儒峰**太宰余澤生於此後人因以名山○考之科名志無余澤名或疑為余深然深羅源人豈初生於此而其後遷居羅源也歟**鳳翔峰**三峰高聳如鳳舞然上二峯在縣西十八都**更漏巖**在八都兩峰屹立有瀑布泉沿崖而下百餘丈

遠聞其聲如更漏然俗呼百丈漈

虎口巖以形似名

白公巖在載首山下有石室廣數丈俗傳靈澤夫人洞鄉人多於此禱雨澤上二巖在十都已上四巖俱縣北

寶生巖在二十一都旁有三石巖石形如笏面有紅暈一抹俗以為仙書其文奇古人莫能識

柳屯巖在二十五都相傳嘗有異人乘牛至此牛跡印石上至今猶存焉

百辟巖在二十九都舊傳宋少帝航海入閩集勤王之師於此因名旁有龍井

鼇秀巖在三十一都五峰之旁巖前有石甚平坦已上四巖俱縣南

獅子巖里人繆夔攸嘗賦詩曰蛟龍躍獅子吼頭角崢嶸精神科擻若問破天荒還吾霹靂手後夔攸擢巍科巖有響霎○按科名志繆姓無名夢攸者惟乾道五年武舉有名夢攸者乃黃姓也而此巖在縣之黃板疑作黃夢攸為是

普照巖上有觀音閣名曰普照因以名巖上二巖在縣西十八都

金鷄巖在縣東北二十四都西峰寺右相傳嘗有金鷄出入巖中故名

横嶂

巖在十三都壁立蒼翠如畫障然巖之半有石龕下有石潭

金剛巖在三十四都石室巉巖須有蠣殼山下分岐如展旗之形

白氣巖在三十五都常有氣冒其頂邑人望之以卜陰晴已上三巖俱縣東南

積善巖在縣西南二十都湖山絕頂石洞幽險上有米元章題名石刻巖之半石上有仙掌跡痕其石扣之有聲

巖湖障在縣北五都高二三十仞闊六七十仞其平如掌可容數百人半巖有穴可容數十人下有湖名曰巖湖

鐵仙障在縣西北十三都三峰峙秀石林陰森俗傳舊有仙人舍於其上宋鄭南詩瘦筇扶我雲中去有懷欲共山靈語南陽催起卧龍人早為蒼生作霖雨

北嶺在縣北五都

閩川嶺在二十八都

雙巖嶺在二十四都宋建炎間韓世忠討建寇范汝為嘗屯兵於此上二嶺俱縣南

棲雲嶺在十五都正統間邑人李伯達建亭其上以憩行者景泰五年鄭景脩重建

東嶺　福嶺　急堠嶺　牛嶺

上四嶺在十八都已上五嶺俱縣西**道者嶺**在三十五都**飛霞嶺**在三十六都已上二嶺俱縣東南**洪三娘洞**在縣東二十五都俗傳洪三娘顯靈于此**王母洞**在縣西二十一都龍首峰之後相傳嘗有仙脩煉於此洞中時聞鼓樂之音**松源洞**在二十二都**馬仙洞**在二十四都俗傳有仙自武夷山來留跡于此常有雲氣出洞中上二洞俱縣東南**沙洲**在二十都旁有望京橋**興慶洲**在二十五都夾①兩溪之中有良園數頃上二洲俱縣南**龜湖**在縣治西一都舊學宮之泮池也元至大丙午元日水忽漲潮盈縮湖中巨魚咸見而躍邑之舉子皆以為化龍之祥競為文祭之李齋張常立石以記○考之元史前丙午大德十年後丙午至正二十六年也今縣志以為至大蓋誤**蘇江**在三十一都宋大觀②末揚批寇發欲劫江東請於江之神不許中夜强進民逆濤擊之而止建炎間葉儂之亂渡江亦然通判劉謍嘗為文祭之**六印江**在三

校注：①兩　②末

十二都中有六與故名上二江俱縣南

洗心臺在縣北東溪中盤石屹立方圓數十仞平坦如掌宋有林氏兄弟爭田鄉人勸之遂感悟置酒石上相與懽洽如初因命工鐫石曰洗心臺志悔過也

東溪源出溫州平陽西流下白石溪合流至洞口入于海

廉溪在二十二都源出政和縣牛嶺白石尖下穆洋合流至廉首入于海唐薛令之歸隱溪上後人因以名溪失名氏詩不是先生清節在此溪何以得廉名

泰溪在縣治東二十二都源出福寧州鍾龍井泒流至此以達于大江

大梅溪在縣東南二十五都源出杉洋北接大溪南達于海

甘棠港在縣南三十四都舊名黃崎港先有巨石為舟楫之患唐觀察使王審知禱於海靈一夕震雷暴雨達旦則移其艱險別注平流閩人以審知德政所致表請賜今名封其港之神為顯應侯

沙潭在縣北六都潭水清澈深不可測有蛟潛焉每風雨雷電則飛躍於潭中

廟山潭在縣南二十都嘗有漁人見潭中石洞砑然疑神物所居

也

棲靈潭在縣西一都廣百餘丈深二十餘丈長不可計潭中有一巨黿曼現靈怪或亢旱禱輒浚潭有木查竹屑浮湧潭面上霧下潦次日轟雷震地則驟雨須盆矣

黃牛灘在縣北七都兩旁怪石巉巖狀如黃牛灘甚流急相傳昔有池道士者死為灘神舟楫上下必獻楮幣而後行

倒由灘在縣南二三都灘水清冽居人多汲以供饙饎之用

龜鏡井在二十五都其井潮退則泉滿潮長則泉涸人不敢飲

帽頭井在二十九都泉清而甘冬夏不竭附近居民凡千家咸資給焉上二井俱縣南

皁井在環溪之旁井高溪下相去懸絕井深僅四五尺而泉湧冬溫夏涼其味甚甘凡有疾者飲之多瘉元學士龔浚所砌也

龜湖井在西禪寺下泉清而甘邑人汲以供釀酒味香冽上二井在縣西一都

聖泉井在縣東南二三都泉水四時不竭冬溫夏涼上有石屋覆之

錦屛井在縣西南一都泉出石匣中其味異於常水邑之百餘家共取給焉冬夏不竭

潮汐

福州府

閩縣

海在府城東南唐太和中閩令李茸築海堤跨閩長樂二縣東

潮汐自閩安鎮而入迴馬頭江岐而為二左行者為東西岐江右行者為南臺江縣境河口通南臺江潮迤邐至府城下分為三派一派由水部門入城一派迤城東一派迤城南滄洲諸處亦通南臺江潮瀨江諸處則通西峽江潮各支分派別幾遍縣境其潮候初一初二十六十七日俱午時至初三初四十八十九日俱未時至初五初六二十二十一日俱申時至初七初八二十二二十三日俱酉時至初九初十二十四二十五日俱卯時至十一十二二十六二十七日俱辰時至十三十四二十八二十九日俱巳時至十五三十日俱巳末午初至此潮入府城内河之候也江潮綬①海潮三刻至入河則又少遲

校注：①緩

侯官縣 **潮汐** 縣境黃江南嶼諸處接懷安縣陽岐江潮古靈浯江諸處接懷安縣瓜山潮俱旁入港浦幾遍縣界

懷安縣 **潮汐** 入縣境陽岐江接西峽江潮仙崎江接陽岐江潮俱旁入諸浦

長樂縣 **海** 在縣東南縣東有海堤詳見閩縣潮汐志 **潮汐** 自閩縣下洞江而入縣境太平港龍門渡白田渡广石渡皆通潮

連江縣 **海** 在縣東南 **潮汐** 入縣境凡十有二派一派抵官塘洋一派抵荻蘆峽一派抵鰲江一派抵蛤沙以達大小埕澳一派抵館頭澳及門邊一派抵大小澳以達東岱澳一派抵赤崎以達雙礬焦一派抵定海澳以達黃崎澳一派抵鶴嶼澳以達洪下澳一派抵港頭澳一派抵馬鼻澳及黃沙碕澳一派抵赤石澳及蕪嶼澳一派抵連江港以達羅源縣界

福清縣　海在縣東南　潮汐入縣境凡二派一派流入迎仙港迓港入迎仙港者至莆田縣子魚潭而止入迓港者至應天院前而止一派入海口鎮至水陸院西而止

永福縣　潮汐入縣境永福溪接候官縣浯江潮汐

羅源縣　海在縣東南　潮汐自招賢里應澳門入歷白水洋經禹步跡岐而為二縣境起步溪九龍溪沈尉橋港皆通潮

泉州府

晉江縣　海在府城東南正東海道行二日至高華嶼又二日至鼊鼊嶼又二日至琉璃國　潮汐自晉江洛陽江入縣境烟浦陳埭浦玉欄浦植壁港安海港諸處皆通潮其潮候初一初二十六十七日俱巳亥時至初三初四初五十八十九二十日俱子午時至初六二十一日俱丑未時至初七初八

初九初十二十二十三二十四二十五日俱寅申時至十一十二二十六二十七日俱卯酉時至十三十四十五二十八二十九三十日俱辰戌時至

南安縣

潮汐 入縣境雙溪口金雞橋俱通晉江潮汐潮大至雙溪口潮小至金雞橋

同安縣

海 在縣東南縣境雙溪通潮

惠安縣

海 在縣東南縣境添崎港峰崎港網川澳儀塲澳大岞澳獺窟澳俱通潮汐

漳州府

龍溪縣

海 在府城東南

潮汐 分三派入縣境中一派自泥仔洲烏礁洲許墓洲三門入復合流環遶郡①治經通津門外至西溪而止左一派由濠門山下入經椰營江橋至北溪而止右一派由海門山下入至南溪而止縣境一二三都四五都八都諸澳皆通潮汐

校注：①郡

漳浦縣 海 在縣東南一百里許陸鰲千戶所城之東其西旁有溪 潮汐 通至鹿溪橋五里許經邑之南門橋至官逕而止縣境浯港徑港黃淡港蕉港竹港皆通潮

興化府

莆田縣 海 在府城東南 潮汐 入縣境凡三派一派自碧頭而入抵迎仙港一派自上黃竿而入抵涵頭港一派自下黃竿而入抵白湖港又各旁入於縣境諸港浦

仙遊縣 潮汐 入縣境凡二派俱自莆田繫蓼而入行二十五里許經小嶼以及太湖又行一十五里一派入于楓亭溪下曰太平港①派入于雙溪曰雙溪港

福寧州

本州 海 在州城東南 潮汐 按三山志入州境凡五派一派自松山港口而入一派自烏崎

校注：①缺“一”字

港口而入一派自欽港口而入一派自怯港口而入一派自沙埕港口而入州滰大橋斗門飯溪楊門潭圓塘桐山諸處皆通潮

寧德縣 **海** 在縣東南 **潮汐** 入縣境凡五派一派自南門橋而入一派自跨數橋而入一派自藍田橋而入一派自東畬渡而入一派自銅鏡渡而入

福安縣 **海** 在縣南 **潮汐** 自縣南官井洋古鎮門而入縣境甘棠港黃崎嶺白沙鎮廉村化蛟橋諸處皆通潮又旁入諸港澳

八閩通志卷之十三

地理

城池

福州府

府城　閩越王故城，在今布政司北二百五步。晉太康三年，始置郡，郡守嚴高以舊城險隘，乃圖山川形勢以咨郭璞，璞指越王山南之小山阜曰：是宜城，五百年當大盛。遂遷焉。唐中和間，觀察使鄭鎰始修拓其東南隅。文德元年，陳巖復修之，北起小山阜，南至虎節門，門外環珠門，東起康泰門，西至宜興門，又有定安門、清泰門、豐樂門，是曰子城。及王氏攄①有此土，益加修葺。唐天復元年，王審知於子城外環築羅城，北起永安門，南至利涉門，東起海晏門，西至豐樂門，又有通

校注：①據

津門清遠門延遠門是曰羅城梁開平元年審知又築南北夾城南夾城今寧越門東西一帶北夾城自嚴勝門遺愛門至迎仙門一帶又有美化門水部門井樓門後歸吳越宋開寶七年其刺史錢昱復築東南夾城南自合沙門而西至怡山門東自行春門而北至湯井門又有通仙門船塲門是曰外城太平興國三年錢氏納土詔盡①墮其城皇祐四年復詔郡守曹頴叔漸次修築乃自嚴勝門始甓百五十丈熙寧元年郡守章岷請修子城未及興工而去二年郡守程師孟乃繼子城舊基修築復增築西南隅八年郡守元積中甃以重甓竅置候樓紹興元年郡守程邁始發石累子城虎節定安豊樂康泰四甕門設敵樓其上既而四門盡復舊而敵樓亦隨廢淳熙間子城尚如舊而羅城則存通津海晏延遠永安安善清遠六門夾城則存美化水部井樓嚴勝遺愛迎仙六門外城則存合沙通仙行春湯井船塲怡山六門咸淳九年又增

校注：①隳

築外城元混一天下城壁復漸墮①廢至正十四
年平章陳友定稍繕完之　國朝洪武四年駙
馬都尉王恭修砌以石六年福州中衛指揮李
惠等重加修治并建樓櫓周而覆之城高二丈
一尺七寸濶一丈七尺周圍三千三百四十九
丈凡為門七東門南門西門北門水部門湯門
井樓門為敵樓六十又二為守宿之舖九十又
八為戰屋以間計之二千六百八十又四成化
十九年六月閩大風雨敵樓戰屋并守宿之舖
摧毀殆盡門樓雖僅存亦傾欹敝漏寖以不支
時鎮守太監陳道會巡按監察御史汪奎及方
岳重臣會計而規畫之借卒於閑羨募匠於傭
②顧取材於商賈之勸分斥費於公帑之餘積漸
次繕理悉復其舊莆田黃仲昭為記舊子城羅
城夾城外城各有壕皆自南臺東北江岸開河
口通潮北流入城其間若大橋雅俗橋義和橋
仁愛橋樂遊橋衆樂橋諸水蓋舊子城之壕也
安泰橋通津橋去思橋清遠門橋諸水蓋舊羅

城之壕也美化門東西二水嚴勝門遺愛門所經之水盖舊南北夾城之壕也通仙門湯井門所經之水及洗馬橋樂游橋諸水盖舊外城之壕也今城壕深七尺五寸長三千三百四十六丈惟城北一段連山不通水源耳古云龍腰不可鑿僞閩嘗鑿之術者以為不可遂罷　小山阜即今布政司後　虎節門舊南門宋郡守嚴辟疆更今名即今澄清坊　還珠門舊鼇頭門嚴辟疆更今名即今鎮閩臺　康泰門舊東康門宋郡守元絳更今名即今麗文坊稍西東察院門之東　宜興門即今登雲巷口　定安門舊東南門嚴辟疆更今名今開元寺前　清泰門即今大中寺門之東　豐樂門舊西門外羅城門嚴辟疆改名樂輸以近都倉也後拓子城遂為子城門建炎間改今名即今定遠橋東　永安門即今懷安縣後永安境　利涉門即今安泰橋北　海晏門嚴辟疆名即今灣橋西　通津門舊東南門嚴辟疆名燕濟沈遘更今名即

今青門樓　清遠門舊西南門即今灣門橋北初以豐樂門為羅城與清遠門接故中間又有金斗門　延遠門舊東北門在今貢院前寧越門舊登庸門後嚴辟疆改今名　嚴勝門即今北城之東　遺愛門舊名昇山宋郡守元絳建後絳去父老思之故名即今北門　迎仙門即今西門　美化門即今鎮海橋北　合沙門吳越名光順後改今名即今洗馬橋北　行春門吳越名東武後改今名即今東門　通仙門在美化門之南　今東門即舊行春門　南門即舊寧越門　西門即舊迎仙門　北門即舊嚴勝門　湯門即舊湯井門　大橋在虎節門外　雅俗橋在清泰門外　義和橋今俗呼定遠疑此舊名也在豐樂門外　仁愛橋在定安門外　樂遊橋在康泰門外　衆樂橋在清泰門東　安泰橋在利涉門外　通津橋在通津門外　去思橋即今灣橋在通津門外　洗馬橋在合沙門外　樂遊橋在行春門外

鎮東衛城在福清縣方民新安二里間洪武二十年江夏侯周德興創築周圍八百八十三丈三尺高連女墻二丈三尺濶一丈為女墻凡一千三百四十有九為窩鋪凡四十有三城四隅各闢一門皆建樓其上永樂十六年增建戰樓凡三十有一并築四門月城俱高二丈

萬安千户所城在福清平南里洪武二十年江夏侯周德興創築周圍二百二十五丈八尺高一丈八尺濶一丈二尺女墻八百二十有七窩鋪一十又三戰樓一十又八東西南三面各為門皆建樓其上

梅花千户所城在長樂縣東北洪武二十年創築高一丈八尺濶六尺周圍六百四十八丈女墻一千二百二十又四戰樓二十有四窩鋪二十東西南三面各闢門一外環以壕

定海千户所城在連江縣二十七都洪武二十年江夏侯周德興創建高一丈五尺

周圍六百丈窩鋪九一十有六西南各闢門一城外壕闊六尺深二尺

建寧府

府城 自漢景耀三年吳以王蕃為郡守始築于溪南覆船山下劉宋元嘉初太守華①瑾之遷于溪北黃華②山下陳刺史駱文廣復徙于覆船山下唐天寶中有張刺史者始建樓閣建中元年刺史陸長源復築于黃華③山之麓延袤九里三百四十三步高二丈廣一丈二尺為門九南曰建溪東南曰資化西南曰建安東曰寧遠西曰水西水西之東曰西津西津之南曰臨江東南隅曰通安北曰朝天後改西津門曰萬石天祐中刺史孟威增築東羅城五代晉天福五年偽閩王延政又增築之周圍二十里宋改水西門曰平政靖康建炎間范汝為作亂城遂壞紹興十四年復為洪水所圮明年郡守張銖修築并建寧遠門二十年郡守黃輅重建朝天門淳熙元年

校注：①②③華

郡守傅自得重建通安門端平二年郡守姚珤重建建溪資化建安水西萬石臨江六門元世祖既定江南遂罷守禦城日頹圮至正十二年紅巾入寇郡守趙節因其舊而修築之周圍九里三十步為門九改寧遠門為高門通安門為捲秋門建溪門為南門資化門為長橋門建安門為市門萬石門為西門後復改市門為管門其臨江平政朝天三門仍宋舊名二十年偽閩陳友諒入寇參政阮德柔擊敗之因修築舊城

國朝洪武二年指揮沐英又拓其西南隅東北仍舊復改高門為寧遠門捲秋門為政和門長橋門為通仙門南門為廣德門管門為通濟門西門為威武門其臨江平政朝天三門仍依舊名十九年指揮時禹復申請而增廣之西自威武門抵朝天門之北包黄華①山于城中仍增闢二門曰拱北曰朝陽城周圍二千七十九丈三尺有奇高一丈九尺城樓九二十有四窩鋪九七十有六女牆九三千一百三十又八壕東北自

校注：①華

黄華①山下至政和門止西北自威武門至拱北門止長五百三十一丈一尺深一丈五尺闊五丈五尺正北依山西南濱大溪永樂間以拱北朝陽二門地勢偏僻人鮮由之請於　朝塞焉

○船山下今甌寧縣西隅光孝寺後　黄華②山下今郡城是也　張刺史者舊志失其名氏

浦城縣城

漢東越王餘善始築後廢元至正二十三年守將岳承祖因舊址復築東距越王臺北包黄華③山南瀕大溪西塹深濠廣袤七里闢爲四門二十六年　王師下福建先克浦城指揮張某鎮守是邑以其城太寬減其東一半更築之　國朝洪武二年罷守禦兵城遂廢十二年知縣張宗顏以縣治民稠地狹乃平其故址以廣民居正統十四年處州賊犯境縣丞何俊築土城以保障之成化六年巡撫副都御史滕昭以浦城爲閩首邑又其地左隣處州右接永豐時有私自擴徽官坑銀利者請復築城以守九年鎮守太監盧勝巡撫副都御史張瑄

校注：①②③華

巡按監察御史鄭昱僉舉按察司副使劉城涖其役踰年告成周圍一千八百丈高一丈九尺而闊倍之皆砌以石上列埤堞下浚溝池爲門凡五東曰金鳳西曰迎遠曰德星南曰南浦北曰拱北各建樓櫓又附小門五以通水利城上爲守宿之舖凡二十學士錢溥①爲記

泉州府

府城　郡舊有衙城衙城外爲子城子城外爲羅城又羅城南外爲翼城內外有壕舟楫可通城市歲久城廢壕多湮塞子城凡四門曰行春肅清崇陽今俱存惟泉山門廢元至正十二年江浙省以淮西盜起命州郡修濬城池於是監郡偰玉立會僚屬議東西北仍羅城南仍翼城舊址役僧道編氓②分築高二丈一尺周圍三千九百三十八丈東西城基廣二丈四尺外甃以石南城基廣二丈內外皆石爲門凡七東曰仁風西曰義成南曰德濟北曰朝天東南曰通淮西南曰

校注：①溥　②氓

臨漳瀕溪水門曰南薰門上各有樓外環以濠闊三丈七尺深一丈八尺潮汐通自西南抵東北盤石而止 國朝洪武初泉州衛指揮同知李山增高舊城五尺城基俱廣二丈四尺內外皆甃以石建月城六戰樓五窩鋪百四十壕加浚治天順以來城樓門鋪或圯都指揮僉事武成知府張嵩徐源指揮使王濬王振王鉉指揮同知王琨指揮僉事李玨千户秦鼎何禎等相繼葺而完之 通淮門俗呼泥門 臨漳門俗呼新門 南薰門在舊市舶司之旁

祥芝巡檢司城在二十一都祥芝村周圍一百五十丈廣一丈高連女墻二丈為窩鋪九六南北關二門

烏潯巡檢司城在烏潯村周圍一百五十丈廣一丈高連女墻一丈八尺為窩鋪九四東西關二門各建樓其上

深滬巡檢司城在深滬村周圍一百五十丈廣一丈高連女墻二丈為窩鋪九七南北關二門各建樓其上上二城在十

六都

圍頭巡檢司城

在十四都圍頭村周圍一百六十丈廣一丈高連女墻一丈八尺爲窩鋪九四南北關二門各建樓其上已上四城俱在晉江縣東南洪武二十年江夏侯周德興創築

同安縣城

宋紹興十五年縣令王軼①創築高一丈二尺周圍七百九十五丈有竒濠深廣各一丈二尺十八年縣令劉寬緩踵而成之紹定二年令韓木以山寇竊發重加修浚元至正十四年安溪山寇李大攻陷縣治城遂毁十五年達魯花赤馬哈謀沙復修之內外皆砌以石尋復圮 國朝正統十四年沙尤寇蔓延至邑景泰元年泉州衛指揮使楊海守備是邑同主簿蔡遴重修視舊城增高五尺增廣二百二十五丈有奇東西廣南北隘成化十八年知縣張汲因城堞門樓多壞②復修完之凡五門東曰迎陽西曰鎮[illegible]南曰來薰北曰拱辰或面山或臨

校注：①軾　②壞

溪惟西北門外良田彌望因建樓其上名曰緑野高浦巡檢司城周圍一百四十丈廣七尺高一丈八尺為窩鋪九四南北闢二門塔頭巡檢司城周圍一百四十丈廣八尺高一丈七尺為窩鋪九四南北闢二門上二城在縣南二十二都官澳巡檢司城在十七都周圍一百六十丈廣六尺五寸高一丈八尺為窩鋪九四為門一田浦巡檢司城周圍一百六十丈廣一丈二尺高一丈八尺為窩鋪九四東西闢二門陳坑巡檢司城周圍一百八十丈廣一丈二尺高一丈七尺為窩鋪九四為門一峯上巡檢司城周圍一百九十三丈廣一丈高一丈八尺為窩鋪九四為門一上三城在十八都烈嶼巡檢司城在二十都高廣門鋪之數俱與陳坑巡檢司城同上五城俱縣東南小岞巡檢司城在惠安縣

東三十都小岞村周圍一百五十丈廣一丈二尺高連女墻二丈為窩鋪凡八南北闢二門各建樓於上

獺窟巡檢司城 在惠安縣南二十五都獺窟嶼周圍一百五十丈廣一丈二尺高連女墻二丈為窩鋪凡八南北闢二門各建樓於上

峯尾巡檢司城 在惠安縣北八都峯尾村周圍一百五十丈廣一丈高連女墻一丈八尺為窩鋪凡六西北闢二門并建樓於上二門內各建兵馬司一所

黃崎巡檢司城 在惠安縣東南三十二都黃崎村周圍一百五十丈有奇廣一丈高連女墻二丈為窩鋪凡八南北闢二門各建樓於上已上一十一巡檢司城俱洪武二十年江夏侯周德興創建

永寧衛城 在晉江縣東南二十都舊永寧里地洪武二十七年江夏侯周德興以衛在瀕海宜備倭寇乃遣泉州衛指揮僉事童昘率兵校相地築城於此周圍八百七十五丈基廣一丈

五尺高二丈一尺為窩鋪九三十有一為門丸①五南曰金鰲北曰玉泉東曰海寧曰東瀛西曰永清各建樓其上城外有濠廣一丈六尺間礙大石深淺不同濠水或時涸永樂十五年都指揮谷祥等巡視增高舊城三尺五門各增築月城高與城稱正統八年都指揮劉亮督②同本衛指揮同知錢輅於各門復增置敵臺成化六年門樓俱圮指揮使楊晟重建

福全千户所城在晉江縣東南十五都大濡③村洪武二十年江夏侯周德興創築周圍六百五十丈有奇城基廣一丈三尺高連女墻二丈一尺為窩鋪九十有六城四方各闢一門并建樓其上永樂十五年都指揮谷祥等增高城垣四尺并築東西北三月城正統八年都指揮劉亮督同本所正千户蔣勇增築四門敵臺各高二丈五尺

中左千户所城在同安縣南嘉禾嶼廈門海濱洪武一十七年徙永寧衛中左千户

校注：①凡　②督　③溜

所官軍於此守禦築城周圍四百二十五丈九尺高連女墻一丈九尺爲窩鋪二十有二東西南北闢四門各建樓其上永樂十五年都指揮谷祥等增高城垣三尺四門各增砌月城正統八年都指揮劉亮督同本所千户韓添復增築四門敵臺

金門千户所城在同安縣東南浯洲嶼洪武二十年江夏侯周德興創築周圍六百三十丈高連女墻一丈七尺城臺廣一丈爲窩鋪二十有六東西南北闢四門各建樓其上永樂十五年都指揮谷祥等增高城垣三尺并砌西北二月城正統八年都指揮劉亮督同本所千户陳旺復增築各門敵臺

高浦千户所城在同安縣西南十四都洪武二十三年徙永寧衛中右千户所官軍於此守禦築城周圍四百五十丈高連女墻一丈七尺城基廣一丈爲窩鋪一十有六東西南

比闗四門俱砌月城并建樓其上永樂十五年都指揮谷祥等增高城垣三尺正統八年都指揮劉亮督同本所千户趙祚復增築四門敵臺

崇武千户所城

在惠安縣東南二十七都洪武二十年江夏侯周德興因小兜巡檢司舊址而廣之城周圍七百三十七丈城基廣一丈三尺高連女墻二丈一尺爲窩鋪二十有六城四方各闢一門并建樓其上二十八年本所千户錢忠因門樓敵①壞重修葺之永樂十五年都指揮谷祥等增高舊城四尺及砌東西二月城各高二丈五尺

漳州府

府城

郡舊築土爲子城周迴四里闢門六東曰名第曰清漳西曰登仙曰朝真南曰雲霄北曰慶豐宋咸平二年浚河環子城外祥符六年郡守王晁加浚西河又於西南隅鑿水門接潮汐通舟

校注：①敝

揖外城惟木柵周迴一十五里紹興間郡守張成大毀子城徹外城東西北三面木柵以土築之獨南一面臨溪爲阻環子城之河皆在城內矣嘉定四年郡守趙汝譜始於東門左右砌之以石高十級長五百餘丈紹定三年郡倅林有宗復以石砌西南北三面長二千五百餘丈高一丈七尺并浚河渠闢門七東曰朝天西曰安豐南曰通津北曰環珠西北爲小關門西南爲龍溪門東南爲朝宗門是歲郡守江摸始至撥錢助役明年訖工淳祐九年郡守章大任復修築而增高之元至正二十六年省丞陳有定命總制郡事理問張某改築東西北三面視舊基小一千餘丈獨南一面仍其舊周圍計二千一百七十三丈高三丈五尺惟西北一隅依山爲二丈三尺月城各周圍五十丈浚河三百五十九丈東深二丈廣五丈西深一丈八尺廣四丈南臨大溪北則依山溝隍而已門惟以東西南北爲稱東西南三面各有水關 国朝洪武初

四門內外各建樓其上周城為女墻一千五百一十月城為女墻各六十戰樓凡二十有五守宿之鋪凡二十有三水關樓二正統七年指揮使揚隆重建西北內外門樓天順五年東門內外樓為颶風所壞明年揚隆重建外樓五間重簷高九丈成化五年巡視福建副都御史滕昭檄分巡僉事黃隆重建內樓七間三簷高一十二丈十四年西水關樓壞指揮王璟重建城之東南角溪流衝射舊有堤埕之然潦至輙崩壞九年巡撫福建副都御史張瑄命工疊石以護城址十八年知府姜諒復規措木石甃築外堤高一丈三尺長一百餘丈廣一十丈作亭其上扁曰保安郡人陳舒為記

濠門巡檢司城 在府城東一二三都濠門山洪武二十年江夏侯周德興創築周圍一百五十丈六尺城北闢一門建樓其上

漳浦縣城 舊無城惟立四門東曰東溪西曰應龍北曰永豐西北一門舊無名後縣令高

稷改永豊爲拱辰門淳祐三年盗寇乘間突入邑中居民惶懼始議築城未果元至正十二年達魯花赤買撒都剌創築以石砌之周圍七里高一丈二尺東西南北爲門建樓其上環城濬濠各深三尺廣一丈

青山巡檢司城 在漳浦縣東十五都浦頭社周圍一百一十五丈闊九尺高一丈五尺東西南關三門

洪淡巡檢司城 在百浦周圍一百一十丈闊八尺高一丈五尺東西關二門

金石巡檢司城 在山東社周圍一百一十五丈闊九尺高一丈五尺東西南關三門

東沉赤山巡檢司城 在上西社周圍一百一十五丈闊九尺高一丈五尺東西南關三門上三巡檢司俱在漳浦縣南五都

後葛巡檢司城 在漳浦縣東南九都大洋社周圍一百一十五丈闊九尺高一丈五尺東西南關三門

井尾巡檢司城 在井尾社周圍一百一十

五丈闊九尺高一丈五尺東西南闢三門

島尾巡檢司城

在島①尾社周圍一百一十五丈闊九尺高一丈五尺東西闢二門上二巡檢司在漳浦縣東北二十三都已上七巡檢司城俱洪武二十年江夏侯周德興創築

龍巖縣城

初惟編竹為限後易以土墻宋紹定三年縣令趙壯夫始於山巔築城避寇縣治不在城中寇至輒毀元至正四年邑人盧仲義倡謀砌石為城周圍縣治於是有上下二城二十一年達魯花赤鎖柱間以二城緩急難守遂修築合而為一周圍八百七十二丈高一丈五尺濠周圍九百五十九丈深一丈八尺國朝洪武八年知縣劉文或守禦百戶黃宗復修濬之成化六年巡視福建右副都御史滕昭鎮守太監吳昱申明治中丘昂所奏擬參政趙昌知府王文等計費令興泉漳三府協助磚石而委成於知縣常濟八年乃興工包砌接於舊城

校注：①島

周圍一千九百二丈五尺高二丈一尺為門東西南各一北二又作水門於其南工未畢陞去十四年知縣陶博繼砌南城三百餘丈并建門樓女墻窩鋪之屬今悉完備

長泰縣城 舊惟土墻周廻二百五十三丈高一丈宋嘉熙元年縣令鄭師申率邑人方文子黄千里始築土城爲門四東曰武勝西曰順成南曰登科北曰良崗元及國朝皆因之

南靖縣城 自元至正十六年縣尹韓景晦始遷今所土城周圍六百六十三丈三尺闊一丈東西南北各為門西瀕雙溪東北濬河國朝洪武二十五年縣丞汪以能重建小樓于南門俗呼為水門

鎮海衛城 在漳浦縣東二十三都鴻江周圍七百八十三丈六尺闊一丈三尺高二丈皆砌以石東西南北各為門東北闢水門女墻凡一千六百六十門樓五窩鋪二十

銅山千户所城在五都之東周圍五百五十一丈闊一丈高二丈皆砌以石東西南北各為門而建樓其上南北闢水門女墻凡八百五十又五窩鋪十又二

玄鍾千户所城在四五都周圍五百五十丈闊一丈高二丈一尺皆砌以石東西南北各為門而建樓其上東北闢水門女墻凡八百六十又一窩鋪十又六上二千户所城俱漳浦縣南

六鰲千户所城在漳浦縣東南十五都周圍五百五十丈闊一丈高二丈五尺皆砌以石東西南北各為門而建樓其上西北闢水門女墻凡八百六十又五窩鋪十又五已上四城俱洪武二十年江夏侯周德興創築

汀州府

府城

唐大曆四年刺史陳劍遷築今所大中初刺史劉岐創敵樓一百七十又九間宋治平間郡守劉均拓而廣之周圍五里二百五十四步基廣三丈面廣三之一高一丈八尺濬三濠深一丈五尺引南梭溪水東流以繞之闢六門東曰濟川西曰秋成南曰頒條曰鄞江東南曰通遠東北曰興賢紹興間贑卒叛郡守黃武增修隆興元年郡守吳南老又增修之為敵樓五百一十又五間紹熙間郡守趙充夫以土城緩急不足特欲甃以石定議始于子城歲甃一里以及于羅城未及就而去嘉熙間郡守戴挺復規畫磚石始事于班條門漸次甃之又未及就而去國朝洪武四年汀州衞指揮同知王圭塞班條門改濟川門為麗春門改秋成門為通津門改鄞江門為廣儲門改通遠門為鎮南門改興賢門為朝天門周城皆砌以磚石城北卧龍山巔創總鋪一周城創窩鋪八十又一為女墻一千一百九十又五為箭眼八百一十又四〇按舊

志謂劉岐創築郡城與郡志不同又謂治平間繕修周一里二百九十一步高一丈一尺為敵樓二百一十一間亦與郡志不同未知孰是

寧化縣城

周圍二百八十步為門四東曰連崗西曰通贛南曰道夔北曰朝宗宋端平間縣令趙時舘修闢以石砌之周圍五百丈改連岡門曰迎春改通贛門曰通聖改道夔門曰端平改朝宗門曰朝天寶祐間圮于水遂廢

上杭縣城

宋端平間縣令趙時鐵創築周迴一百六十丈轉東激水注為濠池然覆以茅竹尋燬淳祐間縣令趙希謐更築縮其址而小之復圮于水寶祐間縣令潘景丑重加修築乃址以石甃以磚覆以瓦元至正間頹圮殆盡屬縣事鄭從吉拓其舊址復築之周迴五百一十五丈高一丈為門四各建樓其上後亦圮國朝洪武十八年邑人鍾子仁作亂知縣鄧致中

修築甫畢而賊至民賴以全久復圮正統十四年沙尤寇至無以備禦縣遂為所破景泰三年知縣黄希禮從邑民鄭仕敬孔文昌等議奏請復築六年肇工天順六年溪南關永華亂巡按御史伍驥左布政使姚龍按察副使錢璡僉事游明同撥捕之乃奏調汀州衛右千户所官軍捍禦其地成化二年巡按御史朱賢右參政許振參議張椎①僉事牟俸劉子肅以城狹不足以居軍乃命知縣胡鉞斥而大之繼而巡按御史除②紫又委成於府同知程熈通判吴粗③而以邑民唐紀等佐之其後參政趙昌副使何喬新僉事周謨都指揮吴果又經畫其所未備者八年始訖工學士柯潛為記周圍一千四百二十四丈有六尺基廣二丈南臨大溪砌以石高三丈東西北並砌以磚高減於南三之一濠廣二丈深半之為門七東曰昭陽西曰通駟南曰通津北曰迎恩上南曰興文中南曰陽明④卜南曰⑤大平各建敵樓其上周城為守宿之鋪凡三十又

校注：①雄　②徐　③桓　④下　⑤太

三

武平縣城 宋紹興間使相張浚帥閩遣官創築端平間縣令趙汝譪重修周圍二里八十步為門三東曰永平南曰南安西曰人和後廢

武平千户所城 在縣西南二十五里洪武二十年廣寇謝仕真作亂明年汀州衛指揮黄敏奉命討捕之二十四年設千户所守禦於此始築城以居軍周圍三百八十九丈有奇高二丈五尺廣三丈為門四曰迎恩曰湧金曰常樂曰永定各建樓其上為守宿之鋪九三十濠周圍三百九十九丈有奇闊三丈深一丈五尺

清流縣城 舊惟子城周圍二百丈外無城而為門四東曰迎恩西曰登瀛南曰平波北曰拱辰紹興間寇亂縣令鄭思誠始招集流散築城為守備計歲久頹廢

連城縣城 宋紹興間縣令丘欽若創築乾道間縣令楊立中作三門東曰朝京西曰騰驤南曰龍門歲久頽圮端平間縣令宋巨宏因寇亂之餘復築淳祐間縣令羅應可重修并作甕城改朝京門為通京騰驤門為秋成龍門為薰風後復廢

延平府

府城 周圍七里一百八十步宋元間為①門十又一曰鐔津門在子城之東曰開平門在子城之南曰延安門在子城之西曰崇化門在子城之北曰延平門曰延清門曰披雲門俱臨溪曰建安門在城東曰將順門在城西曰通福門在城南曰延泰門在城北　國朝為門九曰建寧門即舊建安門曰爐坑門二門俱在城東曰上小水門曰小水門二門俱臨溪曰福州門即舊通福門曰西水門即舊將順門曰西鶴門即舊延安門曰大北門即舊延泰門曰小北門二門俱近山

校注：①門

自建寧門抵福州門臨劍溪自福州門抵西水門臨樵川自西水門抵大北門臨山磵自大北門抵建寧門城壁袤延環髙岡之巔〇將順門俗呼為小南門

將樂縣城

元至正四年漳寇李志甫侵縣縣人吳文讓募義兵勦滅文讓子克忠因地勢髙下築土為城十二年臨川寇鄧思來侵邵武路總管吳按攤不花加以木柵既而陳有定據延邵復加修築周圍五里四十餘步為門六東門舊名攀龍南門舊名金溪西門舊名萬安北門舊名安福橋門水門自東門抵南門臨大溪自西門抵北門擾山麓壕塹延袤三百五十九丈　國朝洪武元年始置將樂守禦千户所時千户李濟帝準移四①南二門進五百步東西二門仍舊城壁俱砌以磚石

永安縣城

正統十四年沙寇鄧茂七平都督范椎②奏請於沙尤二縣界築城調邵武衛後

校注：①西　②雄

千户所軍置永安守禦千户所於此景泰三年始置縣城周圍五里三十二步為門四曰東門曰西門曰南門曰北門自東門抵北門又自北門抵西門壕塹延袤七百一十一丈自東門抵南門又自南門抵西門則負山阻溪壕塹無事開鑿也

邵武府

府城 古①冇烏阪城越王所築也在今城東三里許大淡之北今名故縣宋太平興國四年置邵武軍治今所乃別築土城西界樵春西塔二山周廻一十里有奇闢門七東曰行春西曰朝天南曰武德北曰北門東北曰小東門西北曰東闉門西南曰樵嵐門元盡隳江南城壁至元戊戌總管魏劉家奴復築壘以陶甓西南視舊址收入一里許東北仍舊為門四東曰行春西曰鎮安南曰武寧北曰②憔溪至正二十四年郡守常璜又因其舊而築之基用石上用陶甓 國朝洪

校注：①有鳥　②樵

武初河南侯仍舊築濬城周圍一千三百三十八丈八尺崇二丈八尺女墻俱崇四分之一址廣崇之半濠東西南深一丈五尺有奇廣倍之北臨大溪廣四十二丈深二丈許五年指揮蔡王建門樓四城樓四十又六九年指揮車濟建城上廊房以間計之九千一百一十又二建窩鋪五十永樂十四年大水圮其半尋修築之成化十二年知府馮孜奏請欲仍依宋城舊址修築跨熈春山不特可避水患萬一有外寇亦不得據熈春之險以瞰城中虗實也有司重民力訖今未及改作○烏阪一作馬阪蕭子開建安記越王築六城以拒漢烏阪其一也按本志謂至元戊戌揔管魏劉家奴築郡城考之元史前至元九三十一年後至元九六年俱未嘗值戊戌歲辰又按郡志揔管題名無所謂魏劉家奴者惟學校志嘗見其名但言其爲千户不云揔管也此志謂至元戊戌又以魏劉家奴爲揔管皆誤矣又考之公署志至元十四年以魏天

祐為揔管意者至元復築郡城盖魏天祐而記者誤以為魏劉家奴也不然則魏劉家奴或在至元戊戌年嘗為揔管而記者誤以為至元也

建寧縣城

宋咸淳二年縣令宋秉孫始築砌以磚石周廻五千八百二丈五尺崇二丈四天女墻四分崇之一址廣崇之半為門四東曰朝天南曰迎薰西曰慶豐北曰拱辰皆建樓其上便門二曰小南門曰小北門四年圮于水六年秉孫倅本郡以餘鹽錢重修及攝郡日合得務司羨錢近萬緡以致田為修繕之費廖邦傑為記元至正四年圮于水惟迎薰門尚存

興化府

府城

宋太平興國八年築內為子城周廻二里三百一十八步覆以屋環以通衢仍斥廣外城版築草創土垣茅覆而已宣和三年始更築崇一丈五尺基厚半之網其上甃以磚甃周廻七里八

十三步引北澗水為濠廣一丈深六尺繚城而達于東南與西南溝塹合為門五東曰望海南曰望仙西曰肅清北曰望京東北曰寧真門各建樓於其上南渡之後歲久寖廢既而盜起汀郡勢且及境郡人陳宓始倡板築之議郡守王克恭趙汝固通判趙汝盥相繼經營未克就緒又郡守曾用虎至始踵而成之長一千二百九一八丈高一丈八尺表裏以石覆以磚五門各為樓堞防於紹定三年之春訖於四年之冬郡人劉克莊為記元至正十四年興化路同知閔保因舊址重修國朝洪武元年本衛指揮李春復加繕治十二年指揮程昪以增設軍士城隘不能容奏請益以東北一隅遂闢城垣跨烏石山而下周圍凡一十一里一百四十三步高連女墻二丈四尺闊一丈六尺為女墻凡二千四百八十有七為窩鋪四十為敵樓一十有七為門四望海肅清俱仍其舊改望仙為迎仙新闢一門曰拱辰各建樓其上而寧真門遂廢其後

敵樓門樓俱圮成化十年巡撫副都御史張瑄檄知府潘琴指揮使張瑄重建四門樓拱辰迎仙肅清三門皆府所建而望海門則備所建也池深一丈闊二丈六尺縣東北隅逾拱辰門至東南則變壽溪之水縣西南隅轉而歷望海門以接東北則變木蘭溪之水惟西北負山闕城時亦嘗鑿之以地勢陡峻艱於用力而止○望海門以白湖名俗呼東門　望仙門以壺山陳胡二仙名俗呼南門　肅清門僧涅槃讖云永不動干戈故名俗呼西門　望京門舊名朝天古讖云拆却屋換却椽朝天門外出狀元宋徐鐸居朝天門外將第而門壞後改名望京今廢不知其處但莆陽驛前北行人猶呼為北門街疑即此門之所在也　寧真門以天慶觀名

按舊志崇寧初嘗議築羅城規畫自廣化寺路口四覽亭越小塘至龜紋嶺梅井瑞龍招福東巖下歷前埭後埭東斗門距永豐塘合焉建南門于廣化寺路口西門于龜紋嶺北門于闕下

作通監門於後埭小橋之西塹山絕澗役大而無用俄罷

迎仙寨巡檢司城在府城東北待賢里江口鼓樓山城上守宿之鋪凡八

冲心巡檢司城在府城東興福里冲沁城上守宿之鋪凡四

嵌頭巡檢司城在武盛里嵌頭山城上守宿之鋪凡六

青山巡檢司城在奉谷里青山城上守宿之鋪凡八

小嶼巡檢司城在醴泉里小嶼山城上守宿之鋪凡八

吉了巡檢司城在新安里華胥山即宋之繫蓼寨也城上守宿之鋪凡六上六城俱洪武二十年江夏侯周德興檄興化衛指揮僉事呂謙創築各周圍一百五十丈南北為門而建樓其上

仙遊縣城宋紹興十五年知縣陳致一創築以禦山寇寇退竟不克就乾道中知縣趙公綢建四門東曰九仙西曰甘澤南曰流慶北曰横翔後改九仙為朝京横翔為拱德甘澤為元

台流慶為登俊又改九仙為迓仙流慶為來薰今四門俱廢惟迓仙來薰二扁尚存

平海衛城在府城東北武盛里周圍八百六丈七尺高連女墻二丈四尺闊一丈四尺女墻凢一千三百一十窩鋪九三十門四東西各一南二俗呼大南門小南門各建樓其上城之北地勢高峻故不置門惟築臺以瞭海洋而已正統八年户部侍郎焦宏奉 命理沿海軍務檄指揮同知王茂增築敵臺凢十所

莆禧千户所城在府城東南新南里周圍五百九十丈高連女墻一丈九尺闊一丈二尺女墻凢一千四十有九窩鋪九二十闢東西南北四門各建樓其上東南南北三面濱海西則有濠長一百一十丈闊二丈深八尺上二城俱洪武二十一年江夏侯周德興檄興化衛指揮僉事吕譙築

福寧州

州城在龍首山下洪武二年海寇侵縣境鎮守福建駙馬都尉王恭檄百戶寧祥率軍士守禦明年山寇鄭隆姚子羡竊發祥討平之又明年始築城高一丈九尺闊一丈周圍三里二十年置福寧衛江夏侯周德興乃徹城之東壁闢其地里許而築之增高三尺周圍九四里永樂五年海寇復作御史韓瑜都指揮谷祥命增築四門月城城壁復增高三尺沿城壕塹闊一丈深六尺歷歲既久四門樓俱圮成化十七年指揮僉事朱琭重修

水澚巡檢司城在十二都

大篔簹巡檢司城在十一都

青灣巡檢司城在五都上三城俱州東

高羅巡檢司城在四十三都

延亭巡檢司城在五十都上二城俱州南已上五城皆洪武二十年江夏侯周德興創築各高一丈五尺周圍

一百六十丈

柘洋巡檢司城

在州西北元末袁天祿築 國朝正統六年改為巡檢司城高一丈五尺闊一丈周圍二里

寧德縣城

在白鶴峯下五代唐長興四年偽閩始築土城為門四東曰崇仁西曰和義南曰德化北曰朝天歲久而圮今列木為栅而已

廉嶺巡檢司城

在縣北十九都①涵村宣德間創土城高一丈五尺周圍一百六十丈

福安縣城

在袤山下舊未有城惟立四門東曰瑞應西曰禮賢南曰秦溪北曰衣錦廣袤各二里周圍十有餘里正統間巡按御史建議築城未就今為木栅以備不虞

白石巡檢司城

在縣北七都成化八年布政司參議陳勵創築高一丈二尺闊一丈周圍二百丈

校注：①涵

大金千戶所城 在州南海濱五十二都舊爲西白巡檢司洪武二十年改立千戶所江夏侯周德興始築城高二丈二尺闊一丈周圍五百八十二丈東西南各闢一門永樂十五年御史韓瑜都指揮谷祥令增高三尺復砌三門月城沿城壕塹闊一丈深六尺

坊市

福州府

閩縣

鳳池坊 舊號左通衢即去東門大街口也宋許將遷右丞郡守葉棣易此名以期之并以名鄉　國朝成化十三年燬尋爲閩候官懷安三縣丁酉科舉人立坊更名聯第二十三年又爲三縣丙午科舉人立坊於鎮閩臺之前復扁曰鳳池

冠英坊 舊號都市宋通直韓召居之崇寧間舉八行郡守黃裳更名大隱後復更今名

使旌坊 按三山志地名大石井宋李浣嘗任漳守鄉人因以

名坊今廢俗呼梅枝巷○按三山續志云內有百花務今考無遺跡俗所呼百花務乃在安民巷對過小巷內未知孰是**嘉榮坊**地名南營口宋政和間李脩知婺州後其子提舉東鄉人榮之故名後改登瀛今廢**福星坊**其地偽閩時為五州諸侯館所故名館前宋郎中沈舍年五十致仕歸隱三召不起時為立坊曰旌隱元宣慰使魏天祐寓坊內因更今名 國朝成化十九年重建**連濟坊**臨河今廢**朱紫坊**地名新河舊號三橋宋通奉朱敏公居之兄弟四人俱登仕版子孫繁盛朱紫盈門鄉人因以為名**興賢坊**在府學街口舊名進德宋政和間行舍法改今名已上八坊在鎮閩臺前至南門大街之東**貞節坊**在通賢巷內成化四年 詔旌李岳之妻劉氏貞節立**孝廉坊**在福城坊直街之中景泰間為都指揮王勝立**發政坊**內舊有居養院安濟坊以①豦不能自存者**驍騎坊**駐泊營名上二坊在福星坊內之北**鄉行坊**宋政和間為陳祁武

校注：①處

建巳上四坊俱廢

思義坊 地名厰下舊名阜財商賈交易之所也通大隱坊

連桂坊 地名梳行宋給事黃唐傳居之劉延康以其兄弟聯科因名今廢俗呼厰巷

清泰坊 地名石井

貞節坊 大觀中郡守李畸建今廢

朝士坊 地名小石井宋時以大夫朱敏元居之故名

仁慶坊 舊名捉生偽閩營也郡守黃裳改名仁慶今廢

拱辰坊 閩王時號新路口

晝錦坊 舊名華萼坊閩王時號新市

昭福坊 久廢

美政坊 地名河西舊名施政

罾浦坊 地名河東宋天聖中李正登第子述繼之業吏部名其坊曰世顯初郡人有詩曰罾浦坊中出輔車鄉人以久無第進士者乃剽詩語更其坊曰罾浦南通渡尾諸營

狀元坊 舊名團練嘉熈八年因許將狀元改後廢　國朝成化八年坊民吳宗寅貢士李尚達率衆重建侍講莆田陳音為記內小巷經綿通諸營

尊儒坊 宋蔡伯俙之居在焉祥符中應童子科真宗賜詩美之後授東

宫伴讀坊因以名

東嶽行宫坊 東門外地名船塔之西通天慶觀

繼儒坊 宋高介鄉與子安世同年登科故名

東際坊 已上一十六坊在鳳池坊抵東門外直街之南

清河坊 元至元二十八年闢是路通左司理院因構此坊今廢巷民多市花偕呼花巷

介福坊 內有元明王祠鄉人祈禱之所

貞節坊 成化間 詔旌高明妻林氏貞節立

振名坊 地名後河宋陳太丞以方醫名京師既而彭文嗣登第因名

太平公輔坊 地名坊門舊以通太平寺名坊紹興末朱倬拜右相尚書王師心因加公輔二字坊尾舊有開元坊

貞節坊 正統十二年 詔旌陳啓妻潘氏貞節立

高行坊 地名鄉習營舊以驍勇名坊蓋內有駐泊營也後趙伯尚舉八行改曰高行今廢

秀實坊 舊名升秀初士多累舉不第後有登科者因名今閩縣焉

忠順坊 舊名延慶以慶城寺前延慶橋名宋陳景參三世登科郡守因其字曰子孝乃取以孝事君則忠以

敬事長則順更名其坊今廢閩都坊舊曰閩會閩縣舊治在焉今廢甘棠坊海
晏坊舊羅城海晏門之旁喜壽坊卓推官之居其母陸藻之姊①也年八十餘尚康強無恙藻
知鄉郡因以名坊棣華②坊地名湯巷宋鄭杜兄弟三人中武舉而杜廷試第一因名溫泉
坊地名內湯上一十五坊在鳳池坊抵東門直街之北素寧坊在秀實坊內通井樓門狀
元坊在拱辰坊抵通津門大街之中宋紹興十二年為陳誠之立舉廉坊地名黃兼倉黃
鄭二姓初入閩所居後陳尹舉八行改名今廢光澤坊閩橫衝營在焉內義井二因名閩澤後改
今名高節坊舊名嚴師因提學林徽之名後通判楊幹引年致仕更其名曰高節今廢登雲
坊舊名至喜宋時為胡文炳文焴兄弟同登第而名也元改今名廢濯纓坊通使君橋化
成坊臨河舊鐵治坊乃治鑄之所今廢俗呼鐵治巷鰲峰坊舊九仙坊地名仙跡通水部門

校注：①姊　②華

街宋改名澄瀛元改名鰲峯**仙跡坊**亦通九仙山已上八坊在拱星坊抵法海寺直街之東**積貨坊**近市內通捉生營今廢**連榮坊**通小石井舊名既富以樊仁達仁遠兄弟登科改今名**嶽臨坊**內有嵩嶽行宮故名今呼新塔巷**福星坊**舊名籌帥宋王祖道之居也祖道兩知鄉郡故以名坊後因與南街福星坊通為一街故亦更其扁國朝成化十七年重建**兼濟坊**在通津門之旁今廢**坦履坊**西通朱紫巷今廢**全勝坊**地名羅山寺角今法海寺也以舊營名通鄉行坊今廢上七坊在拱星坊抵法海寺直街之西**登瀛坊**通鰲峯坊**蓬萊真境坊**上二坊在通仙門內之西**沿河東巷**東通長利橋折北通東衙**通忠賢巷**內有通賢廟**提舉衙巷**內舊有提舉衙疑即今百花務也**萬歲巷**內有萬歲寺已上四巷在舊虎節門外抵南門大街之東**圓通巷****教場巷****河尾**

巷

後營巷按三山續志由虎節門南至還珠門又南至合沙門直街之東凡八巷此上四巷亦在其內而新志不載未詳其處疑在今南門外而所謂教場巷即今往教場之路也

石幢巷在鳳池坊抵東門大街之南

盧巷在拱星坊抵法海寺直街之東

祠山巷在閩縣學前南行折東九仙山之麓有祠山祠故名俗呼草履巷

德政橋巷

東閩巷

河務巷上三巷在美政坊抵水部門直街之東

使君橋巷按三山續志於此註云通登雲而三山志於濯纓坊下又註云通使君橋則登雲疑即濯纓坊而續志又載登雲濯纓二坊未詳孰是

後岸巷上二巷在美政坊抵水部門直街之西

南臺市在府城南門外嘉崇里

侯官縣

永通坊內有宋通判衙坊今廢

登俊坊在楊橋街口舊號右通儞宋宣和間改名春風樓今廢

郎官坊以宋劉濤子孫皆為郎官故名

文興坊在塔巷口舊名

修文宋知縣陳肅因其中舉人數不利改為興文後又更為兩優釋褐狀元坊今名文興

新美坊在黃巷口晉永嘉間黃氏居此故名黃巷宋崔大夫及第改今名

貞節坊在安民巷口宋劉藻以孝聞詔賜粟帛旌之因號其坊曰錫類後以太宰余深舊居改曰元台育德元福建省都事賈訥居此其母貞節因改今名

聚英坊在宮巷口舊名仙居內有紫極宮故名後崔李二姓咸貴顯改名聚英元又改英達今復名聚英

耆德魁輔坊在急避巷口宋鄭性之居於其內後以丞相致仕時為立此坊閩俗相傳謂臘月二十四日竈君上天奏人間事必祭而送之性之貧時嘗於是日貸肉於巷口屠者之妻屠者歸聞之大怒徑入其舍索其肉以歸性之乃畫一馬題詩其上焚以祀竈云一匹烏騅一隻鞭送君騎去上青天玉皇君問人間事為道文章不值錢後為江西安撫使加寶章閣待制請歸里第監司郡縣迎候烜赫至巷口屠者①睨視之曰昔鄭秀才乃至此耶性之令人縛至庭下數其罪而

校注：①睨

殺之自是性之出入巷人皆奔走趨避故號其巷曰急避考之史志性之嘗遊朱文公之門居官所至有賢聞寧肯為是耶竊意性之嘗登進士第一人時呼其巷為及第後因其音相近而訛之且①傳會其說如此云

利涉坊 在舊羅城利涉門之旁今巷塞坊亦廢

桂枝坊 以鄉名

官賢坊 在候官縣街口舊名候官里人以候闕日久改今名已上十一坊在鎮閩臺前至南門大街之西

泮宮坊 在官賢坊內候官縣學前之左

豐盈坊 舊楊橋坊今廢

鼎魁坊 舊廢成化七年為閩候官懷安舉人立坊更名聚奎十九年仆於風尋復建上二坊在後街之中

衣錦坊 舊通潮巷口初以陸蘊并弟藻知鄉郡名棣錦後王益祥致江東提刑政居其內改今名

文儒坊 舊山陰巷口初名儒林宋以祭酒鄭穆居之改今名西通金斗橋

甘液坊 地名方井北行通文儒坊巷

光禄坊 舊曰閩山因法祥寺內有宋守郡程師孟光禄吟臺故名

風憲坊 舊清遠門

校注：①傅

外宋余清居之後擢爲御史遂以名坊其地今無巷道疑在其居第之前**懷德坊**舊名延平宋司業鄭南居之改曰儒宗國朝天順間鎮守少監来住寓於地平寺重建改今名上六坊在後街之西

永安坊與懷德坊相直亦鎮守少監來住立通山兜尾諸營折北通板橋常豐倉前**閩山坊**在文儒坊內之北通衣錦坊**道山坊**在官賢坊直街之南以道山亭名**沿河西巷**

右院巷宋右司理院在內故名**萬壽寺巷**內舊有萬壽寺上三巷在舊虎節門前抵南門大街之西**大水流坑**　**小水流坑**俱在揚橋巷俗呼後街抵咢魁坊直街之西並通浦尾**天王崎巷**在官賢坊抵懷德坊直街之南內通天王寺

侯官市在府城西南十都舊縣治也**洪塘市**在府城西二都

懷安縣

宣政坊　**澄清坊**上二坊在布政司前大街之中俱洪武間建成化十

九年作於風

依仁坊元泰定四年燬後重建登仕坊今作臨門上二門在譙樓前至澄清坊大街之東

遵義坊元泰定四年燬後重建肅政坊在按察司前之左天順六年按察使胡新改建儀門因立坊扁以今名成化十九年燬是年按察使劉城重建

振紀坊在按察司前之右成化元年按察使馬文昇闢通衢西出因立坊扁以今名與肅政坊相宜

浚明坊在依仁坊直街之南舊東衙經緯小巷今廢

城隍坊在依仁坊直街之北城隍廟巷口

亮功坊宋余深府第政和中賜名其門曰贊弼亮功因以名坊今廢

三元坊成化十九年知府唐珣建列國初以来郡人嘗中狀元會元解元者之名氏于扁上二坊在遵義坊直街之中

眉壽坊元至治初居民張安定年一百五歲總管吳繹為此立坊

永和坊即小避營又呼義和巷

善化坊元元貞二年平章高興於州治西南創東西驛館闢道以達西門因立此坊上三坊

在遵義坊直街之南俱廢國計坊在都轉運鹽使司之前宣化坊在府治前成化十九年仆於風明年知府唐珣重建登雲坊在舊西教場巷 國初重建越山寺新闢街衢為立此坊俗名新街又名土街西湖坊舊為賛城坊俗呼西峯巷坊今廢上四坊在遵義坊直街之北麗文坊地名東瀆在今東察院之東初名麗景後改今名元泰定間廢 國朝成化七年移創貢院於其內因並立昭利坊祐正坊俱以昭利王祠得名今廢貢院坊論秀坊登俊坊俱在貢院前成化七年建巳上五坊在麗文坊內華①林坊在登雲坊抵北門直街之東通平山內有華②林寺故名晏公坊在登雲坊抵北門直街之西內有晏公廟古稱淳仁巷通後街后曹拱辰坊在錢塘巷口熈然坊宋政和中立舊通錢塘巷今塞上二坊在定遠橋右巷直街東宜秋坊在定遠橋右巷直街之西通西湖坊今廢東衙

巷舊官廨所在也其南有東總門自宋季皆為居民其中小巷經綿二此其一也元季扁澄清坊今廢俗呼為大東衙巷

廟巷內有廟故云又俗呼為小東衙○按續志云通東衙則登仕坊巷當為小東衙所謂經綿者也

西衙巷舊有西總門出其南內小巷經綿三與此相通後以闢新街遂塞

石獅巷

宜興橋西巷在大中寺之東臨河

鍾山巷

西營巷

大避營巷

西門邊巷上七巷在遵義坊抵西門大街之南

新豐巷以內有新豐庵故名北通府前俗呼府巷

都倉巷①俗呼舊米倉

定遠橋右巷

東峯巷內有東峯庵又名東營巷

貓皮巷

余府巷舊余深府第上六巷在遵義坊抵西門大街之北

開元後巷在開元寺之後通井樓門

歐冶池巷內通歐冶池

存德巷東通府前南出新豐巷

長河巷內有長河境祠故名

縣前巷通小鼓樓

校注：①米

小巷經綿南折通歐冶池巷東抵貢院前**乾元巷**巷内之左有乾元寺故名通布按二分司前上四巷在登雲坊抵北門直街之東**悅濟巷**在悅濟橋旁通北門後街**錢塘巷**通後街拱辰坊**熙然巷**舊通後街熙然坊今塞上三巷在登雲坊抵北門直街之西**大中寺巷**

八閩通誌卷之十四

地理

坊市

福州府

長樂縣

狀元坊 在縣治前十步許永樂十五年知縣王遵道爲馬驛立又一所在縣東北大宏里亦爲驛立後發成化十八年巡按御史張稷令知縣羅叙重立

翰林坊 宋爲樞密院使陳合兄弟建

梅花坊 與翰林坊相直上二坊在縣治東

狀元坊 永樂十一年知縣王遵道爲李騏建又一所在縣東壺沙京亦爲騏立

永寧坊 在河南巷口

文行坊 舊名市中

清泰坊

鼎清坊

嚴城坊 上六坊俱縣治西

翰林坊 在江

田里永樂中爲進士第二人陳全泊左春坊左贊善陳仲完建

貞節坊在舊縣治洪武中□詔旌林以鑪妻潘氏貞節立

連江縣

宣化坊在縣治前宣化橋北舊名美政宣德十年知縣劉仲戩改今名

起敬坊在城隍廟前宣德九年知縣劉仲戩建

興賢坊在大街東偏後改鳳池今復舊名

解元坊在宏路街景泰元年知縣吳琳爲翁賓立

親仁坊在宣化橋東知縣宋日隆建上四坊俱在縣治東欽平下里

澄清坊在布政分司前宣德九年知縣劉仲戩建

叢桂坊在大街西與興賢坊相直後改爲龍津今復舊名

懷德坊在宣化橋西

魁龍坊上二坊俱知縣宋日隆建

省魁坊在直街舊名梯雲宋嘉熙六年知縣陳沆以常挺魁蘭省改名省魁今廢

龍津坊在龍津街南通于江舊名雲津後改今名

進德坊在萬石街舊名彙進後改名進

德今發 連雲坊 上八坊俱在縣治西欽平上里 大魁坊 在縣治前江南安慶里宣德八年知縣劉仲戩為進士第二人趙恢立 晝繡坊 宋政和六年以王元鼎持鄉節建 狀元坊 宋淳熙元年為鄭鑑兩優釋褐建上二坊俱在縣東北安得里並發 大市 在縣治前正南街之中九縣之商旅貿易悉萃於此朝聚暮散

福清縣

崇教坊 在文廟之右 興賢坊 在文廟之左俱洪武二十三年教諭王原建

承宣坊 在譙樓下舊名襲慶宋政和間為林高一門子姪登第立紹興間縣令范勲義改名叢桂景定四年重建改今名 明新坊 在譙樓下東南舊曰依仁後改育材又改由義又改瑞應又改東學又改長春又改今名 由正坊 與明新坊相直 玉井冠英坊 在中門之西舊名冠英為陳國材林粟魁國學建元泰定四年知州賈思恭重建易今名 澄清坊 舊名愛民久廢

元泰定四年知州賈思恭重建改今名吳濤書扁

五馬坊久廢元泰定四年知州賈思恭重建

晝錦坊宋為龍圖學士林適立

泮宮坊在東隅宋端平二年縣令丁填建初名隆儒後易官賢景定間縣令趙時傳改今名

通儒坊在佛頂寺傍為王棨中宏詞科立上八坊俱縣治東

春桂坊宋淳熙十一年為林瑑并弟璟環同登科立

西成坊初名翰林坊宋為林希入翰苑立景定中重建林希逸書額後改為儒學坊復改今名

新桂坊在廣平寺前宋為朱木中省魁立上三坊俱在縣治西隅

登瀛坊在橫街宋元符三年為林仲堪一門子孫登第立

詞學坊宋為陳宗紹中宏詞科立

宏詞龔慶坊宋嘉泰二年為陳宗紹二子貴謙貴誼繼中宏詞科立上三坊俱在縣治南隅

鄭公坊宋為鄭俠立

遺直坊為宋賢李彥質立其上仍建狀元樓上二坊俱在縣治北隅

狀元坊在東塘宋淳熙十一年為林[illegible][illegible][illegible]選立

舊爲武狀元坊後改爲狀元坊

文介坊在方民里海口爲網山林亦之立上二坊俱縣東

高士坊宋寶祐四年建後更名隱逸

文隱坊宋景定四年建上二坊在縣西文興里俱爲林公遇立

狀元坊宋時爲林良顯特魁立

蘭魁坊宋時爲林良顯魁省試立

蘭魁襲慶坊宋時爲林良顯子別院試魁立上三坊在倉下

文遠坊在塘東宋時爲陳藻立上四坊俱在新豐里

狀元坊在靈得里逕江宋時爲王宗特魁立

聯魁坊在蘇田里漁溪市之旁宋端平間爲林希逸解試省試殿試俱第四人立已上六坊俱縣西南

海口市在縣東方民里海口

牛石頭市在縣東南平南里舊番舶所聚之地

逕港市在靈得里乃海舟所聚處也

商嶼市在光賢里上二市俱縣西南

古田縣

承流坊在譙樓東舊名通德宋縣令洪天錫爲朱文公高①第林擇之建

國朝永

校注：①弟

樂間改爲承流，後又改善政。成化十年縣丞劉福介復舊名。**宣化坊**在譙樓西儒學之東。洪武初建，扁曰善教。成化十年縣丞劉福介重建，更今名。**仁壽坊**在縣治南五十步許。宋時建，國朝天順間知縣尹古重建。**登俊坊**在中街，元時立。**貞節坊**成化七年詔旌曾縉妻趙氏貞節立。**文興坊**宋時立，扁曰達英，國初改今名。**雲津坊**宋時立。國朝洪武間爲翰林學士張吕①寧建，改名翠彝。成化中縣丞譚宣重建，復舊名。**燕善坊**在際晋倉北。**雲梯坊**在後街。上二坊俱元時立，國朝洪武初重建。**蘭魁坊**宋縣令留元亮爲省元蘇大璋立，今廢。**興賢坊**在後街佑聖宫前。元時立，今廢。已上八坊俱縣治北。**蝦溪市**在縣南大江之濱，俗呼蝦溪頭。其地適當古田大路之衝，水口、黄田两驛之間，商旅多泊舟於此。

永福縣

武狀元坊在八都。宋時爲江伯虎立。**武釋褐狀元坊**在十都。宋

校注：①以

時爲黄東淑①立

平政橋坊在十二都宋淳祐三年昭武黄㵾重建

明倫坊在十三都宋咸淳七年燬九年重建上四坊俱縣治東

華②封坊在縣西十四都路通高蓋山舊有通仙門知縣鍾安老樓其上扁曰福星知縣楊士訓改曰高蓋宋紹定間改名登明又改名華③對咸淳七年燬九年徐重望重建

太學兩優釋褐狀元坊在縣治南二十五都宋時爲張景忠立

拱辰坊宋咸淳四年立莆田陳文龍題扁

兩制坊宋咸淳七年知縣洪崙移拱辰坊於路尾爲侍郎盧鉞建後燬上二坊在縣治北十四都

龍津坊在縣治東北十二都宋寶祐三年建樞密陵④虎臣題扁已上九坊俱廢

閩清縣

宣化坊正統七年知縣吳清立成化四年知縣左輔重立

崇禮坊上二坊在縣治前

釋褐狀元坊在縣治東宋淳熙四年爲黄唐立

興賢坊在儒學前

校注：①叔　②③華　④凌

宋崇寧二年立。賢良坊宋治平四年爲陳祥道立。上四坊俱廢。玉山坊在臺山之旁，宋元豐二年立。使華①坊在縣治南，宋紹興十五年爲提刑劉凱立。狀元坊在縣東[redacted]里，宋嘉定元年爲鄭自誠立。縣前市在縣治前。宋元時邑人貿易多萃於此，元季兵燹，市遂廢。成化四年知縣左輔始創廊屋，招徠商賈，復成市焉。

羅源縣

承流坊　宣化坊在縣治前之左右。俱景泰間知縣何器建，成化間知縣施弘重建。登賢坊在萬壽塔邊，宋嘉祐元年立。連桂坊在環玉館之右，宋紹熙間爲陳與行父子同登第立。擢秀坊在梅關巷口，宋時爲侍郎黄序立。篤行坊在水陸寺前，洪武五年知縣鄭復初立。上四坊俱廢。衮繡坊在環玉館内，宋時爲太宰余深立。梯華②坊在社稷壇前，元至元二年立。清源坊在澄清坊口，宋雍熙三年立。慶元坊在八

校注：①②華

角井巷宋開寶三年立 延慶坊在梅閩巷下宋皇祐五年立 耆壽坊在篤行坊口宋開寶元年立上十坊俱縣治西 登龍坊在沈尉橋北宋時為尚書陳顯伯立 崇文坊在儒學路口洪武十一年縣丞龐益立上二坊俱發 登泰坊在南岸橋側宋淳熙二年立上三坊俱縣治南 使旌坊在縣治東南雙石橋側宋時為少師黃掄①立 晝錦坊在萬壽塔邊宋時為安撫黃士清立 興賢坊在南庄巷口宋時為少師張儲立 澄波坊在西隅因有澄波橋故名 乘駟坊在南門橋側宋淳熙二年為張斗南立上四坊俱縣西南 冠英坊宋太平興國中為張蔚立 魁星坊宋時為特科第一人陳績立上二坊俱在縣西南後張巷口

建寧府

建安縣

絃歌坊 登俊坊 興賢坊 鼎魁坊在寧遠門

校注：①棆

内上四坊俱宋淳熙間郡守趙彥操立澄清坊在福寧道前叢桂坊在南街上二坊俱洪武初知府胡禎立巳上六坊俱府治東光禄坊在政和門外時爲顧野王立從化坊在譙樓之左宋端平間郡守姚珏立明德坊在譙樓之右亦姚珏立扁曰懷德洪武初指揮沐英重立改今名上二坊在府治西安定坊崇儒坊宋郡守姚珏立上二坊在府治南禮義坊晝錦坊正統間知府王順爲少師楊榮立上二坊在安定坊内平理坊中和坊上二坊俱宋郡守姚珏立北中和坊永樂間指揮侯鏞立親睦坊知府胡禎立上四坊在府治北長街頭市在絃歌與仁二坊之間寨頭市在寧遠門内上二市俱府治東濠棟市在府治北孚惠親睦二坊之間東洊市在府城東安泰里

甌寧縣

尚書坊　陞華①坊　和樂坊　皁通坊上四坊在府治西　紫芝上坊　紫芝下坊上二坊在府城南華亭之左右　德勝坊舊爲狀元坊宋時爲徐奭立元守將魏留家奴改今名　永豐坊知府胡禎立上二坊在府治北

隆禮坊　平肆坊　和義坊　廣澤坊上四坊在府治西南　純孝坊在府治西北元初廉訪使哈解②爲孝子張禧立　敬客坊在城西驛前知府胡禎立　鎮安坊　移忠坊舊名顯親南唐侍中陳誨建宋慶元間改今名上三坊在府城外之西

太平坊在府城外之北　大街市在和義坊　程西市在臨江門內　淮尾市在通濟門之南上三市俱府治西　南新街市在府治南舊遷善坊　新市在府治西南庫前街　上洋市在府城西高陽里

校注：①華　②解

浦城縣

真儒坊在縣治直街東偏舊名東祥　承流坊在縣治東建寧道之右舊名澄清　宣化坊舊名德政　中和坊在市中舊名仁和上二坊俱縣治西　迎恩坊舊名集賢　拱辰坊在縣治大市北舊名土墻　宏進坊在前街舊名上天長　通津坊舊名西祥上二坊俱縣治西南　永新坊在縣治西北後街舊名上興賢已上九坊俱宋時立國朝洪武二十五年縣丞張玉成重立改今名　鳳池坊在縣治東　下天長坊在縣治西前街　光祿坊在縣治北　褒賢坊在縣治東南　太平坊在縣治西南直街　皇華①坊　下興賢坊在後街上二坊俱縣治西北已上七坊俱宋時立國朝洪武二十五年縣丞張玉成重立　文正坊在縣治前洪武十二年知縣張宗顏立　觀瀾坊在南浦門北上二坊俱縣治南　登瀛坊在縣治西西舘巷　興賢坊在縣治北拱北門內舊名

永豐上三坊俱縣丞張玉成立大市在縣治南市心之西市心在太平坊東南市

北市上二市在縣治西南俱通心市

建陽縣

丞相坊在縣治西為宋陳升之立光禄坊世家先哲坊

上二坊俱為宋劉①㷍立道學淵源坊泰山喬嶽坊上二坊在縣西三桂

里朱文公闕里之前狀元坊在縣治南 國初為丁顒立後燬成化十五年知縣海澄重立力

扶道脉坊家傳心學坊上二坊俱在縣北盧峰書院前為宋蔡沉立將

口市在縣南崇文里田潭市在縣北建忠里上二市以每月四九日集莒口市崇

長埂市上二市在縣北崇泰里俱以每月三八日集書市在縣西南崇化里書坊崇

樂市在縣西北樂田里上二市以每月一六日集

校注：①爚

松溪縣

育材坊在縣治東宋淳祐間立舊名崇儒國初改名陞俊永樂間知府苪麟改令名

興賢坊元至順間立舊名朝京國初改名賓賢後知府苪麟改令名

慈善坊上二坊在縣治西

宣化坊元皇慶間立舊名仁義國初改名鎮武後知府苪麟改令名

清和坊在縣治前直街之東

壽安坊在縣治前直街之西元至元間達魯花赤河思蘭立

永慶坊在縣市南

東梨市在縣治西杉溪里

溪東市在縣治東南豪田里

沙坑市在縣治西北慶元里

崇安縣

澄清坊在縣左宋縣令陳收嘉立名興仁元郡守毛文豹表邑人徐奭老孝其母易名貞孝國初設福寧道知縣劉伯益易今名

仁義坊在縣治右宋縣令陳收嘉立名濯纓元延祐四年搢邑人江貴甫五世同居曰義居坊尋易今名國初縣丞安①寔善重立

興賢坊

校注：①處

縣令陳叔嘉立名崇義後縣令劉漢傳改今名洪武八年縣丞安勵善重立　貞節坊縣令陳叔嘉立名禮義元延祐五年旌邑民丘注妻程氏貞節遂以名坊國朝洪武八年縣丞安勵善重立　美俗坊縣令陳叔嘉立洪武八年縣丞安勵善重立　科第坊在儒學之左　泮宮坊在儒學之右俱成化十八年知縣余衍立已上七坊俱縣治西　晝錦坊在縣東四隅里溪東晝錦橋之右洪武二十一年知縣張子彬立今廢　貞節坊在縣東南上梅里何敦成化十年詔旌程啓隆妻江氏貞節立

五夫市在縣東五夫里　星村市在將村里　黃土坡市　黃亭市上二市在豐陽里　中村市在節和里　草平市在建平里已上①丑市俱縣南

政和縣

興賢坊在縣治東門　登俊坊在縣治西龜巖寺前　陞朝坊在前

校注：①五

街折桂坊在直街上二坊在縣治南織錦坊在縣治北今廢①縣市在縣坊東

峰市在縣東[redacted]里長城市在縣西[redacted]里嶺頭市在縣東南感化里觀都嶺上

東平市在縣西北[redacted]里

壽寧縣　承流坊知縣陳醇立道德坊　齊禮坊上二坊成化十二年知縣郭濤立已上三坊俱縣治東街興賢坊在儒學之東主簿史立正立宣化坊縣丞馬璲立觀風坊在建寧道之左典史林永立上二坊俱縣治西福民坊在縣治南街成化十一年府通判李明立狀元坊在縣東南福安里宋紹定二年爲繆蟾立

泉州府

晉江縣　鎮雅坊舊名承宣宋郡守蕭國梁易今名忠節坊國朝爲而②城教諭崔

惠死節立儒林坊解元坊成化元年為趙琁立泮宮坊旌孝坊宋郡守真德秀為孝女呂良子立上六坊在譙門南抵德濟門直街之中遠葦①坊宋河南憲故居在焉通籍坊舊名阜財因宋陳祥易改今名登賢坊舊名佚老宋郡守葉廷珪為劉圭立更今名郡庠坊在府學之南通遠坊上五坊在譙門南抵德濟門直街之左闤闠坊俗呼市曹好義坊好德坊熙春坊師模坊宋郡守呂用中辟郡人張過典教因名育材坊在舊州學前上六坊俱在譙門南抵德濟門直街之右中和坊公惠坊宣化坊在府治右承流坊在府治左狀元坊宋紹興三十年為梁克家立袞繡坊宋郡守姚憲為梁克家立桂香坊宋時為給事江常立今廢相門神童坊宋時為晋②正孫元立清政坊宋時為龍學陳從易

校注：①華　②留

立今廢上九坊在譙門東抵仁風門直街

帥節坊 在東街之右

南俊坊 郡人崔拱三世登進士者五人里人以爲南方之俊因名

鼎甲坊 宋時爲林洽林瀛羅知古相繼登甲科立

卿月坊 宋時爲朝議大夫陳京立今廢

論秀坊 宋時爲秘書即①溫𠦒②立

定居坊 宋時爲通判王維則立今廢上六坊在譙門東抵仁風門直街之右

繡衣坊 宋廣東憲揚注故居在焉

耆德坊 宋郡守程卓爲尚書楊炳立上二坊在南俊坊轉玄妙觀前街

懿孝坊 在桂香坊北宋郡守真德秀爲吳氏孝女立

興德坊 宋時爲別駕徐瞻立

麟應坊 宋時爲知宗趙不慮立今廢

三秀坊 宋郡守顔師魯爲趙善新汝倣汝偰父子同第進士立

文昌坊 宋顔棫俶居於此郡守王會龍爲立坊上五坊在桂香坊北至朝天門街

仙桂坊 宋時以梁灝志兄弟同登進士立

忠義坊 宋時爲蘇緘立今廢

良弼坊 宋李邴居宅在焉故名

獻

校注：①郎　②華

規坊宋郡守程卓為傅伯成立

挺烈坊宋時為李邴孫戶部侍郎詵立上五坊在鼎甲坊南抵通淮門街

平易坊

省魁坊宋嘉定間為省元王冑立

旌孝坊成化間為孝子史仕傳立

棣①華坊宋時為宋程並弟穆相繼登科立

會通坊

魁甲坊宋淳熙十四年為呂中立

愽學宏詞坊宋嘉泰四年為②晋正孫元剛立

榮壽坊宋王傳烈母湯氏年九十四其子綵侍郡守李紹為立坊

亞魁坊宋紹定間為進士陳晋接立

解元坊成化十三年為蔡清立

都憲坊國朝為朱鑑立

孝感坊國朝為宋則文立上十二坊在譙門西抵義成門直街

萬石坊郡人石選與四子俱出仕時人比萬石君因名

義泉坊內有義泉井

忠厚坊舊名萃賢趙希襄易今名○希襄考之郡志無此名惟宋南外宗正司知宗有曰趙希③衮者疑襄字即④衮字之誤也

三朝元老坊宋時為留正歷相三朝立

校注：①華　②留　③④袞

狀元坊宋慶元五年為曾從龍立　書錦坊宋時里人為謝仲規立　宣明坊宋時為光祿卿林祀立　綠埜坊宋留正歸休之所因以名坊上八坊在譙門西抵義成門直街之左　光華①坊宋時為鄭良弼立　忠孝坊宋太宗嘗稱樞密劉昌言忠孝里人因以名坊上二坊在譙門西抵義成門直街之右　永盛坊　魁武坊宋郡守汪大猷為林宗臣魁武舉立　綵華②坊宋郡守陸藻為提舉張祜二親具③慶立　台望坊宋給事江常所居人以台輔望之因名其坊上四坊在光華④坊北抵泉山門直街　居賢坊宋時為少卿藍圭立　進賢坊宋時為劉濤立　興慶坊　慶遠坊宋時為黃夔立上四坊在採⑤華坊轉而西街中　奏賦坊宋時為陳用魁詞賦立　紫橐坊宋郡守倪思為侍郎趙不流立　義塾坊宋王沂之設義學郡守真德秀為立坊　宏愽坊宋時為傅伯壽立　升俊坊宋時為黃

①澣首貢辟雍立

龔魁坊宋趙善謚兄弟中省魁齊孫珽中解元郡爲立坊

登瀛坊宋時爲呂言登科立

黃陂坊以工部黃宗旦名

紫微坊宋時爲知制誥呂夏卿立

清華②坊宋郡守巢宰爲秘書少監錢德讜立上十坊在萬石坊轉而南街中

望雲坊

華輝坊宋時爲趙不憲不慢凡弟聯居立

孝悌坊宋郡人陳繼文累世同居郡守蘇壽爲立坊

拱辰坊

孝友坊宋郡人林順壽有孝行郡守巢廷珪爲立坊

啓榮坊宋時爲蔡魯儹經明行修薦立

肅政坊上七坊在譙門內折東而北抵朝天門街中

亞魁坊在仁風門外宋嘉定間爲進士董洪立

寶津坊

通遠坊

善濟坊上三坊在府城南德濟門外

朝陽坊在府城東通③雉門外

凌雲坊在府城南吳店市宋嘉定間爲王節魁南宮立

東街市在譙樓東

西街市在譙樓西

南街市在譙樓南

會

校注：①瀚　②華　③淮

通市　通遠市　車橋市　新橋市上三市在府城南德濟門外

浮橋市在府城西南臨漳門外　安平市在府城南八都

南安縣　武榮坊在縣治前唐改縣為武榮州因名國朝成化十八年知縣陳廷忠重立

龍雲坊在縣治前東街　衣錦坊為唐歐陽詹歸省立　貳鄉坊宋嘉泰間郡守偲①思為侍郎諸葛②廷瑞立　進德坊　登賢坊　歸仁坊上二坊在舊學前　闤闠坊在前街　協和坊在西街之中　明義坊在後巷上八坊俱縣治西　知遜坊在縣治西北隅　朝天坊在縣東三都潘山市　頌雲坊在高士峰之下　龔慶坊在三十二都宋翁慶壽毋張氏年九十一歲縣令徐鹿卿為立坊上二坊俱縣西　康壽坊在縣北宋郡守劉煒執為陳煥然年九十立　選賢坊　忠賢坊　拱辰坊

校注：①倪　②葛

厚德坊上四坊在三十六都大盈鋪前 應星坊在康店鋪前宋時爲度支郎王克恭立已上五坊俱縣南 縣前通街市 潘山市在縣東三都

同安縣

平政坊 愛民坊上二坊成化九年知縣張遜重立 激揚坊 振肅坊上二坊成化八年推官柯漢重立 榮成坊 籋雲坊 名鄉坊 朝元坊上八坊在朝天門至厚德門直街 宣化坊在縣治前成化十五年知縣張遜重立 登雲坊 福星坊舊名魁星宋嘉定間爲許巨川立後改今名 兩科太守坊宋王南一擢兩科任漳州太守尚書洪天錫爲立坊上三坊在西市巷抵北辰門街中 興賢坊 儒林坊上二坊成化八年推官柯漢重立 榮春坊 仁壽坊 龍門坊 龍津坊 丞相坊宋時爲蘇頌立舊名榮義朱文

公爲主簿攺今名　國朝成化十五年知縣張通衢遜重立上七坊在朝天門南轉至銅魚門街中通衢

街市在縣前　南通街市　北通街市

德化縣　青雲坊在儒學之左　禮賢坊上二坊俱縣治東　登瀛坊

登雲坊上二坊在楊梅上園　鍾秀坊在東西團上二坊俱縣西北　縣前通街

市

永春縣　兩制坊宋開禧中爲侍郎莊夏立　龍津坊宋淳祐間立上二坊在縣治前抵東嶽橋街中　亞魁坊宋紹定間爲司業陳晉接立　兩優釋褐坊宋淳熙間爲尚書顏棫立　興賢坊宋嘉定間爲顏耆仲立　省元坊宋紹定間爲王冑①立　魁武坊宋建炎間爲陳謚魁武舉立　世科坊宋紹聖間爲陳彥聖知柔樸模相繼登第立　純孝

校注：①冑

坊宋紹興間邑令黃禹立 章武坊 僊華①坊 正順坊 蓬壺坊 桃源坊 德政坊 興仁坊上十四坊在縣治前西抵儒學前街

中
東街市 西街市

安溪縣

中和坊宋寶慶間縣令顏振立 省元坊宋縣令汪愈為陳應靁立 興賢坊 升俊坊上二坊宋咸淳間立□國朝正統間知縣鄧公陽重立 梯雲坊宋嘉定間縣令孫昭先立 興仁坊宋紹定間縣令劉龐立 進賢坊宋嘉定間縣令黃堅叟立 彙征坊宋寶祐間縣令趙汝畋立 和義坊 瀛洲坊宋嘉定間立上十坊在縣治東抵行春門街中 宣化坊 熙春坊 育賢坊 仙桂坊上四坊在縣治南抵儒學前街中

東街市 南街市 湖頭市在縣北感

校注：①華

化里

惠安縣　儒林坊在縣治東儒學之左正統間御史柴文顯立　迎恩坊成化十九年重立　重譯坊天順元年重立上二坊在錦田驛之左右　光華①坊　崇文坊上二坊俱廢已上四坊俱縣治南　肅政坊　激揚坊上二坊在福寧道前左右俱正統間僉事陳祚立　賓賢坊　登龍坊　文明坊　登春坊上四坊俱廢已上六坊俱縣治北　南通街市　北通街市

永寧衛　同仁坊在衛前直街成化十二年指揮使楊晟立　寧海坊在衛西街　柔遠坊在衛南門街　通賢坊在衛北門街　迎暉坊在衛東北上四坊俱廢　樂雍市　育英市在譙樓後　東瀛市在衛東南

校注：①華

福全千户所　威雅坊在所東　迎恩坊在所西　育和坊在所北　泰清坊在所東北　宣武坊在所西南　通街市在所南

漳州府

龍溪縣　行春坊在東鋪街洪武八年知府許榮立　賓賢坊在武安街上二坊俱府城內東隅　解元坊在高亭街爲汪凱建　朝真坊在通判衙上二坊在府城內西隅　儒林坊　泮宮坊上二坊在明倫街俱正統九年同知李慤立今廢　文昌坊在花園前街宋時以顏師魯居之因名國朝成化二年其裔孫格登進士郡爲重立上三坊俱府城內南隅　名第坊在府城內①車南武安街唐元和中爲周匡物立　興賢坊在魚頭廟街洪武初指揮徐玉重立　拱②振坊宣德間重立　探花坊宣德二年爲謝璉立　少司徒坊

成化十年亦為謝璉立上四坊在府城内東北隅

迎恩坊在東門外景泰元年同知李恕重立

德安坊正統十三年同知李恕重建

雙節坊為元萬戸府知事闕文興并妻王氏立成化十五年同知蔣遜重建

表忠坊為元達魯花赤迭里彌實立上三坊俱在府城東門外

旌孝坊在府城東二十六都赤嶺宋紹定元年知縣傅天①驥為孝女陳氏立

南市在雙門前

北橋市在十字街

草市在二十六都

烏嶼橋市在二十九②二十都上二市俱府城東

③華峰市在府城北二十五都

石馬路頭市在十一都

月港市在八九都上二市俱府城東南

翰林市在府城東北二十三四都

漳浦縣

宣化坊在縣前街右

仙雲坊在縣西舊城隍廟傍

朝天坊在縣西門左

孝義坊在城隍廟左

積善坊在西塔寺街口上二坊俱縣西

忠節坊

校注：①驥　②三　③華

在縣治後街宋紹熙間郡守朱文公為高登立懷德坊在縣治北街元達魯花赤買撒都刺有惠政於民既沒民懷其德為立坊已上七坊俱廢盛德世祀之坊在西門外靈著廟前西街市在縣西隅

龍巖縣

朝天坊在縣城內之東興文坊善慶坊湧泉坊由義坊上四坊俱在縣城內之西龍門坊在縣城內之南拱辰坊忠信坊上二坊在縣城內之北已上八坊俱廢端本坊澄源坊上二坊在儒學前左右武安坊在縣治西銅鉢巷口上三坊俱成化十二年知縣高濟立

長泰縣

登龍坊在縣治東街拱辰坊在縣治西街狀元坊在縣治南街宣德五年為林震立靖遠坊在縣治北南市在縣南街

南靖縣

進士坊在縣治西南歸德里　亞魁坊在縣治東北水門內

漳平縣

承流坊　宣化坊上二坊在縣治前左右　太平坊在縣治東城隍廟之左右　青雲坊在縣治西儒學之右上四坊俱知縣陳栗立　桃源市在縣北聚賢里每月以一六日集

汀州府

長汀縣

承流坊　宣化坊上二坊在府治前左右　旬宣坊　惠愛坊上二坊在布政分司前左右　振肅坊　激揚坊上二坊在漳南道前左右　泮宮坊　儒林坊上二坊在縣學前左右　都憲坊在府學前街成化十九年爲馬馴立　福善坊在塔院之右　登賢坊舊名進賢宋淳化間郡守盧同父改今名并書

扁已上十一坊俱府治東崇福坊在府治西宋郡守盧同父書扁永康坊在有年橋南宋端平間郡守李華①重建崇善坊在麗春門外鄞河坊分上中下三坊上三坊俱府城東興福坊宋郡守李華②建清泉坊上二坊在通津門外崇雅坊在縣西興仁坊在通津門外上四坊俱府城西敷德坊愛民坊上二坊在縣治前左右已上十坊今俱廢詞學坊在縣治前宋崇寧間爲謝潛立端平間縣令宋慈重建并書扁青紫坊在舊頒條門外宋寶慶間郡守林岊改今名并書扁仁壽坊分上中下三坊舊名水南宋郡守李華③改今名上三坊俱府城南登俊坊舊名水東宋郡守李華④重立郎星坊宋崇寧間爲吳簡言立紹定間郡守林岊重立并書扁上二坊在濟川橋東南金花坊分上中下三坊已上三坊俱府城東南攀桂坊在府城東北興賢門外宋開慶初重立郡守胡太初書扁富

校注：①②③④華

文坊在府城西南分上中下三坊舊名富民後改蕭雲宋郡守李①華改今名上八坊今廢　崇善坊市在縣治之東　水東街市在濟川橋東　杉嶺市在府城西朱紫坊　河田市在府城南青太里

寧化縣　登雲坊在軍營内　攀桂坊在東街　擢桂坊在太平巷　雲梯坊在張家巷口上四坊俱縣東　步蟾坊在縣西薛家坊　進士坊在壽寧橋頭　老桂孤秀坊在溪南上二坊俱縣南　凌雲坊在縣北儒學前　及第坊在縣西南　興賢坊　太平坊　開慶坊上三坊俱宋紹定間寇燬見舊誌　縣市舊在水南溪邊今遷于壽寧橋頭　巖前墟在泉上里　湖窖墟在泉下里上二墟俱縣東　濟村墟在縣西龍下里　中沙墟在縣北永豐里　烏材墟在縣東北泉下里已上五

校注：①華

墟俱以五日一集至午而散

上杭縣

朝紳坊在大街宋乾道間知縣陳朝章立國朝景泰初知縣岑嵩重立

雙節坊成化七年知縣孫安爲節婦陳氏黃氏立上二坊俱在縣治西

登俊坊宋紹定間燬後重立見舊誌

縣市在縣治南大街

武平縣

興賢坊在縣治東

人和坊

和義坊上二坊在縣治西

文明坊

魁星坊上二坊在縣治南

集賢坊在縣治北

縣市在縣前中街

清流縣

宣化坊在縣前

明倫坊在儒學前

朝陽坊又名朝真

龍津坊在龍津橋南上三坊俱縣治東

拱辰坊在縣治西

進賢坊在縣治南

龍門坊

清德坊上二坊在縣治北

十字店市在進賢坊

太平店市在龍津坊

連城縣

富壽坊 崇儒坊上二坊在縣治東俱宋紹定間寇燬後重立

權桂坊在縣治南靈顯廟之左紹定間寇燬後重立舊分上下二坊

迎恩坊在縣東北接官亭址之左舊在縣西因紹定間寇燬移建今所

俊德坊在縣西南十字街之右紹定間寇燬後重立

介福坊 淩雲坊 華封坊上三坊俱紹定間寇燬見舊誌

縣市在縣治南文川橋頭每歲以四月初八日會

莒溪墟在縣南河源里

北團墟在縣北北安里

歸化縣

泰和坊 皇民坊上二坊在縣治前東西俱成化八年僉事周謨立

宣化坊在布政分司前

楊清坊在漳南道前上二坊俱成化八年參政趙昌立

文林坊 泮宮坊上二坊在儒學前東西俱成化九年知縣郭潤教諭趙智同立已上四坊俱縣

治西六月市在縣治前歲以六月十一日集十八日散巖前市歲以四月八日集陳村市歲以九月九日集上二市在縣東歸下里明溪墟在濟川橋北黃陂墟在縣東歸上里常坪墟在縣西柳楊里吉口墟在縣東南歸下里界陽墟在縣西北柳陽里

永定縣

承流坊宣化坊上二坊在縣治前左右澄清坊在布政分司之右肅政坊在漳南道之左上二坊在縣治東儒林坊在縣治西儒學之西已上五坊俱成化十八年知縣王環立縣市在縣治橫街

延平府

南平縣

元僚宏慱①坊在譙門外狀元坊又名三魁遷善坊在平政街

校注：①博

北寶阜坊在遷善坊上招福坊鐔津坊在鐔津門已上六坊俱府治東
登俊坊晝錦坊進賢坊興賢坊上四坊俱宋時立遵
道坊在西橋頭明清坊在延安門歛咢坊在鐵治巷口已上七坊俱府治西開
平坊在開平門清水坊在市心下巷泰平坊在市心已上三坊俱府治南華
封坊在府治東北梅山巷通衢大市在府治南自四鶴門遶至建寧門
將樂縣惠施坊在縣前十字街長安坊近僖坊上二坊在縣治東街
已上三坊俱宋時立元季燬　國朝洪武五年知縣申文彛重立求仁坊在西街宋時立元季
燬　國朝洪武四年知縣司明重立仁美坊在西門鳳山坊在鳳山之麓上二坊宋時
立元季燬已上三坊俱縣治西叢桂坊在儒學前魁星坊宣化坊上二坊在

市中

興賢坊政和間爲鍾建候登第立上三坊宋時建元季燬

武德坊元至正間立以其近武德廟故名上二坊俱知縣申文彜重立已上五坊俱縣治南

遵道坊在縣治北門

武魁坊在舊永康團上二坊俱宋時立今廢

十字街市在縣治前

高灘市在縣東高灘都

南口市在永康都

池湖市在池湖都上二市俱縣南

萬安市在萬安上都

儒林市在龍集都上二市俱縣北

尤溪縣

宣化坊在縣治前舊名崇信宋紹興間縣令陳嶷改今名又作門與坊對亦扁宣化　國朝洪武七年知縣張可大又立二坊於左右名興仁尊賢

崇文坊舊名孝行上坊後以儒學道出於此改名敦化元至正十六年縣尹兀顏思溫改今名

積善坊宋建炎四年兵燹邑令劉政改名永寧今仍舊名

擢桂坊舊名孝行下坊宋宣和間邑人吳仕逸盧安邦李士美相

繼及第因改名興賢今仍舊名晝錦坊宋慶歷間為劉積登第立初名興賢後以積帥福州歸省改今名登俊坊舊名典教元至正間改今名已上五坊俱在縣治東通駟坊宋國史編修黃聲居此登雲坊舊名晝錦又名昇仙上二坊在縣治西隅興文坊舊名拔萃元縣尹兀顏思溫改今名毓秀坊為南溪書院立元至正中中書省理問燮卨建初扁曰閩中尼山後改今名上二坊在縣治南隅拱星坊在縣治北隅縣市

沙縣　平政坊在縣治前旌德坊　崇因坊　資忠坊　思齊坊　賓興坊　龔慶坊上六坊在興義坊內明慶坊　登瀛坊已上八坊俱縣治東崇勳坊　尚賢坊　俊惠坊　慶成坊　顯忠坊　延禧坊　星德坊　榮遠坊上八坊在和仁坊內福

星坊　城西坊已上十坊俱縣治西　雲錦坊　和仁坊宋縣令洪喜卿
立　狀元坊　興義坊俗呼下坊　市心坊　招慶坊　安民
坊　魁星坊宋倪朋特奏名第一縣令劉克剛為立坊　叢桂坊遯齋閑覽云邑人羅
師服者一夕夢羽衣人授以詩云吾聞仙桂作叢榮紫陌先登歷幾春昨夜月娥親付與黃金榜上第三
名明年陳瓘登第果符其數因立此坊　勸忠坊宋陳瓘故居在焉嘉定二年郡守余景瞻立
無雙坊　探花坊宋時為陳瓘立　步雲坊已上一十三坊俱縣治南　登俊
坊　晝錦坊宋時為鄧寗任本路曹立　登龍坊　及第坊舊名下狀元坊
賡譽坊　龍池坊　佐理坊　宣化坊上二坊在縣治後街東西
尊堯坊宋縣令段裳午為陳瓘立瓘嘗著尊堯集因以坊名　城東坊　折桂坊

己上一十一坊俱縣治北　開明坊在縣東北　省魁坊宋淳熙間縣令段①裳午爲鄧宗仁立　顯帥坊宋時建表安撫鄭宗仁宅里也上二坊在縣西二十一都　大市在縣治大街　洛陽口市在縣東八都又名橋前　尾壢水東市在二十二都　尾壢水西市在二十一都上二市俱縣治西　華巖墟在縣東十三都　新橋墟在縣西二十五都　富口墟在十一都　高橋墟在十三都　黃砂墟在十五都　下茂墟在十七都上四墟俱縣北　羅墩墟在縣東南十三都　新坊墟在縣西北十九都

順昌縣

阜成坊在縣治前成化十一年知縣程楷立　宣化坊在縣治前之東　興賢坊在縣治東成化十年重立　崇儒坊　崇德坊　安靖坊　鳳棲坊　吏隱坊在舊尉廳巷口上五坊今廢　愛民坊　振文坊舊名

校注：①段

順化又名興賢　國朝洪武七年知縣張緡以儒學道出於此改今名

狀元坊宋嘉定中爲邑人姚珪立

青錦坊舊名清廟因姚珪居此改今名

御史坊舊名甘泉宋淳祐間邑人張傑拜御史有直聲因改今名

通漲坊洪武七年知縣張緡鑿渠疏水由此以入大溪故名

真節坊洪武二十五年　詔旌蕭貢才妻顏氏真①節立已上一十二坊俱縣治西

承流坊在縣治西南布政分司前成化九年縣丞趙璽立

縣市

幕坂市在靖安都

富屯市在富屯都上二市俱縣西

仁壽市在縣西北仁壽都

永安縣

龍興坊在縣治東

安仁坊

進賢坊上二坊在縣治西

太平坊在縣治南

里仁坊在縣治北

仁義坊在縣治西南

忠義坊在縣治西北

三市在縣治前中後三街

安沙市在縣西三十二都

固發口市又名貢川

校注：①貞

市在二十六都巖前市　忠山市　新橋墟上二市一墟在二十五都已上三市一墟俱縣北

邵武府

邵武縣　承流坊　宣化坊上二坊在府治前左右　洛慶坊　旬宣坊上二坊在布政分司左右　澄清坊在建寧道前　孝老坊唐貞觀間為吳氏母立　清節坊宋熙寧六年為龍圖孫諤立　都憲坊國朝為郡人陳泰立上三坊在縣前街　節義坊宋淳熙間為黃永存母林氏立　鳳池坊　寧泰坊　探花坊為吳言信立即今四角亭　達德坊即寧國坊也　迎春坊上六坊在鐵①冶街　清寧坊　壽寧坊上二坊在湯家田街　隆賢坊在高家巷　文德坊在官

校注：①治

巷衖清泉坊在四眼井街樂善坊在烏龍巷太平坊司徒坊成化
七年為侍郎吳璽立上二坊在大街進賢坊一在城東街一在城南街尊道坊宋雲溪先
生施霆亭所居也咸淳中表其門上二坊在府城東街已上二十二坊俱府治東至善坊在中
巷蘭魁坊在縣學東宋淳熙五年為省元黃渙立為善坊一在西門外一在新街
儒道坊擢英坊植賢坊上二坊在舊學前已上三坊俱水北街侍
御坊宋寶祐元年為龜昭德立熈春坊上二坊在熈春街已上八坊俱府治西泮宮
坊舊名興賢宋朱文公書扁譽士坊舊名育才上二坊在府學前東西魁輔坊宋慶
元二年為鄒應隆立達道坊通福坊眉壽坊元泰定中郡人傅氏母壽
九十郡守西逵為立坊尚書坊尚書謝源明廨院也魁第坊上六坊在府城庠街已上

八坊俱府治南

鎮雅坊在倉前街東　福民坊　亨道坊上二坊在福民街

中和坊在倉前街　通衢坊在水寨巷口　興孝坊元大德間為孝子郭回立上六坊俱府治東南

儒科坊在府治西北儒科巷宋寶祐四年為吳季子立　和平坊在□□□龍圖上官□廨院也

界首市在六都月以四九日集　固住市在十二都　繡溪市在十八都　拿口市在二十二都　龍潭市在二十六都上五市俱府城東　和平市在府城南三十三都月以廿六日集　潭山市在府城西南四十六都

椒屯墟在府城東三都宋黃伯原詩喬木村墟十里秋漁塩微利競蠅頭平陂淺草眠黃犢小渚輕波泛白鷗竹外客諠山市散柳陰人醉酒旗收清幽恍惚西湖上惆悵歸來獨倚樓　將漈墟在三十七都　官坊墟在四十一都上一墟俱府城西

朱坊墟在十六都月二十七日集　官田墟在十九都

上二墟俱府城南　平洒墟在府城東南七都　將石墟在府城西南三十五都　積善

泰寧縣　宣化坊　承流坊上二坊在縣前東西　崇仁坊　積善

坊上二坊在縣治東門街　迎賓坊在縣治西府館前　澄清坊在縣治東南建寧道

前　狀元坊一在縣南中隅宋時爲葉祖洽立一在水南宋時爲鄒應龍立　朱口墟在縣

東朱口保月四九日集　梅口墟在梅口保月三八日集　依口墟在依口保月二十七

日集上二墟①俱縣西

建寧縣　都監坊在譙樓内　宣化坊　清華坊上二坊在東街　城隍

坊在石池前　孝字坊在東隅元季爲馮順德立上四坊俱縣治東　文明坊　積

善坊　龍歸坊上三坊在西街　鳳池坊在鳳山路口　瑞麟坊在鳳池下

校注：①墟

綏驛坊在熊①家嶺上六坊俱縣治西　書錦坊在縣治前　清平坊在街南　宏愽坊在南門宋謝巖故居也　貞節坊在縣治前為節婦李氏立　侍郎坊在水南街宋俞豐故居也　登雲坊在黃岐嶺下　長吉坊在縣南灘頭　興賢坊在縣治南儒學街口　天仙坊在長吉寺前上八坊俱縣南　萬桂坊在北街　絃歌坊在後街　惠寧坊在顯武廟前　寧壽坊在萬達橋頭上四坊俱縣治北　貞節坊在縣北藍田保為節婦黃氏立　孝子坊在縣東南赤下保元時為張子英立　孝子坊在縣西北上黎保元時為丘敬立　永安鎮市在縣西聖心保

光澤縣　愷悌坊在縣治前　承流坊　宣化坊上二坊在縣前東西　澄清坊在建寧道前　蘭魁坊宋時為省元黃渙立　鼎魁坊上二坊在弦歌橋門上三

校注：①家

坊俱縣治東棎花坊在布政分司之右宋嘉定七年為李方子立孝感坊宋時為孝子上官超立眉壽坊在饒家巷惠濟坊在中街徐公橋下上四坊俱縣治西種德坊在縣治南後街泮宮坊興賢坊上二坊在儒學左右卓行坊在丁字街光祿坊在前街何家巷杭頭市茶焙市上二市在縣東一都止馬市在縣西北十都黃嶺墟在二十一都新田墟在二十四都上二墟俱縣東長城墟在縣北十五都崇仁墟在十九都寨前墟在二十二都上二墟俱縣東北清化墟在縣西北十都已上六墟俱以子午卯酉日集

八閩通志卷之十四

八閩通誌卷之十五

地理

坊市

興化府

莆田縣

宣化坊在府治前之左即舊縣治宋時建初名宣化後改名安民雍熙間知縣薛奎有惠政民思之因其諡更曰簡肅後又改安民乾道二年復今名 國朝成化二十二年知府丁鏞等重建

五勸坊在譙門外宋元祐六年漳州通判許長卿來攝郡事以父遵所作五勸文曰孝義務學謹身勤力蓄積立碑于譙門右因以名坊今廢

耆英坊在望仙門內街中景泰元年知府張瀾知縣劉玭為致仕員外郎陳中行人方澥按察使林坦參議黃常祖知府方鯉鄭述封中書李尚經同

知林穀教授方濬源立上三坊在譙門外抵望仙門大街之中

鎮雅坊 舊在譙門右名禮義尋改宣化後更今名

隆禮坊 按宋郡志在市之左通魚行舊名不欺郡守趙彥勵重立

元老舊弼坊 在望仙門內之東宋陳後卿府第在焉古延福寺地後為布政分司今織染局是也後卿告老御札有元老舊弼之語因名國朝成化間改建同升坊即其址也上二坊俱廢已上三坊在譙門外抵望仙門大街之東

澄清坊 舊名廉恥後改鎮雅元置肅政廉訪分司於其內改肅清 國朝改廉訪分司為福寧道後改澄清

立義坊 按宋郡志在市之右即今西市舊名宜禾大觀間以黃詹擢第更名晝錦後郡守趙彥勵重立改名立義今廢上二坊在譙門外抵望仙門大街之西

通遠坊 在文峰宮前街南務巷口今司獄司前舊名安業宋郡守趙彥勵重建更是名今廢

善俗坊 在文峰宮前街北縣巷口舊志以為新路巷成化二十三年知縣盧俊更其扁曰淳風而移舊扁於縣前

街之北街口舊坊上

激楊①坊在福寧道前之西舊名興賢宋志云在郡西下橋天順間知府潘本愚重立改今名

亞魁坊在柴行宋政和二年為李宗師立後郡守趙彥勵重立今廢

解元坊在左廂東街正統六年為方玭立

都憲坊成化八年為翁世資立上二坊在永福寺前

德義坊今廢

義海坊按宋郡志在東營前東抵望海門蓋東街口也今廢上五坊在東街之中

聯桂坊元至正九年為林應成父子同榜立

崇教坊在義井邊今廢按宋郡志唐歐陽詹子孫今居于此上二坊在東街之南

宰政坊宋龔茂良居第在焉郡守趙彥勵為立坊今廢

旌節坊成化二十一年詔旌顧文嘉妻楊氏貞節立上二坊在行尾

惠民坊在西市街為惠民藥局立

登雲坊在府學前初名育材宋郡守趙彥勵立後更名登雲

成德坊在府學西元天曆初同知庶悲奴立上二坊俱廢

狀元坊在大路街景泰間為柯潛立又一所在府

校注：①揚

城東南安樂里柯山亦為潛立

朱紫坊　在剌桐花巷即今方巷舊名襲桂宋郡守趙彥勵重立

長壽坊　在後街以長壽廟名

城隍坊　在長壽廟邊城隍廟巷口

三賢坊　在後街成化十一年御史尹仁為宋蔡襄陳俊卿林光朝立

解元接武坊　在左廂後街成化十七年為吳覲及其姪孫稜立

孝義坊　在舊寧眞門內通井頭宋時為林昭度妻翁氏立郡守趙彥勵重立

僕射坊　在瞰攬巷宋時為陳靖立陳氏譜云華表新題僕射坊舊居猶是尚書宅

綵衣坊　在留橋舊名卮魁宋紹聖四年為方天若立後郡守趙彥勵重建更名綵衣

天禧坊　在東倉前

擢秀坊　按宋郡志舊有待賢驛故坊名待賢驛地今入貢院郡守趙彥勵改為擢秀舊貢院在郡治西城下元建三皇廟疑即其地也坊今不知在何處姑附于此

朝天坊　按宋郡志在上塘及前街北抵望京門

萬安坊　按宋郡志在上橋西抵肅清門上三坊俱右廂

諾老坊

在熱濟橋北成化三年知府岳正為致仕學士林文行人方瀞員外郎林肆通判方熈知縣黃子嘉立

解元坊在東廂寧真門外正統間為林同立

探花坊宣德六年為林文立

狀元坊永樂四年為林環立上二坊在石幢市

常伯坊在後埭龍坡廟前之西成化四年知府岳正為陳俊立

解元坊在後埭正統九年為黃譽立

探花坊在拱辰門內成化八年知府潘琴為李仁傑立上七坊在舊寧真門抵拱辰門大街之中

給事坊按宋郡志正寧真門外尉衙之東為王晞亮立今發坊今不知在何處疑在坑邊巷後巷巷口其地舊名湯崅蓋王氏舊居也

狀元坊在英惠廟前巷口宋紹興八年為黃公度立紹熈二年公度之長子知邵州沃重修其地舊號延福里唐黃滔有延福里居詩公度其裔孫也

一經坊在荔枝宅巷宋時為方萬立

解元坊在後埭龍坡廟之東正統十二年為陳俊立

侍郎坊在英惠廟之側宋時為宋棐立今廢

解

元繩武坊在東黃成化十一年為黃壽生及其曾孫乾亨立**旌節坊**在東黃成化十五年詔旌黃子厚妻林氏貞節立**孝友坊**按宋郡志在烏石山前以孝友林氏名唐御史黃滔有烏石村詩注云即今希劉之故居坊今廢**亞魁坊**在性新里橫山永樂十五年為黃賜廷對第三立**解元坊**在南力里下坂宣德五年為李蒲立上二坊俱府城南**亞魁坊**宋紹興八年為陳俊卿立今廢**狀元坊**宋紹熙間郡守趙彥勵為陳文龍立 國朝宣德八年文龍五世孫戶部照磨頡重建上二坊俱在府城東南白湖**解元坊**在惟新里管敷成化二十年為陳仁立**亞魁坊**在景得里宋乾道八年為黃艾立**龜紫坊**在上余宋紹熙間郡守趙彥勵為余振立**侍講坊**在琳井宋淳祐二年為朱季英立上二坊俱廢**會元坊**在象店宣德五年為陳中立上三坊在連江里**侍講坊**在谷清里桂嶺宋端平三年為陳士楚立 國朝永樂成

化間其裔孫文及則頒從和等二次重建

狀元坊　在澄塘宋端平二年為吳叔告立國朝成化二十一年叔告之裔孫知潮州府繹思重建

解元坊　在塘頭正統六年為宋雍立成化間其子青陽教諭具瞻重立

解元坊　天順三年為楊琅立上二坊在景得里已上八坊俱黄石

旌節坊　在蒲田里清浦成化九年詔旌周則川妻鄭氏貞節立

旌節坊　在谷清里洋坊天順間詔旌鄭永迎妻徐氏貞節立

旌節坊　在興福里埕江成化十二年詔旌吳師舜妻余氏貞節立

解元坊　在蓮江里塘下景泰四年為許評立已上十五坊俱府城東南

師儒坊　在永豐塘北宋紹熈三年郡守趙彥勵為林光朝立

忠惠坊　在蔡宅宋蔡襄舊居於此郡為立坊以其謚名國朝成化間巡撫都御史滕昭重建上二坊在府城西南南廂

狀元坊　在延壽宋熈寧間為徐鐸立延壽有唐徐寅故居寅嘗題詩云賦就成都振大名斬蛇功與樂天爭如今延壽溪頭住終日無人問

一聲鏵其裔孫也**賢良坊**宋景德四年邑人陳絳應才識兼茂明於體用科授左正言郡為立坊**亞魁坊**在賢良坊之右宋嘉祐間為陳睦立上三坊俱常泰里**狀元坊**在尊賢里白杜宋淳熙間為特魁方鎬立**特魁坊**在仁得里宋時為林詢立**孝子坊**在魏塘景泰間參政李顒為宋郭義重及其五世孫廷煒重立**忠孝坊**元鎮國上將軍魏天祐為陳淬并子仲剛立　國朝正統十三年淬十一世孫善理重修**貞節坊**正統十三年僉事況貞知縣劉玭為林景靖妻陳氏立上二坊在①涵頭市**名賢坊**宋時為鄭厚立**特起坊**宋鄭樵以布衣被召郡為立坊**製錦坊**在舊興化縣治前**風化之原坊**在舊興化縣學前舊名敦化改名適正元至元二十六年興化府經歷克己重建改今名**成德坊**在舊興化縣學西元至正二十六年知縣方景章立**綵綉坊**在舊興化縣治通衢之東宋時以軍器少監姚宗之為本路提舉立**狀**

校注：①涵

元坊在舊興化縣治西偹宋時為鄭僑立

釋褐狀元坊宋元豐二十八年知縣邊募賢為林自立上八坊在廣業里邑上十六坊俱府城東北

南市在府治東街舊名行尾亦名魚行初唐乾寧間毘僧黃涅槃指郡治之基即今衛署謂陳氏姥曰宜遷居退百步此地當有鼓角聲復指行尾衆水歸流之地曰可以立市有讖云市連義井歲時豐水遶壺公文物盛越七十餘年郡果遷建即於義井之旁為市天聖中復為浮市於郡治前三年復歸於舊既而又移於西街舊名西市久之周忠等以連年旱澇穀價騰貴皆移市所致引讖文白于郡請復舊所即今處權軍事許長卿從之時元祐六年也

北市在石幢街萬壽宮之右洪武間因闢城始市於此

黃石市在府城東南跨連江莆田景得谷清四里居人延亘千餘家其秀民多讀書登仕版而處者率以力本為業果圃蔬畦映帶遠近故雖非商賈所聚而市井之盛為莆一大聚落也

涵①頭市在府城東北市瀕海港魚塩之所聚商賈

校注：①涵

之所集亦甫名區也近市則為黃巷黃氏自候官黃巷遷築于此故猶仍其舊居之名

白湖市在府城東舊經云白湖東引滄江介延壽木蘭二水之間南北商舟會焉陳俊卿舊居於此

仙遊縣

承流坊在縣治前之東舊名敦義景泰七年知縣龍禧重建改今名

宣化坊在縣治前之西舊名耆德宋時為邑人陳讜立國朝洪武三十年知縣張溥重建改曰依仁景泰七年知縣龍禧復建改今名

積慶坊

登龍坊

阜民坊上三坊俱廢

登賢坊在東街洪武三十四年知縣張溥重建

貞節坊成化十五年詔旌張琳妻王氏貞節立已上五坊在縣治東

尚賢坊

省元坊宋紹定間為葉大有立上二坊在縣治西俱廢

登雲坊

梯雲坊舊名登俊以近儒學立洪武三十四年知縣張溥重建改今名

宣教坊上三坊在縣治南俱廢

崇文坊在縣治東南

風亭市在縣東南

楓亭驛前舊名太平驛

福寧州

本州司寇坊在州治前成化十七年爲刑部尚書林聰建梯雲坊兼善坊達尊坊上三坊在州治東登龍坊德貴坊衍慶坊朝京坊冠英坊擷英坊掄材坊上七坊在州治西登俊坊阜民坊清選坊興賢坊上四坊在州治南聯桂坊在州治北已上十五坊舊廢國儲坊在朝天街廣盈倉前成化十三年州判黃晟建登龍坊狀元坊上二坊在州西門外舊廢東街在州治東西街在州治西南街在州治南北街在州治北上四街成化間知州劉象脩砌

寧德縣

德化坊在縣治前宣德七年監察御史張鵬建　澄清坊在福寧道前洪武十二年知縣朱政建　肅政坊在福寧道前之東　鍾秀坊在儒學前之東　萃英坊在儒學前之西　崇仁坊上五坊俱縣治東　和義坊在縣治西上二坊俱洪武十二年知縣宋政建　國子先生坊在縣西二十一都洪武二十九年為周賦建　狀元坊在一都宋紹熙元年為余復建

國朝洪武四年主簿王溥重修　都憲坊在七都成化七年為林聰建上二坊俱縣北

福安縣

還淳坊在東街　毓秀坊在儒學前之東舊名登俊後改今名　興賢坊在儒學前之西　龍首坊在二都桑溪口上四坊俱縣東　迎祐坊　輔文坊　儒藻坊　經濟坊　狀元坊在穆洋宋淳祐十年為繆幼節魁武舉釋褐立

狀元坊在西溪宋紹定二年為繆蟾魁特奏名立省元坊在樓下宋嘉熙二年為繆烈立

上三坊在十八都俱廢已上七坊俱縣西秦溪坊在南街濯纓坊協濟坊

拾兒坊去縣五里薦福坊在薦嶺渡頭狀元坊在三十一都蘇洋宋嘉熙二年為劉必成魁武舉立今廢進士坊在二十都薦村宋政和五年為陳昻立上七坊俱在於縣南

東街在縣治東通端應門西街在縣治西通禮賢門南街在縣治南通甘棠橋石磯津市在縣南二十都薦村

鄉都

福州府

閩縣宋分十二鄉統三十七里元析鳳池西鄉崇賢里改為左一左二左三南津四廂隸錄事司鄉仍其

舊合海曲海畔二里為加登海曲里共三十六里隸
本縣　國朝又析合南里為江左江右二里復併合
南右里入開化里仍三十六里統圖凡一百二十六左一坊左二坊左三
坊上三坊各統圖三南津坊統圖四**鳳池西鄉**在府城東南舊名雙桂鄉有鄰
尉聯榮上仁棠陰崇賢五里宋併為崇賢里崇賢里統圖三**鳳池東鄉**在府城東
二十里舊無東字宋增之舊又有清謹新昌與今三里為五宋元併為三歸善里統圖二鼓
山里統圖四桑溪里統圖一**晉安東鄉**在府城東七十里舊無東字宋增之
合北里統圖九宋海曲里嘉登里統圖七宋海畔里江左里統圖二宋合浦
南里江右里統圖一宋合浦北里**晉安西鄉**在府城東五里舊名靈芝鄉有清平永樂
習賢與今三里為六宋元併為三孝義里統圖一瑞聖里統圖三易俗里

統圖二

高盖南鄉在府城南十五里舊無南字宋增之舊又有仁德方勝與今三里為五宋元併為三

時昇里統圖七

仁豐里統圖二

光德里統圖五

高盖北鄉在府城南十里舊名烏石鄉有周鼎下惟令德與今二里為五宋元併為二

嘉崇里統圖九

高惠里統圖二

崇善東鄉在府城南七十里舊名希福東鄉凡四里元併為三

還珠里統圖三舊分南北二里元合為一

西集里宋陳塏為鄉帥士民請於縣立榮綉坊于大義盖以塏世居此地也自是遂改里為榮繡元復舊

方岳里上二里各統圖一

崇善西鄉在府城南七十里舊名希福西鄉有永慶慕賢待仕清廉靈岫五里宋併未慶慕賢為三元易待仕為永慶

永慶里統圖三

清廉里統圖一

靈岫里統圖二

開化東鄉在府城東九十五里舊無東字宋增之舊又有受菩里與今二里為三宋併為二

光

俗里統圖三　至德里統圖四

開化西鄉在府城東南三十里舊名溫泉鄉有歸化崇信與今三里為五宋併為三

歸仁里　永福里上二里各統圖二　高詳里統圖一

賛賢鄉在府城南一百里

紹惠里統圖一　欽仁里統圖二　歸義里　積善里上二里各統圖三

安仁鄉在府城東十七里

官賢里統圖三宋為接賢里　仁惠里　永南里上二里各統圖五宋為永盛南里　永北里舊勝殘①里宋為永盛北里　開化里上二里各統圖四元析為合南右及開化二里　國朝併為一

候官縣宋分為十鄉統五十里元析桂枝鄉榮親聚星永平三里攺為右一廂右三廂隸錄事司攺鄉為三十七都統四十七里隸本縣　國朝攺廂為坊析宋榮親里地增置西南關廂復為十鄉統都三十

校注：①踐

九為圖六十有八

桂枝鄉 在府城西南二里唐元和間以里人陳去疾登科故名

右二坊 統圖四

西南關廂 統圖一宋延福里咸平間劉若虛登第授大理評事知永嘉縣歸鄉大父毋父毋俱無恙郡守謝泌因改為榮親里

右三坊 統圖四元併南斗廂之半為一宋永平里

東孝悌鄉 在縣南八十里舊無東字宋增之

草市都 統圖一在西門外宋孝順里

一都 統圖三距府城十里宋永欽豪仁正節美宅四里

十六七都 統圖五距府城九十里宋馴輩里上二都俱府城西

三十五都 統圖一在府城西北八十里宋安平里

西孝悌鄉 在府城西一百里舊修文鄉宋改今名

十二都 統圖二距府城四十里宋楊名惠化二里

十三都 統圖三距府城四十五里宋招賢順平二里

十四都 統圖二距府城六十里宋齊禮里上三都俱府城西

勝業鄉 在府城西十五里

二都 統圖九在府城西一十五

里宋孝成新安方樂方興四里

修仁鄉在府城西南七十里

三都統圖三在府城西四十里

四都統圖四距府城四十五里宋海平靈鳳綏平三里

五都統圖一距府城五十里宋遷蝗里

十都統圖三距城三十里宋永康里上三都俱府城西南

水安鄉在府城西北一百六十里

十九都距府城百二十里

二十二十一二都距府一百三十里宋永興清化二里

二十五都距府城七十里

二十六都距府城一百八十里宋修仁里上四都俱府城西

二十八九三十都距府城二百一十里宋嘉祥東里

三十一二三都距府城一百一十里宋嘉祥西里

三十四都距府城九十里宋保安上下二里上三都俱府城西北已上七都各統圖一

石門鄉在府城西北八十五里

十五都統圖三距府城七十里宋九功上下二里

十八都統圖一距府城一百一十里宋歸德里上二都

俱府城西

三十六都統圖二在府城西北七十里宋萬安里

東太平鄉在府城西北百二十里

二十三都在府城西一百五十里宋安仁里

二十七都在府城西北二百里宋東安里上二都各統圖一

西太平鄉在府城西北百二十里舊元豐鄉宋改今名

十一都統圖二在府城西南三十五里宋祺亭志節惇和永寧興和加川嚋川七里

二十四都統圖一在府城西一百五十里宋仁德里

五芝鄉在城西南一百里舊今善鄉①宋宋改今名

六都統圖二距府城五十五里宋清政里

七都統圖五距府城六十里宋閩光三秀二里

八都距府城八十里宋新興里

九都距府城一百里宋吉襄里上二都各統圖一已上四都俱府城東南

懷安縣

宋分九鄉統四十四里元析感應鄉賛城里入座鄉觀風里爲子城廂右二廂隸錄事司又分

校注：①“宋”字删除

同樂為東西二鄉通十鄉二十五都四十五里隸本縣國朝改廂為坊鄉都仍舊統圖四十四又七子

城坊 統圖四元初有子城東子城西東瀆三廂後合為一

右二坊 統圖二元初有東西二廂後合為一

感應鄉

一都 統圖二在府城西三十里宋西安安康清平立德四里内德里宋隸靈山鄉元析隸于此

崇業鄉 宋敦業里

二都 統圖四在府城西二十里宋鍾山擇善開化太平忠信欽德贊城七里内欽德贊城二里舊隸感應鄉元析附此

靈山鄉

三都 距府城三十里

四都 距府城四十里上二都俱府城東各統圖一宋懷賢越城遵化寧基①四里

八座鄉

五都 距府城五十里

六都 距府城六十里上二都俱府城東各統圖一宋觀風孝仁温泉高遷稷下五里

承平鄉

七都 統圖二距府城三十里

八都 統圖三距府城四十里上二都俱府城南宋接下黄信順安孝弟安上五里

移風鄉

九都 統圖三

十都 統圖二上

校注：①碁

二都俱府城南五十里宋長壽崇福清善匀化揚峙五里内崇福里即元彙泰里也

積德鄉

十一都統圖五距府城五十里十二都統圖二距府城六十里上二都俱府城南宋恭順高陽孝燕勝平待賓五里

侯官鄉

舊有崇江果①宋併十三都統圖二距府城四十里十四都距府城五十里十五都距府城六十里上二都各統圖一已上三都俱府城西宋清泰安定北平德風靈運超勝江陽七里

同樂東鄉

十六都距府城七十里十七都距府城九十里十八都距府城一百里十九都距府城一百一十里二十都距府城一百二十里二十一都距府城一百三十里上六都具②府城西各統圖一宋施化前屯西屯後屯四里

同樂西鄉

二十二都距府城一百四十里二十三都距府城一百五十里二十四都距府城一百六十里二十五都距府城一百七十里上四

校注：①里　②俱

都俱府城西各統圖一宋興城焦溪前屯中屯東屯五里

長樂縣舊分七鄉宋併為四鄉統三十二里元改為二十四都增置崇德里分崇丘昆由弦歌各為上下里凡三十六里鄉仍其舊國朝分為東西二隅二十四都仍統於四鄉

善政鄉在縣西一里宋併永泰鄉為之廉風建興崇德敦素崇賢五里舊俗永泰

東隅

西隅舊德政里宋因鄉異中經明行修科改為賓賢里

九都宋逍遙進賢二里

十都宋清平里上二都俱縣東

十一都宋建興廉風二里

十二都宋敦素崇賢崇德三里上二都俱縣東南

二難鄉在縣西南五里舊崇丘鄉以潘循潘衢辰登第改其鄉曰二難里曰同榮宋併安時鄉昆由依福靈石泉元歸義五里為之

二都元崇丘上里

三都元崇丘下里

四都宋信德嵩平二里

五都宋泉元里上四都俱縣南

六都元昆由上里

七都元昆由下里

八都

宋同榮依福靈石三里上三都俱縣東南

昌化鄉在縣東南卜里宋併依德鄉為之海濱崇禮良田千零四里舊屬依德

十三都宋仁義求勝招賢三里

十四都元絃歌上里

十五都元絃歌下里

十六都宋和風里上四都俱縣東

十七都在縣東南宋崇仁里

十八都宋崇化里

十九都宋良田里

二十都宋千零里上三都俱縣南

芳桂鄉在縣東北二十五里以林慎思兄弟五人登第故名其鄉曰芳桂又以慎思中宏詞科故名其里曰大宏

二十一都宋敦化方安二里元併為從化里

二十二都宋大宏里

二十三都宋方樂里

二十四都宋新開里上四都在縣東北

連江縣

舊五鄉宋分為七鄉統二十四里元復為五鄉分崇德為四里尋為四都又分安仁為二里合光化臨江為光臨里凡二十五里國朝復併崇德里為三都又合安仁為一里而省安義里凡十九里

三都統三十七圖

寧善鄉按宋三山誌云寧善鄉在縣東南四十里有豐邑後併入而新志以為附郭東西則縣治舊在寧善鄉西北今盖遷於此也惜其紀載闊畧不知舊縣在於何所今縣遷於何時耳姑記於此以俟知者

欽平上里統圖四在縣前大街以西　欽平下里統圖五在縣前大街以東　二十六都統圖一在縣東北一百里　二十七都統圖二在縣東北八十里　二十九都統圖一在縣東二十五里上三都宋元崇德里地也俱隸寧善鄉今縣志去其里名而別列於諸里之後今姑依舊志仍附于此

宋福鄉在縣東南二十里宋志在縣南二十四里

新安里　安慶里上二里各統圖二俱在縣南五里　永貴里統圖三在縣東十五里舊分上下二里宋併為一

太平鄉在縣西北六十里宋志在縣西四十里

光臨里在縣西北三十四里宋光化臨江二里元併為一　清河里在縣西十里　安仁

上中里在縣北八十里宋安仁里元分上下二里國朝復併為一上三里各統圖一二

名闓鄉在縣東北三十里宋志在縣西北七十七里有上下二鄉元併為一鄉有八里元併為七里

加賢上里在縣東十三里

加賢下里在縣東一十里

賢義里在縣北十五里宋為進賢元為賢義疑以安義里併入而名

中鵠里在縣北八十里舊名通化唐張瑩嘗有詩一箭不中鵠五湖歸釣魚宋取以更里名

仁賢里在縣西北六十里宋為敦賢元為仁賢疑以歸仁里併入而名

安定里在縣西七十里上六里各統圖一

五賢鄉在縣東北七十里宋志在縣東北百五十里有上下二鄉元併而為一

安德里

保安里上二里俱去縣六十里

建興里距縣七十里上三里各統圖二

集政上里距縣七十里統圖一

集政下里距縣七十五里統圖三宋有集政里招賢上下里元志無招賢有集政上下里

福清縣 舊十鄉宋併為七鄉統三十六里元因之國朝改永西里舊永慶西里為四隅尋為六隅又析海壇靈德化北平南平北永賓六里為十六都餘如舊後又併永壽里入善福里統圖凡一百一十又九

太平鄉 在縣東五里舊有龍興崇賓二里宋併入永東永西海壇三里

六隅 舊永西里初改為東西南北四隅今南隅分為上下圖北隅分為一二圖是為六隅

永東里 統圖一在縣治東五里舊永慶東里

脩仁里 統圖一在縣西北五里舊屬永樂鄉改為嘉禾後復今名

海壇里 在縣東南海中詳見山川志元分為海上海下二里今海上里為六十六都六十七都各統圖二海下里為六十四都統圖一六十五都統圖三今居民盡徙他處里名尚存

萬安鄉 在縣西南四十里舊有文秀鄉以翁承贊得名宋嘉祐間併隸萬安

萬安里 統圖一在縣西南三十五里

新豐里 統圖一在縣南五里舊屬太平鄉

靈德里 今分上下都

上都 在縣南二十五

里

下都 在縣西南二十五里各統圖一

蘇田里 統圖一在縣西南三十里舊隸文秀鄉

安香里 統圖一在縣西南五十里

光賢里 統圖三在縣南六十里翁承贊所居上三里舊隸文秀鄉

崇德鄉

在縣東南五十里舊有山亭鄉統遵義遵教靈瑞時和四里宋併入附近諸鄉

福唐里 統圖三距縣三十五里宋欽唐里元改今名

時和里 統圖六距縣四十里舊以惇和南惇和北二里併為敦化宋改今名上二里俱縣南

化北里 宋歸化北里元安化北里隋時掠琉球五十戶居於此今分上下都

上都 距縣五十里

下都 距縣五十五里上二都各統圖四俱縣東北

平南里 舊安平南里隸山亭鄉今分三都

五十九都 統圖四距縣九十里

六十都 統圖五距縣一百里

六十一都 統圖三距縣一百二十里上三都俱縣南

平北里 統圖十舊安夷北里隸山亭鄉今分上下都

上都 在縣南五十里

下都 在縣

東南七十里上二都各統圖五

井得里 閩王審知築占計洋鑿井無水拜而得之名拜井里元改今名統圖四在縣東南四十五里

孝義鄉

在縣南二十五里舊有萬壽里宋併

隆仁里 統圖二在縣東南四十五里宋栖仁里

江陰里 統圖六在縣南九十里隔海舊隷常德鄉

臨江里 統圖二在縣東南五十里

南日里 統圖二在縣南一百里舊隷萬安鄉

化南里 統圖八在縣東南五十里舊隷常德鄉宋為歸化南里元改安化南里

長樂鄉

在縣西四十里舊有長樂西鄉北為東鄉宋併西鄉北遂去樂字

文興里 在縣東三里舊為隆興里

清源里 在縣西二十五里舊為清源里半屬西鄉

新豐里 在縣西四十里舊屬西鄉有裏外里今併

方興里 在縣西北二十里上四里各統圖一

感德鄉

在縣東二十五里舊有繪庭里宋併

仁壽里 統圖一在縣南十里舊為萬壽里

潯陽里 統圖一在縣南二十五里舊屬孝義

鄉

永濱里半為海島今分為三都

一都統圖一去縣三十五里

二都統圖四去縣三十五里

三都統圖三去縣四十里上三都俱縣東

新安里統圖四

方成里統圖二

方民里舊為方樂有南北二里元改方明今為方民統圖七上三里俱縣東二十里

永福鄉

在縣西十二里宋為永樂鄉有常樂元福立德里後併

永福里在縣西一十里

清遠里在縣西南三十里舊隸萬安鄉

善福里在縣西一十里舊屬長樂東鄉

遵義里舊屬山亭鄉在縣北一十五里上四里各統圖一

古田縣

宋分為四鄉統一十三里元因之又①折為四十八都而統於里 國朝分在坊為五保在鄉為四十四十二都統圖凡五十有九

一保在縣治□六里

二保在縣治□三里

三保在縣治三里

四保在縣治□六里

五保在縣治□六里上五保俱在坊各統圖一元屬保安里四十八

校注：①析

都

一都距縣九十里

二都

三都各距縣八十里上三都各統圖一俱在縣西元屬和平里舊有四十七都國初併入一都又有四都永樂十年併入一三七八都

五都統圖一在縣西四十里元屬瀨溪里舊有六都國初併入五都

七都距縣四十里

八都距縣五十五里

十都

十一都各距縣一十五里上四都俱在縣西各統圖一元屬崇禮里舊有十都國朝永樂十年併入九都十一都按縣志云九都併入在坊五保又有十都二說不同今姑從縣志

十二都在縣西五里

十三都在縣南三十里

十四都在縣東五里上三都各統圖一元屬保安里已上四里元俱統於建安東鄉宋為建東鄉

十五都距縣十五里

十六都距縣二十里上二都各統圖一俱在縣北元屬慕仁里

十七都距縣三十五里

十八都距縣四十里上二都各統圖一俱在縣北元屬新興里舊有十九都今併入十八都

二十都

統圖一二十一都統圖二上二都各距縣五十里二十二都統圖一距縣一百二十里二十三都距縣一百八十里二十四都距縣一百三十里二十五都距縣一百五十里上三都各統圖二巳上六都俱在縣北元屬橫溪里二十六都統圖二距縣九十里二十七都統圖一距縣一百三十里二十八都距縣一百三十里二十九都距縣一百八十里各統圖三上四都俱在縣北元屬新俗里舊名洛陽巳上四里元俱統於恩惠鄉三十都在縣北六十里三十一都在縣東七十里上二都各統圖一三十二都統圖二距縣一百九十里三十三都距縣一百五十里三十四都距縣一百三十里各統圖一上三都俱在縣東北巳上五都元屬移風里三十五都在縣東北三十六都在縣東上二都各統圖一距縣一百三十里元屬安樂里三十七都

統圖一距縣一百七十里

三十八都 統圖二距縣一百五十里

三十九都 統圖一距縣一百一十里上三都俱在縣東元屬順委里舊名慎委避宋孝宗諱改為順委已上三里元俱統於青田鄉

四十都 距縣一百里

四十一都 距縣一百五十里上二都各統圖一俱在縣東元屬安民里

四十二都 距縣三十里

四十三都 距縣四十里

四十四都 距縣四十五里上三都各統圖一

四十五都 統圖二距縣四十里上四都俱在縣東北

四十六都 統圖一在縣東南四十七里上五都元屬邵南里已上二里元俱統於元和鄉

永福縣

宋分三鄉統十四里元因之國朝析為三十六都後省為二十七都今又省為九都鄉仍其舊而里亦省僅存其八

豐和鄉 在縣東七十里宋有永泰里後併又宋元俱有唐元里 國初以隸中和鄉今併入永安里國初有保元里今併入待旦里

永唐里 合永安唐元二里而名

一二三都舊分爲三都今合爲一
待旦里四五六七八九十都舊分爲七都內四五六七都屬保元里八九十都屬本里今合爲一

中和鄉在縣南三十步

宋元名通化國朝改今名宋元及國朝有光德高蓋官賢三里與今二里爲五今併爲二高蓋宋元名平蓋官賢宋元名安樂

元輔里宋元爲開平里十一十二都舊分爲二都今合爲一

新豐里十三十四十五十六十七十八十九二十二十一都舊分爲九都內十三十四十五都屬元輔里十六十七都屬光德里二十二十一都屬高蓋里十八十九都屬本里今併爲一

和平鄉在縣西南九十五里

感應里二十二二十三二十七二十八二十九三十都舊分爲六都內二十二二十三都屬官賢里二十七都屬龍津里二十八二十九三十都屬本里今併爲一

新

津里宋元為新津里二十五二十六都舊分為二都今併為一保德里三十一三十二都舊分為二都今併為一英達里宋元為歸義里三十三三十四都舊分為二都內三十三都屬保德里三十四都屬本里今併入為一三十五三十六都舊分為二都今併為一

閩清縣宋分二鄉統十里元析宣政里為二坊合居仁護仁為居護仁里而省尭①立里凡八里統二十四都鄉仍其舊國朝因之但復分居仁護仁為二里凡九里

奉政鄉在縣東北三十里

宣政里元又有二都今析入孝順里和豐坊昇平坊十五都十六都上二都俱縣南金沙里十三都十四都上二都俱縣西賀恩里元有十五都十六都今析入宣政里十七都十八都上二都俱

校注：①丘

縣東 安仁里 十九都 二十都 二十一都 二十二都 二十三都 二十四都 上六都俱縣東

壽寧鄉 在縣西北五十餘里宋為永寧鄉元改今名

仁壽里 十一都 十二都 上二都俱縣北

孝順里 二都 三都 四都 上三都俱縣南

呂仁里 六都 在縣南

護仁里 五都 在縣西

善平里 七都 八都 九都 十都 上四都俱縣西

羅源縣

宋分三鄉統一十三里元分羅平招賢林洋霍口黃重各為二里凡一十八里 國朝改附縣為四隅尋併為二隅省安金新順霍口三里合羅平為一里又分善化招賢新豐黃重各為二里凡為隅二里一十又四

崇德鄉 在縣東南五里舊有北社里宋併宋元有安金里今併入東西隅及臨濟

徐公拜井等里東隅統圖一在縣治東舊有北隅今併入西隅統圖一在縣治西舊有南隅今
併入拜井里統圖一在縣東二十里梅溪里統圖一在縣西三十里元有新順里今併
入善化里今分為二冊善化里一冊距縣十七里善化里二冊
距縣八十里上二冊俱縣西**常敦鄉**在縣東北一十五里舊有遷明新豐二里宋置招賢里遂
併之招賢里元為上下里今分為二冊招賢里一冊招賢里二冊
上二冊俱在縣東六十里臨濟里在縣北十里新豐上里距縣四十里新豐
下里距縣三十五里俱縣西北徐公里在縣北一十五里羅平里在縣西三十里
同樂鄉在縣西北七十五里所統三里舊曰屯宋改為里黃重上里去縣七十里
黃重下里去縣八十里俱縣西元有霍口里今併入林洋里在縣西北一百五里

建寧府

建寧縣 宋分郡城中為四廂隸本府郡城外為四鄉統十二里隸本縣元改東南二廂為二隅一坊屬録事司鄉里俱仍其舊隸本縣國朝析泰溪為二里共一十三里坊隅仍舊統圖凡一百四十又三

東隅 統圖一

南隅 統圖四

光祿坊 統圖一

晝繡鄉

將相里 統圖十距府城五十里舊名新會里

南才里 統圖十五距府城一百二十里上二里俱府城東南

泰溪內里 統圖十一在府城南一百五十里

泰溪外里 統圖八在府城西南一百里

原祐鄉 舊統登仙房村東吉三里國初割東吉里益永和鄉吉苑里而分房村為二里屬焉

登仙里 統圖十在府城西南四十里

房村上里 統圖十五距府城九十里舊為黃孫里

房村下里 統圖八距府城七十里上二里俱府城西

永和鄉 舊名建安鄉

吉

菀里統圖十距府城三十里舊名北菀里順陽里統圖八距府城九十里舊屬永平鄉建
寧里統圖十二距府城四十五里上三里俱府城東**永平鄉**安泰里統圖十二在府
城東一百五十里川石里距縣一百三十里舊屬永和鄉東萇里距縣一百五十里上
二里各統圖九俱在府城東北

甌寧縣宋亦內分四廂外分四鄉統一十二里元改西北二廂為二隅一坊鄉里俱仍舊所轄並與建
安縣同國朝因之凡統圖一百九十又二西隅統圖四北隅統圖七縣坊統圖
四**安樂鄉**梅岐里統圖十五距府城一百二十里麻溪里距府城一百五十里
高陽里距府城一百八十里上二里各統圖十巳上三里俱府城西**吳會鄉**舊名新會
鄉崇安里統圖十六在府城北四十五里西鄉里統圖十七距府城一百二十里紫

溪里統圖十七距府城一百六十里上二里俱府城東北**慈善鄉**慈惠里統圖十五在府城西三十里豐樂里統圖十九距府城六十里吉陽里統圖十六距府城一百里上二里俱府城西北

溫泉鄉禾義里統圖十六距府城九十里禾供里統圖十九距府城一百二十里禾吉里統圖七距府城一百四十里上三里俱府城北

浦城縣宋分十二鄉統三十二里國朝改宜新里為四隅併永吉長樂為一里餘仍舊凡統圖一百五十又三

安仁鄉東隅統圖二西隅南隅各統圖四北隅統圖二

太平里統圖五在縣西北二十里郊陽里統圖六在縣東北三十里

欽德鄉募泰里統圖四距縣一十五里泰寧里統圖七距縣二十里高泉里統圖五距縣六十里上三里俱縣東大石里統圖五在縣東北四十里

永興鄉永康里統圖六距

縣七十里

舩山里統圖三距縣八十里

畢嶺里統圖四距縣九十里上三里俱縣西北

總章鄉

永平里統圖一在縣西五十里

通德里統圖三在縣西北七十五里

忠信上鄉

清湖里統圖五在縣南三十五里

上元里統圖六距縣七十里

孝弟里統圖八距縣四十五里上二里俱縣東南

忠信下鄉

新興里統圖七距縣六十里

仁風里統圖四距縣五十里上二里俱縣西

東禮鄉

靖安里統圖二距縣七十里

東禮里統圖二距縣八十五里

人和里統圖三距縣九十里上三里俱縣西南

昭文鄉

上相里統圖五距縣一十里

招賢里統圖七距縣十五里上二里俱縣□

登雲里統圖二在縣南十五里

總章里統圖四在縣西南七十里

福安鄉舊名載初

官田里統圖六在縣北四十五里

登俊里統圖四在縣東北六十里

乾封鄉

舊有永吉里後併入長樂里長樂里統圖四在縣西二十五里樂里統圖二距縣二二

十里安樂里統圖六距縣七十里上二里俱縣西北鴈塘里統圖七距縣九十里忠

信里統圖八距縣七十里上二里俱縣北

建陽縣五鄉轄一坊十八里凡統圖二百二十

建寧鄉

縣坊統圖七同由里

統圖十在縣東一里許建中里統圖七在縣北五十里樂田里統圖一十五距縣二

十餘里三衢里統圖五距縣七十里上二里俱縣東北

壁鄉

三桂里在縣

南一里許均亭里在縣東南二十里各統圖十崇仕得里統圖九在縣北二十里

興賢上里統圖八距縣八十里興賢中里統圖八距縣六十里上二里俱縣西南

興賢下里統圖九在縣南二十五里

仁義鄉

崇泰里統圖二十五在縣西二十

里崇文里統圖十三在縣北三十里崇政里統圖十四在縣西南三十里

崇政上鄉

永中里統圖十四距縣七十里和平里統圖十三距縣八十里嘉禾里統圖十三距縣一百二十里上三里俱縣西

崇政下鄉

崇化里統圖十九在縣西南七十里北樂里統圖十一在縣西北一百里

松溪縣宋分三鄉八里統二十五都元併興唐杉溪為一里國朝因之

東平鄉

東關里一都二都三都四都五都六都俱在縣南一十五里皈伏里舊名歸復三都七都十一都十三都俱在縣東二十里永寧里十四都二十都二十一都各距縣五十里豪田里二十二都二十四都二十

五都各距縣六十里　永和里　二十二都距縣六十里上三里俱縣北

善政鄉　杉溪里舊隸建安縣宋至道間以益本縣　八都　九都　十都

十二都　十六都俱在縣西二十里

崇信①鄉　慶元里舊隸浦城縣宋至道間以益本縣　十五都　十七都　十八都　十九都俱在縣北三十里

崇安縣八都轄一十九里凡統圖八十又三

武泰鄉　四隅里統圖十一附縣舊名隱濼東岸　石雄里統圖六在縣北五里

新豐鄉　石臼里統圖三在縣北七十里　吳屯里統圖四距縣四十里　大渾里統圖六距縣四十里上二里俱縣東北

新塘鄉　黃柏里統圖四在縣西十里

武夷鄉　上梅里統圖四在縣東三十里　會仙

校注：①信

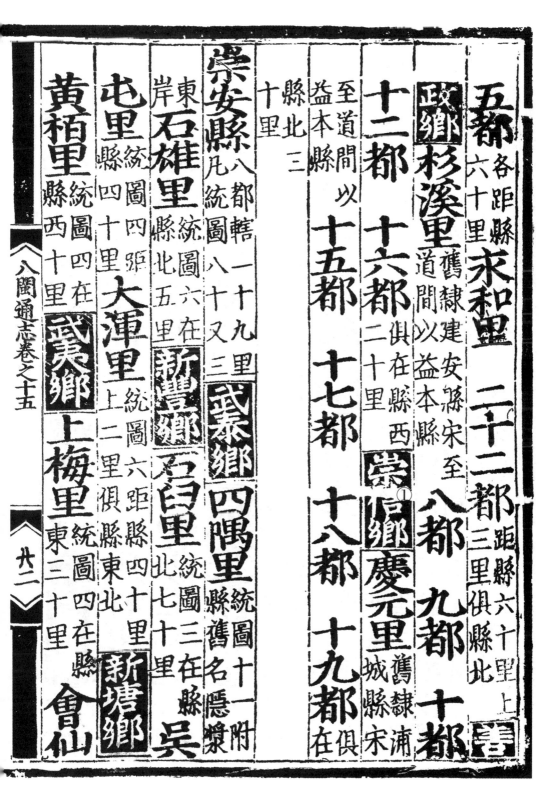

里統圖七在縣南六十里 下梅里統圖四在縣東南三十里

上仁義鄉

黃村里統圖一在縣西四十五里 將村里統圖五在縣西南三十里 周村里統圖一在縣西北五十里

下仁義鄉

建平里統圖三距縣六十里 豐陽里統圖六距縣七十里上二里俱縣東南 節和里統圖七在縣西南七十里

開耀鄉

從籍里統圖五在縣東七十里舊名從政 內五夫里統圖二在縣東北八十里舊名籍溪 外五夫里統圖二在縣東八十里舊名五夫

崇政鄉

長平里統圖二在縣西南五十里

政和縣舊分四鄉十里三十二都統六十四圖景泰閒分東里三都十三十四十五都南里一都十都北里二都十一十二都共六都隸壽寧縣本縣統一坊八里二十六都為圖凡五十

在坊統圖五

政和鄉

南里 八都 九都凡統圖四在縣東八十里 西里 十

六都　十七都　十八都凡統圖九在縣南九十里

善政鄉

東平里　二十九都　三十都　三十一都　三十二都　三十三都凡統圖九在縣西八十里

太平鄉

高宅里　二十四都　二十五都凡統圖二在縣西二十五里

長城里　二十六都　二十七都　二十八都凡統圖八距縣二十五里上二里俱縣東

東衢里　二十九都　二十都　二十一都　二十二都　二十三都凡統圖六在縣南三十里

壽寧縣

本政和福安二縣地析於政和者為御隅及政和里析於福安者為福安里凡統圖二十又五

坊隅統圖五

福安里　一都距縣六十里　二都距縣九十里　三都

距縣六十里四都五都各距縣八十里六都距縣九十里上六都凡統圖八俱在縣東南

政和里

七都距縣一百五十里八都距縣八十里九都距縣七十里十都距縣五十里十一都距縣九十里十二都距縣四十里上六都凡統圖十二俱在縣西北

八閩通志卷之十五